N
Allurilik
Mer du Labrador
Navvaap Kangirsualunga
Navvaaq
MONTS TORNGAT
LABRADOR
Qauvvik
Ramah
Qurlutuq
Napaartuit Isuat
(mont Haywood)
Saglek
Hebron
0
10
20
40 km
Le tracé noir correspond aux limites du Parc national de la Kuururjuaq
The black line corresponds to the limit of the Parc national de la Kuujjuarjuaq

Catalogage avant publication de Bibliothèque et Archives nationales du Québec et Bibliothèque et Archives Canada

Weetaluktuk, Jobie

Le monde de Tivi Etok : la vie et l'art d'un aîné inuit de Kangiqsualujjuaq, Nunavik – The world of Tivi Etok : the life and art of an Inuit elder from Kangiqsualujjuaq, Nunavik

Texte en inuktituk, en français et en anglais.

Publ. en collab. avec l'Institut culturel Avataq.

ISBN 978-2-89544-099-4

1. Etok, Tivi, 1928- . 2. Etok, Tivi, 1928- – Entretiens. 3. Graveurs d'estampes – Québec (Province) – Nunavik – Entretiens. 4. Artistes inuit – Québec (Province) – Nunavik – Entretiens. I. Bryant, Robyn. II. Etok, Tivi, 1928- . III. Institut culturel Avataq. IV. Titre. V. Titre: World of Tivi Etok.

NE543.E86W43 2007 769.92 C2006-941335-5F

Library and Archives Canada Cataloguing in Publication

Weetaluktuk, Jobie

Le monde de Tivi Etok : la vie et l'art d'un aîné inuit de Kangiqsualujjuaq, Nunavik – The world of Tivi Etok : the life and art of an Inuit elder from Kangiqsualujjuaq, Nunavik

Text in Inuktituk, French and English.

Co-published with Avataq Cultural Institute.

ISBN 978-2-89544-099-4

1. Etok, Tivi, 1928- . 2. Etok, Tivi, 1928- – Interviews. 3. Printmakers – Québec (Province) – Nunavik – Interviews. 4. Inuit artists – Québec (Province) – Nunavik – Interviews. I. Bryant, Robyn. II. Etok, Tivi, 1928- . III. Avataq Cultural Institute. IV. Title. V. Title: World of Tivi Etok.

NE543.E86W43 2007 769.92 C2006-941335-5E

ᐊᑦᔨᖑᐊᖅ ᓯᓚᕐᐱᐊᖕᒪᓃᑦᑐᖅ: ᑏᕕ ᐃᑦᑐᒃ ᐃᓐᓂᐊᕆᐊᕐᓯᒪᔪᖅ ᓇᕝᕚᒧᑦ ᐅᐱᕐᖕᒫᖑᑎᓪᓗᒍ 2003-ᒥ. ᐅᕕᒪᕐᓂᓴᐅᑦᓯᓂ ᐊᒥᓯᑲᑦᓚᓂᒃ ᑕᐸᓇᖕᖕᒥᑐᕋᑕᕐᓂᒃ ᐊᑑᑎᓯᒪᔪᖅ ᑖᑯᓂ ᓛᐸᑐᐊᕐ ᐃᓚᖓᓂ.

ᐊᑦᔨᖑᐊᖅ ᑐᓄᐊᓃᑦᑐᖅ: ᑏᕕᐅᑉ ᓯᐅᕋᕐᒥ ᐊᓪᓚᖑᐊᕐᑕᕕᓂᖓ ᐅᑭᐊᑦᓴᐅᑎᓪᓗᒍ 2005-ᒥ

1re de couverture : Tivi Etok de retour au fjord Navvaaq à l'été 2003. Dans sa jeunesse, Tivi a vécu des expériences insolites dans cette partie du Labrador.

4e de couverture : Dessin dans le sable par Tivi Etok, automne 2005.

Cover photo: Tivi Etok revisits Navvaaq Fjord in the Summer of 2003. As a young man, he had many unusual experiences in this part of Labrador.

Back cover: A drawing in the sand by Tivi Etok, Fall 2005.

ᐊᑦᔨᖑᐊᒃ ᓯᓚᕐᐱᐊᖕᒪᓃᑦᑑᒃ ᑐᓄᐊᓃᑦᑐᓗ: ᐊᑦᔨᓕᐊᕕᓃᒃ ᕈᐱᐊᑦ ᕕᕆᓯᐊᑦᑐᑦ, ᓄᓇᕕᐅᑉ ᒥᕐᖑᐃᓯᕕᖕᒪᓂ ᐱᓇᓯᑦᑎ

Photographies des couvertures : Robert Fréchette

Cover photography: Robert Fréchette

ᔫᐱ ᐅᐃᑖᓗᑦᑐᖅ / ᐅᔮᐱᓐ ᐳᔦᐊᓐ / Jobie Weetaluktuk / Robyn Bryant

ᑏᕕ ᐃᑦᑑᑉ

ᐃᓅᓯᖓ ᓴᓇᙳᐊᑭᓯᖓᓗ ᐅᓂᒃᑲᐅᓯᖕᒥᓪᓗ

LE MONDE DE / THE WORLD OF

TIVI ETOK

LA VIE ET L'ART D'UN AÎNÉ INUIT

THE LIFE AND ART OF AN INUIT ELDER

ISBN : 978-2-89544-099-4
Dépôt légal – Bibliothèque et Archives nationales du Québec, 2008
Dépôt légal – Bibliothèque et Archives Canada, 2008

Éditions MultiMondes
930, rue Pouliot
Québec (Québec) G1V 3N9
CANADA

Téléphone : 418 651-3885
Téléphone sans frais : 1 800 840-3029
Télécopie : 418 651-6822
Télécopie sans frais : 1 888 303-5931
multimondes@multim.com
http://www.multim.com

DISTRIBUTION AU CANADA

Prologue inc.
1650, boul. Lionel-Bertrand
Boisbriand (Québec) J7H 1N7
CANADA

Téléphone : 450 434-0306
Tél. sans frais : 1 800 363-2864
Télécopie : 450 434-2627
Téléc. sans frais : 1 800 361-8088
prologue@prologue.ca
http://www.prologue.ca

DISTRIBUTION EN FRANCE

Librairie du Québec
30, rue Gay-Lussac
75005 Paris
FRANCE

Téléphone : 01 43 54 49 02
Télécopie : 01 43 54 39 15
direction@librairieduquebec.fr
http://www.librairieduquebec.fr

DISTRIBUTION EN SUISSE

SERVIDIS SA
chemin des chalets 7
CH-1279 Chavannes-de-Bogis
SUISSE

Téléphone : (021) 803 26 26
Télécopie : (021) 803 26 29
pgavillet@servidis.ch
http://www.servidis.ch

DISTRIBUTION EN BELGIQUE

La SDL Caravelle S.A.
Rue du Pré aux Oies, 303
Bruxelles
BELGIQUE

Téléphone : 0032 2 240 93 00
Télécopie : 0032 2 216 35 98
Sarah.Olivier@SDLCaravelle.com
www.SDLCaravelle.com

Les Éditions MultiMondes reconnaissent l'aide financière du gouvernement du Canada par l'entremise du Programme d'aide au développement de l'industrie de l'édition (PADIÉ) pour leurs activités d'édition. Elles remercient la Société de développement des entreprises culturelles du Québec (SODEC) pour son aide à l'édition et à la promotion.

Gouvernement du Québec – Programme de crédit d'impôt pour l'édition de livres – gestion SODEC.

Nous remercions le Conseil des Arts du Canada de l'aide accordée à notre programme de publication.

10 %

Sources mixtes
Groupe de produits issu de forêts bien gérées, de sources contrôlées et de bois ou fibres recyclés
www.fsc.org Cert no. SGS-COC-003885
© 1996 Forest Stewardship Council

Imprimé avec des encres végétales sur du papier dépourvu d'acide et de chlore et contenant 10 % de matières recyclées.

IMPRIMÉ AU CANADA/PRINTED IN CANADA

ᑏᕕᐅᑉ ᓇᑦᓯᒥᔭᖕᑲᑕ ᓲᓯ ᐹᕋᓐ ᐃᑦᑑᑉ
ᐃᕐᕐᑲᐅᒪᔭᐅᓂᖕᑲᓄᑦ ᐃᓅᒍᓐᓄᑐᕕᓂᕐᒃ
ᓄᕕᒻᐱᕆ 2005-ᒥ

À la mémoire de Susie Baron Etok,
l'épouse bien-aimée de Tivi,
décédée en novembre 2005

To the memory of Susie Baron Etok,
Tivi's beloved wife, who passed away
in November 2005

Photo : Robert Fréchette

ᐃᓗᓕᖏᑦ
Table des matières
Contents

◄ *Photo : Robert Fréchette*

ᕿᕈᓕᐅᔮᕐᑐᑦ ᑖᓂᓯᕐᑐᑦ

ᖁᓪᓕᓭᔭᒥᒃ ᐊᓪᓚᖑᐊᕐᓯᒪᔪᒥ ᑏᕕ ᐊᓪᓚᑐᕕᓂᖅ: "ᐃᓄᐃᑦ ᐱᐅᓯᕐᒥᒍᑦ ᐱᖕᖑᐊᓕᕋᒥᒃ ᕿᕈᓕᐅᔮᕐᓯᑎᒃ ᑖᓂᓯᓰᑦ ᐆᒪᔪᐃᑦ ᓂᕐᕆᒥᕙᑦᑕᒥᑕ ᕿᕈᓘᑦ ᐱᐅᓯᖓᑦ ᐃᕐᕋᐅᒪᑦᓯᒍ ᓄᓇᒥᓂ.

La danse des gros phoques du Groenland

Cette image a trait au gibier dont se nourrissent les gens. C'est la coutume chez nous de danser à la manière des grands phoques du Groenland. Nous dansons ainsi afin de ne jamais oublier les habitudes des animaux.

The Dance of the Great Harp Seals

Beneath the stonecut, Tivi wrote: "In the tradition of our people, we dance the dance of the Great Harp Seals. We do this in order that we may always remember the ways of the animals."

ᐸᑎᑦᑎᒪᖅ/ᕿᕐᓂᑕᖅ / Gravure sur pierre/noir / Stonecut/black / 21 1/4" × 29 1/4", 1976, #4

ᑏᕙ ᐃᑦᑐᒃ

ᐃᓅᓯᖓ ᓴᓇᙳᐊᕿᓯᖓᓗ ᐅᓂᒃᑲᐅᓯᖏᓪᓗ

ᑏᕙ ᐃᑦᑐᒃ ᑲᖏᕿᓱᐊᓗᑦᔪᐊᒥ 1968-ᒥ.
Tivi Etok, Kangiqsualujjuaq, 1968.
Tivi Etok in Kangiqsualujjuaq, 1968.
Collection Donat Savoie
IND DSA 059

ᑏᕕ ᑲᖏᕐᓱᐊᓗᑦᔪᐊᒥ 2006-ᒥ.
Tivi, Kangiqsualujjuaq, 2006.
Minnie Etok Collection

ᐅᕐᑲᐅᓯᐅᒥᐊᖕᖓᑐᑦ

ᐅᐱᒍᓱᒻᒪᕆᓚᐅᔪᕗᖓ ᐊᕙᑖᒃᑯᓄᑦ ᐅᕐᑲᐅᓯᐅᒥᐊᖕ-ᖓᑐᓚᐅᕐᑯᔭᐅᒪᒪ ᑖᒃᑯᓄᖓ ᐊᓪᓚᓂᐊᒐᕐᓄᑦ ᐅᓂᒃᑳᑐᓂᒃ ᑏᕕ ᐃᑦᑑᑉ ᐃᓅᓯᖓᓂᒃ ᐱᓇᓱᐊᕐᑲᑦᑕᓯᒪᔭᖕᖏᓐᓂᓗ.

ᓯᕗᓪᓚᕚᒥ ᓄᓇᕕᒻᒧᑦ ᐳᓛᕆᐊᕈᓐᓇᓯᒥᐅᓚᐅᕐᓯᒪᕗᖓ 1967-ᒥ 1968-ᒥᓗ ᑰᑦᔪᐊᓚᐊᕋᒪ ᕗᐊᑦ ᓴᒨᒍᑎᓪᓗᒍ ᓯᓚ. ᑌᑦᓱᒪᓂᐅᑎᓪᓗᒍ, ᐃᓕᓐᓂᐊᑎᐅᓚᐅᕐᓯᒪᔪᖓ ᒧᓐᑐᕆᐊᓕᐅᑉ ᐃᓕᓐᓂᐊᕕᕐᔪᐊᖓᓂ, ᐃᓕᓐᓂᐊᑎᐅᕐᑲᑕᐅ-ᑦᓯᖓ ᐳᕕᐊᓯ ᕆᐊᒥ ᓴᕚᕐᑦ ᐃᓕᓐᓂᐊᑎᕐᑯᑎᖏᓐᓄᑦ, ᑌᓐᓇᓗ ᑮᓇᐅᔭᓂᒃ ᐊᒧᓯᒍᓐᓇᑐᐱᓂᐅᓯᒪᒻᒪᑦ ᑲᕙᒪᑐᕐᑲᒃᑯᑦ ᐃᓄᓕᕆᔨᑐᕐᑲᒃᑯᖏᓐᓂᑦ, ᐃᓕᓐᓂᐊᕈᓐᓇᐅᑎᒥᒐᔭᕐᑕᑲᓂᒃ ᕐᑲᐅᔨᓴᕐᓂᕐᑲᕐᓗᖓ ᐄᓄᐃᑦ ᓄᓇᓕᖓᓂ.

ᑌᑦᓱᒪᓂᓗ ᑏᕕ ᐃᑦᑐᒧᑦ ᕐᕋᕐᕐᑯᔭᐅᑦᓯᐊᑐᐃᓐᓇᓚ-ᐅᕐᓯᒪᔪᖓ ᐊᓂᕐᕋᒥᓄᑦ ᐃᓚᖏᓐᓃᓂᐊᕐᓗᖓ. ᑌᓇ ᓄᓇᓕᐊᕈᕐᒥᐅᖑᓕᐅᕐᓯᒪᔪᕐᒃ ᑲᖏᕐᓯᐊᓗᑦᔪᐊᒥ ᓯᕐᑭᓂᐅᑉ ᓄᐃᕕᐊᓂ ᐅᖓᕙᐅᑉ ᓯᑦᔭᖓᓂ ᑯᐯᑉ ᑕᕐᕋᖓᓂ. ᑏᕕᐅᓪᓚ ᐃᓚᖏᑦ ᐃᓪᓗᒥᐅᕐᑲᑎᖏᑦ ᐅᑯᐊᖑᓚᐅᔪᑦ: ᐊᕐᓇᖓ ᓲᓯ, ᓄᑲᖓ ᔫ ᒍᐃᓚ, ᕐᑭᑐᖓᖏᓪᓗ ᒥᓂ, ᑑᒪᓯ, ᐋᑕᒥ, ᓵᓚ ᐊᒻᒪᓗ ᐊᓈᓇᖓ ᓯᐊᔭ. ᑌᑲᓂᒥᐅᒍᑦᓯᖓ ᑲᑎᓯᒍᓐ-ᓇᓯᓚᐅᔪᒻᒥᔪᖓ ᐊᓯᖏᓐᓂᒃ ᐃᑦᑐᑦ ᐃᓚᔫᖏᓐᓂᒃ ᐃᓚᐅᑎᓪᓗᒍ ᒎᓯᓯ, ᓘᑲᓯ, ᑑᒪᓯᓗ, ᓄᓇᕐᕐᑲᑎᖏᓐᓂᓗᓴᒃ ᑲᑎᓯᒍᓐᓇᓯᒻᒥᓯᖓ.

ᑌᒣᒻᒪᑦ ᑌᑲᓂ ᐱᕕᑦᓵᕐᕕᒥᓯᒪᔭᕋᓂ ᐃᓚᑮᓂ ᓄᓇᓕᒻᒥᐅᑎᒍᓪᓗ ᕐᑲᓄᐃᓚᐅᕐᑲᑎᑮᑦᑐᓂᒃ ᐃᓚᐅᕕᕐᑲᕈᓐᓇᓯᐊᓚᐅᕐᓯᒪᒪᒪ ᐃᓚᑦᓯᔪᒻᒪᕆᐅᑦᓯᖓᓗ ᐃᓄᐃᑦ ᐃᓅᓯᖓᓂᒃ ᐃᓯᒪᒍᓯᖏᓐᓂᓗ ᐃᓪᓇᕐᑐᕐᑯᑎᖏᓐᓂᒃ ᐊᒻᒪᓗ ᕐᑲᐅᑕᒦᒃᑯᑦ ᓵᖕᖓᒥᐊᓚᖏᓐᓂᒃ ᐃᓚᒥᓐᓄᑦ ᓂᕐᑭᑦᓴᓯᐅᕋᓯᐊᕐᓂᑯᑦ ᐃᓅᓚᓯᐊᕈᑎᕐᑲᕆᐊᕐᑲᕐᓂᖏᑎᒍᓪᓗ.

ᐱᐅᑦᓴᑐᕐᔪᐊᒍᓯᒪᕗᖓ ᐃᓅᓚᓯᐊᕈᓐᓇᓂᐊᓗᖏᓐᓂᑑᖕᖏᑐᕐᒃ ᑭᓯᐊᓂᓚ ᐱᔪᓐᓇᓂᕐᑲᓪᓚᕆᓐᓂᐊᓗᖏᓐᓂᒃ ᐱᑕᕐᑲᓚᐅᕐᓯ-ᒪᖕᖏᓯᐊᕐᑐᓂᒃ ᓇᕝᐹᕈᓐᓇᓂᖏᓐᓂᒃ ᐋᕐᕐᑭᒍᑎᑦᓴᐅᔪᕆᓴ-ᒥᓐᓂᒃ ᑕᒪᒃᑯᓄᖓ ᓵᖕᖓᒥᐊᕐᑲᕐᐸᑕᒥᓐᓄᑦ.

ᐊᕐᕌᒍᓂ ᐊᒥᓱᓂ ᕐᑲᐅᔨᒪᐅᑎᕐᑲᑎᕐᑲᕋᓯᐊᖏᓐᓇ-ᐸᓚᐅᕐᕐᑯᖕ ᐃᑦᑐᑯᓐᓂᒃ ᐃᓚᑮᓂᒃ, ᒎᓯᓯᒥᓗᐊᖕᖑᐊᕐᒃ, ᕐᑲᓪᓗᓈᑦ ᓄᓇᖓᓂ ᐋᓐᓂᐊᕕᒻᒦᒥᐊᕐᑲᕐᓯᒪᒻᒪᑦ ᒪᕐᕋᑦᓯᓂ ᐱᓂᕐᓗᓚᐅᕐᑐᕕᓂᐅᑦᓯᓂ.

ᐊᕐᕌᒍᐃᑦ ᐊᒥᓱᑦ ᐊᓂᒍᕐᑎᓗᒥᑦ ᑏᕕᒥᒃ ᑕᑯᔭᐃᑦᒎᓯᓚᐅ-ᔪᒻᒥᔪᖓ, ᔭᓄᐊᕆᐅᓚᕐᒪᑦ ᑭᓯᐊᓂ 2000-ᒥ ᑲᖏᕐᓱᐊᓗᑦᔪᐊᒧᑦ ᐅᑎᓚᕐᒥᒪᒪ ᔩᓐ ᓯᑐᐊᕐᑦ ᒥᓂᔅᑕᕆᔭᐅᑎ-ᓪᓗᒍ ᑲᕙᒪᑐᕐᑲᒃᑯᑦ ᐃᓄᓕᕆᔩᒃᑯᖏᓐᓄᑦ. ᑲᖏᕐᓱᐊᓗᑦᔪᐊᒥᐅᑦ ᓯᒎᕐᑕᐅᔪᕕᓂᐊᓘᓚᐅᕐᓯᒪᑎᓪᓗᒥᑦ ᐃᓄᐃᑦ ᑖᕙᓂᒥᐅᑦ ᐃᓅᒍᓐᓃᓯᑎᒃ ᐋᓐᓂᑕᐅᑎᓪᓗᒥᓪᓗᓃᑦ. ᐅᓪᓗᐃᑦ ᐊᒥᓲᖕᖏᑐᑦ ᐊᓂᒍᓕᕐᒥᑎᓪᓗᒥᑦ ᑲᓇᑕᐅᑉ ᐊᖓᔪᕐᕐᑲᒪᕆᖕ ᔫᓐ ᑯᕆᑦᓯᐊᓐ ᑎᑭᓚᐅᔪᒥᕗᕐᒃ ᐃᓗᐱᕐᓯᔪᓄᑦ ᐃᓚᐅᒥᐊᕐᑐᓯᓂ.

ᑌᑲᓂᐅᑎᓪᓗᒍᓗ ᑏᕕᒧᑦ ᐊᐱᕐᓯᑕᐅᓚᐅᔪᖓ ᑲᖏᕐᓱᐊᓗᑦᔪᐊᒦᕋᓐᓇᕋᔭᕐᒪᖕᒑᒻᒪ ᐅᓂᒃᑳᓂᐊᕋᒥᒎᕐᒃ ᐃᓅᓯᕆᓯᒪᔭᒥᓂᒃ. ᐅᐱᒍᓱᑦᑐᒪᕆᐅᓯᒪᕗᖓ ᑕᒪᑐᒥᖓ ᐅᕐᑲᐅᑎᒻᒫᖓ, ᑭᓯᐊᓂᓚ ᐱᓇᓯᐊᕐᕕᒪ ᐱᑦᔪᑎᒥᑦᓯᒍ ᑲᒪᒥᒥᐊᓕᒃᑲᓗ ᐱᓪᓗᒥᑦ ᑲᖏᕐᓱᐊᓗᑦᔪᐊᒦᕐᕐᑲᓴᓚᐅ-ᔪᖕᖏᑐᖓ ᐱᓇᓱᐊᕈᓯᕐᓂ ᐊᒥᓱᓂ. ᐃᓯᒪᒥᓴᕐᑲᕐᓯᖓᓗ ᑏᕕᐅᑉ ᕐᑭᓄᒍᑎᖓ ᑲᒪᒥᓴᐅᔭᑦᓴᐅᒥᐊᖓ, ᑌᒣᒻᒪᑦ ᐊᕙᑕᕐᒃ ᐱᐅᓯᑐᕐᑲᓕᕆᕕᒃ ᕐᑲᐅᔨᓂᐊᕐᕕᒥᓯᓚᐅᔪᕙᕋ. ᑌᑦᓱᒪᓂ ᐊᖓᔪᕐᕐᑳᖓᑦ ᐅᔫᐱ ᒍᐊᑦ ᐊᖏᕐᑲᑕᐅᑦᓯᐊᓚᐅᔪᕐᒃ ᑕᒪᓐᓇ ᐱᔪᑦᓴᐅᔫᕈᑎᒃ ᐱᐅᔪᐊᓘᒥᐊᖕᒪᓂᒃ, ᑕᒪᓗ ᐊᐱᕐᓯᑲᑦᑕᓃᑦ ᑏᕕ ᐃᑦᑐᒥᒃ ᐱᒋᐊᕐᑎᑕᐅᓚᕐᓂᕐᑯᑦ. ᑕᒪᓚ

ᓯᐊᕈᒥᐊᖑᓕᕐᑎᓪᓗᒍ ᓵᓕ ᐋᕐᖓᖅ ᐊᖓᔪᕐᑳᕆᔭᐅᓕᕐᑎᓪᓗᒍ ᐊᐸᑕᒃᑯᑦ ᑮᓇᐅᔭᕐᑖᕈᓐᓇᓯᔪᕕᓂᐅᓕᕐᒥᔪᑦ ᐃᓄᓕᓇᕈᑐᖃᒃᑯᓂᑦ ᐊᒻᒪᓗ ᔫᐱ ᐅᐃᑖᓗᑦᑐᖅ ᐱᓇᓯᑦᑎᑖᓇᔭᐅᑦᓯᓂ ᐱᔭᓈᕐᑫᓯᐊᕐᓂᐊᑎᓪᓗᒍ ᐊᐱᕐᓯᓂᑲᑦᑕᓂᕐᓂᒃ, ᑌᒃᑯᐊᓗ ᐅᐃᒍᐃᑎᑐᓪᓗ ᖃᓪᓗᓈᑎᑑᓕᕐᑎᑕᐅᓯᓐᓂᒥᔪᑦ.

ᑖᓇ ᐊᓪᓚᓂᐊᒐᖅ ᐊᓪᓚᓂᐊᓕᕈᑦᓯᒥᑦ ᐊᓕᐊᒥᑦᓴᖑᐊᓚᖓᔭᓯ ᐅᖃᐅᓯᓪᓗᑐᕕᓂᖏᓐᓂᒃ ᐅᖃᐅᓯᕐᑕᓖᑦ ᐃᓄᑐᐃᓐᓇᓚᓇᐅᑦᓯᓂ ᒪᕐᑫᑦᑎ ᓴᓇᖕᖑᐊᑎᐅᑦᓯᓂᓗ ᐃᓅᓯᓕᒫᕐᒥᓂ ᑯᐯᑉ ᑕᕐᑫᖕᒐᓂᒥᐅᖑᓯᒪᔪᖅ ᓵᐸᑐᐊᕐᒥᓗ. ᑖᒃᑯᐊᓗ ᐊᓪᓚᓯᒪᔪᖕᖑᑎᑦᓯᓯᒪᔪᑦ ᓇᒧᑐᐃᓐᓇᖅ ᐁᖃᑦᑕᓯᒪᓂᖓᓂᒃ ᐊᑑᑎᖃᑦᑕᓯᒪᔪᖏᓐᓂᒃ, ᓂᕆᐅᒥᖃᑦᑕᓯᒪᔪᖏᓐᓂᒃ, ᑕᑯᓯᒪᔪᖏᓐᓂᓗ ᐊᓪᓚᓂᐊᕐᓗᒥᑦ ᑖᒃᑯᐊ ᐅᓂᒃᑳᑦ ᐊᐅᓚᑦᓴᑕᐅᓪᓚᓐᓇᓐᓇᑐᐃᑦ ᖃᐅᔨᒥᐅᕐᓇᑐᓂᒃ ᓯᓚᕐᔪᐊᒥ, ᖃᐅᔨᒪᔪᓪᓚᓇᐊᓗᒻᒍᑦ ᐊᒻᒪᓗ ᐱᑕᑦᓯᔭᐅᓯᒪᓪᓚᓇᑦᑐᒍᑦ ᐱᓴᓇᐊᑐᔪᒃᑰᓯᒪᑦᓯᓂᓗ ᖃᓄᓕᒫᖅ ᐃᓅᓚᓯᐊᕈᑎᖃᕐᓯᒪᓪᓚᓇᑦᑐᖅ.

ᑕᒪᓐᓇ ᐸᕐᓇᒍᑎᐅᓯᒪᔪᖅ ᓄᐃᑦᓯᒐᓯᐊᕐᓂᒧᑦ ᐃᓯᒪᒥᐅᑎᖃᓪᓚᓇᒍᓐᓇᑐᒥᒃ ᑲᐸᒪᒥᒃ ᓄᓇᕕᒻᒥ (ᑕᒪᑦᓯᒧᖓ ᓄᓇᒧᑦ 55 ᐃᑳᖓᔫᑉ ᖁᑖᓂ) ᓖᓇᐅᑎᓪᓗᒍ ᑐᑭᑖᖃᑎᒦᓚᓯᐊᕈᑎᐅᔪᖅ ᒪᑭᕕᒃ ᑯᐊᐳᓈᓴᒧᑦ ᐊᒻᒪᓗ ᑯᐯᒃᑯᑦ ᑲᐸᒪᑐᖃᒃᑯᓗ ᑲᐸᒪᒥᓐᓄᑦ ᐅᓇᒻᒥᓇᕐᑐᓚᓇᑦᑕᓕᒃ ᓵᖕᖓᓯᒍᑎᐅᓗᓂ. ᑭᓯᐊᓂᓕᑦᑕᐅᖅ ᐊᖏᔪᒻᒪᕆᐊᓗᒃ ᓄᐃᑦᓯᒐᓯᒫᓂᓕᓐᒥᓗ ᐃᓯᒪᖃᕈᑎᐅᔪᖅ, ᐅᐸᓇᕐᓯᓂᓗ ᐃᑲᔪᕐᓯᓂᖃᓚᖏᐊᖓ ᐃᓄᓐᓂᒃ ᓄᓇᕕᒻᒥᐅᓂᓪᓗ ᑲᒪᒥᔭᖃᕈᓐᓇᓯᒍᑎᐅᓗᓂ ᓄᑖᓂᒃ ᐱᑦᔪᑎᐅᐸᓐᓂᐊᑐᓂᒃ ᑌᒪᖕᖓᑐᐃᓐᓇᖅ ᓄᐃᐸᓕᖓᔪᓂᒃ ᓯᓚᕐᔪᐊᒥ ᐊᓯᑦᔨᐸᓪᓕᐊᔪᓕᒻᒪᕆᒻᒥ.

ᐃᓄᐃᑦ ᓯᕗᓕᕐᑎᖏᑦ ᓇᒻᒥᓂᖅ ᐅᖃᖃᑦᑕᓯᒪᓕᕐᑯᑦ ᐃᓅᖃᑎᒦᓐᓂᖓᑦ ᐊᑕᐅᓯᐅᓯᕿᖓᑐᐃᓐᓇᓯᐊᕐᑐᒥᒃ ᐱᐅᓯᖃᕈᓇᑑᒥᐊᖓ ᐊᑦᕿᑦᓴᓇᑲᑦᓕᒥᒃ ᐃᓯᒪᖃᖃᑦᑕᕈᓐᓄᓕᓯᑎᒃ. ᑕᒪᒃᑯᐊ ᐱᐅᓯᐅᕙᓪᓚᐅᓯᑐᐃᑦ ᓄᐃᑦᓯᒍᑎᐅᕙᑦᓯᒍᓐᓂᒪᑕ ᐃᓯᒪᖃᑎᒦᑦᓯᐊᑐᐃᓐᓇᓂᐅᐸᓪᓚᐅᕐᑐᒥᒃ ᐃᓄᐃᑦ ᐊᐅᓚᑦᓯᒍᓯᖃᑎᒥᓯᒪᑦᓯᓂᒥᑦ ᐃᓄᓕᒫᓅᓕᖓᖅ ᑐᑭᑖᕐᑕᐅᒥᐊᖃᕐᑎᓪᓗᒍ.

ᑌᒃᑯᐊ ᑭᒡᒐᑐᕐᑎᐅᓗᑎᒃ ᐅᖃᕐᕙᒪᓐᓂᒥᐅᑦ ᓄᐃᑕᐅᓚᔭᕐᑐᓴᐅᔪᑦ ᐱᔪᓐᓇᑎᑦᓯᓚᔭᕐᑐᑦ ᐊᑭᒪᔪᑦᑐᐃᑦ ᓂᐱᖏᓐᓂᒃ ᑐᓴᕐᑕᐅᑎᑦᓯᒍᓐᓇᓗᑎᒃ ᐊᒻᒪᓗ ᑕᑯᔪᓐᓇᓯᕕᐅᓗᑎᒃ ᓈᒻᒪᑐᓂᒃ ᐋᕐᕿᓲᑎᑦᓴᓂᒃ ᐃᓄᑐᐃᓐᓇᑎᒍᑦ ᐃᓅᖃᑎᒦᑎᒍᑦ. ᑭᓯᐊᓂᓕ ᑖᓐᓇ ᐅᖃᕐᕙᒪᓐᒃ ᐱᕙᓕᒫᒃᑯᑦ ᑲᔪᕐᒥᕐᓴᑕᐅᓯᒪᑦᓯᐊᓇᐊᓕᒃ ᐃᓄᐃᑦ ᐱᐅᓯᑐᖃᖑᑦ.

ᑕᒪᓐᓇ ᐊᓪᓚᓂᐊᓚᖕᖑᑎᑦᓯᓂᖅ ᑏᕙ ᐃᑦᑑᑉ ᐊᐱᕐᓯᑕᐅᓂᕕᓂᖓᓂᒃ ᓴᓇᖃᑦᑕᓯᒪᔭᖏᑦᑕᓗ ᒥᑦᓵᓄᑦ ᐊᑐᕐᓂᖃᓪᓚᑦᑐᓂᒃ ᐱᑦᓴᑖᕐᐱᐅᔪᓐᓇᓂᐊᕐᑐᑦ ᓯᓚᑐᔫᓂᖓᑦ ᐊᒻᒪᓗ ᐃᓕᑦᓯᕕᐅᔭᓐᓇᓯᐊᕐᑐᓕᓐᓂᑦ, ᐱᑕᖃᓪᓚᓇᑦᑐᐃᑦ ᕿᒥᕐᕈᔭᐅᑦᓯᐊᑐᑦᓴᓂᒃ. ᐃᓄᐃᓪᓗ ᖃᓪᓗᓈᓪᓗ ᑖᒃᑯᓇᓂ ᒪᐸᐱᑐᕐᑫᓂ ᑕᑯᓚᔭᕐᑯᑦ ᐅᓂᒃᑳᑕᐅᓂᖓᓂᒃ ᑲᐸᐱᐊᑌᑦᑐᓕᓇᐅᑉ ᓴᓇᓯᑎᐊᔫᑦᓯᓂᓗ ᐃᓅᓯᒪᔫᑉ, ᐃᑦᔪᐊᕐᑫᑦᓴᓯᐊᓪᓚᓇᒃ ᐅᐸᑦᑎᓄᓕᒫᖅ.

ᑏᕙ ᐃᑦᑐᒥᒃ ᑌᒫᒻᒪᓇᒃ ᓇᑯᕐᒦᒥᐊᓪᓚᐳᖓ ᐊᒥᓯᐊᓗᓐᓂᒃ ᐃᓕᑦᓯᕕᒥᓕᐅᔭᓗᒃᑯ ᖃᐅᑕᒫᑦ ᐊᑐᖃᑦᑕᓕᕐᑕᑲᓂᒃ.

ᓇᑯᕐᒦᒃ ᑏᕚ.

ᑑᓇ ᓴᐳᐊ
ᐊᖏᖃᑕᐅᓚᓯᐊᕐᑎᕙᓂᖓᑦ
ᑲᐸᒪᑐᖃᒃᑯᑦ ᐃᓄᓕᓇᕈᒃᑯᖏᑕ

ᐃᓗᓕᖏᑦ

ᓱᓇᖕᖑᐊᒍᓂᖓ ᓇᓗᓇᕐᑕᐅᓯᒪᓂ
ᐊᓪᓚᖑᐊᕐᑕᐅᓯᒪᔪᖅ ᑏᕕ ᐃᑦᑐᒧᑦ 1975-ᒥ.
Sans titre. Tivi Etok, 1975. Dessin.
Untitled. Tivi Etok, 1975. Drawing.

ᑲᓇᑕᐅᑉ ᑕᑯᔭᒃᓴᑯᕕᖓ ᐃᓅᖃᑎᒌᒍᓯᐅᔪᓂᒃ ᓯᓚᕐᔪᐊᒥ
ᐊᑦᔨᖑᐊᓕᐊᕕᓂᖓ ᐁᑕ ᓚᑉᕇᐅᑉ
Musée de la civilisation, N° 80-11588
Photo : Ida Labrie

ᐱᒋᐊᕐᕕᓕᐅᑎᒃ

ᑏᕙ ᐃᑦᑐᒃ ᐃᓅᓕᓚᐅᕐᓂᕐᑯᖅ ᓄᓇᕐᑲᕐᓯᑎᒃ ᕐᑭᕐᓂᑐᐊᕐᑐᒥ. ᐃᓄᐃᑦ ᓯᕗᓪᓕᕆᓯᒪᔭᖕᒥᑎᑦ ᑏᕙ ᐃᓅᓕᓚᐅᕐᓯᒪᕗᖅ ᐊᖕᒐᔪᕐᕐᑳᑯᖕᒥᑦᑕ ᓇᔪᑐᐃᓐᓇᑕᖕᒐᓂ ᐃᓅᓕᕐᕕᕐᑲᕐᓯᓂ. ᐃᓅᓯᑦᑑᓂᓕᒫᖕᒐᓂ ᐊᐅᓚᑐᐃᓐᓇᕙᑦᓯᑎᒃ ᑌᒪᖖᒐᑦ ᓯᕗᓪᓕᕕᓂᕐᑎᑐᑦ ᐊᑦᓯᐃᓕᕙᑦᓯᑎᒃ ᐊᒻᒪᓗ ᐱᕐᓕᓇᕐᓯᕙᑦᑎᓗᒍ. ᓯᓚᑦᑐᓂᐅᒐᓂ ᐃᓅᓯᕐᑲᓚᐅᕐᕐᑯᑦ ᐅᓪᓗᒥ ᐱᐅᓯᕆᒍᓐᓂᑕᑦᑎᓂᒃ ᐊᒻᒪᓗ ᐊᕐᓯᕈᕐᓇᑐᒃᑰᓰᖕᒍᑦᓯᑎᒃ ᓂᕆᒻᒫᕋᕙᑦᓯᑎᑦᓗ.

ᑏᕙ ᐸᑎᑦᑎᒐᓕᐅᕐᑎᖕᒍᓚᐅᕐᕐᑯᖅ 1970-ᓂ ᑌᑦᓯᒪᓂ ᓴᓇᖖᒍᐊᑏᑦ ᕐᑲᐅᔨᒪᔭᐅᑦᓯᐊᑐᐊᓘᓕᕐᑎᓗᒥᑦ. ᑌᕕᑎᐊᓗᒃ, ᔫ ᑕᓕᕈᕐᓂᓕᒃ, ᑕᒪᒥᒃ ᐳᕕᕐᓂᑐᒥᐅᒃ, ᐊᒻᒪᓗ ᑐᐊᒧᓯ ᐃᕐᑲᓗᒃ ᐃᓄᒃᔪᐊᒥᐅᖅ, ᓴᓇᖖᒍᐊᓯᑎᐅᓂᖕᒥᑦ ᕐᑲᐅᔨᒪᔭᐅᑦᓯᐊᓕᓈᕐᑎᓗᒥᑦ, ᑏᕙᐅᑉ ᓴᓇᔭᖕᒥᑦᑕ ᐊᔪᖏᑦᑑᓂᖕᒥᑦ ᑕᒡᖏᓈᐱᒃ ᐱᐅᒥᔭᐅᓯᒻᒪᕆᓚᐅᕐᓯᒪᕗᑦ ᓯᓚᕐᔪᐊᒥᐅᓕᒫᓄᑦ. ᑌᒪ ᑏᕙ ᓯᕗᓪᓕᐸᐅᑦᓯᓂ ᕐᑭᒥᕐᑭᐊᒐᕐᓄᑦ ᐅᓪᓅᓂᕋᕐᑕᐅᔪᓄᑦ ᓴᕐᕐᑭᑎᑦᓯᒍᑦᔭᐅᓚᐅᓯᒪᕗᖅ 1975-ᒥ. ᓴᓇᐅᒐᕐᑏᑦ ᕐᑲᐅᔨᒪᔭᐅᑦᓯᐊᓕᕋᓗᐊᕐᑎᓗᒥᑦ ᑏᕙ ᐊᑦᔨᒥᔭᐅᖖᒥᑐᓂᒃ ᐊᔪᐃᓐᓇᒪᕆᓯᓚᐅᓯᒪᕗᖅ ᐳᕕᕐᓂᑐᒥ ᐸᑎᑦᑎᓕᐅᕐᓂᒥᒃ ᐃᓕᓐᓂᐊᕆᐅᕐᓯᑎᒃ. ᐊᑦᔨᑐᐃᓐᓇᐅᖕᒥᑦᑐᓂᒃ ᐱᐅᒥᔭᐅᓯᒻᒪᕆᑦᓯᑎᒃ ᓂᐅᕕᕐᕕᕐᑯᑎᓕᓐᓄᑦ ᐱᑖᕈᒪᔪᓐᓄᓗ, ᐊᒻᒪᓗ ᓴᓇᖖᒍᐊᑎᐅᕐᑲᑎᒥᓄᑦ.

ᐸᑎᑦᑎᓕᐊᕆᓯᒪᔭᖕᒥᑦ ᐃᑉᐱᓇᕐᓂᕐᑲᑦᓴᒪᕆᑦᑐᑦ ᓲᕐᓗ ᐆᒪᔫᔭᕐᓯᑎᐊᓪᓛᑦ ᓲᕐᓗ ᐊᓪᓚᖖᒍᐊᕐᓯᒪᔪᖅ ᓃᐱᔭᐅᒐᒥ ᓄᕐᕐᑲᓚᐅᕐᑐᑐᖅ, ᐅᕝᕙᓘᓐᓃᑦ ᐊᔪᐃᓐᓇᑐᒻᒪᕆᒃ ᐊᑦᔨᓕᐅᕐᑕᐅᔪᖅ. ᐃᓚᖕᒥᐊᓪᓛᑦ ᐃᓯᒪᑦᓴᓯᐅᒻᒪᕆᑦᑑᔫᕐᑐᑦ. ᐱᓪᓗᑯᑦᑕᕐᑲᕐᓂᒐᓚᖕᒐ ᐸᑎᑦᑎᒐᖅ ᐃᓯᒪᓇᖖᒥᑐᓂᒃ ᐃᑉᐱᓇᕐᑑᔫᒻᒪᕆᑦᑐᐃᑦ ᐊᓪᓖᑦ. ᐆᒪᔫᒐᓗᐊᕐᐸᑦ ᐃᓄᕈᔫᕋᓗᐊᕐᐸᑦ ᐊᐅᓚᓂᖖᒍᐊᒐᓚᖕᒥᑦ ᐅᑲᓖᑦ ᐆᑦᑑᑎᒥᓗᒥᑦ ᒧᒥᕐᑐᑦ, ᓃᐱᔭᐅᒐᒥᓪᓗ ᐃᓯᒪᔫᔫᕐᑐᑦ "ᓃᐱᑕᐅᕗᒍᑦ" ᓚᔪᒥᒃ.

ᑏᕙ ᐅᕐᑳᓕᕋᒥ ᓴᓇᖖᒍᐊᓂᐅᑉ ᒥᑦᓵᓄᑦ ᐆᒻᒪᒥᐊᒃᑲᓂᓪᓗᑐᕐᓯᓂ ᐱᔭᓐᓇᕗᖅ. ᓲᕐᓗ ᐅᕐᑲᐅᓯᑦᓴᕐᑲᕋᒥ ᑐᓴᕐᑕᐅᒥᐊᓕᒻᒥᒃ. ᑏᕙ ᐅᓂᒃᑳᑐᐊᕐᓯᑎᐅᕗᖅ ᐊᖕᒍᑎᒥᔭᐅᑦᓯᓂᓗ ᐊᕐᓇᒥᓄᑦ ᐊᑖᑕᐅᑦᓯᓂᓗ ᒪᕐᕋᑦᑎᐅᓯᓂᓗ ᑕᑯᑦᓴᐅᕐᒥᑦᑐᓂᓪᓗ ᐅᑉᐱᕆᔭᕐᑲᕐᓯᓂ. ᑖᒃᑰᒐᓗᐊᕐᑎᓗᒥᑦ ᓴᓇᖖᒍᐊᑎᒻᒪᕆᒃ ᐃᓯᒪᖕᒐ. ᓴᓇᖖᒍᐊᑏᑦ ᐅᐱᓐᓇᑮᑕᕆᓚᐅᕐᓯᒪᒻᒪᑕ ᑏᕙ ᐅᐱᒪᓐᓇᒪᕆᓕᓚᐅᕐᓯᒪᕗᖅ. ᑌᒫᒃ ᓴᓇᓯᑎᐅᒐᓯᐊᒻᒪᕆᑦᓯᓂ, ᓴᓇᖖᒍᐊᑮᑕᕆᒻᒪᕆᑦᓴᓯᓂ ᐊᔪᓕᒻᒪᕆᓕᓚᐅᕐᓯᒪᕗᖅ. ᐊᓪᓚᖖᒍᐊᓯᒪᔪᒥᒃ ᐸᑎᑦᑎᒐᑦᓴᐅᑉ ᐃᑦᔭᓯᒍᑎᒥᒃ ᓂᐅᕐᑭᑎᕐᑲᓕᕐᓂᕐᑯᖅ ᓴᓇᖖᒍᐊᑎᐅᑉ ᓂᐅᕐᑭᑎᒥᒥᐊᕐᑲᖖᒥᑕᖕᒐᓂᒃ ᐊᑑᑎᒥᐊᕐᑲᖖᒥᑕᒥᓂᒃ ᑐᓴᕐᑎᑕᐅᓯᒪᕐᕐᑰᕋᓗᐊᕐᓯᓂ ᓯᕗᑦᓴᒪᕆᓚᐅᕐᐳᖅ ᓴᓇᖖᒍᐊᑎᑦᓯᔨᐅᓂᕐᒥᑕ ᒥᑦᓯᖕᒐᓂᒃ. ᐃᓯᒪᑦᓴᓯᐅᕐᓂᒍᓪᓗ ᑕᕐᕋᕐᓯᓂᕐᒍᓗ ᐊᔭᐱᒐᒥ ᐅᐱᓐᓇᑐᐃᓐᓇᓚᕐᐅᑐᕕᓂᑮᖅ. ᑌᒣᒐᓗᐊᕐᑎᓗᒍ ᑏᕙᐅᑉ ᐸᑎᑦᑎᓕᐅᕐᓯᑎᐅᓂᖕᒐ ᑭᖕᒍᓂᕐᑲᑦᓵᓯᒪᖖᒥᓚᖅ.

ᐃᓅᕐᑲᑎᒥᑎᑐᑦ ᑏᕙᐅᑉ ᐅᓂᒃᑳᖕᒥᑦ ᐃᓄᑭᕐᑐᓂᒃ ᐅᓂᒃᑳᑐᐊᑐᐃᓐᓇᐅᖕᒥᓪᓚᑦ, ᓲᕐᓗ ᐃᓄᒃᑎᑐᑦ ᒥᑦᓯᕐᑲᒻᒪᕆᑦᑐᑦ. ᐃᓄᐃᑦ ᐅᓂᒃᑲᐅᔪᕐᒥᑦ ᐃᓚᑰᒐᔭᕐᒪᑕ ᒎᕐᖏᑦ, ᐃᓄᒐᒍᓪᓛᑦ ᐊᒻᒪᓗ ᐃᑰᑕᔫᑦ ᐅᓂᒃᑳᑕᐅᖖᒥᐸᑕ. ᐅᓪᓗᒥᐊᓛᑦ ᐃᓄᐃᑦ ᐅᓂᒃᑳᓴᕐᑖᕈᒍᒻᒪᑕ ᐃᓄᑭᕐᑐᓂᒃ ᕐᑲᐅᔨᑦᓯᑎᒃ. ᐃᓄᑭᕐᑐᐃᑦ ᑏᕙᐅᑉ ᐸᑎᑦᑎᒐᕐᒥᓐᓄᑦ ᑭᓯᐊᓂ ᐊᑦᑐᐊᕐᒥᓪᓚᑦ ᐃᓅᓯᓕᒫᕐᒥᓂᒃ ᐊᑦᑐᐊᓯᒪᓪᓚᕆᑦᑐᑦ.

ᐃᒃᑮᑦ ᐅᓂᒃᑳᑐᐊᖕᒥᑦ ᒎᕐᖏᑦ ᕐᑲᕐᕐᑲᖕᒥᓐᓃᑐᑦ ᐆᑦᑑᑎᑦᓯᐊᖕᒍᕗᑦ. ᐅᓂᒃᑳᑐᐊᑐᐃᓐᓇᐅᒐᓗᐊᖅ ᑭᓯᐊᓂ ᑏᕙᒍᑦ ᓄᓇᐅᑉ ᐊᑑᑎᓯᒪᔪᖕᒪᑕ ᐃᓚᒥᓪᓚᕆᒻᒪᐅᒃ. ᑏᕙ

ᓇᓗᕆᕐᓯᒍᓐᓇᕐᑯᖅ ᐅᓂᒃᑳᑐᐊᑦ ᓇᓃᓐᓂᒪᖔᑕ ᐱᕙᓪᓕᐊᓯᑎᒃ, ᑭᓯᐊᓂ ᐃᓄᕈᑦᔦᐃᑦ ᐃᑦᑎᕕᓂᑐᐃᓐᓇᐅᓕᕐᕐᑯᑦ. ᐃᓄᕈᑦᔦᐃᑦ ᐱᓂᐊᕐᓂᖕᒥᑦ ᕐᑯᐃᓕᕐᑕᖕᓚᓇᕐᑲᑦᑕᓯᒪᔦᑦ, ᐅᐃᕖᕐᓇᓯᒐᓯᐊᕐᓃᑦ, ᐊᓯᐅᓴᓃᑦ, ᓇᓇᐊᑎᑦᓯᒐᓯᐊᕐᓃᑦ, ᐅᕗᕙᓅᓐᓃᑦ ᑲᑉᐱᐊᓵᓇᓃᑦ. ᓯᕐᓖᓚᐅᕐᓯᒪᑦᓯᓂ ᓵᒥᐊᓚᐅᕐᓯᒪᕗᖅ ᑏᕕ ᑐᒃᓯᐊᕕᒻᒥ ᐱᕌᐅᓚᐅᕐᕐᑯᐊᓖᑦ ᐊᕐᖁᓂ ᐊᒥᓯᓂ.

ᑏᕕ ᐊᕐᓇᖕᒐᓄ ᓃᓯ ᕐᑭᑐᕐᖕᒐᓖᒃ ᓯᑕᒪᓂᒃ ᐊᒻᒪᓄ ᑎᒍᐊᕐᑲᕐᓯᑎ ᒪᕐᕿᓂᒃ. ᐃᕐᖕᒍᑕᓖᒃ ᐊᒥᓯᓂᒃ.

ᑖᓐᓇ ᐊᑐᐊᒐᖅ ᐱᖕᖕᒍᓯᒪᔪᖅ ᑏᕕ ᐊᐱᕐᓯᑕᐅᓐᓂᒪᑦ ᐊᕐᖁᐃᑦ ᐊᒥᓯᑦ ᓈᑦᓯᒥᑦ. 2000-ᐃᑦ ᐊᕐᖁᖕᒐᓂ ᓖᓕ ᐃᒪᓪᓚᒃ ᐊᐱᕐᓯᕐᑲᑦᑕᓚᐅᕐᓯᒪᔪᖅ ᑏᕕᒥᒃ ᐃᓅᓯᓇᓯᒪᔅᖕᒐᑕ ᒥᑦᓵᓄᑦ. ᓂᐱᓕᐊᕕᓃᑦ ᐊᓪᓚᑕᐅᓯᒪᓂᖕᒥᑦ ᐊᑐᕐᓯᒥᑦ ᑖᑦᓯᒪ ᐊᑐᐊᒐᐅᑉ ᐊᕕᑦᑐᓯᒪᓂᖕᒐᑕ ᐱᒥᐊᕐᕕᓕᐅᑎᒥᐺ.

ᐅᒪ 2002-ᒥ ᑲᖕᒥᕐᓯᐊᓗᑦᔦᐊᓕᐊᓚᐅᕐᓯᒪᔪᖕᒐ ᑏᕕ ᐊᐱᕐᓯᑲᓐᓂᒥᐊᕐᑐᓯᒍ. ᐅᑦᓯᒪᓂ ᐅᓂᒃᑳᓚᐅᓯᒪᔦᖅ ᑐᓴᓇᐅᕐᓇᓗᑐᕐᑐᐊᓗᓐᓂᒃ. ᑖᒃᑯᐊᓕ ᐊᕕᑦᑐᓯᒪᓂᖕᒥᑦᑕ ᓯᕗᓪᓕᓇᕙᖕᒥᑦ.

ᑖᒃᑯᐊ ᐅᓂᒃᑳᑦ ᐊᑦᑐᑕᐅᒍᑎᒥᓯᒪᒐᒃᑭᑦ ᐃᓗᒃᑯᑦ ᐃᓕᑦᓯᓄᑦ ᐅᑯᕐᑯᓇᕐᐳᖅ.

ᔩᐱ ᐅᐃᑖᓗᑦᑐᖅ

ᐅᓂᒃᑲᐅᓰᑦ ᓯᕗᓪᓕᕈᓯᖕᒥᑦ

ᐃᓅᓯᕋ ᓴᓇᙳᐊᓂᕋᓗ

ᐃᓚᒃᑲ ᓄᓇᒐᓗ

ᐋᑕᒥᒥᒃ ᐊᑖᑕᖃᓚᐅᖅᖁᖓ ᓯᐊᔭᒥᒃ ᐊᓈᓇᖃᕐᓯᖓ. ᑌᒃᑯᐊᓕ ᐊᑖᑕᒃᑯᑲ ᓯᕗᓪᓕᕕᓂᕗᑦ ᐅᑯᐊᑦᓯᐊᔪᐊᒥᒃ ᐊᑎᕈᓯᓕᕕᓃᑦ. ᑌᒃᑯᐊ ᐊᑖᑕᒐᓗ ᐊᓈᓇᒐᓗ ᐅᖃᓪᓚᕆᑦᑕᑐᐊᒃᑲ ᐃᓘᓐᓇᑕ ᐅᑯᐊᑦᓯᐊᖑᓚᐅᔪᒐᓗᐊᕐᑐᒍᑦ ᐊᑎᕗᑦ ᐃᓯᐃᓪᓕᑕᐅᒪᒻᒪᑕ. ᐊᑎᕈᓯᕗᑦ ᐃᑦᑑᓕᖅᖁᒍᑦ ᒫᓐᓇ. ᑌᑦᓯᒪᓂ ᐃᑦᑑᓚᐅᕐᓯᒪᙱᑲᓗᐊᕐᓯᑕ ᐱᕈᕐᓴᑎᓪᓗᖓ. ᓄᓇᒧᑦ ᓇᓪᓕᐊᓄᑐᐃᓐᓇᖅ ᐁᑐᐊᕋᑦᑕ ᐊᑎᕗᑦ ᐅᑯᐊᑦᓯᐊᖑᓚᐅᕋᓗᐊᕐᓯᑕ ᐃᑦᑐᒥᒃ ᐊᑎᕈᓯᕐᑖᑕᐅᓯᒪᒐᑦᑕ, ᐃᓚᒦᖑᒐᓗᐊᕐᓯᑕ ᒪᕐᕈᐃᖑᓲᖑᓕᖅᖁᒍᑦ ᒪᕐᕈᐃᒍᑦᔭᖏᒃᑲᓗᐊᕐᓯᑕ.

ᑌᒪᓕ ᐃᓅᓕᕐᓯᒪᕗᖓ ᒫᓂ ᑰᑦᔪᐊᓗ ᑲᖏᕐᓱᐊᓗᑦᔪᐊᓗ ᐊᑯᓐᓂᖓᓂ, ᑖᓐᓇ ᐃᓅᓕᕐᓯᒪᕕᒥᔭᕋ ᕿᕐᓂᑐᐊᕐᑐᒥᒃ ᐊᑎᓕᒃ ᑕᒫᓂ ᑐᓄᓪᓕᑯᑦ ᒥᑦᓯᑎᓐᓃᑐᖅ.

ᑌᒃᑯᐊ ᓯᕗᓪᓕᑲ ᓇᓂᓕᒫᖅ ᓄᓇᖃᕐᓯᒪᒻᒪᑕ ᑰᑦᔪᐊᒥ ᐊᒻᒪᓗ ᑕᓯᐅᔭᕐᒥ ᐅᑭᐅᕐᓯᐅᐸᑦᑐᕕᓃᑦ ᐅᐱᕐᖕᒫᓯᐅᕐᐸᓯᑎᒃ ᑕᓯᐅᔭᕐᒥ ᑲᖏᕐᓱᒥ ᑐᐹᓗᒻᒥᓗ. ᑖᕙᒃᑯᓇᓂᐊᓪᓛᑦ ᐊᑯᓂᐊᓗᒃ ᐃᓅᓯᒪᔪᑦ ᐊᓈᓐᑯᒥᓚᐅᕐᑕᑲ ᑲᖏᕐᓱᔪᐊᕐᒥᐅᕕᓂᐅᒻᒪᑕ.

ᑌᒪ ᑕᒪᐅᙵᐸᓪᓕᐊᓚᐅᕐᓂᕋᒥᒃ ᑲᖏᕐᓱᐊᓗᑦᔪᐊᑉ ᒥᑦᓵᓄᑦ ᑰᑦᔪᐊᒧᓪᓗ ᑕᒪᐅᖓᓗ ᐅᑎᕐᑕᐸᓪᓕᓚᐅᕐᑐᐱᓃᑦ ᐆᒪᔪᕐᓯᐅᓯᑎᒃ. ᑕᒪᓐᓇ ᐆᒪᔪᕐᓂᐊᕋᓯᑦᓯᓂ ᐅᖁᒣᑦᑑᖃᑦᑕᓯᒪᔪᐊᓘᒻᒪᑦ ᐱᓇᕈᑎᖃᑦᓯᐊᑎᓐᓇᒍ. ᑕᒪᐅᙵᐸᓪᓕᐊᕈᑎᒥᓯᒪᔭᖓᑦ ᑎᓇᒐᓐᓂᐊᑦ ᑌᑦᓯᒪᓂ ᓂᐅᐱᐅᑎᑦᓴᒎᓂᖏᓐᓄᑦ. ᐆᒪᔪᖃᕐᓂᓴᓗ ᕿᓂᕐᐸᓕᐊᑦᓯᒍ ᑕᒪᐅᙵᓚᕿᓐᓂᖁᑦ. ᑌᒃᑯᐊ ᑖᕙᓂᒥᐅᔭᓪᓚᓇᐅᑦᓯᑎᒃ ᐃᓚᒃᑲ ᑕᒪᐅᙵᐸᓪᓕᐊᔪᐱᓃᑦ ᑖᕙᓂ ᑲᖏᕐᓱᔪᐊᒥᐊᓪᓛᑦ.

ᐊᐱᕆᑫᓐᓇᕋᕕᑦ ᐊᑯᓂᐊᓗᒃ ᑰᕈᕐᔪᐊᒥᐅᖑᕙᓚᐅᖅᖁᒍᑦ. ᐅᑭᐅᕐᓯᐅᐸᑦᓯᑕ ᐅᐱᕐᖕᒫᓯᐅᕐᐸᓯᑕᓗ ᑕᓯᑲᓪᓚᒥᐅᖑᓯᕙᑦᓯᑕ ᐅᑭᐅᒥ. ᑌᒣᓘᕐᐸᓚᐅᖅᖁᒍᑦ ᐱᕈᕐᓴᑎᓪᓗᖓ.

ᐃᖃᓗᒥᐅᕐᓂᕆᓚᐅᕐᓯᒪᔭᕋ

ᐃᖃᓗᒥᐅᕐᓂᕆᓚᐅᕐᓯᒪᔭᕋᓂᒃ ᐊᐅᓚᕈᑦᓯᐊᕗᖓ ᐊᑖᓐᓄᑦ ᐃᖃᓗᑦᓯᐅᕆᐊᖃᑕᐅᑦᓯᖓ ᕿᒧᒃᓯᐅᖏᑦᑐᑯᑦ ᒪᕐᑫᖃᑕᐅᒥᐊᙵᓚᐅᕐᓯᒪᕗᖓ ᐱᓯᐃᓐᓇᓯᓗᒃ. ᐅᒥᐊᒃᑯᑦ ᒪᕐᑫᑦᑎᓗᒥᑦ ᒪᓃᓐᓇᐸᑦᓯᖓᑕᒐ ᐊᐅᓪᓛᑎᓪᓗᒥᑦ ᒪᓃᓐᓇᐸᑦᓯᖓ. ᐅᐱᕐᖕᒪᓴᐹᓗᒻᒥ ᐱᓯᐃᓐᓇᑐᑦ ᕿᔪᑦᑕᕆᐊᖃᑕᐅᒥᐊᙵᓚᐅᕐᓯᒪᕗᖓ ᓯᕈᓯᐊᐱᐅᑦᓯᖓ ᓯᓚ.

ᑌᒪ ᓯᓂᑦᑕᕆᐊᕐᓂᖅ ᓯᕗᓪᓕᕚᖅ ᐊᑐᓚᐅᕐᓯᒪᔭᕋ ᐃᖃᓗᑦᓯᐅᕆᐊᕐᓯᓄᒃ ᑕᓯᕐᒧᑦ. ᑌᒪ ᑕᓯᕐᒧᑦ ᐃᖃᓗᑦᓯᐅᕆᐊᕋᓐᓄᒃ ᐊᑖᑕᒐ ᐊᐅᓚᓴᕋᓯᒐᓗᐊᕐᓯᓂ ᓯᓚᐅᕐᓯᒪᑦᔭᖏᒻᒪᑦ. ᐅᓐᓄᒪᑦ ᓯᓇᐅᑉᐸ ᑐᐱᖃᑦᔭᖏᑦᑐᒍᒃ ᓯᓂᑦᑕᐅᑎᒥᒃ. ᑌᒪ ᕿᓯᕐᑑᑎᓂᒃ ᓇᐹᕐᑐᓂᒃ ᐊᓪᓚᐊᓕᐅᕐᓯᓂ ᓚᐅᕐᓯᒪᔪᖅ. ᓯᓇᐅᑉᐸ ᖄᑦᓴᑲᓂᒃ ᕿᐱᑦᓴᑲᓂᒃ "ᐅᕙᓂ ᓇᓚᓚᐅᑲᒥᑦ!" ᓚᔭᐅᓕᕋᒪ ᐊᓈᓇᒃᑯᑲ ᐃᖅᖃᕋᒃᑭᑦ ᕿᐊᓯᑐᐃᓐᓇᓚᐅᕐᓯᒪᔪᖓ. "ᐅᕙᓂ ᓯᓂᒐᓯᐊᑫᓐᓇᓚᐅᑲᒥᑦ ᑐᐸᒍᕕᑦ ᐊᓂᕐᕋᓂᐊᕋᓐᓄᒃ!" ᓚᔭᐅᖅᑰᒪᕆᑦᓯᖓ. ᑌᒪᓕ ᖃᐊᓯᔭᒍᓗᑐᐃᓐᓇᐅᓚᐅᕐᓯᒪᔭᖓ. ᑌᒪ ᖃᐊᑎᓪᓗᖓ ᐅᐸᑦᓯᒪᔪᐅᑦᓯᖓ ᑕᒻᒪᓂ ᐯᓇᔪᐅᑦᓯᖓ ᓯᓂᓰᓐᓇᑐᕕᓂᐅᓚᐅᕐᓯᒪᔭᖓ. ᑖᓐᓇᑕᒐ ᓯᓂᑦᑕᕆᐊᙵᐅᑎᒥᓚᐅᕐᓯᒪᔭᖓ.

ᐃᒻᒪᖄ ᖁᓕᐅᓐᓂᔭᖏᑦᓘᓐᓃᑦ ᐅᑭᐅᒃᑲ ᑌᑦᓯᒪᓂ ᒪᓕᒥᐅᕐᓴᑐᐊᐱᐅᑦᓯᖓ ᐊᕿᒻᒥᓂᐊᖅᖃᔭᕐᓇᖓ ᐊᐅᓚᓴᓂᐅᕐᓂᐊᐱᐅᓕᕋᓗᐊᕐᓯᖓ. ᑌᒪ ᐅᓪᓛᑯᑦ ᑐᐸᑦᑐᒍᑑᓕᕐᒥᒪᓐᓄᒃ ᓯᓚᖅᕿᑐᕐᔪᐊᒍᓕᕐᒥᑎᓪᓗᒍ ᖃᐅᑦᓴᓕᕐᒪᑦ ᐊᓂᕐᕋᒍᒪᓂᓇᓚᐅᕐᑕᕋ ᓇᐅᒥᓐᓇ? ᑐᐸᑦᓴᓕᕐᒥᒐᒪ ᑕᒐ ᐃᑯᐊᓚᔪᒧᑦ.

ᑏᕕᐅᑉ ᐊᓈᓇᖓ ᓯᐊᔭ, ᐊᑦᔨᓕᐊᕕᓂᖅ 1968-ᒥ
Sarah, la mère de Tivi, photographiée en 1968.
Tivi's mother Sarah, photographed in 1968.
Donat Savoie Collection IND DSA 085

ᑌᑦᓯᒪᓂᓕ ᐱᐊᕋᐅᑎᓪᓗᖓ ᓯᓚᖅᕿᓕᑐᐊᕋᒥ ᖃᐅᔨᒪᓇᖅᑲᑦᑕᓚᐅᔪᖕᖏᒪᑦ ᓯᓚᖅᕿᓕᑐᐊᕋᒥ ᐃᒫᑦᓯᐊᕌᓗᒃ ᓯᓚᖅᔪᐊᓯᐊᖑᕙᓚᐅᖅᒪᑦ.

ᑌᒪ ᐊᐅᓚᓴᓯᓚᐅᖅᓯᒪᒐᒪ ᐁᑉᐸᕋ ᐃᖃᓗᑦᓯᐅᖅᑰᖕᖏ-ᒪᓀᑦᑎᓗᒍ 7-ᓗᑐᖅᓂᒃ ᐃᓯᐅᕋᓕᑦᑖᓕᓚᐅᖅᓯᒪᔪᖓ ᐅᓐᓄᑯᑕᒐ ᕿᐊᓚᐅᖅᓱᖓ ᓱᑌᖅᑐᐊᓘᓚᐅᖅᓯᒪᕗᖓ. ᐃᖃᓗᑦᑐᖓ ᐃᓯᐅ-ᕋᓕᑦᑖᓂᒃ, ᐃᖃᓗᑉᐱᐅᔭᖕᒥᑦᑐᓂᒃ. ᐊᑖᑕᒐ ᐊᑕᐅᓯᐊᖅᓂᒋᓂ ᒪᖅᒋᕌᑦᓴᓂᒋᓂ ᐱᑦᓴᓂᕋᓗᐊᖅᒪᖔᑦ ᐊᐅᓚᔨᖕᖏᑕᕋ.

ᑏᕕ ᐃᑦᑐᒃ 1968-ᒥ ᐃᖃᓗᑦᑕᕕᓂᖓᓗ
Tivi Etok en 1968, montrant sa prise.
Tivi Etok in 1968, showing off his catch.
Donat Savoie Collection IND DSA 232

ᐅᓪᓛᑯᑦ ᐅᐱᖅᖓᓴᐅᒻᒪᑦ ᓄᓇᒃᑯᑦ ᐱᓱᑦᑐᒍᒃ, ᐊᐳᑎᐅᓂᖓᓂ ᐃᑳᕌᐱᖃᑦᑕᕋᓗᐊᖅᓱᓄᒃ. ᐱᓱᑦᓴᖑᐊᖅᑐᒍᒃ ᐅᖅᖂᔨᑎᓪᓗᒍ ᑌᒫᓪᓗᑐᖅ.

ᓯᓚᖅᕿᐊᓗᒻᒥ ᑌᒪ ᑎᑭᓕᖅᒥᒐᓐᓄᒃ ᐊᓂᖅᕋᒍᑦ ᑐᐱᖅᓄᑦ ᐃᓚᒦᓄᑦ ᓯᓚᖅᖃᑎᒦᓄᑦ ᑎᑭᓕᖅᑐᒍᒃ. ᖃᑦᓯᐅᓚᐅᖅᓯᒪᔪᑭᐊᖅ ᑖᒃᑯᐊ ᐊᑖᑕᒻᒪ ᓄᑲᒃᑯᖕᒥᑦ ᐃᓚᒥᑦᓯᒥᑦ ᐃᓅᓐᓇᑎᒃ ᐃᓄᒥᐊᔮᖑᓕᓚᐅᖅᓯᒪᔪᑦ ᕿᑑᖅᖓᓖᓐᓇᐅᒐᒥᒃ. ᑎᑭᑦᑐᐊᓘᓕᕋᓐᓄᒃ ᑲᖕᖑᓇᖅᑐᐊᓘᓕᓚᐅᖅᓯᒪᔪᖅ. ᑕᒐ ᑲᖕᖑᓲᑎᑦᓴᖃᓚᐅᖅᓯᒪᔪᖓ ᕿᐊᓚᐅᖅᓂᕋ ᐃᖃᓗᓐᓂᕋᓗ. ᐊᓯᐃᓛᒃ ᐃᑎᑐᐊᕋᓐᓄᒃ ᐊᓂᖅᕋᒦᓕᐅᓪᓕᓂᐅᔭᓕᐅᔪᑦᔭᖕᒥᑦᑐᖓ ᓯᓚᒥ ᓱᑭᓯᐅᖃᑎᒃᑲᓂᒃ ᐱᖕᖑᐊᖃᑎᑦᓴᓯᐅᓯᑐᐃᓐᓇᓱᖓ ᐃᑦᓯᒥᖓ ᓵᓕ ᐅᑯᐊᑦᓯᐊᒥᐅᖅᖂᑐᖅ ᐃᓚᖕᒥᓐᓂᓗ ᑖᒥ ᐅᑯᐊᑦᓯᐊᒥᓪᓗ ᐱᖕᖑᐊᒐᓕᖃᑎᖃᓯᑐᐃᓐᓇᓱᖓ.

ᓂᕆᒻᒫᑎᑦᓯᒥᐅᕐᓂᕋ

ᑌᒪ ᖀᕐᖁᔨᖁᔭᐅᓕᕐᒥᒐᒪ ᑌᒃᑯᓄᖕᒐ ᓂᕆᔪᐊᓘᓕᖕᒐᖁᔭᐅᓕᕐᒪᑕ ᐃᖃᓗᕐᖃᐅᔭᒃᑲᓂᒃ. ᐊᕐᓇᓕᒫᑦᓯᐊᑦ ᐃᓄᓐᓈᓄᑎᒃ ᖀᖁᓕᓚᐅᕐᓯᒪᔭᒃᑲ. ᐊᓯᐃᓛᒃ ᓂᕆᔪᐊᓘᓕᓚᐅᕐᓯᒪᔪᑦ ᑌᒃᑯᐊ ᐃᖃᓗᑦᑕᑲ ᐊᑕᐅᓯᕐᒥᓘᓐᓃᒃ ᐊᒥᐊᒃᑯᔭᐅᒐᑎᒃ ᒪᒪᕆᔮᓗᑐᐃᓐᓇᐅᓱᑎᒃ ᓂᕆᒻᒫᑕᐅᒥᐊᖖᒐᓕᓚᐅᕐᓯᒪᔪᑦ ᐆᒪᔪᕆᐅᕈᑎᒃᑲ.

ᑌᒫᑕᒐ ᐆᒪᔪᕆᐅᕈᑎᓕᒫᒃᑲ ᓯᓇᐅᕙ ᐃᓄᓐᓄᑦ ᓂᕆᒻᒫᑕᐅᓗᑎᒃ ᓄᖑᑕᐅᑦᓴᐸᑖᓕᕐᒪᑕ. ᓯᓇᐅᕙ ᑌᓐᓇ ᑌᒣᒥᐊᖖᒐᐅᑕᐅᑦᓴᓕᕐᑐᕕᓂᖅ ᐱᔭᕆᐅᕐᓴᐅᑎᒃᑲᓂᑦ ᓯᕗᓪᓕᐹᖑᓚᐅᕐᓯᒪᔪᖅ.

ᐊᐱᕐᓯᑐᖅ: ᐆᒪᔪᕆᐊᖖᒐᓱᑎᑦ ᐊᕐᓇᓕᒫᑦ ᖀᖁᔭᕕᓂᐅᓂᕋᑫᓐᓇᕋᕕᒃᑭᑦ ᐊᕐᓄᑦ ᓯᕗᓪᓕᐸᐅᑎᑕᐅᓲᖑᓐᓂᖃᑦ?

ᑭᐅᒍᑎᖕᒐ: ᐃᓛᓕ ᑌᒃᑯᐊ ᐊᖑᑎᒐᓱᑦ ᐱᔪᒪᔪᐃᑦ, ᓱᕈᓯᒐᓱᑦ ᐃᓚᐅᔪᑦ. ᐆᒪᔪᕕᓂᖅ ᑎᑭᐅᑦᔭᐅᑐᐊᕐᒪᑦ ᓂᕆᒻᒫᑎᑕᐅᑦᓯᑎᒃ ᑭᓯᐊᓂᐅᕙᓚᐅᕐᓯᒪᑕ. ᐆᒪᔪᕐᑐᕕᓃᑦ ᐊᖕᒐᔪᕐᖄᖑᔫᔮᓕᕐᓱᑎᒃ ᑌᒫᒃ ᐱᐅᓯᕆᔭᐅᕙᓚᐅᕐᒪᑦ. ᑕᒐ ᐆᒪᔪᕐᑐᕕᓂᐅᖖᒋᑐᐃᑦ ᐊᖕᒐᔪᕐᖄᖑᔫᕈᓐᓂᓯᑎᒃ, ᑖᒃᑯᐊ ᐆᒪᔪᕐᑐᕕᓃᑦ ᐃᓱᒪᒥᒋᐊᕐᑲᓯᓲᖑᒻᒪᑕ.

ᐃᒫᒃ ᐅᖃᐅᓯᕐᑕᖃᕐᒪᑦ: "ᐆᒪᔪᕉᖅ ᑕᒫᓂ ᓄᓇᒦᑦᑐᖅ ᓇᓂᒍᓗᑐᐃᓈᑐᖅ ᑭᓇᒥᓪᓗᓃᑦ ᐃᓄᖃᖖᒥᒪᑦ." ᑭᓯᐊᓂᒎᑕᒐ ᐆᒪᔪᑦ ᑖᓐᓇᑕᒐ ᐃᓄᒥᔭᑑᒍᓐᓇᒪᑦ. ᑌᒫᒃ ᑖᓐᓇ ᐱᐅᓯᖅ ᐅᖃᐅᓯᕐᑕᖃᕐᒪᑦ. ᑕᒐᒎᖅ ᐆᒪᔪᕈᒪ, ᐆᒪᔪᕐᑕᑲ ᐃᑎᕈᒃᑭᑦ ᐊᕐᓇᒪ ᐊᑭᖕᒐᓅᕈᒃᑭᑦ ᑖᓐᓇᑕᒐ ᐆᒪᔪᕕᓂᖅ ᐃᓅᑦᑖᓕᑌᓐᓇᑐᖅ. ᐃᓅᑉ ᐆᒪᔪᕋᑖᕐᑕᖕᒐ ᓲᕐᓗ ᐊᖕᒐᔪᕐᖄᖑᔮᓕᕐᑐᖅ. ᑌᒪ ᓂᕆᖁᔨᓂᐊᕈᓂ ᖀᕐᖁᔨᓂᐊᕈᓂ ᐃᓱᒪᒥᑦᑐᑑᓕᕐᑐᖅ. ᑌᒣᓘᕐᑐᖅ ᐱᖁᔭᖅ, ᒪᓕᒐᖅ. ᑌᒣᑦᑑᕙᓚᐅᕐᑐᖅ.

ᐱᐅᔪᐹᓘᕙᓚᐅᕐᑐᖅ ᐊᓕᐊᓱᒃᑐᐊᓘᑦᓱᑎᒃ ᓂᕆᓱᒻᒪᑕ. ᐊᓕᐊᓱᖖᒋᑐᓂᒃ ᓂᕆᔪᓂᒃ ᖃᐅᔨᓚᐅᕐᓯᒪᓇᕐᐸᓚᐅᖖᒋᒪᑦ. ᖁᕕᐊᓱᑦᑐᓂᒃ ᓯᕆᐸᓪᓛᔪᐊᓘᑦᓱᑎᒃ ᓇᑯᕐᓴᑐᐊᓗᓐᓂᒃ ᓄᓴᖖᒎᒥᓇᕐᐸᓚᐅᖖᒋᒪᓪᓘᓃᑦ. ᓂᐱᕐᖁᑐᓕᕐᒪᑕ ᐃᓱᒣᓐᓇᖅ ᑌᒣᓘᕐᐸᓚᐅᕐᑐᐊᐱᐅᒻᒪᑕ ᐊᓕᐊᓱᑦᑐᑦ.

ᓯᕆᕐᖃᔭᕈᓐᓀᒪᑕᓗᓐᓃᒃ ᒫᓐᓇ, ᓯᕐᑖᕈᓐᓀᑐᑦ. ᑌᒣᓕᖕᒐᕙᓚᐅᕐᑐᓂᒃᑯᐊ. ᐊᕐᓀᑦ ᑭᓯᒥᑑᕙᓚᐅᑦᔭᕐᒥᑦᑐᑦ. ᑌᒃᑯᐊᓕ ᐊᕐᓇᓕᒫᖁᑐᐃᑦ ᐃᓄᑐᖀᓪᓗ ᐊᖑᑏᓪᓗ ᖀᕐᖁᔭᐅᓚᐅᕐᓯᒪᔪᑦ. ᓱᓇᐅᕙ ᑌᒣᕐᑎᑕᐅᑦᓯᐸᑖᕋᒪ ᐆᒪᔪᕐᑕᓕᒫᒃᑲᓂᒃ. ᑕᒪᓐᓇᑕᒐ ᒪᓕᒐᐅᒻᒪᑦ, ᑌᒣᕐᑎᑕᐅᓕᑌᓐᓇᓱᖕᒐ ᖃᐅᔨᒋᐊᖖᒐᓚᐅᕐᓯᒪᔭᕋ.

ᓂᕆᓕᕋᒥᒃ ᐃᓱᒣᓐᓇᖅ ᐊᓕᐊᓱᓚᐅᕐᓯᒪᕗᑦ, "ᐆᒪᔪᕐᐸᓂᐊᕐᖁᑏᑦ!" ᓚᖃᑦᑕᓱᑎᒃ. "ᐆᒪᔪᕐᐸᓛᓕᕐᖁᑏᑦ! ᐆᒪᔪᕐᐸᓂᐊᕐᖁᑏᑦ!" ᐃᒫᒃ ᑐᖖᒐᓇᕐᑐᐊᓗᐊᓚᐅᕐᑐᑦ ᓂᕆᓕᕋᒥᒃ. ᑌᒫᒃ ᐱᐅᔪᐊᑑᑎᒥᐸᓚᐅᕐᑐᖅ ᑕᒪᓐᓇ ᓂᕆᒻᒫᑎᑦᓯᓂᖅ.

ᑌᒃᑯᐊ ᐆᒪᔪᕐᑕᕗᑦ ᐅᕙᒍᐃᓐᓈᐱᑦᑎᓄᑦ ᐱᓚᖕᒐᕙᓚᐅᖖᒥᒪᑕ. ᓯᓚᕐᖃᑎᖃᑐᐊᕋᑦᑕ ᓯᓚᕐᖃᑎᕗᑦ ᐱᖃᑎᒥᑐᒥᑦ ᑭᓯᐊᓂᐅᕙᓚᐅᕐᓯᒪᑕ ᐆᒪᔪᖅ ᐊᔪᕐᓇᑐᐊᓗᒻᒪᑦ. ᑭᓯᐊᓂ ᐅᖅᖃᐅᒪᒪ ᐆᒪᔪᑦ ᓄᓇᓕᒫᒦᑦᑐᑦ ᑭᓇᒧᓪᓘᓃᑦ ᐱᔭᐅᖖᒥᓂᓕᒫᒥᓂ ᑭᓈᐱᒻᒥᑑᓃᑦ ᐃᓄᖃᖖᒥᒪᑦ. ᑭᓯᐊᓂ ᑖᓐᓇ ᐃᓄᒃ ᐁᑦᑐᑕᐅᒍᓂ ᐆᒪᔪᒥᒃ ᑖᓐᓇᑕᒐ ᐃᓄᑦᑖᕆᔭᖕᒐ. ᑖᓐᓇᑕᒐ ᐆᒪᔪᕋᒥ ᐃᓱᒣᓐᓇᖁᑎᖃᓕᕐᑐᖅ ᑕᒪᒃᑯᐊ ᓯᓚᕐᖃᑎᖕᒋᑦ ᐊᖕᒐᔪᕐᖄᖑᒐᓗᐊᕐᐸᑕ. ᑕᒪ ᐃᓱᒪᒥᓕᕐᖁᖅ ᖀᕐᖁᔨᒍᒪᒍᓂ. ᑕᒪᓐᓇ ᑌᑦᓱᒪᓂ ᐱᐅᓯᐅᒐᒥ ᒪᓕᒐᐅᒻᒪᑦ. ᑕᒪᓐᓇ ᐊᑐᕐᑕᐅᔫᕙᓚᐅᕐᑐᖅ. ᐊᓕᐊᓇᕐᑐᐊᕙᓚᐅᕐᑐᖅ ᒫᓐᓇ ᐆᒪᔪᕐᑐᕕᓂᐅᑦᓯᓂ ᓂᕆᔭᖃᓯᒻᒪᑦ. ᐃᓚᖕᒐᓂ ᐊᓂᕐᕿᒍᒪᐸᐅᖖᒋᑐᖕᒐᑑᑦ ᐊᓕᐊᓱᑦᑐᓂᒃ ᓱᓇᓄᓂᒃ ᑐᓴᓚᐅᐊᕐᓱᖕᒐ ᑐᓴᑐᐊᓪᓗᓂᑦ. ᐊᓕᐊᓱᑦᑐᐊᓴᕐᑲᑕᐅᑦᓱᖕᒐ. ᑌᒣᑦᑐᓯᐊᕿᑑᕙᓚᐅᕐᑐᖅ ᑕᒪᓐᓇ.

ᖁᑭᐅᑎᐊᐱᒐ ᓯᕗᓪᓕᐹᖅ

ᒪᖀᒥᐅᓪᓚᕆᓕᓚᐅᓯᒪᔪᖕᒐ ᑭᖑᓂᐊᒍᑦ ᑭᓯᐊᓂ. ᑎᖕᒥᖀᐅᑌᓐᓈᒍᑦ ᑭᓪᓂᓂᓕᐊᕐᐸᓚᐅᕋᑦᑕ ᐅᓇᓂᒐᔭᒃ ᓯᑯᓐᓂᐊᑐᐊᓘᑦᓯᑕ.

ᑌᒪ ᑰᑭᕐᔪᐊᒦᖕᒥᓐᓇᓯᖕᒐ ᐊᕐᑭᒻᒥᓂᐊᓇᐅᕐᔨᐱᕐᓯᒪᔪᖕᒐ. ᐊᕐᑭᒻᒥᓂᐊᔫᖑᓚᕐᓯᕐᒪ ᓇᒻᒥᓂᖅ ᖁᑭᐅᑎᑖᕐᑎᑕᐅᓚᓚᐅᕐᓯᒪᕗᖕᒐ. ᖁᑭᐅᑎᑦᓭᕋᓂᒃ ᓂᐅᕕᕐᓯᒪᑦᔭᖕᒥᒻᒥᓯᖕᒐ ᓇᒻᒥᓂᖅ, ᑮᓇᐅᔭᕐᓄᓃᑦ ᓱᓇᓄᓐᓃᑦ ᓱᓇᑕᖃᕐᒪᖕᒐᓄᓃᑦ ᖃᐅᔨᒪᓇᕐᐸᓚᐅᑦᔭᖕᒥᒻᒪᑦ. ᐆᒪᔫᑉ ᐱᐅᓯᖕᒐ ᐆᒪᔪᕐᓃᑦ ᑖᒃᑯᑐᐊᑦᓯᐊᖑᑦᓱᑎᒃ ᖃᐅᔨᒪᓇᕐᑐᒎᕙᓚᐅᕐᒪᑎᒃ. ᓯᓚᑐ ᐱᐅᒍᓐᓄᐸᑦ ᐃᓄᒐᓱᐊᑦᓯᐊᓂᖅ ᐊᓐᓇᐅᒪᒐᓱᐊᕐᓂᖅ ᑖᒃᑯᑐᐊᒍᕙᓚᐅᕐᒪᑕ.

ᐊᖑᑏᑦ ᖃᒧᑎᖏᓪᓗ ᐅᓯᑦᑐᑦ ᑲᖏᕐᓱᒥ 1948-ᒥ

Hommes inuits avec un traîneau chargé, Kangirsuk, 1948.

Inuit men with a loaded sled, Kangirsuk, 1948.

Corporal C.K. McLean Collection MCL 058

ᑌᒪᓕ ᖁᑭᐅᑎᐊᕈᕐᑖᑎᑕᐅᓚᐅᕐᓯᒪᔪᖓ ᐃᒦᙯᐱᒃ ᓅᑦᑐᐊᕐᔪᑯᓗᒻᒥᒃ. ᖁᑭᐅᑎᐊᕈᙳᐊᓗᑯᐊᐱᒻᒥᒃ ᐊᑖᑕᒪᓂᐅᑦᔭᖏᒻᒥᔪᖅ ᐊᑖᑕᒻᒪ ᓇᔭᖓᑕ ᐊᖑᑎᖓᓄᑦ ᑐᓂᕐᕈᓯᐊᓇᑦᓯᒍ. ᑌᓐᓇ ᓇᑦᓕᒍᓯᑉᐸᓚᐅᙯᒥ ᐅᕙᓐᓂᒃ ᖁᑭᐅᑎᑲᓪᓛᐱᒻᒥᓂᒃ ᖁᑭᐅᑎᒥᕙᑦᑕᕕᓂᕐᒥᓂᒃ ᐱᖅᑲᔪᙯᒥ ᙯᑦᓯᓚᐅᕐᓯᒪᔪᖅ. ᑌᒪ ᐊᕿᒻᒥᓯᐅᖃᑦᑕᓕᙯᒪ ᐊᕿᒻᒥᓂᐊᓕᙯᒪ ᑖᑦᓯᒧᖓ 22-ᙯᐱᒻᒧᑦ ᐊᕿᒻᒥᑕᒃᑲᓂᒃ ᐸᔪᖏᓐᓇᐸᑦᓯᒍ ᑌᒣᓘᕐᐸᓕᓚᐅᕐᓯᒪᔪᖓ.

ᑰᕈᕐᔪᐊᓄᑦ ᓄᓈᕐᐸᓕᐊᓂᕗᑦ

ᑌᒪ ᐊᑖᑕᒻᒪ ᓄᑲᒥᒃ, ᑖᒥ ᐊᒻᒪᓗ ᓘᑲᓯ ᐅᑯᐊᒃᓯᐊᑯᑦ ᓯᓇᒥᑦᑐᓯᐊᖑᒐᒥᒃ ᑕᑉᐹᓂ ᑰᕈᕐᔪᐊᑉ ᕿᙳᐊᓂ ᓇᐹᕐᑐᓂᒃ ᐃᓪᓗᖃᕐᐸᓕᓚᐅᕐᓯᒪᔫᒃ. ᐃᓕᓴᐱᒃᑯᑦ ᒥᑭᔪᐊᐱᐅᑎᓪᓗᒥᑦ ᒥᑭᔪᙳᐊᙯᐱᐅᑎᓪᓗᒥᑦ ᓯᓚ. ᐃᓪᓗᔪᐊᓕᑦᓯᐊᐹᓘᑦᓯᑎᒃ ᓇᐹᕐᑐᐊᓗᐃᑦ ᐃᓗᐊᓃᑦᓯᐊᓯᑎᒃ.

ᑌᒪ ᑕᑉᐸᐅᖓᑉᐸᓕᐊᓚᐅᕐᓯᒪᕗᑦ ᑰᕈᕐᔪᐊᖅ ᑐᑭᓕᐊᕐᓯᒍ, ᑐᒃᑐᓯᐅᕐᓯᑎᒃ. ᐊᑖᑕᒃᑯᕗᑦ ᑕᑉᐸᐅᖓ ᑐᒃᑐᓯᐅᕐᐸᓕᕐᓯᑎᒃ ᐅᐱᕐᖔᒥ ᑐᐱᖃᕐᐸᓕᕐᓯᑎᒃ, ᑕᒃᐹᓂ ᐱᕈᓴᓕᐊᓘᕙᓕᕐᓯᑎᒃ. ᑌᒪ ᑕᒃᐹᓂᖃᑕᐅᓕᙯᑦᑕ ᑐᒃᑐᕕᓂᕐᓂᒃ ᐱᕈᓴᕕᓂᕐᓂᓗ ᐁᑦᓯᙯᑐᐃᓐᓇᐸᓕᓚᐅᕐᑐᑦ ᐱᓯᑭᑕᖏᓐᓇᓕᒫᕐᓯᑎᒃ.

ᑎᓇᒐᓐᓂᐊᖃᕐᓂᓴᐅᖅᑯᓂᖓᓂᓗ ᖃᐅᔨᐸᓪᓕᐊᓯᑎᒃ, ᑎᓇᒐᓐᓂᐊᑕᖏᑦ ᓂᐅᕕᐅᑎᑦᓴᑦ. ᑌᒣᓐᓂᑯᖏᓐᓄᑦ ᐊᑖᑕᒻᒪ ᓄᑲᒃᑯᖏᑦ ᓘᑲᓯᒃᑯᑦ ᑖᒥᒃᑯᓗ ᑖᕗᖓ ᐃᑎᕕᐊᓅᕐᐸᓕᐊᔪᐊᓗᑐᐃᓐᓇᐅᓕᓚᐅᕐᓯᒪᔪᐃᑦ. ᐅᕙᒍᒐᓴᒃ ᓚᐸᑐᐊᑉ ᒥᑦᓵᓄᑦ ᒪᓕᑐᐃᓐᓇᑐᒍᑦ. ᐃᓪᓗᔪᐊᓕᐅᓇᐊᓪᓚᕕᒥᓕᐅᕐᓯᒪᔭᖓᑦ ᑕᑉᐸᓇ ᐃᓪᓗᔪᐊᖃᓕᕐᓯᑎᒃ, ᐃᒫᒃ ᐊᖏᔪᑲᓪᓛᓗᒻᒥᓕ. ᐃᓪᓗᔪᐊᓪᓚᓇᐊᓗᒻᒥᒃ ᓇᐹᕐᑐᓴᒥᒃ. ᑕᑉᐹᓂᑕᒐ ᐅᓪᓗᒥ ᓯᑮᑐᒃᑯᑦ ᑎᑭᓵᖑᓲᖅ ᐃᓪᓗᔪᐊᖅ.

ᑖᕗᖓ ᐃᑎᕕᐊᓄᑦ ᓇᕝᕚᓄᑦ ᐁᓯᓕᕐᒥᒪᑕ ᐅᐱᕐᖓᓴᕐᓰᒥᐊᕐᑐᓯᒻᒥᓯᑎᒃ ᑌᒃᑯᐊ ᑖᕙᓃᖃᑦᑕᓚᐅᕐᓯᒪᔪᑦ ᐊᑖᑕᒻᒪ ᓄᑲᒃᑯᖏᑦ ᒪᓕᓕᓚᐅᕐᓯᒪᒐᑦᑎᒥᑦ. ᓯᕗᓪᓕᐹᒥ ᑖᕙᓂᒥᐊᙵᖃᑕᐅᓕᓚᐅᕐᓯᒪᕗᒍᑦ. ᑕᑉᐹᓃᓕᕐᓯᑕ ᑎᓇᒐᓐᓂᐊᑐᐊᓘᖃᑦᑕᓯᑦᓯᑎᒃ.

ᑰᕈᕐᔪᐊᑕᒐ ᐸᐅᙵᐅᓕᖓᓲᖑᑦᓴᒪᑦ, ᑖᕙᓃᓐᓇᖅ ᑰᕈᕐᔪᐊᑉ ᐃᓚᖓᓃᑦᓯᓂ ᑐᑭᓪᓗᑐᐊᓃᙱᓗᑯᐊᐱᑦᑐᖅ ᑖᕙᓃᑦᓴᓕᕐᑐᒍᑦ. ᑌᓐᓇᓕ ᑖᑦᓯᒪᐅᑉ ᑰᕈᕐᔪᐊᑉ ᑰᓕᒫᖓᑕ ᑐᑭᓪᓗᑐᐊᓂ ᓴᒪᒥᒃ ᐊᑎᖃᕐᒪᑦ. ᑖᕙᓐᓇ ᐃᑎᕕᐊᓂ ᑲᖏᕐᓱᒃ ᓲᒪᐅᓂᕐᓴᑦᑕᐅᓲᖅ. ᓯᕿᓂᕐᓯᐅᓯᓂ ᓇᕝᕚᓂᑦ. ᓄᓇᓐᓈᓇᕝᕙᓚᐅᕐᑕᕗᑦ ᑌᒃᑯᐊ ᐊᒥᓯᐊᓘᒪᑕ ᑖᕙᓂ.

ᐃᓚᒃᑲ, ᖃᓂᒪᓂᖅ ᐊᒻᒪᓗ ᑐᖁ

ᑌᒪ ᐊᑕᐅᓯᖅ ᓄᑲᕕᓂᕗ ᑖᕙᓂ ᓵᒪᒥ ᐃᓗᕕᐅᒻᒥᔪᖅ. ᕿᖏᒧᐃᓐᓇ ᖃᓂᒪᔪᒧᑦ ᐁᑦᑐᑕᕕᓂᐅᖅᑰᓯᓂ ᑐᖁᓚᐅᕐᓯᒪᔪᖅ. ᑮᓇᒃᑯᓘᓐᓃᑦ ᖃᓂᒃᑯᓘᓐᓃᑦ ᖃᓂᒪᔫᑉ ᐅᖃᖓᓗᓄᑦ ᐊᑦᑐᑕᕕᓂᐅᖅᑰᑐᖅ ᓚᕿᓯᒪᔪᖅ. ᓯᕿᓯᒻᒪᓇᑲᓪᓛᐱᐅᓕᕐᑐᐊᕐᓯᓂ ᑐᖁᓚᐅᕐᓯᒪᔪᖅ. ᑰᓐᓂᐊᓕᕐᓯᓂ ᕿᖐᑦ ᑰᓐᓂᐊᓇᓚᐅᕐᓯᒪᔪᖓᓄᓪᓗᑑᔫᕐᑐᖅ. ᐅᐱᕐᖓᓴᕐᓯᐅᓯᕐᑕ ᑐᖁᓚᐅᕐᓯᒪᔪᖅ. ᕿᓪᒦᑦ ᖃᓂᓪᒪᓐᓇᓯᐅᑐᐊᓅᕐᐸᓇᐅᕐᒥᒪᑕ ᐃᓚᖓᓂ ᖃᓂᒪᓐᓇᒍᑦ ᑎᑭᑕᐅᒪᒥᒃ. ᕿᓪᒦᕈᓇᐅᕐᓯᒪᓕᑦᑖᑦ. ᑌᒪ ᑖᕙᓂ ᐃᓗᕕᐅᑦᓴᖁᖅ.

ᓇᔭᖅᑲᓚᐅᖅᓯᒪᕗᖓ ᐊᑖᑕᖅᑲᑎᒋᑦᓱᒋᒃ ᒪᖅᑮᓂᒃ. ᓰᓯᒥᓪᓗ ᐹᓴᒥᓪᓗ. ᓇᔭᒥᓚᐅᖅᓯᒪᔭᕋ ᑐᖅᑯᔪᒥᒃ ᐃᓄᒻᒥᒃ ᑕᑯᓐᓇᕆᐅᒍᑎᒋᓯᒪᔭᕋ. ᑲᐅᒐᖅᒦᓯᑕ ᑐᖅᑯᓚ-ᐅᖅᓯᒪᔪᖅ. ᑕᑲᓇᓂ ᑲᐅᒪᐅᑉ ᓄᓇᖓᓃᑦᑐᖅ ᑕᒪ. ᑌᒫᒃ ᐱᖕᖑᐊᒐᓚᑦᑎᑐᐃᓐᓇᐅᑎᓪᓗᖓ ᓯᓇᓐᓂᐊᑎᐅᑦᔭᑎᓐᓇᖓ ᐊᓈᓇᒪᓄᑦ ᖅᑫᒐᓕᔭᖅᑕᐅᒐᒪ ᐃᒣᓘᖅᑕᐅᓯᖓ: "ᖅᑫᖅᑯᔭᐅᒐᕕᑦ ᓇᔮᐱᓐᓄᑦ" ᓚᔭᐅᑦᓯᖓ. ᖅᑲᓂᒪᑎᓪᓗᒍ ᖅᑲᐅᔨᒪᒐᒃᑯ ᐁᓚᐅᖅᓯᒪᔪᖓ. ᑌᒪᖕᖓᑦ ᖅᑲᓂᒪᔪᐊᐱᐅᑎᓪᓗᒍ ᖅᑲᐅᔨᒪᒐᒃᑯ. ᖅᑯᖓᓕᓈᖅᑐᖅ ᖅᑲᓂᒪᔫᔮᖕᖏᑐᖅ, ᑕᒡᒐᓂ ᐃᑦᓚᒥᓂ ᐃᒫᒃ ᓰᖅᖅᑯᕕᐊᓪᓗᓯᓂ. ᓴᒨᓯᒦᖅᓯᓂᓗ ᐃᒣᓚᑦᓯᓂ: "ᐊᓂᑯᓗᐊᐲᒃ" ᓚᑦᓯᓂ. "ᐊᓂᑯᓗᐊᐲᒃ ᓯᐊᑭᐸᐅᔫᓘᓕᖅᑐᖅ ᑕᑯᒍᒫᖅᖅᑯᒍᒃ" ᓚᑦᓯᓂᓗ ᓴᒨᓈᑐᐊᕋᒥ ᑖᕙ ᑐᖅᑯᓯᑐᐃᓐᓇᖅᑯᖅ. ᑌᒣᓚᐅᖅᓯᒪᔪᖅ ᑌᓐᓇᑕᒐ ᑐᖅᑯᔪᒥᒃ ᑕᑯᒥᐊᖕᖓᐅᑎᒥᓚᐅᖅᓯᒪᔭᕋ. ᐃᒫᓪᓗ ᑐᖅᑯᑦᓯᐊᑐᐸᐅᔫᓗᒃ. "ᐊᓂᑯᓗᐊᐲᒃ ᓯᐊᑭᐸᐅᔫᓘᓕᖅᐸᑦ ᑕᑯᔪᒫᖅᖅᑯᒍᒃ" ᓚᑦᓯᓂᓗ ᑐᖅᑯᒦᖅᓯᓂᓘᓚᐅᖅᓯᒪᔪᖅ.

ᐁᑉᐸᖓᓕ ᑌᓐᓇ ᐅᕙᓂ ᑰᑭᖅᔪᐊᒥ ᑐᖅᑯᓚ-ᐅᓯᒪᔪᖅ. ᐅᒥᐊᒦᑦᓯᑕ ᑭᓴᖅᓯᒪᑦᓯᑕ ᑐᖅᑯᓚᐅᖅᓯᒪᒻᒥᔪᖅ ᐅᓐᓄᐊᒥᓪᓕ. ᑌᒃᑯᐊ ᓇᒻᒥᓂᕆᑦᓯᒥᒃ ᓇᔭᒥᓚᐅᖅᓯᒪᔮᒃᑲ ᐊᑖᑕᖅᑲᑎᖅᑭᓪᓚᕆᑦᓯᒥᒃ. ᑌᒃᑯᐊᓗ ᓘᑲᓯᓗ ᔦᐃᓕᓗ ᑌᓐᓇᓗ ᑖᕙᓂ ᔮᒪᒦᓐᓂᕋᕋᓐᓇᑕᕋ ᐃᓗᕕᐅᔪᖅ ᑖᒃᑯᐊ ᐊᖑᑎᐅᖅᑲ-ᑎᒃᑲ. ᑌᒃᑯᐊᑕᒐ ᑕᓪᓚᒪᐅᓯᒪᔪᑦ ᓇᒻᒥᓂᕆᓪᓚᕆᑦᓯᒥᑦ ᖅᑲᑕᖕᖑᑎᒃᑲ. ᐊᑖᑕᖅᑲᑎᒋᑦᓱᒋᑦ ᐊᓈᓇᖅᑲᑎᒋᑦᓱᒋᓪᓗ.

ᐅᑯᐊ ᐊᖓᔪᒥᓯᒪᔮᒃᑲ ᑖᒥᓴᓗ ᒎᓯᓯᓗ ᐊᒻᒪᓗ ᑌᓐᓇ ᓂᑯᑎ ᐃᑦᑐᓵᑉ ᐊᖅᓇᕆᓚᐅᖅᑕᖓ ᒥᓂ. ᐊᑖᑕᖅᑲᑎᒋᑐᐃᓐᓇᓯᒋᑦ ᐊᓈᓇᖅᑲᑎᒋᑦᔪᓇᒋᑦ. ᑌᒣᑦᑑᓯᒪᕗᒍᑦ. ᑭᓯᐊᓂ ᐊᓈᓇᒻᒪ ᐱᐊᕋᖅᑖᕕᓂᖓᓂᒃ ᐊᓯᖕᒥᓐᓂᒃ ᑐᖅᑯᓯᒪᔪᒥᒃ ᖅᑲᐅᔨᒪᖕᖏᑐᖓ. ᑌᒣᓕᖓᓚᐅᖅᖅᑯᒍᑦ ᓇᔭᒃᑲ ᒪᖅᑭᓚᕆᐅᕙᓚᐅᖅᑑᒃ ᐊᑖᑕᖅᑲ-ᑎᒋᑦᓱᒋᒃ ᐊᒻᒪᓗ ᓄᑲᒃᑲ, ᖅᑲᑕᖕᖑᑎᒃᑲ ᑖᒃᑯᐊ ᐃᓚᒥᑦᓯᒥᑦ ᑕᓪᓚᒪᐅᓪᓚᕆᐅᕙᓚᐅᖅᑐᑦ ᐱᖓᓱᔪᖅᑑᒍᑕᐅᑎᓪᓗᖓ.

ᑌᒪ ᑕᑉᐸᓃᓕᖅᓯᑕ ᑎᕆᒐᓐᓂᐊᓯᐅᖅᑐᐸᐅᔫᓘᖅᑲᑦᑕᓯᑦᓯᑎᓪᓗ ᐊᒻᒪᓗ ᑖᕗᖓ ᐃᑎᕕᐊᓄᑦ ᓇᕝᕚᓄᑦ ᐁᖅᑲᑦᑕᓕᖅᓯᑎᒃ. ᐳᐃᔨᓕᐊᓘᒥᐊᖓᓗ ᖅᑲᐅᔨᒪᓕᖅᓯᑎᒃ, ᑕᒪᓐᓇ ᐳᐃᔨᖅᑲ-ᕋᓗᐊᖅᒥᑎᓪᓗᒍ. ᐊᓯᐃᓛᒃ ᐅᐱᕐᖓᓴᒥ ᑖᑉᐸᓃᓕᕋᑦᑕ ᐆᑦᑐᓕᐊᓗᒃ. ᓴᒃᑯᖅᑲᖕᖏᑐᐃᓐᓇᒎᖅᓕᑐᑦ ᐳᐃᔨᓕᐸᐅᔫᓗᒻᒥ.

ᐊᖑᑏᒃ ᐅᒥᐊᖅᑐᑑᒃ 1951-ᖑᑎᓪᓗᒍ
Deux hommes dans un bateau de chasse.
Two men in a hunting boat, 1951.
Rousseau, III 12

ᓇᑦᓯᓇᐅᕈᑎᒐ

ᑌᑦᓯᒪᓂᑕᒐ ᓇᑦᓯᒥᒃ ᐳᐃᓱᒥᐅᓯᓕᐅᕐᓯᒪᒋᔪᖓ ᑖᕙᓃᓕᕿᑦᑕ ᑕᒐ. ᐃᓚᔫᑦ ᐆᑦᑐᓕᒐᖃᑦᑕᑐᐊᓅᓕᕐᑐᑦ. ᑕᒃᑯᐊᖀᓅᑦᓴᓕᕐᑎᓗᒥᑦ ᐳᐃᓱᐱᓃᑦ. ᑕᒫᓂ ᓯᑦᔭᒥ ᓵᑦᑎᓂ ᐊᓪᓛᑦ ᓇᓂᑐᐃᓐᓇᓕᒫᓕᕐᑐᑦ. ᕿᖅᒥᓄᑦ ᓂᓇᔭ-ᐅᕐᖃᔪᕐᑐᐃᓅᓐᓃᑦ, ᕿᒻᒦᓅᓐᓃᑦ ᑳᒍᓐᓄᒪᑕ.

ᐃᓄᐃᓪᓗᓃᑦ ᓂᓇᑦᓯᐊᖃᔭᕈᓐᓄᑐᑦ, ᑌᒪᙳᑦ ᐳᐃᓱᐱᓂᕐᓂᒃ ᓂᒃᑯᓕᔦᐊᓘᒐᓗᐊᑦ. ᑕᒃᑯᐊ ᓂᒃᑯᓕᔦᐸᐅᔫᓗᐃᑦ ᐳᐃᓱᐱᓂᕐᓂᒃ. ᐳᕐᓯᑲᓪᓛᔦᒐᓴᑦ. ᐃᓄᒻᒥᒃ ᓇᐅᒥᓪᓘᓃᑦ ᑳᑦᑐ-ᑕᖃᙱᒪᓇᓕᕐᑐᑦ.

ᑌᒪ ᐳᐃᓱᒥᐅᑦᓴᓕᓕᐅᕐᓯᒪᔫᖓ ᑌᑏᑦᑑᑎᓪᓗᒥᑦ. ᐊᑖᑕᒐ ᑕᐅᓄᖓ ᐆᑦᑐᓂᐊᒐᓕᑦᑎᓗᒍ ᒪᓕᑦᑕᕿ. ᐆᑦᑐᓂᐊᕐᑎᑕ-ᐅᓯᓕᐅᕐᓯᒪᔫᖓ, ᐆᒪᔦᕐᓂᐊᓂᕐᒥᒃ ᐱᓇᓯᐊᕈᓯᓪᓚᓇᒻᒥᒃ ᐱᒥᐅᕐᓴᑎᑕᐅᑦᓯᖓ. ᐆᑦᑐᓂᐊᕈᑎᒎᑦ ᑖᓗᕐᒎᑦ ᐊᒻᒪᓗ ᑌᑦᓯᒎᖓ ᖁᑭᐅᑎᐊᐱᒐᓄᑦ.

ᑖᓐᓇ ᐆᒪᔦᕐᓂᐊᓂᕐᒎᑦ ᓯᔫᑦᓕᕚᓇᑦᓯᒍ ᐱᒥᐊᕈᑎᒥᓕᓕ-ᐅᕐᓯᒪᒐᒃᑯ, ᓇᑦᓯᐊᔭᐱᓈᐱᒻᒥᒃ ᐆᑦᑐᓕᕿᑕᓕᐅᕐᓯᒪᔫᖓ. ᑌᒪ ᐆᑦᑐᓕᒐᕐᑐᐱᓂᐅᓕᕿᒪ ᑲᙳᓇᕐᓯᓕᓕᐅᕐᓯᒪᒻᒥᔦᖅ, ᓲᕐᓗ ᐊᖏᔦᐊᔫᔭᓕᓕᐅᕐᓯᒪᒻᒥᔦᖅ ᑖᓐᓇ. ᐱᔭᖃᓇᐅᕿᒪ ᑕᒐ ᑲᙳᓯᓕᕐᒥᓯᖓ. ᐊᓂᕿᓕᕐᒥᒐᑦᑕ ᑕᒃᑯᐊ ᓂᕿᐊᓗᐃᑦ ᐳᐃᓱᐱᓂᐊᓗᐃᑦ ᓇᓂᓕᒫᑦᓯᐊᑐᑦ. ᓂᒃᑯᐃᓗ ᕿᖅᒥᓄᐊᓪᓛᑦ ᒪᓂᒪᑎᑌᑦ. ᓯᑦᔭᒥ ᓂᒃᑯᓕᐊᖑᖃᑦᑕᑐᐊᓗᐃᓪᓗ ᑕᒃᑯᐊᖀᓅᑎᓪᓗᒥᑦ.

ᐃᓄᓐᓂᒃ ᑳᑦᑐᑕᖃᙱᒪᓇᑦᑐᑦ ᖃᐅᓱᒪᓇᕐᓯᑐᖅ. ᑌᑏᑦᑑᑎᓪᓗᒥᑦ ᑌᓐᓇ ᐳᐃᓱᒥᐅᑫᓐᓇᑕᕿ ᐃᓄᓕᒫᓂᒃ ᕿᕐᑯᓱᒍᑎᐊᓅᓕᓕᐅᕐᓯᒪᒻᒥᔦᖅ. ᑌᒫᒃ ᓂᕿᓕᕚᓅᓕᕐᑎᓗᑕ ᐃᓅᓐᓇᓕᒫᑦᓯᐊᖓ ᓂᕿᖓ ᓄᖑᐃᓐᓇᑕᐅᓕᓕᐅᕐᓯᒪᒻᒥᔦᖅ. ᑌᒫᒃ ᓂᕿᓕᐊᓅᑎᓪᓗᒥᑦ. ᑌᒃᑯᐊ ᐅᖃᕿᓐᓇᑕᒃᑲ ᓂᓇᒍᒥᓇᕆᓇᐅᔫᕈᓐᓄᑐᕐᓅᓃᑦ ᐳᐃᓱᐱᓃᑦ ᓂᒃᑯᓕᐅᕐ-ᓯᑎᓪᓗ ᑌᒫᒃ ᑲᔦᓯᓐᓇᑑᔫᕐᑐᑦ. ᕿᓯᐊᐱᐊᓗ ᐊᒃᒍᑕᐅᑦᓯᓂ ᓯᑕᒪᐅᓕᔭᐅᓕᐅᕐᓯᒪᒻᒥᔦᖅ. ᑌᒫᒃ ᒪᒪᓇᔭ-ᐅᑦᓴᕿᒥ ᐅᕐᓯᒥᒃ ᐊᒥᐊᒃᑯᑕᐅᒪᕉᐱᑐᐃᓐᓇᓯᒪᔦᖅ. ᑌᒫᒃ ᒪᒪᓇᔫᓗᓐᓂᒃ ᐱᕙᓕᐅᖅᑯᖓ. ᑌᓐᓇᑕᒐ ᐱᒥᐊᙳᐅᑎᒥᓕᓕᐅᕐᓯᒪᒥᔭᕿ ᑖᕙᓃᓕᕐᓯᑕ ᐃᑎᕕᖓᓂ.

ᐊᕐᓄᑦ ᐊᕿᒻᒥᐱᓂᕐᒥᒃ ᐊᓕᒃᑑᑎᔦᐃᑦ
Femmes participant à une cérémonie d’écartèlement d’oiseau.
Women participating in a bird quartering celebration.
Corporal C.K. McLean Collection MCL 198

ᓯᓇᐅᕙ ᐃᑎᕕᐊᓃᑦᓴᕙᓐᓂᐊᓕᕿᑦᑕ. ᖃᑦᑐᓂᐊᓕᕿᑦᑕ ᑭᓯᐊᓂ ᑕᒪᐅᙳᓕᐅᒥᔫᕿᐱᑦᓴᕙᓐᓂᐊᓕᕿᑦᑕ. ᑌᒫᒃ ᐱᐅᓯᖃᓕᓕ-ᐅᕐᓯᒪᔦᒍᑦ.

ᑖᓐᓇᑕᒐ ᑭᖑᓪᓕᖕᒐ ᐆᒪᔦᓇᐊᙵᐅᑎᒻᒪ ᐃᖃᔫᙱᑎᓪᓗᒍ. ᐊᕿᒻᒥᒥᐊᙵᑕᕿ ᐊᓕᑦᑑᑎᐅᓕᐅᕐᓯᒪᒻᒥᔦᖅ, ᐊᓕᑦᑑᑎᕙᓕᐅᕐᓯᒪᑕ ᐆᒪᔦᓇᐊᙵᑕᐅᔦᓕᒫᑦᓯᐊᑦ. ᓯᕈᓰᑦ ᐆᒪᔦᓇᐊᙵᑕᓕᒫᑦᓯᐊᖏᑦ ᐊᓕᑦᑑᑎᐅᕙᓕᐅᕐᓯᒪᑕ ᖁᐱᐊᒦᔫᑦᓯᑎᒃ. ᑌᒋᑕᐅᓕᐅᕐᓯᒪᒻᒥᔦᖅ ᑌᓐᓇ ᓯᓕᖅᑲᑎᒦᓐᓃᑦ ᐊᓈᓐᑯᓅᙱᒥᔦᖅ. ᐊᓈᓇᒐᓗ ᐊᑖᑕᒐᓗ ᐊᓕᑦᑑᑎᔦᓄᑦ ᐃᓕᐅᖅᑲᔭᕐᕙᓕᐅᑦᔭᙱᒪᑎᒃ. ᐅᕙᖓ ᐃᓕᐅᒍᓐᓇᒐᓗᐊᕐᑐᖓ, ᐆᒪᔦᓇᐅᕐᑕᐱᓂᕿᓄᑦ ᑌᑐᕈᑎᖃᕐᕙᓕᐅᕐᓯᑕ. ᑖᓐᓇ ᒪᓕᒐᐅᕙᓕᐅᕐᓯᒥᒻᒪᑦ. ᑌᒪ ᐊᓕᑦᑑᑎᓯᔦᖃᕿᒥ ᐆᒪᔦᕐᑐᐱᓂᐅᔦᖃᕿᒥ ᑖᓐᓇ ᐆᒪᔦᕐᑐᐱᓂᖅ ᐆᒪᔦᑉ ᓂᐊᖁᐊᐱᐊ ᑎᒍᒥᐊᓇᐊᖃᕐᒪᑦ. ᓂᐊᖁᕐᒥᒃ ᑭᓯᐊᓂ ᐱᒥᐊᖃᕐᒪᑦ, ᐊᕿᒻᒥᐅᑉ ᓂᐊᖁᒍᓗᐊᐱᐊᓂᒃ ᑭᓯᐊᓂ ᐱᓕᐅᕐᓯᒪᒻᒥᔦᖓ. ᑲᒃᑯᐊ ᐊᓪᓛᙱᓪᓗ ᓂᐅᙱᓪᓗ, ᖃᑎᒐᙱᑦ ᐃᓗᓐᓇᓕᒫᑎᒃ ᑕᒃᑯᓄᖓ ᐊᓕᑦᑑᑎᔦᓄᑦ ᐱᔭᐅᑎᓪᓗᒥᑦ. ᑌᒫᒃ ᐱᐅᓯᖃᕐᕙᓕᐅᕐᑐᑦ.

ᐅᓇ ᐱᔭᓇᐅᕐᑐᖅ ᐆᒪᔦᓇᐅᕐᑐᖅ ᓂᐊᖁᑐᐊᐱᑐᐃᓐᓇᑐᕐᒥᒃ ᐊᓯᐊᓂᐅᙱᒪᓇᑦᑐᖅ ᓂᕿᐅᙱᒪᓇᑦᑐᒥᒃ ᐱᑖᕐᑐᖅ. ᓂᐊᖁᖅ

ᖃᕐᖁᓗᒍ ᑭᓯᐊᓂ ᐱᓂᐊᕋᓗᐊᕐᓯᒍ. ᑌᒫᒃ ᐱᐅᓯᖃᕐᐸᓚᐅᕐᒪᑕ ᑌᒣᓘᕐᑐᐊᓘᕙᓚᐅᕐᑐᓖᒃᑯᐊ.

ᐊᐱᕐᓱᑐᖅ: ᐊᓈᓇᒃᑰᔪᐃᑦ ᐊᑖᑕᒃᑰᔪᐃᑦ ᐃᓚᐅᓰᖑᓐᓂᖏᑦᑐᐃᑦ ᐊᓕᑦᑑᑎᔪᓄᑦ?

ᑭᐅᒍᑎᖓ: ᐋᐊ, ᐅᕙᖓ ᑭᓯᐊᓂ ᐆᒪᔭᐅᕋᒪ ᐃᓚᐅᔪᑑᔪᖓ ᓂᐊᖁᕐᒥᒃ ᑎᒍᒥᐊᓇᐊᖃᕋᒪ. ᓯᓚᕐᖃᑎᓕᒫᑦ ᑭᓇᒃᑯᑐᐃᓐᓄᑦ ᑕᑦᓯᒪ ᑎᒍᓯᕚᑦᓴᖃᕐᓂᓕᒫᕿᐱᖓᓂᒃ ᑎᒍᒥᐊᕐᑎᓗᒥᑦ. ᑌᒣᓘᕐᐸᓚᐅᕐᑐᑦ ᓱᓇᓕᒫᑦᓯᐊᓂᒃ ᐆᒪᔪᓂᒃ. ᑕᑯᔭᓕᒫᕗᑦ ᑎᖕᒥᐊᑦ ᓇᐅᔭᐅᒐᓗᐊᕐᐸᑦ ᑑᑦᓕᐅᒐᓗᐊᕐᐸᑦ ᐱᔭᓇᐅᕐᑕᐅᔪᓕᒫᑦᓯᐊᑦ ᐊᕐᓵᕋᓚᐅᑎᐅᑎᑕᐅᑦᓯᑎᒃ ᑭᓯᐊᓂ ᐊᓕᐊᒥᔭᐅᑦᓯᑎᒃ ᐃᔪᕈᑕᐅᑦᓯᑎᒃ ᑌᒪᖕᖓᑦ.

ᑑᑦᓖᑦ ᐃᓚᖏᑦ ᐱᔭᓇᐅᕐᑕᐅᒐᒥᒃ ᐱᐅᒥᔭᐅᓗᐊᖕᖑᐊᐸᓚᕐᐅᑐᑦ. ᐆᒪᔪᒻᒪᕆᐅᑐᐊᕐᒪᑕ ᓂᐊᖁᒃᑯᑦ ᑎᒍᒥᐊᕋᓯᒐᓗᐊᕐᓯᒥᑦ ᓯᑎᔪᐊᓘᒐᒥᒃ ᐊᓕᕐᖃᔭᖕᖏᒪᑕ ᐱᐅᒥᔭᐅᓗᐊᕐᐸᓚᐅᕐᑐᑦ. ᐊᕕᒍᓐᓇᓂᓕᒫᖏᑦ ᑎᒍᒥᐊᕐᑕᐅᓕᕋᓗᐊᕐᑎᓗᒥᑦ ᓂᐅᖏᑦᓗ ᖃᑎᒐᒥᑦ ᐊᑦᓖᖏᑦᓗ ᖁᓗᑦᓱᖏᑦᓗ. ᑖᒃᑯᐊ ᒪᕐᕈᐃᓇᐅᓕᕋᑕᕐᑑᒃ ᑑᑦᓕᐅᖃᐅᔪᕐᓗ ᐊᓯᐊᓗ. ᐃᓚᖕᒪᓂ ᐊᖑᑎᒪᓇᐊᓘᒐᓗᐊᕐᓯᑎᒃ ᐃᕐᖃᑕᐅᑎᖃᑦᑕᓕᕐᒪᑎᒃ ᑕᒪᒃᑯᐊ ᑕᑯᓐᓇᑐᐃᑦ ᐋᑦᓗᑐᑦᓯᐊᐸᓚᐅᕐᑐᑦ. ᐃᓚᖏᑦ ᕿᐊᑦᓴᒪᓇᒐᓕᑉᐸᓚᐅᕐᑐᑦ ᐋᒧᑦ ᐊᓕᐊᓯᒧᑦ.

ᑑᑦᓕᒥᒃ ᐊᓕᑦᑑᑎᔪᐃᑦ ᐃᓱᒣᓐᓇᖅ ᖁᕕᐊᒥᔭᐅᐸᓚᐅᕐᑐᓕ. ᓄᓯᓪᓗᒥᑦ ᐊᓕᓪᓗᒥᑦ ᐱᔭᓇᐊᖃᕋᓗᐊᕐᓯᑎᒃ, ᓴᕕᒻᒧᑦ ᑭᓯᐊᓂ ᓇᑲᒍᓐᓇᓯᑦᓴᕋᑕᕐᐸᓚᐅᕐᓯᒪᔪᓂᒃᑯᐊ ᑑᑦᓖᑦ ᖁᖏᓯᖏᑦ. ᑑᑦᓕᐊᓗᐃᑦ ᓯᑎᓂᑯᖏᓐᓄᑦ ᓰᖑᔪᐊᓘᓂᑯᖏᓐᓄᑦ ᖁᖏᓯᐊᓗᖏᑦ ᓄᑭᖏᑦ. ᑌᓐᓇ ᐆᒪᔪᓇᐅᕐᑐᕕᓂᖅ ᓂᐊᖁ-ᐃᓐᓇᓗᑐᐊᐱᒻᒥᒃ ᐱᐸᓚᐅᕐᒥᔪᖅ.

ᓴᕕᒃᑲᓇᐊᖃᖕᖏᑲᓗᐊᕐᓯᑎᒃ ᐃᓚᖕᒪᓂ ᓴᕕᒻᒧᑦ ᑭᓯᐊᓂ ᑎᑎᕐᑐᓚᐅᑲᑦᓯᒥᑦ ᑲᐳᓚᐅᑲᑦᓯᒥᑦ ᕙᓚᐅᕐᒪᑕ. ᐃᓖ ᐆᒪᔪᒻᒪᕆᓐᓂᓗᐊᖕᖑᐊᖅ.

ᑌᒫᒃ ᐆᒪᔪᓇᐅᕈᑎᓕᒫᓄᑦ ᐱᐅᓯᖃᕐᐸᓚᐅᕐᑐᑦ. ᐅᓪᓗᒥ ᑕᑯᓰᖑᒍᓐᓂᑐᖓ ᑌᒣᑦᑐᓂᒃ ᑌᒣᓘᕐᑐᓂᒃ. ᑕᒪᓐᓇ ᐃᓅᓯᕗᑦ ᑐᓂᕐᕈᓯᐊᓇᓯᒪᔭᕗᑦ ᐊᑐᕈᓐᓇᑕᕗᑦ. ᑕᒪᓐᓇ ᐊᓕᐊᓇᖕᖏᑑᓗᐊᖅ.

ᑌᑦᓯᒪᓂ ᐊᓕᐊᓇᕐᑐᐹᓘᕙᓕᐅᕐᒪᑦ ᐆᒪᔪᓇᐅᕐᑐᓕᒫᖅ "ᓂᕿᒥᓂᐊᕋᑦᑎᒍ ᐱᔭᐅᑦᑌᓕᓪᓕ!" ᐃᒫᒃ ᑐᑭᖃᓚᐅᖕᖏᒪᑦ.

ᐃᓄᓕᒫᑦ ᑭᓯᐊᓂ ᐊᓕᑦᑑᑎᒥᐊᓖᑦ ᑎᖕᒥᐊᓂᒃ. ᑕᒪᒃᑯᐊ ᐊᓯᓕᒫᖏᑦ ᐆᒪᔪᒻᒪᕆᐅᒐᓗᐊᕐᒪᑕ ᑌᒫᑦᓴᓐᓇᖅ ᓂᓇᒻᒫᑕᐅᓗᑎᒃ ᐊᒻᒍᑕᐅᒥᐊᖃᕐᒥᒪᑕ ᐱᔭᓇᐅᕐᑕᐅᑐᐊᕋᒥᒃ.

ᑖᓐᓇ ᐃᓄᐃᑦ ᑐᓂᕐᕈᓯᐊᓇᓯᒪᒻᒪᐅᒃ. ᐱᐅᓯᓇᒻᒪᐅᒃ ᐃᑉᐱᒍᓯᑦᓯᐊᕈᒪᓗᓂ ᑌᒣᑦᑐᒥᒃ ᐆᒪᔭᓇᐅᕐᑕᒥᓂᒃ ᓂᓇᒻᒫᑎᑦᓯᖃᑦᑕᕈᒪᓗᐊᕈᓂ ᒍᓐᓇᓯᐊᕐᒪᑦ. ᐊᓕᑦᑑᑎᓂᒪᓴᑦ ᐊᓯᐅᐸᓪᓕᐊᓂᒃ ᐃᑉᐱᒍᓯᑦᓯᐊᓗᑕ ᑭᓯᐊᓂᐅᓕᕐᒪᑦ. ᑕᒪᒃᑯᓄᖓ ᐊᖓᔪᕐᖃᖑᓕᕋᒥ ᐆᒪᔪᕐᑕᒥᓄᑦ ᐅᖃᕐᖃᐅᒐᒪ ᐆᒪᔪᖅ ᑭᓇᒥᑦᓗᓃᑦ ᐃᓄᖃᖕᖏᒪᑦ ᐆᒪᑦᓯᓂ. ᑌᒪ ᑭᓇᑐᐃᓐᓇᖅ ᐆᒪᔪᕋᒥ ᑖᓐᓇᑕᒪ ᑐᓂᑦᕼᕕᐅᒪᒥ ᓰᕐᓗ ᐊᖓᔪᕐᖃᑎᑐᑦ ᐱᐅᓯᖃᕈᓐᓇᓕᕐᑐᖅ. ᐃᓯᒪᒥᒍᓐᓇᓕᕐᑐᖅ ᓂᓇᖁᔨᒍᓂ, ᕿᖁᔨᒍᓂ, ᐊᓕᑦᑑᑎᒥᐊᕐᑐᖁᔨᒍᓂᓗᓐᓃᑦ. ᑌᒣᑦᑐᒥᑕᒪ ᑭᓇᓕᒫᖅ ᒪᓕᒥᐊᕈᒪᑐᐊᕈᓂ ᐊᔪᕐᓇᑐᖃᖕᖏᑐᖅ. ᑕᒪᓐᓇ ᒪᓕᒐᑐᖃᐅᒻᒪᑦ, ᐃᓅᑉ ᐱᐅᓯᓇᒻᒪᐅᒃ,

ᐊᐱᕐᓱᑐᖅ: ᑌᓐᓇᓕ ᐳᐃᕼᒥᐅᕐᑐᕕᓂᐅᓂᕋᒋᓐᓇᒥᒐᕕᑦ ᕿᓯᖓ ᐊᒻᒍᑕᐅᓐᓂᒪᑦ ᓯᑕᒪᐅᓕᔭᐅᑦᓯᓂ ᓱᓇᓕᐊᖑᓰᖑᐸᑦᑐᕕᓂᖅ?

ᑭᐅᒍᑎᖓ: ᓰᓇᑐᐃᓐᓇᓕᐊᓇᔭᐅᕙᓚᐅᕐᑐᐃᑦ. ᑌᒪ ᓴᒃᑯᖃᐅ-ᑎᓕᐊᓇᔭᐅᒍᒪᒍᓂ ᐴᖃᑦᑖᐱᓕᐊᓇᔭᐅᒍᒪᒍᓂ ᑕᕆᕙᐅᓕᕐᖁᖅ. ᑌᒫᒃ ᕿᓯᐊᐱᒃ ᐱᔭᐅᒪᒥ ᐴᖃᑦᑕᓕᐊᖑᓯᕙᓚᐅᕐᒥᔪᖅ. ᑌᒣᑦᑐᓕᐊᓇᔭᐅᑦᓯᓂ ᐊᑯᓂᐊᓗᒃ ᐱᒥᔭᐅᓚᖕᒪᓕᕐᑐᖅ ᐊᓯᐅᕼᔭᐅᖕᖏᓂᓕᒫᕐᒥᓂ ᓯᒃᑯᖏᓂᓕᒫᖓᓗᓐᓃᑦ. ᐱᔭᓇᐅᕈᑎᕕᓂᕐᓂᒃ ᑌᒫᒃ ᐱᑖᕐᐸᓚᐅᕐᑐᑦ. ᐃᓚᖏᑦ ᖃᓪᓕᓂᑦᓴᑖᕐᑐᓕᓴᑦ ᐊᒻᒪᓗ ᐅᖏᕐᕕᓴᕐᑖᑐᓕᓴᑦ, ᒪᑯᐊ ᑲᒥᑐᐃᓐᓇᑦ ᐅᖏᕐᕕᖃᕐᓱᒍᒻᒪᑕ. ᑌᒫᒃ ᓂᖏᕐᑎᑕᐅᓂᖅ ᐆᒪᕕᓂᖅ ᓇᐅᒃᑯᓗᓐᓃᑦ ᐊᓐᓂᔭ-ᐅᐸᓚᐅᖕᖏᒪᑦ.

ᑖᓐᓇ ᐅᐸᓐᓄᓕᖕᒪᔪᖅ ᓂᐊᖁᖕᒪᑕ ᕿᓯᖕᒪ. ᐆᒪᔪᓇᐅᕐᑑᑉ ᐱᑦᓴᓴᓇᒻᒪᒥᑦ. ᑌᒪ ᕿᓯᐊᐱᖕᒪ ᐅᐸᓐᓄᓕᖕᒐᓗᐊᕐᑎᓗᒍ ᐊᓈᓇᒐᓗᓐᓃᑦ ᐋᓇᒐᓗᓐᓃᑦ, ᐊᑖᑕᒻᒪ ᐊᓈᓇᖓ, ᑎᒍᓯᖕᒫᕈᒪᑐᐊᕋᒥ ᑎᒍᓯᒍᓐᓇᓯᐊᕐᒥᔪᖅ ᕿᓯᓕᒫᖕᒪᓂᒃ. ᐅᐸᓐᓄᓕᖕᒐᓚᖕᖑᐊᑐᒥᒃ. ᑌᒫᒃ ᐃᓱᒣᓐᓇᕿᓰᑦ ᐆᒪᔪᓇᐅᕼᐊ-ᖃᑐᐊᕋᒥᒃ.

ᖃᓪᓗᓈᖅ

ᖃᓪᓗᓈᒥᒃ ᑕᑯᒥᐊᙵᐅᑎᖃᓚᐅᕐᓯᒪᕗᖓ ᐊᕗᖓ ᓈᐸᑐᐊᒧᑦ ᐁᓚᐅᑫᑕ ᓱᓕ. ᑌᒪ ᑕᑉᐱᑲᓂ ᓇᔪᕐᐸᑕᑫᓂ ᐅᑭᐅᒥ ᐃᓅᑑᒐᐅᒐᕐᓱᖓ ᓯᓂᑦᑕᕕᒥᐅᒐᕐᐸᓱᒍ. ᐊᓪᓕᐹᒥ ᐊᑎᓕᒃ ᑕᓯᖅ ᐃᖃᓗᖃᕐᓂᐅᓱᓂ. ᐅᖓᓪᓕᖓ ᐹᓂᒥᐊᓪᓚᒃ ᓱᓕ ᐃᖃᓗᖃᕐᒥᓱᓂ ᐊᑯᓪᓕᐹᒥᒃ ᐊᑎᓕᒃ. ᑖᓐᓇ ᐃᖃᓗᖃᐅᑎᐅᑦᓱᓂ ᒥᑦᓯᓯᕐᐸᐅᒐᒥ ᐊᓪᓕᐹᒥᒃ ᐊᑎᖃᕈᑎᖃᕐᒪᑦ. ᑕᒻᑯᐊ ᓄᓂᑦ ᐊᑎᓖᓐᓈᕉᒻᒪᑕ ᐃᕉᓐᓇᑎᒃ. ᑕᓰᑦ ᐃᖃᓗᖃᕐᓂᖕᒥᑦ ᐊᑎᖃᕐᐳᑦ. ᐊᓪᓚᐹᖅ ᓄᓇᒥᓚᐅᕐᓯᒪᔭᕗᑦ ᑌᑦᓯᒪᓂ.

ᑌᒪ ᐊᑖᑕᒐ ᐊᕙᑏᓪᓗ ᐱᖓᓱᓪᓘᓂᐅᕐᖂᑐᖅ ᑐᒃᑐᓚᐅᕐᓯᒪᔪᖅ ᑕᒫᙵᑦ ᖃᕐᖃᓂᑦ ᖃᓂᑦᑎᓂᑦ. ᐅᓪᓗᑐᓱᐊᓗᒻᒥ ᒫᑦᔨᒥᐅᔪᒃᓴᐅᔪᖅ ᐅᐱᕐᖓᓴᐅᒐᓚᓯᑎᓪᓗᒍ, ᑐᒃᑐᓚᐅᕐᓯᒪᔪᖅ ᐱᓱᒃᓱᓂ. ᐱᓱᒃᓱᑎᒃ ᑭᓯᐊᓂ ᓇᕝᕙᐅᑉ ᖄᙯᓗᖓᓄᑦ ᐁᕙᓚᐅᕐᒪᑕ. ᑌᒪ ᑐᒃᑐᑐᕕᓂᐅᒐᒥ, ᑐᒃᑐᕕᓃᑦ ᕿᒻᒥᓄᑦ ᓯᑑᕐᖃᑎᑕᐅᕙᓚᐅᕐᒪᑕ ᑌᒫᒃ ᕿᒻᒦᓇᕐᓄᑦ ᖃᒍᑎᑕᖃᑦᔭ-ᖏᑦᑐᓄᑦ. ᑌᒪ ᑎᑭᐅᕐᖃᑖᓘᒻᒪᑕ ᑌᒃᑯᐊ ᑐᒃᑐᕕᓈᓗᐃᑦ ᐃᑉᐸᓴᓂᑖᓗᐃᑦ, ᑐᒃᑐᕕᓂᓕᐹᓘᓕᕐᑐᒍᑦ ᑕᑎᒥᔨᕗᓪᓗ ᓇᐹᕐᑐᔭ-ᑐᐃᓐᓂᑦ ᐃᓕᑦᔨᕖᑦ ᖄᖓᓅᑫᕖᑦ ᓯᓇᓂᒃ ᐊᓐᓂᓇᕐᑐᖃᐅᑏᑦ. ᑌᒪ ᑕᑎᒥᔨᕗᑦ ᑕᑦᑐᐊᓘᑦᓱᑎᒃ ᓕᓚᐅᕐᓯᒪᔪᑦ.

ᑌᒪ ᕿᒧᒃᓯᒧᑦ ᑎᑭᑕᐅᓕᓚᐅᕐᓯᒪᔪᒍᑦ ᑕᒫᙵᑦ ᑰᑭᕐᔭᐊᑉ ᑕᓯᐊᓗᖓᓂᑦ ᖁᓪᓕᒥᑦ ᐱᔭᒧᑦ. ᐊᑖᑕᒻᒪ ᓄᑲᖓ, ᓄᑲᕐᐹᕕᓂᐅᔪᑦᓴᐅᔪᖅ. ᐅᖃᓚᐅᕐᓯᒪᔪᖅ ᑎᑭᒪᒥ "ᖃᓪᓗᓈᙯᓗᒎᖅ ᙯᔪᐊᓘᒻᒪᑦ!" ᖃᓪᓗᓈᒥᑕᒪ ᑕᑯᓚᐅᕐᓯᒪᙱᑐᖓ, ᐃᓛ ᑲᒻᐸᓂᕐᒥ ᐱᓇᓱᑦᑎᒥᒃ ᐊᖓᔪᖅᑳᒥᒃ ᑕᑯᓚᐅᕐᓯᒪᔪᕕᓂᐅᒐᓗᐊᕐᓱᖓ. ᑌᓐᓇ ᒫᓂᑐᐃᓐᓈᑎᓪᓗᒍ ᖃᓪᓗᓈᒥᒃ ᑕᑯᒥᐅᑦᓚᓇᒥᐅᑎᒥᓚᐅᕐᓯᒪᔭᑫ. ᐊᖓᔪᖅᑳᓂᒃ ᒪᑯᓂᖓ ᓂᐅᕕᕐᓂᐊᕕᒻᒦᑐᓂᒃ ᑕᑯᖃᑦᑕᓯᒪᔭᕕᓂᐅᕐᖂᑫᓗᐊᕐᓱᖓ, ᑌᓐᓇ ᖃᐅᔨ-ᒪᑦᓯᐊᓕᕐᑎᓗᖓ ᑕᑯᓪᓚᓇᒥᐅᓚᐅᕐᓯᒪᔭᑫ. "ᖃᓪᓗᓈᙯᓗᒎᖅ ᙯᔪᐊᓘᒻᒪᑦ!" ᓚᒻᒪᑦ, ᑲᑉᐱᐊᓯᓐᓂᖅ ᑕᕝᕙᐅᓯᒦᕐᓱᓂ ᑎᑭᒦᓚ-ᐅᕐᓯᒪᔪᖅ. ᖃᓄᐃᑦᑐᐊᓘᑦᓴᓂᐊᕐᒪᖕᒫᑦ ᓂᓇᐅᓐᓇᑐᐹᓘᓕᕐᓱᓂ ᑕᐸᓂᓪᓗᓯᓂᕐᒥᓗ ᐊᓪᓛᑦ ᐱᐅᙱᑐᒥᒃ ᐃᓯᒪᓇᓕᓈᕐᓱᓂ. ᑌᒣᓲᕐᐸᑐᒍᓲᓚᐅᑫᑦᑕ ᐃᓛᓂᐅᙱᑐᖅ.

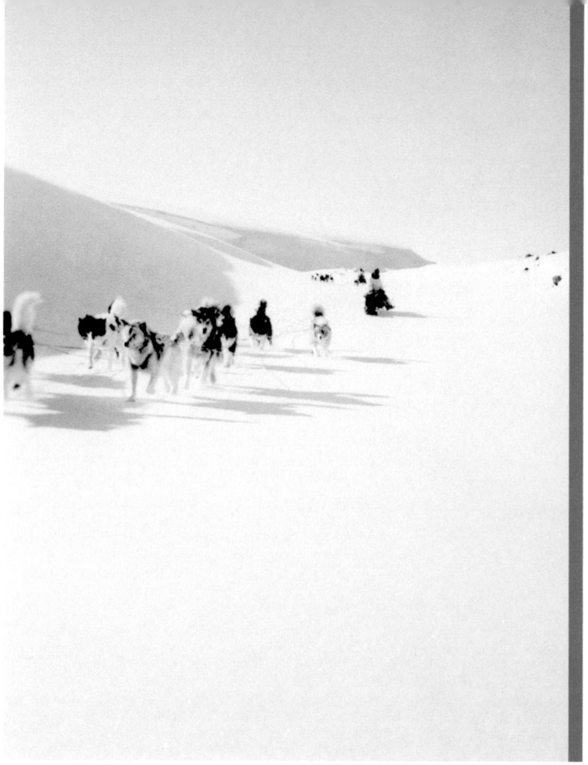

ᕿᒧᑦᓰᑦ ᖁᐊᕐᑕᐅᑉ ᖃᓂᒥᔩᓂ 1947-ᒥ
Traîneau à chiens près de Quaqtaq, 1947.
Dogsleds team near Quaqtaq, 1947.
Corporal C.K. McLean Collection MCL 046

ᐊᓱᐃᓛᒃ ᑖᓐᓇᒍᓗᒃ ᑎᑭᓯᒪᔪᒍᓗᒃ ᓯᓂᒐᓚᑦᓴᒪᓇᖃᑦ-ᑕᓕᑫᑕᕐᑐᖅ ᑎᑭᓚᐅᒃᑯᐊᓗᑦᑎᓇᒍ. ᓯᓂᑦᓴᓕᕐᒪᑦ ᕿᒪᐅᒪᑦᓯᒐᒥ ᑭᓯᐊᓂᐅᒻᒥᔪᖅ. ᕿᒧᒃᓯᐊᓗᒃ ᓄᐃᓯᐊᓗᑦᓴᑫᑕᖅᑯᖅ, ᑕᐸᓇᙱ-ᒪᓇᓕᖅᑯᖅ ᕿᒻᒥᓕᐸᐅᔫᓗᒃ. ᓯᓇᐅᕝᕙ ᓄᓇᐅᑉ ᖃᓂᙱᓂ-ᖏᓐᓂᒃ ᐃᙱᙯᓂᓕᒫᕐᒥᓂ ᐊᓪᓚᑐᐊᓗᒃ ᐆᑦᑐᑫᐅᑎᖃᕐᓱᓂ.

ᐊᑎᖓ ᐊᐅᓚᔨᙱᑕᑫ ᐃᓄᒻᒥᒃ ᐃᓚᖃᓚᐅᕐᓯᒪᔫᒐᓗᐊᖅ. ᐃᓄᖁᑎᖓᑕᓲᓐᓃᒃ ᐊᑎᖓ ᐊᐅᓚᔨᙱᑕᑫ. ᑖᕗᖓ ᓈᐸᑐᐊᓕᐊᕐᑐᐊᓘᒃ ᐊᕗᖓᒎᖅ ᕿᐳᔪᓂᒧᒎᖅ ᐁᔫᒃ. ᖃᓪᓗᓈᖃᕐᒪᒎᖅ ᑖᑉᓂ. ᐃᑎᑦᔫᓱᓂᑫᕐᑕᐅᖃᑦᑕᑫᓗᐊᕐᓱᓂ ᐊᑎᓪᓚᓇᖓ ᖃᐅᔨᒪᓚᐅᕐᓯᒪᑦᔭᖏᑦᑕᑫ. ᒪᑯᓂᖓ ᖃᓂᖕ-ᖏᓂᖏᓐᓂᒃ ᓄᓇᐅᑉ ᐊᓪᓚᑐᐊᓘᖅ. ᑌᓐᓇᒎᑕᒪ ᖃᒧᑏᒃ ᕿᑎᖓᓃᑦᑐᒥᒃ ᐊᒃᓴᓗᐊᖃᕐᓱᓂ, ᐊᓪᓚᒍᑎᖓ ᑐᑭᒧᐊᕐᓂᒥᓂᒃ. ᐊᓱᐃᓛᒃ ᑎᑭᑦᑐᐊᓘᒻᒪᑦ ᑲᑉᐱᐊᓇᓪᓗᑐᓕᓚᐅᕐᓯᒪᕗᖅ ᓱᕐᕙᓚᑲᓪᓚᑐᖃᑐᐊᕐᒪᑦ ᖁᐊᕐᓵᓇᖃᑦᑕᕐᓱᓂ.

ᐃᒻᒪᖄ ᐅᑭᐅᖃᒐᓚᓐᓂᖁᖓ ᖁᓕᒐᓚᐅᔪᒃᓴᐅᔪᓂᒃ ᖁᓕᒐᓚᐅᔪᒃᓴᐅᓕᕐᑐᕕᓃᑦ ᐊᑯᓂᐊᓗᒃ ᓯᕆᓯᐅᓚᐅᕐᓯᒪᒐᒪ. ᐃᓛ ᑌᓐᓇ ᑕᑯᔭᓇᐅᕐᓂᕕᓂᑫ ᖃᓪᓗᓈᒥᒃ ᐅᓂᒃᑳᓇᐊᑦᓯᐊᓚᐅᑲᓐᓂᐊᑫᒃᑯ. ᑌᒪ ᐊᓈᓇᒐ ᐆᔪᓕᐅᕐᑐᐊᓘᓚᐅᕐᓯᒪᔪᖅ ᐅᓐᓄᑯᑦ ᑌᒃᑯᓄᖓ ᓯᐊᑕᓘᓂᑫᑦᑕᐅᕙᓚᐅᕐᑐᓄᑦ ᐅᒃᑯᓯᕐᓛᓘᑦᓯᑎᒃ. ᐅᒃᑯᓯᕐᓛᓘᑦᓯᓂ ᐊᖏᔪᐊᓘᑦᓯᓂ ᐳᕐᑐᔪᑲᓪᓛᓘᓂᑯᒥᓄᑦ ᓯᐊᑕᓘᒥᒃ ᐊᑎᖃᕐᑎᑕᐅᕙᓚᐅᕐᒪᑕ. ᑌᓐᓇ ᑕᑦᑐᐸᐅᔫᓗᓕᕐᑐᖅ ᐆᔪᕐᓂᒃ, ᖃᓪᓗᓈᓗ ᐃᓄᖓᓗ [ᐃᓄᕐᑯᑎᖓ] ᕐᑫᕐᑯᔭᐅᓕᕐᔫᒃ. ᐃᓄᐊ ᑕᑯᕐᖓᑐᐊᓘᕐᕐᑰᕐᑫᓗᐊᕐᓯᓂ ᓂᓇᔭᕐᑐᑐᖅ.

ᐊᓯᐃᓛᒃ ᐴᒍᑕᒐᓚᓐᓄᑦ ᓂᓇᓯᔪᐊᓗᓕᐅᕐᓯᒪᔪᒍᑦ. ᐅᑦᔪᕕᓈᓗᒃ ᐊᑖᑕᒻᒪ ᐅᑦᔪᖃᒻᒥᕕᓈᓗᐊ ᕿᑦᔨᐅᕕᐅᑉ ᖄᖓᓃᒻᒥᓯᓂ, ᐃᓪᓚᐅᓕᕕᓈᓘᒐᒥ ᖁᐃᓂᔪᐸᐅᔫᓗᒃ ᐅᕐᓯᓕᐊᓗᒃ. ᖃᓪᓗᓈᕐᑫᓗᒃ ᐃᑎᓯᐊᓗᑦᓴᒪᑦ ᖃᓄᖅ ᓂᓇᓰᖑᒻᒪᖐᑦ ᖃᐅᔨᒪᓇᙱᑐᐊᓘᑦᓯᓂ ᖃᓪᓗᓈᕐᑫᓘᒻᒪᑦ. ᑕᐸᓂᑦᑑᓕᓚᐅᕐᓯᒪᔪᖅ ᓂᓇᑎᓪᓗᑕ ᑕᑯᓐᓇᑕᐅᓂᐊᙴᒧᑦ. ᖃᓄᕐᓕᑭᐊᖅ ᓂᓇᓰᕐᑫᓗᒃ ᖃᐅᔨᒪᓇᓚᐅᕐᓯᒪᙱᓚᑕᒪ.

ᐊᑖᑕᒐ ᑌᒪ ᓚᓚᐅᕐᓯᒪᔪᖅ "ᑲᓐᓇ ᓂᓇᒍᓐᓇᕈᓂ ᐆᔪᕐᑐᕈᓐᓇᕈᓂ ᐴᒍᑕᑦᓯᐊᑖᕐᑎᑕᐅᒐᓯᐊᕐᓗᓂ ᓂᕿᓕᐅᕐᑕᐅᒐᓯᐊᑦᓴᓂᐊᓚᐅᕐᓕ!" ᓚᔪᖅ ᖃᐅᔨᒪᕙᓗᓚᐅᔪᙱᒥᒐᒥ. ᐃᓄᑦᑎᑐᑦ ᑐᓵᔪᐊᓗᒃ ᓯᓇᐅᕝᕙ. ᐅᖃᓕᒪᓰᑲᓪᓛᓗᒃ ᐅᖃᓕᒪᓰᓗᐊᓗᒃ ᑐᓵᒪᒥ ᓴᕕᒻᒥᓂᒃ ᕿᓂᓯᓚᐅᕐᓯᒪᔪᖅ ᓂᓪᓚᖕᒥᒻᒪᓇᑦᓯᓂ. ᓴᕕᑐᐃᓐᓇᑯᑖᒥᒃ ᓴᕕᖃᑫᒥ ᓄᐃᑦᓯᓕᓚᐅᕐᓯᒪᔪᖅ ᕿᔪᒥᓗ ᑎᒍᓯᓯᑦᓯᓂ, "ᐴᒍᑕᕐᑖᑎᑕᐅᒐᓯᐊᑦᓴᓂᐊᓚᐅᕐᓕᑲᓐᓇ ᓂᓇᔪᓐᓇᒪᖐᑦ ᐆᑦᑐᑕᐅᓗᓂ" ᓚᔭᐅᒐᒥ ᑐᓵᔪᓗᑲᓐᓂᑫᒥ. ᑐᑭᓯᐊᒪᒥ ᓴᕕᒻᒥᓗ ᓄᐃᑦᓯᓯᓂ ᐆᔪᕐᒥᓗ ᑲᕕᓯᒦᕐᓯᓂ "ᐴᒍᑕᕐᒥ ᓂᓇᔪᒪᑦᔭᙱᓚᖓ" ᓚᔪᐊᓗᒃ. ᕿᑦᔨᐅᒪᕐᒍᑦ ᑎᒍᓚᓯᒦᕐᓯᓂ. ᑌᒃᑯᐊ ᕿᑦᔨᐅᒣᑦ ᓂᓇᕕᒥᑦᓯᒥᑦ ᐱᐅᔫᓰᖑᒻᒪᑕ. ᕿᑦᔨᐅᒪᐅᑉ ᖄᖓᓅᕐᓯᓯᓂ ᐆᔪᐊᓗᓐᓂᒃ ᑕᓪᓕᒪᐅᕐᕐᑰᑐᓂᒃ ᓂᕐᐱᐅᓂᙳᐊᑫᓗᓐᓂᒃ. ᑌᒪᓗ ᑕᒪᒃᑯᐊ ᐃᓕᐅᕐᕐᑲᓈᑐᐊᑫᒥᒥᑦ, ᐅᕐᓯᕆᐊᑫᓗᒻᒥᒃ ᐊᕕᒃᓯᒥᑦᓯᓂ. ᖃᓄᖅ ᑕᒪᒃᑯᐊᑫᓗᐃᑦ ᓂᓇᓂᐊᓇᐊᕐᒪᖐᒥᑦ ᓇᓗᓕᕐᑐᒍᑦ. ᓂᓇᔪᐊᓘᓕᑫᒥ ᑕᒪᒃᑯᓂᖓ ᐆᔪᕐᓂᒃ ᑕᑯᓐᓇᑕᐅᔪᑦᓴᐅᓕᕐᓂᕐᑯᖅ. ᐊᒥᓯᐊᓗᐊᓐᓂᒃ ᓄᖑᒍᑦᓯᓂ ᐅᕐᓯᕆᐊᑫᓗᐊᒻᒥᓗ ᐅᖁᒻᒥᓗᕐᑫᕐᑐᖅ ᐅᕐᓯᓯᐊᙳᐊᑫᓗᒻᒥᒃ ᑐᐱᑎᑖᑦᓯᐊᑐᐃᓐᓇᓕᓚᐅᕐᓯᒪᔪᖅ. ᓯᓇᐅᕝᕙ ᑌᑦᓯᒪᓂ ᓂᓇᒥᐊᖓ ᐱᐅᔪᕕᓂᐅᕗᖅ ᐃᓯᒣᓐᓇᖅ.

ᑌᒪ ᑐᐱᕐᒥᓄᑦ ᕐᑫᕐᑯᔨᓯᓕᐅᕐᓯᒪᒻᒥᔪᖅ ᓂᓇᔭᓈᕐᓯᒪᓕᑫᒥ. ᐊᑖᑕᒐ ᐁᕐᑯᔭᐅᓕᓚᐅᕐᓯᒪᒻᒥᔪᖅ. ᖃᓪᓗᓈᕐᑫᓗᒃ ᐅᓂᒃᑳᑐᕕᓂᐅᓚᐅᕐᓯᒪᔪᖅ ᐃᒫᒃ: ᑐᕐᑯᓚᖓᓕᕐᓯᓂ ᐴᕐᑕᕕᓂᕐᓂᒃ ᑕᖏᕕᓂᖏᓐᓂᓗ ᐊᒻᒪᓗ ᔮᒪᕕᓂᕐᓄᑦ ᐃᒍᓇᕐᓄᑦ ᑎᑭᖃᑦᑕᓯᒪᑐᐃᓐᓇᒍᑦ ᐃᓅᔪᖅ. ᑌᒣᒻᒪᒎᖅ ᐃᓄᐃᑦ ᓂᕿᖏᓐᓂᒃ ᑭᓯᐊᓂ ᐱᐅᒃᓴᑐᖅ ᓂᕿᖃᐅᑎᖏᓐᓂᒃ ᐴᕐᑕᓂᒃ ᕿᙱᓂᒃ. ᖃᓪᓗᓈᒎᖅ ᓂᕿᖃᐅᑎᖏᓐᓂᒃ ᐊᑦᔨᐅᑲᓵᙱᑐᑦ. ᑌᒣᓃᕐᓯᓂ ᐅᖃᓚᒪᓂᑫᕐᑕᐅᓚᐅᕐᓯᒪᔪᖅ.

ᑌᒫᒃ ᑕᐸᓇᑫᓐᓇᖏᑦᑐᖅ ᓂᓇᔫᒍᒻᒪᖐᑦᓗ ᖃᓄᖅ ᖃᐅᔨᒪᓇᑫᓐᓇᖏᑦᑐᖅ, ᐅᐸᑦᑎᓂᒃ ᖃᐅᔨᒪᓂᕐᓴᖅ ᓯᓇᐅᕝᕙ. ᐃᓄᓐᓂᒃ ᐃᓯᒣᓐᓇᖅ ᐱᐅᒃᓴᑐᖅ ᓇᑯᕐᓴᑐᖅ. ᐃᒍᓇᕕᓂᕐᓂᑐ ᐱᑕᖃᑐᐊᕐᐸᑦ ᐃᒍᓇᕕᓂᕐᑐᓴᕈᒪᔪᖅ ᓯᓇᐅᕝᕙ. ᑖᓐᓇᐅᓕᐅᕐᓯᒪᔪᑕᒪ.

ᐱᕙᓪᓕᐊᓃᑦ ᑕᑯᓯᒪᔭᒃᑲ

ᓰᕆᓯᐅᑦᓯᖓ ᐊᐅᓚᑦᓯᐊᒪᓇᐊᓗᑉᐳᖓ ᑭᓪᓕᓂᖅ ᐃᓄᓕᕐᔪᐊᕐᑫᓃᑎᓪᓗᒍ. [ᐊᓪᓚᑎᐅᑉ ᓇᓗᓄᕐᓯᒍᑎᖓ: 1978-ᒥ ᓄᓇᑦᓯᐊᑉ ᑲᕙᒪᒃᑯᖏᑦ ᑐᑭᑖᓚᐅᓯᒪᒻᒪᑕ ᑭᓪᓕᓂᕐᒥᐅᓂᒃ ᓄᑦᑎᑎᒍᒪᓕᕐᓯᑎᒃ. ᒫᓐᓇ ᑭᓪᓕᓂᖅ ᐃᓄᖃᕈᓐᓀᑐᖅ.] ᖃᓪᓗᓈᓕᑐᐃᓐᓈᓗᓯᒪᔪᖅ ᖃᑦᓴᓐᐯᓂᒃ ᖃᓪᓗᓈᖃᕐᓯᓂ ᐳᓖᓯᒃᑯᖃᕐᓯᓂᓗ. ᓄᓇᓕᑐᖃᒻᒪᓇᐊᓗᒃ ᑌᒪᙵᑦ ᐃᓄᖃᕐᓂᐸᐅᐸᑦᑐᕕᓂᖅ. ᐊᑯᓂᐊᓗᒃ ᑖᓐᓇ ᐃᓅᓚᐅᕐᑎᓇᑕ ᑌᒣᓕᖓᐸᑦᑐᕕᓃᑦ ᓄᓇᑐᖃᕕᓂᖅ, ᑌᒫᒃ ᖃᐅᔨᒪᔭᑫ. ᑌᑦᓯᒪᓂ ᓯᕆᓯᐊᐱᐅᑎᓪᓗᖓ ᐅᒥᐊᒃᑯᑦ ᑕᐅᓄᖓ ᐳᐃᓯᓐᓂᐊᓇᐊᖃᑦᑕᓯᑕ ᓄᓇᓕᑐᖄᑐᕕᓐᑐᒍ. ᑌᒪᙵᑦ ᓯᕗᓂᐊᓗᑦᑎᓂ ᓄᓇᓕᐅᐸᑦᑐᕕᓂᐊᓗᒃ. ᑕᑲᓇᓂ ᐳᐃᓯᓚᐊᓗᒃ. ᒪᑯᓄᖓ ᕐᑫᕈᓕᓐᓄᑦ, ᓇᑦᓯᓄᑦ, ᐅᑦᔪᓄᑦ ᐊᕐᕐᑯᑎᐊᓕᒻᒪᑦ ᓯᓇᓕᒫᓄᑦ ᐆᒪᔪᓄᑦ. ᑌᒪᙵᑦ ᖃᐅᔨᒪᔭᐅᒪᐅᒥ ᐃᓄᓐᓄᑦ ᓯᕗᓪᓕᕕᓂᑦᑎᓄᑦ ᓯᕗᓪᓕᕕᓂᑦᑕᓗ ᓯᕗᓪᓕᖏᓐᓄᑦ.

ᑲᒻᐸᓂᑕᖃᕈᓐᓇᐸᑦᑐᕕᓂᐅᑦᓯᓂ ᐳᓖᓯᒃᑯᖃᕈᓐᓇᓯᓂᓗᐊᓪᓛᑦ ᑌᒣᐸᑦᑐᕕᓂᖅ. ᐊᐅᓚᓪᓛᐱᑦᑐᖓ ᑭᓪᓕᓂᖅ ᐅᒥᐊᕐᔪᐊᖅᑲᑦᑕᓕᐅᕐᓯᒪᒻᒪᑦ. ᓄᓇᑐᖃᓪᓕᓇᐊᕐᑖᑦᑐᒍ

ᐅᔭᕆᓐᓂᐊᑎᐅᑉ ᓯᕐᖄᑎᕈᑎᖓ ᐊᕐᖂᒍᖓ 1950 ᒥᑦᓵᓂᒐᓚᒃ

Appareil de mesure d'arpenteur du milieu du 20e siècle.

A surveyor's measuring device from the mid 20th century.

Collection Jobie Weetaluktuk

ᑕᑯᒥᐅᓚᐅᕐᓯᒪᒐᒃᑯ, ᐃᓄᐃᕈᓯᐃᑦᑑᓯᓂ ᐊᒥᓯᐊᓗᓐᓂᒃ ᐃᓄᓕᒻᒪᓇᐊᓘᕙᓯᒪᔪᖅ. ᑭᓪᓕᓂᐅᑉ ᓯᒃᑯᕈᑎᒥᓯᒪᔭᖓ ᓯᒨᒻᒪᖒᑦ ᑐᑭᓯᒪᑦᔭᖕᒥᒃᑲᓗᐊᕐᓯᒍ ᐅᒡᒍᐊᓇᔫᓗᓚᓕ ᐅᒡᒍᐊᓇᑦᑐᑐᕐᓯᒍ.

ᑌᑦᓯᒪᓂ ᐃᓄᐃᑦ ᐃᓄᐃᓐᓇᐅᓕᕆᑕᕐᓯᑎᒃ ᕿᒪᑦᑕᐅᑲᓪᓛᕙᓚᐅᕐᒪᑦ ᑲᒻᐸᓂᒃᑯᓄᑦ ᖃᐅᔨᒪᓕᕐᑎᓗᖓ. ᐆᒥᖓ ᐱᑦᔨᑎᖃᕐᓯᑎᒃ, ᓄᓇ ᑎᓴᒪᓐᓂᐊᖃᔅᕕᐅᓚᑐᐊᕐᒪᑦ ᐅᑭᐅᒥ ᐊᑕᐅᓯᐅᕐᒥᑐᒥ ᐊᒻᒪᓗ ᐆᒪᔪᓂᒃ ᕿᓯᓚᓐᓂᒃ ᐱᕕᐅᑦᓯᐊᖃᔭᕐᒥᑑᓕᑐᐊᕐᒪᑦ ᓄᓇ ᕿᒪᑦᑕᐅᕙᓚᐅᕐᒪᑦ. ᓂᐅᕕᕐᓂᐊᕕᖓ ᓯᒃᑯᐸᓕᐊᓯᑐᐃᓐᓇᐸᓐᓂᒪᑦ ᑌᒣᑦᑑᓕᑐᐊᕐᒪᑦ. ᐊᓯᐃᓛᒃ ᖃᓪᓗᓈᓄᑦ ᕿᒪᑦᑕᐅᓚᕿᐅᑎᖃᑦᑕᓯᒪᒻᒪᑦ. ᒪᑯᐊ ᐆᒪᔪᐃᑦ ᑎᓴᒪᓐᓂᐊᑦ ᐳᐃᔩᑦᑐ ᐊᓯᖕᒥᑦᑐ ᒥᕐᖁᓖᑦ ᐊᔪᕐᓇᓯᕙᓚᐅᕐᒪᑦ. ᐆᒪᔪᐃᑦ ᑌᒪᕐᓘᒃ ᐊᑐᐃᓐᓇᐅᖃᔭᑦᔭᖕᒥᒻᒪᑦ, ᐱᑕᓚᐊᓘᕙᒃᑲᓗᐊᕐᓯᑎᒃ ᐅᑭᐅᑦ ᓇᓪᓚᖕᒥᓐᓂ. ᑌᒣᑦᑑᑎᑦᑐᒥᑦ ᑲᒻᐸᓂᒃᑯᑦ ᐃᓄᓐᓃᓯᑎᒃ

ᓂᐅᕕᕐᓂᐊᕕᖃᕆᓯᐊᕆᓗᐊᕐᓯᑎᒃ ᕿᒣᓯᕙᓐᓂᒪᑦ. ᑖᒃᑯᐊ ᓇᔪᕐᑕᖕᒥᑦ ᐆᒪᔪᖃᑦᓯᐊᖕᒥᒻᒪᑦ ᑮᓇᐅᔭᖃᕈᑎᑦᓴᓚᑳᓐᓂᒃ ᐱᕐᖃᔭᕈᓐᓃᓚᑦ. ᐅᑭᐅᓂ ᐊᑕᐅᓯᐅᕐᒥᑐᒥᓪᓗᓃᑦ ᓯᓚᓗᑦᑐᒥᒃ. ᐃᒻᒪᖄ ᕿᒣᓗᑎᒃ ᑭᓯᐊᓂᐅᔫᖑᓐᓂᒪᑦ. ᓯᒃᑯᓯᒪᐅᑎᓪᓚᓇᖓ ᓯᓇᓪᓚᓇᐅᒻᒪᖓᑕᓗ ᖃᐅᔨᒪᓇᒥᑦ, ᔩᑭᐊᕆᑕᖅ ᐅᕙᓐᓄᑦ.

ᐊᕙᓂ ᐃᑎᕕᐊᓂᒥᐅᔭᕕᓂᐅᑦᓯᑕ ᖃᓪᓗᓈᖃᕐᒥ-ᑐᒦᕕᐱᒥᓕᓚᐅᔪᒻᒥᒐᑦᑎᒍ ᑭᓪᓕᓂᖅ. ᕿᒪᑦᑕᐅᓯᒪᓕᕐᑎᓗᒍ ᐅᑎᕐᓯᒪᓕᓚᐅᕐᓯᒪᔪᒍᑦ ᑕᐅᓇᓂ. ᑌᒪ ᑕᑲᓇᓂ ᐃᓅᖕᒥᑦ ᖃᓪᓗᓈᖃᕐᒥᓚᐅᕆᑐᐊᕐᓯᑎᒃ ᐊᑯᓂᑲᓪᓚᒃ ᑭᓪᓕᓂᕐᒥ-ᐅᖑᓚᐅᕐᓯᒪᔪᑦ. ᒪᐅᖓ ᑰᑦᔪᐊᒧᑦ ᑲᖏᕐᓱᐊᓗᑦᔪᐊᒧᑦᑐ ᖃᓪᓗᓂᐊᖃᑦᑕᓯᑎᒃ, ᑕᐅᓇᓂᒥᐅᔪᑦ ᓄᕐᖃᖃᔭᕐᐸᓚᐅᕐᒥᒪᑦ ᑌᒪᕐᓚᑦ. ᑌᒪ 1959-ᒥ ᑯᐊᐸᑖᕆᓯᓕᓚᐅᕐᓯᒪᒐᑦᑕ ᑲᖏᕐᓱᐊᓗᑦᔪᐊᑉ ᑭᖑᓂᑦᑎᒍᑦ. ᑌᒣᓕᕐᑎᓗᒥᑦ ᓅᓐᓂᐅᔭᕐᒥᒥᐊᓪᓚᓕᓚᐅᕐᓯᒪᔪᒍᑦ ᑯᐊᐸᖃᓕᕆᑦᑕ. ᑯᐊᐸᕗᑦ ᐱᕙᓪᓕᐊᓯᐊᕐᑐᐊᓘᑦᓯᓂ.

ᐳᐃᔨᓐᓂᐊᓇᐊᕆᑦᑕ ᑖᕗᖓ ᓵᐸᑐᐊᒍᑦ ᐅᐱᕐᖓᓴᒥ ᕿᓯᓐᓂᑦ, ᒥᕐᖁᓚᓐᓂᑦ ᐱᕙᑦᓯᑕ ᓂᐅᕐᕈᑎᑦᓴᓂᒃ. ᐊᑭ-ᑐᔫᕐᒥᑲᓗᐊᕐᓯᑎᒃ ᐊᑭᕐᖃᕐᑎᓗᒥᑦ ᓯᓚ ᑭᓪᓚᓂᕐᒦᓯᑕ. ᕿᔩᕐᓯᓂ ᓂᐅᕕᕐᓂᐊᓯᐊᕐᓇᑐᐸᐅᔫᑐᓕᕐᓯᓂ ᑯᐊᐸᖃᓕᕐᓯᑕ ᓇᒻᒥᓂᖅ. ᑌᑦᓯᒪᓂ ᐱᐅᓯᕙᑦᓕᐊᑐᐃᓐᓇᓕᓚᐅᕐᓯᒪᔪᖅ. ᖃᓪᓗᓈᓄᑦ ᑲᒻᐸᓂᒍᑦ ᕿᒪᑦᑕᐅᖃᑎᕕᓂᓇᓚᓗᐊᕐᓯᒍ ᓂᐅᕕᕐᓂᐊᕕᑦᑖᑦᑐᓯᐊᑐᐸᐅᔫᑐᓯᒪᒻᒪᑦ. ᐃᓯᒣᓐᓇᖅ ᐊᓚᐊ-ᓇᓕᓚᐅᕐᓯᒪᔪᖅ ᐱᕙᓪᓕᐊᑐᐃᓐᓇᓕᕐᓯᓂᓗ.

ᐃᓯᒣᓐᓇᓯᐊᖅ ᑯᐊᐸᒃᑯᓂ ᓂᕈᐊᓇᐊᕐᒐᓂᓇᓚᐅᕐᓯᒪᔭᑦᑎᓂᒃ ᐊᐅᓚᔨᕗᖓ. ᑯᐊᐸᒃᑯᑦ ᑲᑎᕐᒪᕿᑦᓴᕐᒥᑦ ᓂᕈᐊᓇᐊᕐᒪᓴᕿᑦᑕ ᓯᕗᓕᖁᑦᓯᐊᖑᓚᐅᕐᓯᒪᕗᑦ ᐊᖕᒪᔾᔪᖄᑖᓇᓚᐅᔾᔭᕗᑦ ᐊᖓᒐ ᔫᐱ ᐋᓇᓈᒃ, ᔫᓂ ᐋᓇᓈᒃᑯᑦ ᐊᑖᑕᖓ. ᑌᓐᓇ ᐊᖓᔪᕐᖃᖑᕐᑎᑕᐅᓚᐅᔪᖅ ᑯᐊᐸᒃᑯᑦ ᐳᕐᑐᓂᕐᐹᕐᒥᓐᓄᑦ. ᑲᑎᒪᔨᓄᑦᑐ ᐃᓚᐅᓕᕐᑎᑕᐅᔪᑦ ᐅᑯᐊ: ᑖᒥᓯ ᐊᖕᒪᔪᒪ, ᑌᓐᓇ ᓃᑲᓪᓚᕕᓂᖅ ᔫᓂ ᐱᐊᔪᓐᓗ ᑖᒃᑯᐊᖑᓚᐅᕐᓯᒪᔪᑦ.

ᐅᓇ ᓯᕗᓪᓕᐹᒥ ᓂᕈᐊᕈᑕᐅᓚᐅᕐᓯᒪᔪᖅ ᐊᑐᓯᒪᑦᑎᒍ, ᐅᑯᐊ ᐅᖃᓚᒪᔭᐅᓚᐅᕐᓯᒪᔪᑦ. ᑌᓐᓇ ᑯᐊᐸᐅᓚᕐᓚᕐᑐᖅ ᓲᕐᓗ ᐱᐊᕆᖅ ᐊᓖᒪᑦᑐᖅ. ᑌᒪ ᐅᕙᒍᑦ ᐃᓄᐃᑦ ᐃᓄᑐᐃᓐᓈᓂᑦ ᑖᒃᑯᐊᓗ ᑲᑎᕐᒪᔨᓕᕐᑐᑦ ᑖᑦᓯᒥᖓ ᑲᒪᑦᓯᐊᐸᑕ, ᑖᓐᓇ

ᐱᐊᖅ ᑖᕗᖓᓕᒫᖅ ᐱᑦᓯᐊᑕᐅᑉᐸᑦ ᐱᐅᓪᓕᓯᐊᒐᔭᕐᑐᑦ. ᑕᒪᓈᓃᑦ ᓄᓇᓃᑦ ᐊᖏᔪᖕᖑᕈᒫᕐᑐᑦ, ᐱᕈᕈᒫᕐᑐᖅ. ᑌᒣᑦᑐᒥᒃ ᑐᑭᕐᑲᓚᐅᕐᓯᒪᔪᖅ ᑖᓐᓇ. ᐅᕐᑲᐅᓯᕐᑕᖏᑦ ᐊᒥᓱᐊᓗᐃᑦ ᐃᓱᒣᓐᓇᖅ. ᐃᓚᖏᑦ ᖃᐅᔨᒪᑦᓯᐊᑕᒐᓗᐊᒃᑲ ᑌᒣᑐᐃᓐᓇᑕᒐ.

ᐃᑉᐱᒍᓯᐊᓚᕐᑭᓚᐅᔪᕗᖓ ᐅᓈᖅ ᐆᒃᑑᑎᒥᑦᓯᒍ. ᐱᑖᒐᓯᐊᓕᒐᑦᑕ ᑕᓕ ᓯᓇᑖᒐᓯᐊᓕᒐᑦᑕ ᐱᑦᓯᐊᒍᒥᓇᓰᖑᒻᒪᑦ. ᐃᓅᑦᓯᖓ ᐊᑕᐅᓯᐅᑦᓯᖓ ᐱᑖᕈᒪᓕᕈᒪ ᓰᕐᓗ ᓯᑭᑑᕐᑖᕈᒪᒍᒪ ᓯᓇᑐᐃᓐᓇᑖᕈᒪᒍᒪ ᑖᓐᓇ ᑲᒪᒋᑦᓯᐊᓇᐊᓕᓚ. ᐊᑯᓂ ᐱᒥᓂᐊᒐᒃᑯ. ᓇᐅᓚᓕᐅᕐᑕᐅᓯᒪᒍᒪ ᓇᐅᓚᓕᐅᕈᓐᓇᓯᒍᒪᔫᓐᓃᑦ, ᓇᐅᓕᒥᐊᕈᑎᑦᓴᒥᒃ ᓴᓇᓯᒪᒍᒪ, ᑖᓐᓇ ᐱᑦᓯᐊᓇᐊᓕᓚ. ᐅᓈᒍᓚᓗᐊᕐᐸᑦ, ᐅᓈᓕᐅᕈᓐᓇᓯᓯᒪᒍᒪᓗ ᐃᑉᐱᒋᖕᖏᒍᓗᑐᐃᓐᓇᓗᒍ ᑭᓯᐊᓂ ᒪᐅᖕᖏᓐᓇᖅ ᐃᐱᕗᓐᓇᑲᑦᑕᐃᓐᓇᑑᔭᕐᓗᒍ ᑲᒪᒋᑦᓯᐊᖕᒋᓪᓗᒍ ᑌᑐᐊᕈᒃᑯ ᐊᓯᐅᕗᓪᓕ. ᑌᒪ ᑯᐊᐸᕗᑦ ᑲᒪᒋᑦᓯᐊᖕᒋᑐᐊᕈᑦᑎᒍ ᑖᓇᑎᑐᑦ ᓄᖑᑐᐃᓐᓇᓈᓇᕗᖅ. ᑖᓐᓇ ᐅᕐᑲᐅᓯᕐᑕᕐᑲᓚᐅᔦᒪᑦ ᑌᒫᒃ. ᓄᖑᐃᓐᓇᐸᑦ ᓯᓃᕈᓃᕐᑐᑦ ᐃᓄᐃᑦ. ᐃᓄᐃᑦ ᓯᓃᕈᑐᐊᕈᑎᒃ ᖃᓪᓗᓈᓂᒃ ᐊᖓᔪᕐᖄᕐᑲᓇᐊᕐᑲᕈᒫᕐᑐᑦ ᐃᓱᒪᕐᓯᖕᒥᓪᓗᑎᒃ. ᑖᓐᓈᓘᓚᐅᕐᓯᒪᔪᖅ, ᑖᓈᓘᖕᒥᓐᓇᑐᑕᓕ.

ᐃᓱᒪᒥᓚᐅᔪᖕᖏᑕᒐᓘᓐᓃᓕ ᑕᒪᓐᓇ ᓄᓇᕗᑦ ᑲᐸᒪᒃᑯᓄᑦ ᓄᕗ ᑯᐯᒃᒥᒃ ᐊᑎᕐᑖᑎᑕᐅᓚᓗᐊᕐᒪᑦ, ᓇᓗᓀᒃᑯᑕᑐᐃᓐᓇᐅᒥᐊᖓ ᐃᓱᒪᒥᓚᐅᔪᔭᒐ. ᓂᐅᕕᕐᓂᐊᕕᑦᑖᕈᑦᑕ ᑖᓐᓇ ᓂᐅᕕᕐᕕᕗᑦ ᑲᐸᒪᓄᑦ ᐃᓚᑕᓇᔭᐅᒍᑎᐅᑐᐃᓐᓇᓚᖓᒻᒪᑦ ᐃᓱᒪᒥᑐᐃᓐᓇᓚᐅᕐᓯᒪᔭᒐ ᑯᐊᐸᕐᑲᑦᓯᐊᕐᑯᔨᕗᖓ. ᖃᓪᓗᓈᑦ ᐊᒥᓱᑦ ᑎᑭᑉᐸᓕᐊᑐᐃᓐᓇᓚᖓᔪᑦ ᐅᕐᑲᐅᓯᐅᓯᒪᒻᒪᑕ. ᐃᓄᐃᑦ ᐱᕐᑯᑎᕐᑲᓇᐊᓃᑦ ᐱᕐᑯᑌᕐᑕᐅᑐᐊᕈᑎᒃ ᐅᕐᑲᐅᑦᔪᑕᐅᓂᓇᕐᑲᑦᑕᓚᐅᕐᓯᒪᔭᕗᑦ ᐊᑐᓯᑐᐊᕐᐸᑕ ᓇᒻᒥᓂᕐᑲᕈᒥᓇᕈᒫᕐᒪᑦ. ᓂᐅᕕᕐᓂᐊᕖᑦᓗ ᑲᑎᖕᖕᓚᔨᖕᒥᑦᓗ ᓄᖑᑕᐅᒐᔭᕐᒪᑕ ᑯᐊᐯᕈᑦᓗᑎᒃ.

ᓰᑭᐊᖑᓚᓗᐊᕐᓕ ᑭᓪᓕᓂᐅᑉ ᐅᓪᓗᒥ ᓱᒃᑯᓯᒪᓂᖓ ᓯᓇᓪᓚᓇᐊᓗᒻᒍᑦ ᖃᓄᐃᑦᑐᒍᑦ ᐱᓯᒪᒻᒪᖔᑦ ᑐᑭᓯᒪᑦᔭᖕᒥᑦᑕᕐ. ᐊᐱᓇᐅᑎᒥᓚᓯᓚᐅᕐᓯᒪᓚᓗᐊᕐᒥᓯᒍ ᓄᓇᓕᑐᖃᒻᒪᓇᐅᔫᓗᑦᓯᓂ ᓯᒪᒥ ᑌᒣᒻᒫᑦ ᑐᑭᓯᓯᒪᑦᔭᖕᒥᑦᑐᖓᓕ. "ᓯᒪᒦᓈ ᑯᐊᐸᖓ ᓱᒃᑯᓴᕐᓂᒥᔪᖅ?" ᐊᑭᓕᒃᓴᓄᑯᐊ ᐱᑦᔪᑕᐅᓲᖑᒻᒪᑕ ᑕᓕ ᐊᑭᓕᒃᓴᕐᑲᕈᐱᑦ ᓇᒻᒥᓂᖅ ᐃᒫᒃ ᐃᒃᐱᓂᐊᕈᑎᒥᒥᐊᕐᑲᒐᑦᑎᒥᑦ. ᐊᑭᓕᒃᓴᑦ ᓄᖑᒪᑎᑦᓯᐊᖏᓐᓇᒪᓇᒐᓯᐊᕐᓗᒥᑦ, ᓂᐅᕕᕐᓂᐊᕖᒃ

ᑭᓪᓕᓂᖅ 1948-ᒥ: ᐃᓅᑉ ᐃᒡᓗᕕᓂᖓ ᐳᕐᑕᓕᒃᑯᑦ ᐸᕐᓇᖁᕐᓯᕕᒋᓕᕐᓂᒥᔭᖓᑦ

Killiniq, 1948: maison inuite qui servit plus tard de cellule pour la GRC.

Killiniq, 1948: an Inuit home that later served as an RCMP cell.

Corporal C.K. McLean Collection MCL 134

ᐱᕐᑯᑎᒥᑦᓯᐊᒐᓯᐊᓇᐊᓕᒃ ᐃᓗᓪᓕᑐᑐᐃᓐᓇᕈᓐᓀᓗᒍ ᓯᒃᑯᓇᐅᑎᑦᓴᓂᒃ.

ᑕᒪᐅᖓ ᓄᑦᑎᓯᒪᒻᒪᑕ, ᐃᓛ ᖃᐅᔨᒪᔪᖓ ᐃᓚᖏᓐᓂᒃ ᒍᒪᖕᖏᓗᑐᕐᓯᒪᔪᑦ ᑕᒪᐅᖕᖓᕈᒪᖕᖏᓗᑐᕐᓯᑎᒃ. ᓄᓇᒃ ᐱᕈᕐᕕᒥᓯᒪᑦᓯᒍ ᐱᕈᕐᓴᕕᒥᓯᒪᑦᓯᒍᓗ ᐆᒪᔪᖕᒥᑦᓗ ᐊᒥᓯᑦ ᐊᓚᐊᒥᓯᒪᑦᓯᒥᑦ ᕐᑭᒪᒍᒥᓇᖕᖏᑐᐊᓘᒻᒪᑦ. ᐃᓚᖓᒍᑦ ᓰᖀᓘᒻᒪᑦ. ᐊᑯᓂᐅᓚᕐᒪᓗ ᑕᑯᒍᒥᓇᕐᓯᐹᑦᓯᓂᓗ ᓄᓇᒍᓗᑐᐃᓐᓇᐅᖕᒥᑦᑐᖅ ᑌᒣᓲᖑᒻᒪᑦ. ᑌᒪ ᓄᑦᑎᒍᒪᖕᖏᓗᑐᕐᑐᐃᑦ ᐃᓚᖏᑦ ᑕᒪᐅᖓ ᓄᑦᑎᓯᒪᒍᑎᓈᑦ ᓂᐅᕕᕐᓂᐊᕕᕐᑲᖕᖏᓂᖓᓅᒃᓴᐅᔪᖅ. ᐅᐹᖓᑦᑕᐅᖅ ᒐᔭᕐᒥᒐᒐ ᒪᓕᑐᐃᓐᓇᕿᔭᕐᒥᒐᒐ, ᓂᐅᕕᕐᓂᐊᕕᕐᑲᕐᓗᓂ ᑭᓯᐊᓂ ᒫᓐᓇ ᐃᓄᒃ ᐃᓅᒐᔭᕐᑑᔮᓕᕐᒪᑦ ᖕᒥᑦᑑᒐᓗᐊᖅ. ᓯᓇᕐᑲᖕᖏᓯᐊᕐᓯᑕ ᓂᐅᕕᕐᓂᐊᕕᕐᑲᖕᖏᓯᐊᕐᓯᑕ ᐃᓅᒍᓐᓇᓯᐊᕐᓯᑕ ᓯᒪᑦᓯᑕ. ᓂᐅᕕᕐᓂᐊᕕᓚᒻᒥ ᑭᓯᐊᓂ ᐃᓅᒐᔭᕐᑑᔮᓚᕿᑦᑕ ᓯᓚᖕᖏᑑᒐᓗᐊᖅ ᑖᓐᓇ.

ᓴᓇᙳᐊᒉᑦ

ᐊᐱᕐᓯᑐᖅ: ᓴᓇᙳᐊᓲᔪᒻᒥᒐᕕᑦ ᑕᒪᓐᓇ ᐅᓂᒃᑳᕈᓐᓇᐯᑦ?

ᑭᐅᔪᑎᖓ: ᐱᐊᕋᐅᑦᓯᖓᓕ ᓯᓕ ᐊᓪᓚᖑᐊᕐᐸᓚᐅᕐᖁᖓ ᓇᓂᑐᐃᓐᓇᖅ. ᓯᑦᔭᒥᓘᓐᓃᑦ ᓯᐅᕋᑦᓯᐊᕌᐱᒻᒥ ᒪᓂᕋᕐᑐᓯᐊᐸᐅᔮᓘᓰᖑᒻᒪᑕ ᐃᓚᖏᑦ. ᑌᒣᑦᑐᓂᓪᓕ ᐊᓪᓚᖑᐊᕐᐸᓚᐅᕐᒥᒐᑦᑕ. ᐆᒪᔦᙳᐊᓂᒃ ᖃᓄᐃᑦᑐᑐᐃᓐᓇᓂᒃ ᓄᓇᓕᙳᐊᓂᓪᓗ. ᐃᒫᓪᓗ ᐃᓪᓗᔦᐊᒐᓚᙳᐊᓂᒃ, ᐃᓪᓗᔦᐊᓂᒃ ᑕᑯᓚᐅᕐᓯᒪᙱᑲᓗᐊᕐᓯᖓ. ᓄᓇᓕᙳᐊᓂᒃ ᓯᓇᑐᐃᓐᓇᓕᙳᐊᓂᒃ ᐊᓪᓚᖑᐊᕐᐸᓚᐅᙱᓂᕕᑖ ᖃᐅᔨᒪᑦᔭᖏᑦᑕᑎᓐᓂᒃ ᐃᓕᓐᓂᐊᕆᐊᓚᐅᕐᓯᒪᒐᑕᓘᓐᓃᑦ. ᐆᒪᔦᙳᐊᓂᒃ ᖃᓄᐃᑦᑐᑐᐃᓐᓇᓂᒃ ᐊᓪᓚᖑᐊᕐᐸᓚᐅᕐᓯᖓ. ᑕᒪᓐᓇ ᐱᔭᕆᐅᕐᓴᐅᑎᒥᓯᒪᒻᒥᔭᒃᑲ ᓯᐅᓗᑦ ᒪᓂᕋᕐᑐᓯᐊᔪᓂᖏᓐᓂ. ᓯᐅᕋᕐᓂ ᐊᓪᓚᖑᐊᕐᑐᖃᓕᕋᒥ ᕿᔦᐊᐱᒻᒧᑦ ᐱᐅᔦᓕᐅᐸᐅᔮᓘᒐᓯᐊᕐᓇᐸᓚᐅᕐᒥᔦᖅ ᐃᓚᖓᓂ. ᐆᒪᔦᕐᓂᐊᑐᙳᐊᓕᐅᒐᓚᑦᓯᖔᓪᓛᑦ ᐱᐅᓯᖃᕐᐸᓚᐅᕐᒥᒐᒪ ᖃᓄᓕᒫᖅ. ᖃᔭᕐᑐᑐᙳᐊᒐᓴᕐᓂᒃ ᐆᒪᔦᐃᓪᓗ ᑐᒃᑐᖑᐊᒐᓴᑦ. ᑌᒫᒃ ᐱᐅᓯᖃᑦᓴᕐᐸᓚᐅᕐᖁᖓ ᐱᔭᕆᐅᕐᓴᐅᑎᒥᑦᓯᒥᑦ. ᐃᒣᑦᑐᓂᒃ ᐊᓪᓚᖑᐊᕐᓗᖓ ᐱᓇᓯᖃᑦᑕᓛᕐᖁᖔᕐᓯᒪᑦᓴᓇᖓ ᓂᐅᔭᕐᓇᖓ. ᐅᐱᕐᖔᒥ ᓯᓪᓗᐊᑭᓐᓄᕋᑦᑕ ᑕᒪᒃᑯᓂᖓ ᓯᐅᕋᕐᓃᑐᓂᒃ ᐊᓪᓚᖑᐊᕐᑐᐹᓗᕙᓚᐅᕐᑐᖓ. ᐃᓅᑉ ᐱᐅᓯᖏᑦ ᒪᓕᒐᒐᓚᖏᑦ ᖃᐅᔨᒪᒐᑦᑭᑦ ᐊᓪᓚᖑᐊᕐᐸᓯᒥᑦ.

ᑌᒪ ᐳᕕᕐᓂᑐᒧᑦ ᐃᓕᓐᓂᐊᕆᐊᓕᓚᐅᕐᓯᒪᒐᑦᑕ, ᑮᓇᐅᔭᓕᐅᕈᓐᓇᐅᑕᐅᒻᒪᑕᔫᖅ ᐊᓪᓚᖑᐊᒉᑦ. ᐊᓪᓚᖑᐊᒐᒃᑲ ᐸᑎᑦᑎᒐᕐᒥᒃ ᐊᑎᖃᓚᐅᕐᓯᒪᔦᑦ ᐅᔭᕋᕐᔫᔭᐅᒐᒥᒃ. ᒪᑯᐊ ᐊᑦᔨᑮᑦᔭᖏᒻᒪᑕ ᐸᑎᑦᑎᒉᓪᓗ ᐊᓪᓚᖑᐊᒐᑐᐃᓐᓅᓗ. ᑌᒣᑦᑐᓕᐅᕐᑎᐅᓕᓚᐅᕐᓯᒪᒐᒪ ᑮᓇᐅᔭᓕᐅᕐᑐᓯᐊᐹᓗᖃᑦᑕᓕᓚᐅᕐᓯᒪᔦᖓ. ᐊᓪᓚᖑᐊᒐᕐᓄᑦ ᒫᓐᓇ ᐅᑎᕐᐸᓕᐊᒐᓯᒐᓗᐊᓯᖓᓗ ᐃᔩᒃᑲᓗ ᓈᒻᒪᔪᓐᓃᓯᑎᒃ ᐱᐅᓯᖃᓕᕐᒥᒪᑎᒃ. ᐊᓪᓚᖑᐊᒐᑲᓪᓚᓂᒃ ᐱᓇᓯᐊᑲᓪᓛᖏᓐᓇᓰᖑᔦᖓ ᑮᓇᐅᔭ-ᕐᑖᕈᑎᖃᑲᓪᓚᖏᓐᓇᓰᔪᑦᓯᖓᓗ ᐃᓚᖓᓂ.

ᐊᐱᕐᓯᑐᖅ: ᖃᓄᕐᓖ ᐱᒻᒪᕆᐅᔦᕐᑯᑎᒥᕕᐅᒃ ᓴᓇᙳᐊᒐᓚᓐᓂᖅ ᐸᑎᑦᑎᒐᕐᓂᒃ ᐃᓅᓯᕐᓂ?

ᑭᐅᔪᑎᖓ: ᐸᑎᑦᑎᒐᕐᓂᓗ ᓴᓇᙳᐊᓂᕐᓗ ᐊᓪᓚᖑᐊᒐᓕᐅᕐᓂᓗ ᐃᓘᓐᓇᑎᒃ ᑖᒃᑯᐊ ᐊᑐᕐᓯᒪᒐᒃᑭᑦ ᐊᑐᒐᓕᓰᖑᖏᓐᓈᓰᕆᑦᓯᒥᓪᓗ. ᐱᐅᔦᓕᐅᕈᓐᓇᑐᖃᑐᐊᕈᓂ ᐱᐅᒥᔭᐅᔦᓂᒃ ᑌᒫᑦᓴᓇᖅ ᑮᓇᐅᔭᓕᐅᕈᑕᐅᑦᓯᐊᕈᓐᓇᒥᔦᖅ. ᐱᐅᒥᔭᐅᑉᐸᑦ ᑭᓯᐊᓂᐅᒻᒥᔦᑦ, ᐱᐅᒥᙱᑕᑦᑎᓂᐊᓪᓛᑦ ᓂᐅᕕᕈᒪᑦᓯᐊᑐᐃᓐᓇᓰᖑᑦᔭᖏᓐᓇᑕ. ᑌᒣᑦᑐᓕᒫᑐᐃᓐᓇᐅᒪᑕ ᐊᑦᔨᑮᖑᑦᓯᑎᒃ ᐃᓄᓕᒫᑦ. ᑕᒪᒃᑯᐊ ᐱᓕᐊᕆᓯᒪᔦᑦ, ᐊᓪᓚᖑᐊᕐᓯᒪᔦᑦ, ᓴᓇᙳᐊᓯᒪᔦᑦ ᓯᒐᓗᑦᑐᒥᒃ ᐱᐅᒥᔭᐅᒐᒥᒃ ᐱᔭᐅᔪᒪᓲᖑᒻᒪᑕ. ᐅᕙᖓᒐᓴᒃ ᓂᐅᕕᐊᒃᓴᓂᒃ ᐱᐅᒥᔭᐹᓗᒐᓂᒃ ᐱᔦᒪᓰᖑᒐᒪ ᐱᔦᒪᓰᖑᒐᑦᑕ. ᑮᓇᐅᔭᖃᙱᑐᐃᓐᓇᔫᕐᕕᖃᕐᓯᑖᓪᓛᑦ. ᐊᓯᐳᑦ ᑌᒣᑦᑐᓴᓐᓇᐅᒥᔦᑦ. ᐱᐅᒥᔭᓪᓚᕆᐊᓗᐃᑦ ᐱᙳᐊᑐᐃᓐᓇᐅᖏᒻᒪᕆᒻᒥᔦᑦ. ᐊᑐᕈᓐᓇᓯᐊᕐᑐᐸᐅᔮᓗᐃᑦ ᐱᐅᒥᔭᐅᑐᐊᕋᒥᒃ. ᒪᑯᓂᖓ ᐊᑭᑐᔦᐊᓘᒐᓗᐊᕐᒪᑕ ᐊᑭᑐᔦᕐᑯᑎᖃᙱᓗᑐᕈᓐᓇᑐᑦ ᐱᐅᒥᔭᒻᒪᕆᐊᓘᑐᐊᕐᒪ ᐱᔦᒪᔭᖓ. ᑌᒫᒃ ᑐᑭᓯᓯᒪᔭᕋ. ᑖᓐᓇ ᖃᐅᔨᒪᔭᐅᒥᐊᓕᒃ.

ᐱᓇᓯᒐᖃᓚᐅᑦᔭᖏᓐᓇᑕ ᑌᑦᓯᒪᓂ. ᐅᓪᓗᒥᓕ ᐃᓅᓯᑦᑐᐃᑦ ᐱᓇᓯᒐᕐᓂᒃ ᑮᓇᐅᔭᓕᐅᕈᓐᓇᐅᑎᓂᒃ ᐊᑐᕋᓯᐊᓕᕐᒪᑕ. ᑖᓐᓇᑕᒐ ᐊᓪᓚᖑᐊᒐᓕᐅᕐᓂᖅ ᐊᕐᓯᑮᑎᒥᖃᑦᑕᓯᒪᒻᒥᔭᐳᑦ. ᐊᓪᓚᖑᐊᒐᓕᐅᕐᓂᖅ ᒫᓐᓇ ᐅᕙᖓ ᐃᓯᒪᒥᑦᓯᔪ ᐊᕐᓯᑮᑎᒥᓂᕐᐹᓇᑐᐃᓐᓇᑕᕋ, ᑭᓇᒃᑯᓄᑦ ᐱᔭᐅᔦᓐᓇᓯᑦᓴᓚᐅᕐᐸᑦ. ᑌᒪ ᑕᒪᒃᑯᐊ ᐱᐅᒥᔭᒻᒪᕆᐊᓘᓕᑐᐊᕋᒥᒃ ᐃᓗᕐᑯᑎᑖᕈᑕᐅᔪᓐᓇᒪᑖᓪᓛᑦ ᑕᒫᓂ. ᑕᒪᓐᓇ ᖃᐅᔨᒪᔭᕋ. ᑖᒃᑯᐊ ᓯᓇᑐᐃᓐᓅᑦ ᐱᓇᓯᒉᑦ ᐃᖏᕐᕋᒪᑕ ᒥᐊᓕᓕᒫᑦ. ᑖᓐᓇᑕᒐ ᐊᓪᓚᖑᐊᕐᑎᖃᕐᓂᖅ ᐃᓚᑰᔪᑎᒥᓰᓇᒻᒥᔭᐳᑦ ᐅᕙᓂ ᓄᓇᑦᑕ ᐱᓇᓯᒐᕐᒥᓐᓂ. ᑌᒃᑯᐊ ᓯᐳᓪᓕᕌᒥ ᑮᓇᐅᔭᓕᐅᕈᑎᒥᑦᔭᖏᒃᑲᓗᐊᕐᓗᒥᑦ, ᑕᑯᔭᐅᖃᑦᑕᓕᕈᑎᒃ ᐱᐅᒥᓕᕐᑕᐅᔪᓐᓇᒪᑕ.

ᓴᓇᔭᒃᑲᓕ ᑖᕗᖓ ᖃᓪᓗᓈᓄᑦ ᐊᐅᓪᓚᑎᑕᐅᒐᒥᒃ ᐱᐅᒥᔭᐅᓯᒻᒪᕆᖃᑦᑕᐸᓚᐅᕐᒪᑕ ᓂᐅᕕᕐᑕᐅᒐᓕᑦᓯᐊᕖᙶᓯᑦᓯᑎᒃ. ᑖᓐᓇ ᐊᓪᓚᖑᐊᕐᑎ ᐱᑦᓯᐊᑐᒻᒪᕆᐊᓘᖃᑦᑕᑐᐊᑭᓂ ᑌᒃᑯᐊ ᐊᓪᓚᖑᐊᕐᓯᒪᔭᖏᑦ ᓂᐅᕕᕐᑕᐅᒐᓕᑦᓯᐊᑐᐊᕐᐸᑕ, ᑕᒫᓂ ᐱᖃᓚᕿᔪᓐᓇᑐᖅ ᓯᓇᑐᐃᓐᓇᓂᒃ. ᖃᔭᕆᐊᖃᕈᒪᔪᓂ, ᓯᑭᔫᖃᕈᒪᔪᓂ ᐱᔦᓐᓇᓯᔦᓐᓇᐸᕐᒥᑦ. ᑕᒪᒃᑯᐊ ᐊᓚᖑᐊᒉᑦ ᖃᓄᐃᓕᖓᓂᐊᕐᒪᖔᑕ ᐅᓐᓃᑦ ᓇᓗᓇᖃᑦᑕᕋᓗᐊᕐᑎᓗᒥᑦ. ᑲᔦᓯᑦᓯᐊᒪᕆᐊᓗᑐᐊᑭᓂ ᐱᔭᖃᕈᓐᓇᑐᖅ. ᐱᐅᒥᔭᐅᔦᓂᒃ ᓴᓇᔪᓐᓇᑐᐊᑭᓂ ᑌᒪ ᐱᓇᓯᓪᓚᕆᐊᓗᑦᑎᑐᑦ ᐊᑐᕈᓐᓇᑐᖅ.

ᐊᒥᓱᐊᓘᒻᒪᑕ ᓄᓇᓕᓕᒫᕌᓗᐃᑦ. ᖃᓪᓗᓈᓂᒐᓴᕐᓗ ᓂᐅᕕᕈᒪᔪᑦ ᓄᐃᒍᐊᕐᑐᐊᓗᐃᑦ, ᐱᐅᒥᔭᖓ ᑕᕝᕙᐅᓕᑐᐊᕐᒪᑦ. ᑮᓇᐅᔭᓕᐅᕈᓐᓇᑐᐃᓐᓈᓘᒻᒪᑕ. ᑕᒪᓐᓇ ᓴᓇᙳᐊᑎᐅᓂᖅ ᐃᓱᒪᒋᒐᓱᐊᑦᓯᐊᕆᐊᖅ, ᓱᓇᓕᒫᑦ ᐃᓘᓐᓇᑎᒃ ᐃᓱᒪᒋᒐᓱᐊᑦᓯᐊᕆᐊᖃᕐᑐᐊᕐᑎᑐᒥᑦ, ᑖᓐᓇ ᖃᓄᐃᑦᒎᓗᓂ ᐱᐅᒥᔭᐅᕙᓐᓇᕋᔭᕐᒪᖔᑦ ᐃᓱᒪᒋᓗᒍ. ᐃᓄᒃ ᐃᒻᒥᓂᒃ ᐃᑉᐱᒍᓱᒋᐊᓕᒃ. ᐃᓘᓐᓇᓕᒫᑕ ᐃᒻᒥᓂᒃ ᖃᓄᐃᒋᐊᖃᕐᒪᖔᑦᑕ ᐃᑉᐱᒍᓱᒐᓱᐊᕋᑦᑕ, ᒥᐊᖅᑭᑦᑕ ᐊᓯᑦᑎᓂᒃ ᐃᓱᒪᑦᓴᕈᓐᓂᓗᑕ.

ᑌᒪ ᐊᓪᓚᖑᐊᕐᑎᐅᓴᕋᒪ, ᑲᔪᓯᒐᓱᐊᓯᑦᓯᖓ ᑭᓯᐊᓂᐅᓯᒪᒻᒪᑦ. ᖃᓄᖅ ᐱᐅᒥᔭᐅᒍᓇᐅᒻᒪᖔᑕ ᐃᓱᒪᒐᓱᐊᕐᓯᖓ. ᑖᕙᓃᑦᑐᑦ ᖃᓪᓗᓈᑦ ᐊᒥᓱᐊᓘᒻᒪᑕ, ᑕᑯᒥᐊᕐᑐᐱᖃᕐᑎᑕᐅᓗᖓ ᓂᐅᕕᕐᕕᒥᒃ ᑭᓯᐊᓂᐅᖃᑦᑕᓯᒪᒪᑦ. ᐊᑐᖃᑦᑕᓯᒪᔭᕋ ᑕᒪᓐᓇ. ᓂᐅᕕᕐᑕᐅᕕᖁᑎᖃᕐᓗᑎᓗ ᑖᕙᓂ ᐃᓪᓗᖁᑎᖃᕐᓯᒪᓗ ᐊᑕᐅᓯᐅᙱᑐᒥᒃ ᑌᒣᓘᕐᓯᒪᒐᒪ. ᓂᐅᕕᕐᑕᐅᕕᖁᑎᒥᑦᓯᒥᓪᓗ ᐃᓪᓗᐃᑦ ᖃᑦᓰᑭᐊᖅ ᐅᒃᑯᐃᖃᑦᑕᓯᒥᑦ ᐊᑐᕐᑐᐊᒣᑦ. ᑌᒣᓘᑭᓐᓇᑐᖅ ᐃᓄᒃ ᐱᐅᒥᔭᐅᕙᓂᒃ ᓴᓇᑐᐊᕋᒥ. ᐱᐅᒥᔭᐅᔪᓂᒃ ᓴᓇᔪᖃᖃᑦᑕᖏᑐᐊᕋᒥ ᐊᓪᓚᖑᐊᕐᑐᖃᖃᑦᑕᖏᑐᐊᕋᒥ, ᑕᒪᓐᓇ ᐱᑕᖃᕐᖃᔭᙱᒥᔪᖅ. ᑕᒪᒃᑯᐊᓕᒫᑦ ᐃᖏᕐᕋᑎᑕᐅᒐᓱᐊᕐᑐᓕᒫᑦ ᐱᑦᓯᐊᑐᐹᓗᒻᒥᒃ ᐱᑕᖃᙱᑐᐊᕋᒥᒃ ᐃᖏᕐᕋᓯᑐᐃᓐᓇᖃᔭᙱᑐᒍᓘᒻᒪᑕ. ᐊᓪᓚᖑᐊᕐᓂᖅ ᐃᓱᒪᒥᔭᐅᖁᓪᓗᑦᑕᕋ ᐊᔪᐃᓐᓇᑕᐅᖁᑦᓯᒍ. ᑭᓇᑐᐃᓐᓇᖅ ᐱᑦᓯᐊᕈᓐᓇᓯᒍᓂ ᑌᒫᒃ ᐃᑦᑐᖁᑎᑖᕈᓐᓇᒪᑦ ᐊᓪᓚᖑᐊᕐᕕᒥᒃ, ᒫᓐᓇᓴᐅᑎᒥᐅᙱᑲᓗᐊᕐᐸᑦ.

ᐊᐱᕐᓱᑐᖅ: ᐊᓪᓚᖑᐊᒐᓚᓐᓂᒥᒃ ᐸᑎᑦᑎᒐᓕᐅᒐᓚᓐᓂᒥᒃ ᐱᒋᐊᒐᓚᓐᓂᒪᖔᕐᐱᑦ ᐊᐅᓚᑦᓯᕕᑦ?

ᑭᐅᒍᑎᖓ: ᐸᑎᑦᑎᒐᕐᓂᖅ ᑲᒪᒍᓐᓂᒥᒐᒪ. ᐸᑎᑦᑎᒣᑦ ᐊᒥᓲᒥᐊᖅᙱᒪᓇᑦᑐᐃᑦ ᓯᕋᓪᓕᐹᒥ. ᓯᑯᑦᓴᔭᓂᒃ

ᑕᓪᓕᒪᓕᐅᑦᓴᕋᔭᕐᐸᑕᓘᓐᓃᑦ ᐊᓪᓚᖑᐊᕐᑐᒥᑦ, ᐆᑦᒎᑎᒥᑐᐃᓐᓇᑐᒥᑦ ᓈᒻᒪᑐᖅ. ᐃᓄᒃ ᑭᓇᓕᒫᑦᓯᐊᖅ ᒍᒪᔪᖅ ᐃᒫᒃ "ᐊᓪᓚᖑᐊᕐᑎᐅᓯᒐᒪ ᑮᓇᐅᔭᓕᐅᓚᖓᓕᕐᖁᖓ" ᐃᓱᒪᒋᐊᖅᙱᑐᖅ. ᐃᒣᓘᕐᑐᖓ ᐱᐅᒥᔭᒥᒃ ᑕᑯᔭᐅᑦᓴᓕᐅᕈᓐᓇᕐᖁᖓ ᑖᓐᓇ ᐱᐅᓂᕐᓴᖅ. ᐃᒻᒥᓂᒃ ᒍᒪᓂᕐᒥᓄᑦ ᐃᓄᒃ ᑕᑯᓐᓇᕆᐊᓕᒃ ᑮᓇᐅᔭᓕᐅᕈᑎᒥᑦᓴᕈᓐᓂᒐᓗᐊᕐᓗᒍ.

ᐊᓯᐃᓛᒃ ᐱᖓᓲᑎᓪᓗᒥᑦ ᐅᔭᕋᕐᒎᑐᕕᓃᑦ ᐊᐅᓪᓚᑎᑦᓴᓕᓚᐅᕐᓯᒪᔪᒃᑲ, ᐆᑦᑐᕋᓇᐅᓕᕐᓯᖓ. ᐃᓚᖓ ᐊᑕᐅᓯᖅ ᐱᐅᒥᔫᓯᕋᒎᖅ. ᑌᒪ ᑕᓪᒍᖓᑦᓴᓇᖅ ᐅᔭᕋᕐᒍᑦ ᐊᑦᔨᖏᓐᓂᒃ 50-ᓂᒃ ᕿᒥᕐᕿᐊᓕᐅᕆᐊᖅᓯᕗᖓ. ᐊᒥᓱᑲᓪᓛᓗᓕᐅᕐᓯᒪᕗᑦ ᑭᖑᓂᖏᑦ ᐊᓯᐃᓛᒃ. ᓱᓇᐅᕝᕙ ᑌᒣᓘᖏᓐᓇᐸᓚᖓᓕᕐᑐᑦ. ᖃᓪᓗᓈᓪᓗ ᓂᐅᕕᕈᒪᔪᑦ ᐱᔪᒪᓕᕐᐸᓕᐊᑐᐃᓐᓇᓕᕐᓯᑎᒃ. ᐊᓪᓛᑦ ᑕᒪᓐᓇ ᐃᖏᕐᕋᓯᐊᖏᓐᓇᑐᐊᕐᐸᑦ ᑖᕋᕗᖓ ᖃᓪᓗᓈᑦ ᓄᓇᓕᕐᔪᐊᖁᑎᖏᓐᓄᑦ ᓇᒧᐊᓗᑐᐃᓐᓇᖅ ᐅᓇᑕᕐᕕᐅᒐᓗᐊᓄᑦ ᐳᓛᕆᐊᕈᓐᓇᓯᓕᕐᑐᖓ ᐱᔭᓐᓇᓯᒐᔭᓚᐅᕐᖁᖓ. ᑌᒫᒃ ᐊᓪᓚᖑᐊᕐᓂᖅ ᐱᒻᒪᕆᐹᓗᒃ. ᒪᑯᓂᖓ ᐱᓇᓱᒐᑐᐃᓐᓇᓂᑦ ᑌᒣᑦᑐᓴᓐᓈᓘᒐᒥ. ᐃᓱᒪᒐᓱᐊᑦᓯᐊᕆᐊᖃᕐᓂᓵᓗᑐᐃᓐᓇᑐᖅ ᒪᑯᓇᙵᑦ ᐱᓇᓱᒐᑐᐃᓐᓇᓂᑦ. ᖃᓄᑐᐃᓐᓇᓕ ᒪᑯᐊ ᐱᓇᓱᐊᒣᑦ ᐱᓇᓱᑦᑕᐅᒐᒥᒃ ᐋᕐᕿᒥᐊᑐᐃᓐᓇᖃᑦᑕᓱᒥᑦ ᒍᓐᓇᒪᑕ. ᓄᓇᒃᑰᔫᖅ ᓯᖁᒥᑉᐸᑦ ᐋᕐᕿᓯᑐᐃᓐᓇᖃᑦᑕᓱᒍ ᓲᕐᓗ ᐃᑯᓪᓚᔪᑦ ᐃᓱᒪᒥᐊᖃᕐᓂᑯᑦ. ᑕᒪᒃᑯᐊ ᐊᓪᓚᖑᐊᒣᑦᓗ ᐸᑎᑦᑎᒣᑦᓗ ᐃᓱᒪᖃᑦᓯᐊᕋᓱᐊᕆᐊᓕᐸᐅᔮᓘᒻᒪᑕ.

ᔮᔨ ᐋᓇᓈᒃ, ᑲᖏᕐᓱᐊᓗᑦᔪᐊᑉ ᑯᐊᐸᒃᑯᖏᑦᑕ ᐊᖓᔪᕐᖄᖓ (1960-ᐃᑦ ᐊᕐᕌᒍᖏᓐᓂ)

George Annanack, président de la co-op de Kangiqsualujjuaq (années 1960).

George Annanack, president of the co-op in Kangiqsualujjuaq (1960s).

Donat Savoie Collection IND DSA 105

ᑏᕕ ᐃᑦᑐᒃ ᐃᓪᓗᒥᑕ
ᑲᑕᖓᓂ ᑲᖏᕐᓱᐊᓗᑦᔪᐊᒥ
1968-ᒥ.
Tivi Etok devant
sa maison à
Kangiqsualujjuaq,
1968.
Tivi Etok in front
of his house in
Kangiqsualujjuaq,
1968.
Donat Savoie Collection
IND DSA 058

ᑌᒪ ᐊᓪᓚᖑᐊᕐᑎᒪᓇᐊᓗᒃ ᐃᓯᒉᓐᓇᕐᑭᑦᓯᐊᕈᓐᓇᑐᖅ. ᐅᑭᐅᓕᒫᖅ ᐊᓪᓚᖑᐊᕐᑐᕕᓂᐅᒍᓂ, ᑕᒪᒃᑯᐊᕐᑯᑎᖏᑦ ᓂᐅᕕᕐᑕᐅᑲᑦᑐᐊᓘᖏᓐᓇᑐᐊᕐᐸᑕ ᓄᓇᒧᑦ ᓇᒧᑐᐃᓐᓈᓛᑦ ᕐᕿᕐᑯᔭᐅᕐᑲᑦᑕᕋᔭᕐᑐᖅ. ᓲᕐᓗ ᐃᕐᑲᓗᓐᓂᐊᑏᑦ ᑮᓇᐅᔭᓕᐊᓘᓚᒥᒃ ᑕᒪᐅᖓ ᑎᑭᓲᖑᒻᒪᑕ ᐃᕐᑲᓗᓐᓂᐊᓇᐊᕐᑐᓯᑎᒃ. ᑖᓐᓇ ᐊᓪᓚᖑᐊᕐᑎ ᐱᐅᒥᔫᓗᓐᓂᒃ ᐱᓕᐅᕐᑲᑦᑕᕈᓂ, ᑖᕗᖓ ᑕᓇᐅᑉ ᐊᑭᐊᓄᓕᓚᒃ ᐆᒪᕙᕐᓂᐊᕈᓐᓇᕋᔭᕐᑐᖅ ᖅᑲᓪᓗᓈᑦ ᑭᐸᓗᒥᓗᒥᑦ. ᓲᕐᓗ ᑭᐸᓘᕙᓚᐅᕋᑦᑕ ᐆᒪᕙᕐᓂᐊᓇᐊᕐᑐᓄᑦ ᑲᒪᒥᑦᓯᐊᓯᒥᑦ ᑮᓇᐅᔭᓕᐊᓘᒻᒪᑕ. ᑌᒫᑕᒐ ᐊᓪᓚᖑᐊᒉᑦ ᐱᐅᒥᔭᐅᑐᐊᕋᒥᒃ ᑮᓇᐅᔭᑦᓯᐊᕌᓘᕗᑦ.

ᐊᐱᕐᓯᑐᖅ: ᓇᓪᓕᐊᓂᓖ ᓴᓇᒍᒪᓂᕐᓴᐅᓲᖑᕕᑦ ᐸᑎᑦᑎᓚᕐᓂᓘᓐᓃᑦ ᐊᓪᓚᖑᐊᒐᓚᓐᓂᒥᓪᓘᓃᑦ?

ᑭᐅᒍᑎᖓ: ᓇᓪᓕᐊᓂᑐᐃᓐᓇᖅ ᒍᒪᕐᑲᑦᑕᓚᐅᕐᓯᒪᕗᖓ, ᑖᓐᓇ ᐊᓪᓚᖑᐊᒐᓕᐅᕐᓂᖅ ᑌᒫᑦᓴᓇᖅ ᐊᑦᔨᑐᐃᓐᓇᖓ. ᐱᐅᔪᓕᐅ-ᕋᓯᐊᕐᑐᕐᑲᑐᐊᕈᓂ ᑌᓐᓇ ᐸᑎᑦᑎᓚᕐᓂᒧᑦ ᐅᔭᕋᖅ ᐃᒫᒃ ᒪᓂᖅᑲᓴᕐᑕᐸᐅᔫᑐᓚᐅᑲᑦᓯᒍ ᐊᑯᓂ ᐱᒥᐊᓚᒃ.

ᑖᓐᓇ ᐅᔭᕋᖅ ᐊᑯᓂᐊᓗᒃ ᓴᓇᒥᐊᕐᑲᕐᒪᑦ. ᑖᓐᓇ ᐱᔭᓇᐊᑐᓂᕐᓴᓕ ᐊᓪᓚᖑᐊᕐᓂᑐᐃᓐᓇᒥᑦ. ᐅᑭᐅᒃᑯᑦ ᐊᐅᑦᓯᔭᖕᖏᒪᓇᑦᓯᒍ ᐅᔭᕋᖅ ᐊᓪᓚᖑᐊᕐᕕᒥᓯᑐᐃᓐᓇ-ᖅᑲᑦᑕᓯᒪᔭᕋ, ᓯᑲᓐᓂᓴᐅᒻᒪᑦ ᑌᒫᒃ. ᒪᓂᖅᑲᓴᓇᐊᓕᐸᐅᔮᓘᑦᓯᓂᑐ ᖅᑲᓄᓕᒫᕌᑐᒃ. ᐃᓘᓐᓇᖓ ᐊᑦᑐᑐᐃᓐᓇᐅᕐᑲᔭᕋᓂ ᒪᓃᑦᑐᓚᓖᐱᑦᑕᕐᑲᑐᐊᕋᒥ. ᑌᒪ ᓴᓇᓂᐊᕐᑕᓇᔭᒧᑦ ᐊᑦᑐᕈᓐᓇᓯᕗᖅ ᒪᓂᖅᑲᕈᕋᒥ. ᑌᒪ ᐊᓪᓚᕕᑦᓴᑐᐃᓐᓇᒧᑦ ᐊᓪᓚᖑᐊᕐᑎᓯᐊᑐᐃᓐᓇᖅ ᐱᔭᓇᐊᑭᓐᓂ-ᓴᐅᔫᕐᑐᒥᒃ ᐱᓇᓯᑉᐳᖅ ᐊᑯᓂᐊᓗᒃ ᒪᓇᖅᑲᓴᒥᐊᕐᑲᖕᖏᓇᒥ ᐅᔭᕋᕐᒥᒃ. ᑌᒪ ᑖᓐᓇ ᐅᔭᕋᖅ ᐊᓪᓚᖑᐊᕐᕕᒥᓯᑦᓯᒍ ᓴᓇᒃᓴ-ᕋᓯᓚᐅᑲᒻᒥᓯᒍ ᑭᓯᐊᓂ.

ᑌᒫᑦᓴᓇᖅ ᐊᓪᓚᖑᐊᕐᑎᐅᑉ ᐊᓪᓚᖕᖑᐊᕐᑕᖏᑦ ᐅᔭᕋᕐᒦᑐᑎᑐᑦ ᐱᐅᒥᔭᐅᑐᐊᕋᒥᒃ ᓂᐅᕕᕐᑕᐅᑲᑦᑕᓯᐊᑭᓐᓇᑐᐊᓘᒻᒪᑕ. ᐅᓪᓗᒥ ᐃᓯᒪᒥᓕᕐᑕᕋᓕ ᐊᓪᓚᖑᐊᕐᓯᑎᐅᒐᓯᐊᑐᐃᓐᓇᓗᓂ ᐱᐅᒥᔫᓗᓐᓂᒃ ᐱᔮᓐᓇᕈᓂ, ᐅᑭᐅᑦ ᐊᕙᑎᑦ ᑎᑭᕋᑕᕐᓗᒥᑦ ᕐᑯᕙᕙᒥᐊᑦᓴᕋᑕᕈᓐᓇᐳᖅ. ᑖᕗᖓ ᑕᑯᓚᐅᕐᓯᒪᖕᖏᑖᓗᒻᒥᓄᐊᓪᓛᑦ ᐃᑲᕙᕐᑲᑦᑕᓕᕋᑕᕐᓗᓂ ᑮᓇᐅᔭᒃᑯᑦ ᖅᑲᓪᓗᓈᕌᓗᓚᓗᐊᕐᐸᑕ ᒍᓐᓇᑐᖅ ᐃᓄᒃ, ᐃᓄᑐᐃᓐᓇᓯᐊᖑᓚᓗᐊᕈᓂ ᑲᕙᓯᑦᓯᐊᑐᒥᒃ ᐱᐅᒥᔭᐅᕙᓂᒃ ᓴᓇᒍᓐᓇᑐᐊᕈᓂ, ᑌᓐᓇᑕᒐ ᑌᒫᒃ ᑐᑭᓕᒃ.

ᐊᐱᕐᓯᑐᖅ: ᐅᕙᑦᑎᓂᓪᓖ ᐅᖅᑲᐅᑦᓰᒍᓐᓇᕐᑭᑦ ᖅᑲᓄᖅ ᐱᒥᐊᕐᑎᓯᕙᓪᓕᐊᓂᕐᒪᖕᓛᑉᐱᑦ ᐸᑎᑦᑎᓚᓕᐅᕐᓂᒥᒃ?

ᑭᐅᒍᑎᖓ: ᐋᐊ, ᐸᑎᑦᑎᓚᓕᐅᕐᓂᒥᓪᓕᐊᓖᑦ ᑲᒪᓪᓗᐊᖏᓐᓂᓴᐅᕙᑦᑐᖓ ᐊᓪᓚᒥᐅᑦᓴᓚᐅᕐᐸᑕ ᐃᓄᐃᑦ ᑕᒫᓂ. ᑌᓐᓇ ᕐᑭᒥᕐᕈᐊᓕᐅᕐᓂᖅ ᐅᔭᕋᓕᓇᓂᖅ ᒪᓂᖅᑲᓴᑲᑦᑕᓂᖅ ᐊᓪᓚᖑᐊᕐᕕᒥᑦᓯᐊᐸᐅᔮᓘᑦᓯᒍ. ᐊᓯᐃᓖᒃ ᐊᓪᓚᖑᐊᓈᕐᒪᑦ ᐅᔭᕋᕐᒧᑦ ᑕᒪᐅᓇ ᑭᓪᓕᖏᑎᒍᑦ ᐊᑯᓂᐊᓗᒃ ᓴᓇᒻᒥᓯᒍ. ᕐᑭᒥᕐᕈᐊᓴᔭᑐᐃᓐᓇᐅᒍᓂ ᐊᓪᓚᕕᑦᓴᑐᐃᓐᓇᒨᕐᑕᐅᒍᓂ ᓯᑯᑦᓴᔭᒧᑦ ᑖᒃᑯᐊ ᐊᓪᓚᓯᐊᕋᓯᑦᑌᑦ ᑕᒡᒍᖓ ᐱᔭᓅᑦᓯᐊᓴᐅᑎᒥᒍᓐᓇᐳᑦ. ᑌᒫᒃ ᑖᓐᓇ ᐃᓯᕐᓇᓇᕐᓂᓴᖅ. ᑌᒪᑦᓴᓇᖅ ᐊᑭᕐᑲᓖᕐᒥᒪᑦ ᐱᐅᒥᔭᐅᑐᐊᕈᓂ.

ᐅᑯᐊ ᐊᓪᓚᖑᐊᕐᑕᕕᓂᒃᑲ ᐱᐅᒥᔭᐅᒻᒪᑕ ᐊᒥᓯᖕᖑᓇᐊ-ᖅᑲᕐᓂᖏᓐᓄᑦ ᐅᔭᕋᕐᒥᒃ ᐊᑐᓚᕐᑭᓯᒪᕗᖓ ᑌᒫᒃ. ᒪᑯᐊᓕ ᐊᓪᓚᖑᐊᕈᑏᑦ ᐊᑦᔨᒦᓂᒃ ᑖᒃᑯᓂᖕᓚᑦᓴᓇᓕᒫᖅ ᐱᖅᑲᔭᕐᓇᖏᓐᓂᓴᐅᓚᒥᒃ ᑕᒡᒍᓇ ᐃᓯᐃᓐᓂᕐᑳᐱᒻᒥᕙᑦ. ᐆᒪ ᐊᑕᐅᓯᐅᑉ ᐊᑦᔨᖓᓂᒃ ᐱᕙᒪᕙᐃᑦ ᐊᒥᓯᐊᑑᓰᖑᒻᒪᑕ. ᑖᓐᓇ ᐅᔭᕋᖅ ᐊᑦᔨᒦᓚᐅᕈᑕᐅᒍᓐᓇᕋᒥ, ᑌᒪ 50-ᓚᐅᕈᑕᐅᑐᐊᕋᒥ ᓄᖅᑲᐳᖅ. ᑕᒪᒃᑯᐊ ᕐᑭᒥᕐᕈᐊᓕᐊᖏᑦ 50-ᖑᑐᐊᕐᒪᑕ ᓄᖅᑲᐳᖅ,

ᐅᔭᖁᖅ ᐊᒥᓯᕕᓪᓗᒍ ᐊᑦᔨᒌᖕᖏᑐᓂᒃ ᓴᓇᐱᐅᒍᓐᓇᖅᑯᖅ. "ᐊᑦᔨᖏᓐᓂᒃ ᐆᒪ ᐊᑦᔨᖑᐊᑐᖅᑲᐅᑉ ᓴᓇᓚᐅᕆᑦ, ᐱᔪᒪᒐᒪ!" ᓚᔪᖅᑲᖅᐸᑦ ᐊᔪᐃᓐᓇᕆᐊᖅᑲᖅᒥᔪᖅ ᑭᓯᐊᓂ ᐃᓱᒪᒋᑦᓯᐊᓗᒍ. ᑌᒫᒃ ᐊᓯᖏᓐᓂᒃ ᖃᒻᒥᓂᑕᐅᓂᖅᓴᓂᒃ ᐱᑕᖅᑲᖁᓗᐊᖅᑎᓗᒍ ᓚᑐᐃᓐᓇᓲᖑᒻᒥᔪᐃᑦ ᐃᓚᖏᑦ. ᐃᒣᑦᑐᒪᓴᑦ ᐊᒥᓯᓕᐅᕈᓐᓇᐅᑎᓂᒃ ᓲᖑᔪᑲᓪᓚᑐᐃᓐᓇᐅᒥᔪᑦ ᐅᔭᖁᐅᖕᖏᑲᓗᐊᖅᓯᑎᒃ. ᑖᒃᑯᐊ ᐊᑦᔨᒌᓕᐊᕆᓯᒪᔪᑦ ᐊᓪᓚᕚᖓᑦ ᑎᑎᖅᑕᐅᔫᖑᒻᒪᑦ ᑌᑦᓯᒧᖓ ᕿᖅᓂᑕᒍᓗᒻᒍᑦ ᐊᓪᓚᐅᑎᑦᓴᔭᒍᑦ. ᑌᓐᓇᑕᒐ ᐊᒥᓯᓕᐅᕈᓐᓇᑐᓪᓚᕆᒃ. ᑌᒣᔫᖅᑰᒐᓗᐊᑦ ᑭᓯᐊᓂ ᐅᔭᖁᖅ ᐊᑭᑭᓪᓕᒥᐊᕐᖅᑲᔭᖕᖏᑐᖅ ᐊᑭᑦᑐᕆᐊᕐᖅᑲᔭᖁᓂᓗ. ᐅᔭᖁᕐᔫᓯᒪᔪᐃᑦ ᐊᑭᑐᓂᕐᓴᑦ ᑌᑦᓯᒥᖓ ᓯᓇᒍᑎᒥᑦ ᐱᔭᕇᖅᑕᐅᒪᔪᒥᑦ.

ᐊᐱᕐᓯᑐᖅ: ᑌᒣᓘᕐᓂᒐᓚᒻᒥᓈ ᐃᓕᓐᓂᐊᑎᑦᓯᓚᐅᕐᓯᒪᕕᑦ ᑲᖕᒥᕐᓯᐊᓗᑦᔪᐊᒥ?

ᑭᐅᒍᑎᖓ: ᑌᒣᓘᕐᓂᒐᓚᒻᒥᒃ ᐃᓕᓐᓂᐊᑎᑦᓯᒍᓐᓇᓯᓯᒪᖕᖏᑐᖓ, ᐃᓖ ᐃᓕᓐᓂᐊᑎᑦᓯᖅᑲᑦᑕᓯᒪᒐᓗᐊᕐᑐᖓ ᑌᒃᑯᓂᖓ ᕿᒥᕐᕈᐊᓕᐅᕈᒪᔪᓂᒃ ᐅᔭᖁᓕᐅᕈᒪᔪᓂᒃ. ᐃᓕᓐᓂᐊᖅᑲᑎᒌᑦᓯᒥᑦ ᑭᓯᐊᓂᐅᒍᓐᓇᒪᑦ ᖃᓄᓕᒫᖅ. ᓯᓇᓕᒫᓂᒃ ᐱᔪᒪᓇᕐᑐᓕᒫᓂᒃ ᐃᓕᓐᓂᑎᑦᓯᖅᑲᑎᒌᑦᓯᒥᑦ ᑭᓯᐊᓂᐅᒻᒪᑦ. ᑕᒪᓐᓇ ᐃᓅᑉ ᐊᑐᑦᓯᐊᕆᐊᖃᖅᒪᐅᒃ. "ᐱᖅᑲᔭᖕᖏᑐᒍᑑᒐᕕᑦ!" ᓚᑲᑦᑕᐅᑎᓂᖅ ᐊᑐᕐᓂᖅᑲᑦᔭᖏᒻᒪᑦ, ᓯᒃᑯᓴᐅᑎᑦᓯᐊᖑᒻᒪᑦ ᐃᓅᓕᒫᓅᑦ. ᑌᒣᓘᕐᓂᒥᒃ ᐃᓕᓐᓂᐊᑎᑦᓯᖅᑲᑦᑕᓚᐅᕐᓯᒪᒋᕗᖓ.

ᑕᒐ ᐆᒪ ᐊᑦᔨᒥᖕᖏᑲᓗᐊᕐᐸᐅᒃ ᐃᓱᒪᒋᔭᕐᓂᒃ ᓴᓇᔪᑦᓴᐅᕗᑎᑦ, ᐊᑦᔨᒥᖕᖏᑲᓗᐊᕐᐸᐅᒃ ᕿᓂᑦᓯᐊᕆᐊᖅᑲᕐᑯᖅ ᐃᓄᒃ. ᐊᑏ ᓴᓇᑦᓴᑐᑕ ᐊᑦᔨᒌᓕᐅᕆᐊᖅᑲᖕᖏᑐᐃᓐᓇᑐᒍᑦ. "ᐆᒪ ᐊᑦᔨᖓᓂᒃ ᓴᓇᓚᖓᕗᑎᑦ!" ᓚᖅᑲᔭᖅᓇᖏᑐᐃᓐᓇᑐᖅ. ᐊᑦᔨᒥᖕᖏᑕᖓᓂᒃ ᓴᓇᓗᓂ ᐃᒻᒥᓂᒃ ᐃᓱᒪᒥᓂᒃ. "ᐃᒣᓘᕆᐊᖅᑲᕐᑐᑦ!" ᓚᒍᓐᓇᑑᒐᓗᐊᖅ. ᐆᒪ ᓴᓇᓯᒪᔭᕐᒪ ᐱᐅᒥᔮᓘᑉ ᐊᑦᔨᖓᓂᒃ ᓴᓇᒥᐊᖅᑲᑦᔭᖏᒻᒥᒪᑦ. ᑖᓐᓇᑕᒐ ᑌᒣᓚᖓᓖᖑᒻᒥᔪᖅ ᐃᑉᐱᒋᔭᐅᑦᓯᐊᕆᐊᓚᒃ. ᐃᓅᑉ ᐊᑕᐅᓯᐅᑉ ᐱᐅᒋᔭᐅᔪᕐᑯᑎᖓ ᐃᓅᖅᑲᑎᒌᓄᑦ ᐊᒥᓯᓄᑦ ᓴᓇᔭᐅᖅᑲᑦᔭᖏᒻᒥᒪᑦ, ᒥᐊᖅᑲᖕᖏᒥᔪᑦ. ᑖᒃᑯᐊ ᐃᓄᐃᑦ ᐃᓘᓐᓇᑎᒃ ᐃᓱᒪᖅᓯᒥᐊᖅᑲᖅᒪᑕ ᓈᒻᒪᒋᔭᒥᓂᒃ ᐱᐅᒋᔭᒥᓂᒃ ᐱᐅᒋᔭᐅᒍᓇᖅᑯᑎᒥᓂᒃ ᓴᓇᒥᐊᖅᑲᖅᒪᑕ, ᑌᒣᓘᕐᑏᓂᒃᑯᐊ ᐊᓪᓚᖑᐊᕐᑏᑦ.

ᓯᕗᓪᓕᐹᒥ ᑕᒪᒃᑯᐊ ᑯᐊᐸᒥᐊᖕᖓᓯᒐᑦᑕ ᓴᓇᖕᖑᐊᒣᑦ ᐃᖏᕐᖁᓯᑎᑕᐅᓚᐅᕐᓯᒪᒻᒪᑕ ᐃᓕᓐᓂᐊᑎᑦᓯᓂᕐᑕᕐᑲᑦᔭᒐᑎᒃ. ᑕᒪᓐᓇ ᐊᑐᑐᐃᓐᓇᓯᒍ ᐊᒻᒪᓗ ᐳᕕᕐᓂᑐᒧᑦ ᐃᓕᓐᓂᐊᕆᐊᓚᐅᕐᓯᒪᑦᓯᑕ ᓴᓇᖕᖑᐊᒐᕐᓂᓴᓐᓇᖅ, ᕿᒥᕐᕈᐊᓕᐅᕐᓂᓴᓐᓇᖅ. ᑖᕙᒃᑯᐊ ᓴᓇᔭᖏᓐᓂᒃ ᐊᑦᔨᒥᑦᑌᓚᔭᐹᔫᖏᓐᓂᒃ ᓴᓇᖅᑲᑦᑕᓚᐅᕐᓯᒪᔪᖓ ᐱᐅᒥᔭᓪᓚᕆᐊᓗᓐᓂᒃ.

ᑌᒪ ᐊᓪᓚᖑᐊᕐᑎ ᖃᑭᔪᐊᑑᒍᓂ, ᐱᓇᓱᐊᕐᕕᖅᑯᑎᑖᑦᓴᑐᐃᓐᓇᕆᐊᖅᑲᖅᑯᖅ ᐊᓪᓚᖑᐊᕐᕕᒥᒃ ᑖᒥᓂ ᐃᓪᓗᖅᑯᑎᑖᕐᑐᓂ, ᐊᓪᓚᕕᑦᓴᓂᒃ ᐊᒥᓯᑲᓪᓂᒃ ᑎᑭᑎᑦᓯᖅᑲᑦᑕᕐᑐᓂᓗ ᐊᓪᓚᐅᑎᓐᓂᓗ ᓯᓇᓚᐅᕈᑎᓂᑦᓗ ᓯᓇᑐᐃᓐᓇᓂᒃ ᑐᔪᕐᑕᐅᖅᑲᑦᑕᕐᑐᓂᓗ ᐊᒥᓯᕐᕐᑐᒍᐊᓘᕐᑎᑐᒥᑦ. ᑭᓇᑐᐃᓐᓇᖅ ᐃᓄᒃ ᑌᒣᓘᕐᑐᓂᒃ ᑐᓯᓚᑭᓂ ᐃᓚᐅᓯᐹᓪᓗᓂ, ᖁᐹᓪᓚᒍᓯᒃᑯᑦ ᑮᓇᐅᔭᓚᐅᖅᒥᑑᒐᓗᐊᑦ, ᐅᓪᓗᑯᑦ ᐱᒥᐊᑦᓴᐸᓪᓗᑎᒃ, ᐃᓅᑉ ᑐᓯᒥᒍᓂᐅᒃ, ᐆᑦᑐᕈᒪᒍᓂ ᐊᕝᕕᐊᑕᐅᔭᖅᑲᖕᖏᒪᕆᑦᑐᖅ. ᑌᒣᖅᑲᑦᑕᓚᐅᔭᕐ ᐅᕙᓐᓅᑦ. ᐊᕝᕕᐊᑕᐅᖕᖏᑐᖅ ᓇᐅᒧᑦᑐᓃᑦ. ᑕᓖᓂ ᐊᑦᔨᖑᐊᓚᐅᕐᕕᒃ ᓇᐸᑎᑕᐅᓕᕐᐸᑦ ᑭᓇᐅᔭᖅ ᐆᑦᑐᕈᒪᒍᓂ ᐆᑦᑐᕈᓐᓇᖅᑲᔭᕐᑯᖅ. ᐃᒻᒥᓂᒃ ᐃᓱᒪᒥᓂᒃ ᐊᑐᑦᓯᐊᓗᓂ, ᐊᓯᒥᑕ ᐱᐅᒋᔭᐅᔪᖅᑯᑎᖏᑦᑕ ᐊᑦᔨᒥᑦᑌᓚᔭᖏᓐᓂᒃ ᓴᓇᓗᓂᑦᑕᖅ.

ᐊᐱᕐᓯᑐᖅ: ᐅᓇᓚ, ᐱᔪᒪᓂᕐᑖᑎᑕᐅᓯᒪᒻᒪᖕᒑᑉᐱᑦ ᑖᑦᓯᒥᖓ ᐸᑎᑦᑎᓚᐅᕐᓂᒥᒃ ᐊᓯᑎᓐᓄᑦ ᖃᐅᔨᓚᐅᕐᓯᒪᕕᑦ?

ᑭᐅᒍᑎᖓ: ᐊᐅᑲ, ᐱᔪᒪᓂᕐᑖᑎᑕᓚᐅᕐᓯᒪᖕᖏᑐᖓ, ᐱᔪᒪᓂᖁ ᓇᒻᒥᓂᖅ ᒪᓕᒃᓯᒍ ᑭᓯᐊᓂ. ᑯᐊᐸᖅᑲᓚᖁᑦᑕ ᑯᐊᐸᒥᒃ ᐃᑲᔪᕈᒪᓂᐅᑉ ᐊᔪᐊᓂᒃ ᐃᓱᒪᓇᖓ. ᑌᑦᓯᒪᓂ ᔫᔅᓗ ᐊᑖᑦᑯᑲ ᐆᒪᔪᕐᓂᐊᓂᕐᒥᒃ ᐊᕐᓯᕈᕐᑎᓗᒥᑦ ᐃᑲᔪᕈᓐᓇᓯᒐᓯᐊᕐᓯᒪᒐᒪ ᐆᒪᔪᕐᓂᐊᕐᑲᑕᐅᒍᓐᓇᓯᒐᓯᐊᕐᓯᖓ. ᑌᒣᓘᓚᖓᓚᕐᕐᑯᑎᑦ ᓚᔭᐅᖕᖏᓯᖓ ᐊᕐᓯᕈᕐᐸᓚᐅᖁᒪ. ᑌᒪ ᑯᐊᐸᖅᑲᓕᕐᑎᑐᑕ ᑖᓐᓇ ᐊᓪᓚᖑᐊᕐᓂᖅ ᕿᒥᕐᕈᐊᓕᐅᕐᑎᐅᓂᖅ ᐊᑐᕈᓐᓇᓕᕐᓂᖁᕐᑕᐅᑐᐊᕐᒪᑦ ᐃᓕᓐᓂᐊᕈᒪᓚᐅᕐᓯᒪᔭᖁ, ᐃᓕᓐᓂᐊᖏᒃᑲᓗᐊᕈᒃᑯ ᓯᓇᐅᕝᕙ ᖃᓄᐃᖕᖏᒪᕆᑦᑐᕕᓂᐅᓗᐊᕐᓯᖓ. ᐊᕐᓯᕉᑎᒥᓕᕐᓯᒍ ᑯᐊᐸᖅᑲᓕᖁᑦᑕ, ᑖᓐᓇ ᑯᐊᐸᖁᑦ ᐃᑲᔪᕈᓐᓇᓯᒐᓯᐊᕐᓯᒍ ᐃᓅᖅᑲᑎᒃᑲᓗ ᐱᔪᒪᓂᖏᑦ. ᐱᓇᓯᐊᕈᓐᓇᕐᓯᖅᑲᑎᒥᓗᒥᑦ ᑖᓐᓇᓚᑦᑕᖅ ᑭᓯᐊᓂ ᐃᓱᒪᒋᓚᐅᕐᓯᒪᔭᖁ.

ᐊᐱᕐᓱᑐᖅ: ᕐᑲᓄᕐᓖ ᐅᓂᒃᑳᑐᐊᑐᕐᑲᕐᓂᖅ ᐊᑐᕐᑲᑦᑕᕐᑭᑦ ᓯᓇᙳᐊᓕᐅᓕᑫᕕᑦ ᐸᑎᑦᑎᓚᕐᒥᒃ ᐊᓪᓚᖑᐊᕐᑕᓈᕕᑦ?

ᑭᐅᒍᑎᖓ: ᐃᓄᒃ ᐊᓪᓚᖑᐊᕐᑎᑐᐃᓐᓇᐅᓚᓗᐊᕈᓂ ᑌᑦᓯᒪᓂ ᐅᓂᒃᑳᑐᐊᕐᑕᐅᓯᒪᔪᓂᒃ ᐅᕐᑲᐅᓯᕐᑕᕐᑲᕐᑯᔾᒍᓂ ᐊᓪᓚᖑᐊᕐᑕᕐᒥᓂᒃ ᐊᓪᓚᒍᓐᓇᓯᐊᕐᑐᖅ. ᑌᑦᓯᒪᓂᑕᙳᐊᒧᑦ ᐃᓚᖕᒪᑎᒪᓯᐊᕐᓗᒥᑦ ᑌᒡᓚᖕᒪᑦᓯᐊᕈᓐᓇᑐᑦ. ᐃᒃᑯᐊ ᐃᓄᐃᑦ ᑌᒡᓘᕐᑲᑦᑕᓚᐅᕐᑐᕕᓃᑦ "ᐃᒡᑐᒥᒃ ᐱᑦᔭᑎᕐᑲᕐᓯᑎᒃ" ᐃᓯᒪᒋᑐᐃᓐᓇᓗᒍ. ᐅᕐᑲᐅᓯᕐᑕᖕᒥᓪᓗ ᐅᓂᒃᑳᑐᐊᕐᑕᖕᒥᑦ ᑕᑭᔭᐊᓘᙱᑎᓗᒥᑦ, ᑌᒡᑐᓚᐅᕈᓐᓇᓯᐊᕐᑐᐸᐅᔫᓗᒃ ᐃᓄᒃ. ᑌᑦᓯᒪᓂ ᐅᓂᒃᑲᐅᓯᐅᕘᓚᐅᕐᑐᑦ ᐃᓯᒪᑖᑦᓯᐊᓇᐊᓪᓚᐅᑎᖕᒥᓐᓇᖅᑲᑦᑕᔩᖄᓗᒻᒪᑕ ᐊᓪᓚᖑᐊᒐᕐᒧᓗ ᐅᓂᒃᑳᑐᐊᑦ ᐊᑭᑐᒍᑎᒥᐊᓪᓚᐅᔫᒍᑦᓯᑎᒃ. ᐊᓪᓚᖑᐊᕐᑎᐅᓚᑭᓂ ᐃᓄᒻᒥᒃ ᐃᓄᑐᐃᓐᓇᒥᒃ ᓯᓇᖅᑲᙱᑐᒃᑯᑦ ᐃᖕᒥᕐᖁᓚᐅᕐᑐᕕᓂᕐᒥᒃ ᑐᓴᐅᒪᑐᐊᕈᓂ ᐅᓂᒃᑳᑐᐊᕐᒥᒃ ᕿᒥᕐᕿᐊᓚᐊᕈᓐᓇᕐᑯᖅ. ᐊᑭᒥᒐᔮᕐᑕᖕᒪᑕ ᐅᖕᒪᑖᓄᑦ ᐊᑭᕐᑲᕐᑲᑦᑕᕈᓐᓇᑐᖅ. ᑕᒪᓐᓇ ᑌᒡᑐᓯᐊᐸᐅᔫᓗᒃ.

ᑑᕐᖏᑦ ᕐᑲᕐᕐᑲᖏᑦ

ᐊᐱᕐᓱᑐᖅ: ᐊᓯᐊᓄᒥᐊᓚᓛᐱᒃ ᐊᐱᕐᓯᓯᒥᑫᖓ. ᓯᓚᒥ ᐅᕐᑲᕐᑕᐅᓰᖑᕙᑦ ᑑᕐᖏᑦ ᕐᑲᕐᕐᑲᖏᑦ, ᕐᑲᕐᕐᑫᑦ ᐊᓂᕐᓂᓗᒻᒧᑦ ᑕᕐᓂᓗᓐᓄᑦ?

ᑭᐅᒍᑎᖓ: ᑌᑦᓯᒪᓂ ᑕᒪᒃᑯᐊᓕᒫᑦ ᕐᑲᕐᕐᑫᑦ ᐱᑕᕐᑲᕐᐸᑐᕕᓂᐊᓘᒻᒪᑕ. ᐆᑦᑑᑎᕐᑲᓚᖓᕗᖓ ᐃᑰᑕᔫᕐᑲᕐᑐᕕᓂᖅ ᐊᒻᒪᓗ ᒥᑎᓕᐅᓂᕐᑫᑕᓂᒃ. ᑌᒃᑯᐊ ᕐᑲᐅᔨᒪᓪᓚᓐᓇᑦᑕᑐᐊᓐᓇᓲᒃᑲ ᒥᑎᓅᑦ. ᐃᓄᑐᐃᓐᓇᓯᐊᖑᔭᕐᑐᑦ ᐊᓪᓛᑦ ᐆᑦᑐᓂᐊᓚᐅᕐᓯᒪᓚᓚ ᑌᒡᑐᒥᒃ ᐳᐃᔾᔪᕙᓐᓯᒍ. ᐅᕙᓂᒃ ᑕᑯᓐᓇᑫᓯᕐᑲᑦᑕᓚᕐᒪᑦ ᐃᕐᓯᒥᓚᓚᐅᕐᓯᒪᔭᑫ. ᐊᓯᐃᓛᒃ ᕐᑯᑭᓇᐊᕐᓯᒍ ᓯᙱᐊᓗᒃ-ᓴᓚᐅᕐᓯᒪᓚᒃᑯ ᐊᕐᕐᑳᓗᑦᓴᓚᐅᕐᓯᒪᔪᖅ. ᐅᕙᖓᑎᑐᑦ ᓂᐅᓚᒃ ᑕᓚᕐᑲᕐᓯᓂᓗ. ᑌᑦᑐᕐᑲᕐᐸᑐᕕᓈᓗᑰᖅ ᑌᑦᓯᒪᓂ ᐊᒻᒪᓗ ᑑᕐᖓᕐᑲᕐᓯᓂ. ᑑᕐᖓᓯᐊᑐᐃᓐᓇᐅᖕᒥᑦᑐᑦ ᐃᓚᖕᒥᑦ. ᐱᐅᙱᑐᐊᓗᐃᑦ ᐃᓚᖕᒥᑦ. ᑌᑦᓯᒪᓂ ᓄᐃᑕᕚᓐᓂᒥᔦᑦ. ᑌᒪᙱᓚᓪᓚᒦᖅ ᐱᐅᙱᑑᑉ ᐊᐅᓚᑕᖓ ᓄᐃᑕᒻᒪᑦ. ᑕᒐ ᓄᐃᑕᒻᒪᑦ ᑑᕐᖓᐅᓂᕐᑲᕐᑕᐅᔫᓐᓃᕐᑲᓗᐊᕐᓯᑎᒃ ᑕᒪᒃᑯᐊᖑ-ᖕᒥᓐᓇᒪᑕ ᑑᕐᖓᒥᒃ ᑌᔭᐅᑦᔭᔫᓐᓃᕐᑲᓗᐊᕐᓯᑎᒃ. ᒥᑎᓚᐊᓗ-ᕐᑲᕐᓯᓂᓗ, ᑌᓐᓇᔫᖅ ᒥᑎᓚᒃ ᐆᑦᑐᓂᐊᕐᑕᐅᓚᒥ ᐃᓄᒻᒧᑦ ᐹᕐᖑ-ᑐᒧᑦ ᕐᑲᓂᑦᑐᐊᐱᐅᓚᕐᒪᑦ ᐃᓄᒃ, ᑌᒪ ᒥᑎᓚᒃ ᐅᓪᓚᓯᑦᓯᓂ

ᐹᓐᓂᓯᓂ ᐃᓄᐊᕐᐸᓂᕐᒥᔭᖅ. ᓚᔭᐅᓰᖕᒍᕙᓚᐅᕐᑐᖅ. ᑌᒫᒎᖅ ᐃᓅᒐᓗᐊᕐᓯᓂ ᒥᑏᑦ ᒥᕐᕐᑯᖕᒥᑎᑐᑦ ᒥᕐᕐᑯᓕᒃ, ᑌᒣᖂᕐᑕᐅᓯᒪᕙᓚᐅᕐᓯᒪᔭᖅ ᒥᑎᓕᒃ.

ᐃᑰᑕᔫᕐᑲᕐᓂᒥᑦᓯᓂ. ᐃᒃᑯᓂᖓ ᐃᑰᑕᕐᑲᓰᒍᓕᕐᒪᑕ ᐃᑯᒪᒎᕐ-ᑐᓂᒃ. ᐃᒃᑯᐊ ᐃᓅᑉ ᑎᒍᒥᐊᓰᖕᒥᑦ ᐃᑰᑕᐅᓂᕋᕐᑕᐅᕙᓚᐅᕐᒪᑕ ᐃᓄᑦᓯᐅᑏᑦ. ᑌᒃᑯᐊᓕᒎᖅ ᑌᒣᑦᑐᒥᒃ ᐃᑰᑕᓛᑦ ᑕᕝᕘᓇᒎᖅ ᕐᑲᐅᖕᒐᒍᑦ ᐃᓄᒻᒥᒃ ᓵᓚᕐᑲᕋᒥᒃ ᐃᑰᑕᕐᐸᓂᕐᒪᑕ. ᑌᒣᑦᑐᕐᑲᕐᐸᑐᕕᓈᓗᒃ. ᑕᑲᒃᑯᐊ ᑑᕐᖕᒋᑦ ᐱᐅᓯᓛᑦ ᑌᑦᓯᒪᓂ.

ᐃᒃᑯᐊᓗ ᑐᓂᐊᓗᐃᓪᓗ ᑐᓂᐊᕿᐃᓪᓗ ᒪᕐᕿᐃᖕᒍᓐᓂᒥᑦᓯᑎᒃ. ᐱᑕᕐᑲᕐᐸᑐᕕᓃᒎᖅ ᑕᒪᑦᓯᒪ ᑑᕐᖕᒐᐅᓂᕋᕐᑕᐅᔪᐃᑦ ᕐᑲᕐᕐᑫᑦ ᐅᖕᒐᑖᓂ ᑐᓂᐊᐱᕕᓃᑦ ᑐᓂᐊᓗᕕᓃᓪᓗ. ᑌᒃᑯᐊ ᑐᓃᑦ ᐃᓄᐊᓘᒐᓗᐊᕐᓯᑎᒃ ᐅᕙᒍᑦᑎᑐᑦ, ᐊᖕᒥᔭᖕᖕᒍᐊᕕᓈᓗᐃᑦ ᐃᓚᖕᒥᑦ. ᑌᒃᑯᐊ ᑐᓂᐊᐲᑦ ᒥᑭᓂᕐᓴᐅᕙᑦᑐᕕᓃᑦ ᐃᓄᑦᑎᑐᒐᓚᒃ ᐊᖕᒥᔭᑦ. ᑌᒫᒃ ᐱᑕᕐᑲᕐᐸᑐᕕᓂᐊᓗᒃ ᑕᒪᓐᓇ. ᐃᑰᑕᔫᓕᐊᓘᕙᓐᓂᒪᒎᖅ ᑕᒪᓐᓇ, ᑐᓂᐊᓗᐃᑦ ᐊᐅᓪᓚᕿᑎᕐᑲᓚᐅᕐᑐᕕᓃᑦ ᓄᖕᒍᑕᐅᕙᓪᓕᐊᓕᕐᒥᒃ ᐃᑰᑕᔫᓄᑦ. ᐃᕐᓯᓕᕐᓂᕋᒥᒃ ᐅᐱᓐᓇᕋᓂ. ᑌᒫᒃ ᐅᕐᑲᐅᓯᕐᑕᕐᑲᕐᐸᓚᐅᕐᑐᑦ.

ᓲᕐᓗ ᐅᓪᓗᒥ ᑑᕐᖕᒐᒥᒃ ᐅᕐᑳᖕᖕᒥᒪᓇᓕᕋᓗᐊᕐᓯᑕ ᑭᓯᐊᓂ ᓵᑦᑕᓇᓯᐊᓗᓐᓂᒃ ᐊᓂᕐᓂᓗᓐᓂᒃ ᐱᐅᖕᖕᒥᑐᖅ ᑐᑭᓯᒪᓂᕐᓴᓇᓕᕐᑕᕗᑦ ᒫᓐᓇ. ᑌᑦᓯᒪᓂ ᑐᑭᓯᒪᔭᐅᒍᑎᖕᒐ ᑑᕐᖕᒐᒥᒃ ᑭᓯᐊᓂ ᐃᓅᑦᓯᐊᖕᒥᑦᑐᒥᒃ ᐃᔭᕿᕐᒥᒃ ᑌᔭᐅᕙᓐᓂᒪᑕ, ᐃᒫᒃ ᐃᔭᕿᖅ. ᑐᑭᓯᓐᓇᕋᑎᒎᖅ ᐃᓅᑦᓯᐊᖕᒥᑦᑐᒥᒃ ᑕᑯᓂᖅ. ᐃᓅᑦᓯᐊᖕᒥᑦᑐᓂᒃ ᑕᑯᓂᖅ ᑌᒣᑦᑐᒥ ᑐᑭᓯᓐᓇᕿᑎᓕᒃ.

ᑑᕐᖕᒐᐅᓂᕋᕐᑌᑦ ᕐᑲᕐᕐᑫᑦ ᑕᒪᒃᑯᐊ ᐅᓂᒃᑳᑕᐅᓰᑦ. ᑑᕐᖕᒐᑕᓕᕕᓂᐅᓂᕋᕐᑕᐅᓰᖅ ᑕᑲᓐᓇ.

ᑌᓐᓇᒎᖅ ᕐᑲᕐᕐᑲᒥ ᐃᓐᓈᕿᖅ ᐊᑖᒎᕐᕕᒥᔭᑦᑕᔪᑦ ᕐᑲᔭᓇᐊᒃᑯᓘᓐᓃᑦ ᐅᒥᐊᒃᑯᓘᓐᓃᑦ. ᑌᓐᓇ ᑕᕐᕐᑲᒧᖕᒐ ᐃᓪᓗᐊᓘᕙᓪᓗᓯᓂ ᐱᐅᓯᕐᑲᕐᐸᑐᕕᓂᖅ ᑌᑦᓯᒪᓂ ᐃᓪᓗᐊᓗᓪᓚᓇᐊᓘᕙᓪᓗᓯᓂ ᐃᓪᓗᔭᐊᖀᓗᒃ, ᐃᓄᓕᓪᓚᓇᐊᓘᕙᑦᑐᕕᓂᖅ ᐃᓅᑦᓯᐊᖕᒥᑦᑐᓂᒃ. ᐅᐱᕐᖕᒫᒥ

ᓂᐅᕕᕋᓯᐊᕐᑐᖅ ᑯᐊᐸᒃᑯᓂ ᑭᓪᓕᓂᕐᒥ 1960-ᓂ.
Magasinage à la co-op de Killiniq, dans les années 1960.
Shopping at the co-op in Killiniq, 1960s.
Rosemary Gilliat, IND RG-15

ᐅᕐᖂᔪᐊᓘᒐᓗᐊᕐᒪᑦ ᐃᓐᓈᑮᑉ ᐊᑖᓂ ᐊᓐᓂᓵᓗᒨᖅ ᐊᐅᔪ-ᐃᑦᑐᐊᓗᒃ ᑑᕐᖓᓄᑦ ᐊᐅᓚᑕᖅ. ᐱᐅᖕᖏᑐᓄᑦ ᐊᐅᓚᑕᐅᒐᒥ ᐊᐅᕐᖃᔭᖕᖏᑐᖅ ᐃᒫᓄᑦ ᐅᕐᖂᔪᒧᓪᓗ ᐊᐅᑕᐅᕐᖃᔭᕋᓂ.

ᐃᒃᑮᕌᓗᐃᑦ

ᐊᒥᓯᐊᓗᓐᓄᑦ ᐃᓅᒐᓗᐊᕐᓯᑎᒃ ᐊᓐᓄᕌᖃᖕᖏᑐᓄᑦ ᐅᕕᓃᓐᓈᓄᑦ ᖃᑭᒪᕕᐅᕙᑦᑐᕕᓂᖅ ᐊᓐᓂᓵᓗᒃ ᑌᒃᑯᐊᑕᒐ ᑑᕐᖓᒥᒃ ᐊᑎᖃᕐᑎᓯᔭᐃᑦ ᓯᓕᓪᓚᓇᑦᑐᖅ. ᐊᓐᓂᓵᓗᒃ ᓯᑯᐊᓗᒃ ᐊᑕᐅᓯᑲᓪᓛᓗᒃ ᓯᑯᖃᖕᖏᑐᐊᓘᓕᕋᓗᐊᕐᒪᑦ ᐊᐅᕐᖃᔭᖕᖏᑐᖅ. ᑌᒣᑦᑑᕙᑦᑐᕕᓂᖅ ᖃᕐᖃᐅᑉ ᐃᓐᓈᑮᑉ ᐊᑖ. ᐅᒃᑯᓄᖕᖔᓗᒃ ᐊᖓᔪᕐᖄᖏᓐᓄᓗ ᐊᐅᓚᑕᐅᒐᒥ ᑖᓐᓇ ᓯᑯ ᐊᖏᔪᐊᓘᑦᓯᓂ ᐊᓐᓂᓴᐅᑦᓯᓂ ᑕᕝᕙᓃᖏᓇᓂᕐᖁᖅ. ᐊᐅᕐᖃᔭᕋᓂᓗ ᐊᐅᓪᓚᖃᔭᕋᓂᓗ ᑭᓴᕐᓯᒪᔪᕐᑎᑐᑦ. ᑑᕐᖕᒣᑦ ᐱᔪᓐᓇᓂᖏᓐᓄᑦ ᑌᒣᓕᖓᑎᑕᐅᕙᑦᑐᕕᓂᖅ. ᐊᓐᓄᕈᑦᑐᓂᒃ ᐃᓄᐊᓘᒐᓗᐊᕐᓯᑎᒃ ᑑᕐᖓᓂᒃ ᑕᑕᑦᑐᐊᓘᕙᑦᑐᕕᓂᖅ. ᑕᑉᐹᓂ ᐃᓐᓈᕆᐊᓗᒻᒥ ᐊᒥᓯᒥᐊᓪᓛᓗᐃᑦ ᐃᒡᓗᐊᓗᖃᕐᒥᓯᑎᒃ.

ᑌᑦᓯᒪᓂ ᐅᐱᕐᖔᒍᓕᕐᒪᑦ ᐃᓄᐃᑦ ᖃᔭᕐᓂᒃ ᑭᓯᐊᓂ ᐳᐃᔨᓐᓂᐊᕆᑎᖃᕐᐸᓂᕐᒪᑕ ᖃᔭᕐᑐᓯᑎᒃ ᐳᐃᔨᓯᐅᕐᓯᑎᒃ. ᐳᐃᔨᓯᐅᕐᑐᐃᑦ ᑎᑭᑉᐸᒍᓐᓀᒪᑕ ᓯᓇᒥᒃ ᐱᑦᔪᑎᖃᕐᒪᖔᑕ ᖃᐅᔨᒪᔭᐅᓚᐅᕐᓂᖏᑦᑐᑦ. ᓄᓇᓕᒐᓴᕐᔪᐊᑲᓪᓚᐅᓯᑎᒃ ᐆᒪᔪᕐᓯᐅᑐᑦ ᖃᔭᕐᑐᓯᑎᒃ ᑎᑭᖃᑦᑕᕆᓐᓀᒪᑕ ᓄᓇᓕᒻᒥᐅᑦ ᓄᖑᐃᓐᓇᓕᕋᑕᕐᑐᑦ. ᐊᕐᓀᓇᕐᓂᒃ ᐃᓚᖃᓕᕐᓯᑎᒃ ᐊᖑᑎᖏᑦ ᖃᔭᒃᑯᑦ ᐳᐃᔨᓯᐅᕐᑐᑦ ᑎᑭᖃᑦᑕᕆᓐᓀᒪᑕ ᐊᒥᓯᐊᓪᓛᑦ. ᓄᓇᓃᑦ ᕿᓯᓐᓂᒃ ᑐᐱᓕᒐᓵᓗᐃᑦ ᐊᖑᑌᕆᑦᔭᐅᓯᒪᓕᕐᑐᕕᓃᑦ.

ᑌᒪ ᐃᑦᑐᐊᐱᐅᑦᓴᕋᓗᐊᓗᒨᖅ ᐊᑖᑕᖓᑦ ᐃᕐᓂᖃᕐᑐᕕᓂᐅᒐᓗᐊᖅ ᑌᓐᓇ ᓯᑕᒪᐅᕐᖂᑐᓂᒃ. ᑌᒃᑯᐊᓕ ᐊᑖᑕᖓᓗ ᐃᕐᓂᒥᓪᓗ ᓄᑲᓈᒃ ᖃᔭᕐᑐᖃᑦᑕᓂᑦᔭᖏᑦᑑᒃ. ᑌᓐᓇ ᐃᕐᓂᖓᑕ ᐃᓚᖓ ᖃᔭᕐᑐᑐᑑᑦᓯᓂ ᐅᑎᕐᓂᖏᑦᑐᖅ. ᐃᑦᑐᐊᐱᐅᑉ ᐃᕐᓂᖏᑦ ᐱᖓᓯᐃᓐᓇᐅᓕᕋᑕᕐᑐᑦ. ᐃᕐᓂᖏᑦᑕ ᐃᓚᖓ ᖃᔭᒃᑯᑦ ᐃᓄᑐᐊᖑᑦᓯᓂ ᑕᑉᐸᐅᖓ ᐊᐅᓪᓚᕕᐅᖃᑦᑕᓚᐅᕐᑐᒧᑦ ᑕᑯᓂᐊᓕᕋᑕᕐᓂᕐᖁᖅ ᑎᑭᖃᑕᐅᒍᓐᓀᓯᒻᒥᓯᓂ ᑎᑭᖕᖏᑐᐃᓐ-ᓇᒥᑦᒪᑦ, ᑌᓐᓇ ᐃᕐᓂᖓᑕ ᐁᑉᐸᑐᐊᓇᓕᕐᑕᖓ ᖃᔭᕐᑐᓯᓂ, ᐃᓚᕕᓂᕐᒥᓂᒃ ᕿᓂᖕᖏᓯᕐᑐᒐᓚᕐᖂᓯᓂ ᑕᑉᐸᐅᖓᓯᓐᓂᒥᔪᖅ.

ᐊᖓᔪᒥᐊᓪᓚᖓ ᑎᑭᖃᑕᐅᒪᑦᔭᒍᓐᓀᒥᑎᓪᓗᒍ ᑖᒃᑯᐊ ᐊᑖᑕᖓᓗ ᐃᕐᓂᖏᓪᓗ ᐱᖓᓯᐃᓐᓈᐱᐅᓕᕋᑕᕐᑐᕕᓃᑦ.

ᐊᓯᐃᓛᒨᖅ ᓯᑯᑐᐊᑲᓪᓛᓗᒦᑦᑐᓂᒃ ᐊᒥᓯᐊᓗᓐᓂᒃ ᑕᑯᓕᕐᑐᕕᓂᖅ. ᐊᓐᓂᓴᐅᑉ ᖄᖓᒍᒨᖅ ᐆᑦᑐᓕᐸᐅᔭᓪᓗᑐᐊᓗᒃ. ᑕᒐ ᐳᐃᔨᓯᐅᕋᒥ ᐱᐅᔪᓪᓗᑐᐊᓗᓐᓂᒃ ᐆᑦᑐᖃᕐᒪᑦ ᐆᑦᑐᓂᐊᑦᓴᓯᔪᕕᓂᖅ ᖃᔭᒃᑯ.ᑦ ᐆᑦᑐᓂᐊᑦᓴᖏᕗᓚᖓᓕᕋᒥ ᐃᓯᒣᓐᓇᖅ ᖁᕕᐊᓯᓕᕐᑐᕕᓂᖅ. ᖃᔭᒐᓵᓗᐃᑦ ᐊᖑᑏᑦ ᑕᒪᒃᑯᓂᖓ ᐆᑦᑐᓂᐊᕋᓯᐊᖃᑦᑕᑐᓕᒫᑦ ᓯᓇᐅᕝᕙ ᐱᔭᐅᑐᐃᓐᓇ-ᐸᑦᑎᓗᒥᑦ. ᑌᒪᒨᖅ ᐊᓐᓂᓵᓗᒻᒧᑦ ᑎᑭᓴᕐᑐᓕᕐᓯᓂ ᑕᑯᔭ-ᐅᑦᑌᓕᒐᓯᐊᕐᓯᓂ. ᐊᕐᖃᐅᖃᓯᐊᓗᑦᓴᓂᕐᖁᑦ ᖃᓂᑦᑑᓕᕐᒪᑦ ᖃᔭᖅ. ᐊᕐᖃᔭᕐᑐᐊᓘᓕᕐᒪᑕᒨᖅ ᐳᐃᑦᓰᑐᐃᓐᓇᓚᖓᓯᑦᓯᓂ ᑕᒫᖕᖓᒨᖅ ᓄᓇᒥᑦ ᐃᓄᖃᖕᖏᑐᒥᑦ ᐅᖃᐅᑎᔭ-ᐅᓚᐅᕐᑐᕕᓂᖅ: "ᐃᒃᑮᕌᓘᑉ ᐱᑦᓴᓂᐊᕐᒫᑎᑦ ᐊᖏᕐᕋᒧᑦ ᑐᐊᕕᕐᑐᑎᑦ ᐸᐅᓚᐅᓈᑦ!" ᓚᔭᐅᓚᐅᕐᑐᕕᓂᖅ. ᐊᓯᐃᓛᒨᖅ ᓚᔭᐅᑦᓯᓂ ᑐᑭᓯᑐᐊᕋᒥ ᐱᕕᑦᓯᐊᑐᐊᓘᓯᑦᓴᐅᑎᒥᑦᓯᓂ ᕿᒪᑦᓯᑐᐃᓐᓇᓕᕐᓂᕐᖁᖅ. ᑌᒣᑦᑐᐊᓗᒻᒧᒨᖅ ᐳᐃᕕᐅᓯᑦᓯᓂ ᖃᔭᐅᑉ ᐊᖁᖓ ᐊᑦᑐᓚᑦᑕᐅᓴᒻᒪᓇᑦᓯᓂ ᑎᒍᒥᐊᕐᑕᐅᓯᓂ ᐊᓐᓀᔭᐅᓪᓗᑯᓚᐅᕐᑐᕕᓂᖅ.

ᕿᒪᓪᓗᑯᓚᐅᕐᓂᕋᒥᐅᖅ ᐊᑖᑕᒃᑰᒥᓄᑦ ᓄᑲᕐᒥᓄᓪᓗ ᐅᓂᒃᑳ-ᓴᓕᕐᓂᕐᖁᖅ. ᑌᒪ ᐊᑖᑕᖓ "ᑌᒃᑯᐊᕌᓗᐃᑦ ᑕᒪᒃᑯᓂᖓ ᐃᓚᑦᑎᓂᒃ ᓄᖒᑦᓯᔪᐊᓗᐃᑦ" ᓚᓕᓈᕐᑐᕕᓂᖅ ᑐᑭᓯᑎᑕᐅᒐᒥ. ᐃᑦᑐᐊᐱᒃ ᓴᐱᑐᐃᓐᓇᓂᖕᖏᑐᖅ. ᑌᒪ ᐊᖑᕕᒐᕐᓂᒃ ᐃᓘᓐᓇᑎᒃ ᐊᑐᕐᓗᑎᒃ ᐊᑭᒥᐊᕆᒪᓕᕐᓂᕐᖁᑦ. ᑖᓐᓇ ᐃᑦᑐᖓᑦ ᐅᖃᑦᓴᐅᑎᒥᔪᕕᓂᖅ: "ᑌᒃᑯᐊᕌᓗᐃᑦ ᑌᒪ ᑕᒪᒃᑯᓂᖓ ᐃᓚᑦᑎᓂᒃ ᓄᖑᓓᔪᐊᓗᐃᑦ, ᑎᑭᑎᑦᓯᖃᑦᑕᖏᑦᑐᐊᓗᐃᑦ, ᑐᖁᓓᔪᐊᓗᐃᑦ!" ᑌᒫ ᑐᑭᓯᓕᕋᒥ ᓚᑦᓯᓂ ᐅᖃᐅᑦᔪᐃᓂᕋᒥ: "ᐊᑏ ᖃᐅᑉᐸᑦ ᐊᑭᒥᐊᓇᐊᕐᑐᓛᓕᕐᖃᕈᑦ ᐃᓅᓂᓕᒫᑦᑎᓂ ᐅᓇᑕᕆᓯᐊᓕᕐᓗᒥᑦ." ᑌᓐᓇ ᐊᑖᑕᑯᓗᐊ ᐃᑦᑑᓕᕋᓗᐊᕐᓯᓂ, ᐃᑦᑐᓴᓪᓚᓇᐊᐱᐅᓕᕋᓗᐊᕐᓯᓂ ᐃᒫᒃ ᓴᐱᕐᓂᖏᑦᑐᖅ. ᐊᓯᐃᓛᒨᖅ ᑖᓐᓇ ᐃᑦᑐᖓᑦ ᖃᐅᔨᒪᑦᓯᐊᑐᐊᓘᒐᒥ ᐋᕐᕿᓯᐃᓵᓚᖓᒍᒪᑦᓯᓂ ᐅᖃᐅᑦᔩᓯᒪᔪᕕᓂᖅ ᐅᒥᐊᒥᓂᒃ ᐃᒣᓕᖓᖁᔨᑦᓯᓂ. ᐃᒫᒃ ᖃᕗᑦ ᓯᐊᑦᑎᓗᒥᑦ ᕿᔪᒻᒧᑦ ᓂᒥᕐᓯᑲᓪᓚᓗᒥᒃ ᐊᑯᓐᓂᖏᓪᓗ ᐃᒻᒪᖄ ᐃᒫᓪᓗᐊᖅ ᑭᓪᓚᖃᕐᑎᓗᒥᑦ. ᖃᕗᑦ ᑖᒃᑯᐊ ᖄᖓᒍᑦ ᓇᒧᑐᐃᓐᓇᖅ ᖃᐅᓐᓇᒧᑦ ᐊᕐᐸᓕᕋᕐᕕᓕᐊᓇᑦᓯᒍ, ᐅᐃᒪᔪᖃᕋᓗᐊᕆᓂ ᖃᔭᐅᕐᖃᔭᖕᖏᑐᓕᐊᓇᑦᓯᒥᑦ.

ᐱᔭᓈᑦᓯᕋᒥᒎᖅ ᐃᖕᒋᕐᕋᓯᑦᓯᕐᑯᑦ ᑕᐅᓄᖕᒐ. ᐃᑦᑑᑉ ᐃᕐᓂᒥᓪᓗ ᑕᒪᕐᒥᒃ ᕐᑲᔭᕐᑲᕐᒪᑎᒃ. ᑕᑉᐸᐅᖕᒐᑦᓴᓂᐊᓕᕐᓯᑎᒃ ᕐᑲᔪᑦ ᐱᖕᒐᓵᑦᓯᑎᒃ. ᑌᑯᖕᒐ ᐊᓐᓂᓵᓗᒧᑦ ᑎᑭᓯᕐᑐᓕᕋᒥᒃ, ᐆᑦᑐᐊᓗᐃᒎᖅ ᕐᑳᖕᒐᓂ. ᐊᒥᓯᐊᓗᐃᑦ ᓂᓐᓂᐅᓴᒻᒪᓇᑦᑐᑦ ᐅᕕᓃᓐᓇᓗᐃᑦ. ᐊᓯᐃᓛᒎᖅ ᐃᒃᑮᖀᓗᐃᑦ ᐊᕐᕐᑲᓴᑐᐊᕐᒪᑕ ᕐᑭᔭᓐᓂᒃ ᕐᑭᓚᒃᓯᐃᓵᕐᑐᑦ ᕐᑲᔭᕐᓄᑦ. ᐊᑐᐃᓐᓇᐅᒪᑦᓴᓕᕐᕐᑯᑦ ᐳᐃᔪᕐᑲᑐᐊᕐᐸᑦ ᐊᖕᒍᕕᒐᕐᓄᑦ ᑲᐲᑦᓯᕋᓯᐊᓚᖕᒐᓕᕋᒥᒃ.

ᑌᒃᑯᐊ ᐊᒥᓯᐸᐅᔮᓘᒻᒪᑕ ᑕᒐ ᐊᓐᓂᓵᓗᒻᒦᑐᑦ, ᐃᓅᐃᑦ ᐱᔪᓐᓇᓂᓕᒫᒥᓂᒃ ᐱᑦᓯᕋᓯᐊᓚᖕᒐᓕᕐᑐᑦ. ᕐᑲᔭᖕᒥᑦ ᑎᒍᔭ-ᐅᕐᕐᑲᑕᐅᓕᕋᓗᐊᕐᐸᑕ ᐃᒃᑮᓄᑦ, ᐱᓐᓂᐊᑕᐅᑦᓯᕋᓯᐊᓕᕋᓗᐊᕈᑎᒃ, ᑐᕐᑯᕗᓚᖕᒐᓕᕋᒥᓪᓕ ᐊᒥᓯᓂᒃ. ᑐᕐᑯᕗᓯᒪᒻᒪᑕᓕ ᐃᓚᖕᒥᓐᓂᒃ, ᐊᓪᓛᑦ ᑕᑯᓚᐅᕐᓯᒪᖕᖕᒥᑕᓚᖕᒥᓐᓂᒃ.

ᐊᓯᐃᓛᒎᖅ ᑌᓐᓇ ᐃᑦᑐᑯᓗᐊ ᐃᒃᑮᖀᓗᐃᑦ ᐊᖕᒐᔪᕐᕐᑳᖀᓗᐊᓄᑦ ᐊᖕᒥᔪᐸᐅᔫᓗᒻᒧᑦ ᕐᑯᒻᒧᐊᑐᐊᓗᒻᒧᑦ ᓇᓚᐅᑕᐅᓪᓗᑯᓐᓂᕐᑯᖅ. ᒪᐅᓇᒎᖅ ᑐᕐᓯᖕᒐᑕ ᕐᑭᖕᖕᒍᐊᒍᑦ ᐊᖕᒍᕕᒐᕐᒍᑦ ᑲᐱᑦᓯᑕᐅᓕᕐᕐᑯᖅ ᐳᐃᓚᐅᕐᑎᓇᒍ. ᑕᒃᒍᓇ ᑲᐱᔫᓗᒃ ᐃᓄᓗᐊᖕᖕᒍᐊᖕᒍᔫᕐᓯᓂ ᐃᓄᖕᖕᒥᑐᐊᓗᐃᑦ.

ᑌᒪ ᑲᐱᔪᐅᑦᓯᑐᐊᕐᒪᑦ ᑌᒃᑯᐊ ᐊᖕᒐᔪᕐᕐᑳᖀᓗᖕᒐᑦ ᐊᖕᒥᓂᕐᐹᖀᓗᒃ ᑐᕐᑯᑦᓯᐅᑎᒥᔪᐊᓘᒻᒪᑦ ᐊᓯᐊᓗᖕᒥᑦ ᓄᐃᓐᓂᖕᒥᒻᒥᔪᓪᓘᓃᑦ. ᑌᓐᓈᓗᒃ ᐳᐃᑦᓯᒐᓂᓪᓘᓐᓃᑦ ᑭᕕᑦᓯᑐᐃᓐᓇᒪᑦ ᐃᓛᓗᖕᒥᓐᓄᑦ ᐳᐃᕕᐅᖕᖕᒥᑐᑦ. ᑌᒪᒎᖅ ᑕᐸᐹᖕᒐᒐᓯᒃ ᐃᓐᓈᕿᐊᓗᒻᒥᑦ ᑕᑯᒐᒥ ᐃᒪᕐᒧᐊᓛᑦ ᑕᐅᓄᖕᒐ ᒥᓯᑦᑕᓯᔪᐊᓘᕗᑦ. ᑌᒃᑯᐊᓗᒎᖅ ᐊᓐᓂᓵᓗᒻᒦᕋᓐᓇᑐᐊᓗᐃᑦ ᕐᑭᒪᑦᓯᔪᐊᓗᐃᑦ ᓵᓚᐅᒐᒥᒃ. "ᐃᒃᑮ, ᐃᒃᑮ" ᑌᒫᒃ ᓂᐸᑐᐊ-ᕐᑲᓕᕐᓯᑎᒃ ᐃᑯᓪᓕᐊᒥ ᕐᑭᓚᓗᒐᕐᑎᑐᑦ ᑐᓴᕐᓴᓯᐊᑦ. ᑕᐅᓄᖕᒐ ᑕᓇᐅᕐᒧᑦ ᐊᐅᓪᓚᓯᓚᐅᕐᑐᕕᓃᑦ.

ᑌᒪᒎᖅ ᑌᒣᓕᕐᒪᑕ ᑑᕐᖕᒣᑦ ᐃᓪᓗᐊᓗᖕᒥᑦᑕ ᓯᑦᔭᖕᒐᑦ ᓄᓈᕐᕕᒥᑦᓯᒍ ᕐᑭᒥᕐᕈᓕᕐᓂᕐᑯᑦ ᑖᒃᑯᐊ. ᒪᑯᐊᓕᒎᖅ ᐃᓄᐃᑦ ᓂᐊᕐᑯᖕᒥᑦ. ᑖᒃᑯᐊ ᐃᓚᕕᓂᖕᒥᑦ, ᐃᑦᑑᑉ ᐃᕐᓂᕕᓂᒐᓯᒥᒃ ᕐᑲᔭᐅᕐᑲᑦᑕᑎᑕᕕᓃᒃ ᐊᒻᒪᓗ ᐊᓯᖕᒥᑦ. ᓂᐊᕐᑯᕕᓈᓗᐃᑦ ᕐᑲᓕᓈᖀᓗᐃᑦ ᓄᐊᑕᐅᒪᔭᐊᓗᐃᑦ. ᐃᓄᑦᑑᒪᓕᓂᐊᓗᐃᒎᖅ ᑌᒃᑯᐊ. ᑌᓐᓇ ᐊᖕᒐᔪᕐᕐᑳᖕᒐᑦ ᐊᖕᒍᕕᒐᕐᓯᒍ ᑑᕐᑖᓗᒥᑦᓯᒍ ᑐᕐᑯᓚᐅᕐᓂᒪᐅᒃ, ᑌᒪ ᑑᕐᖕᒣᑦ ᑕᑲᓇᓃᑦᑐᑦ ᑌᑦᓯᒪᓂ ᐊᐅᓪᓚᓚᐅᕐᑐᕕᓃᑦ ᓵᓚᐅᒐᒥᒃ.

ᑏᕕ ᕐᑲᔭᓇᐊᖀᐱᒻᒦᑐᖅ 1951-ᒥ.

Tivi dans un petit umiaq, 1951.

Tivi in a small umiaq, 1951.

Rousseau A – VI – 1

ᕐᑲᐅᔨᒪᖕᖕᒥᑐᒧᑦ ᕐᑲᖕᒐᒐᓚᐅᑎᓪᓗᒍ ᑌᒣᓕᓚᐅᕐᓯᒪᓂᖕᒐᓂᒃ. ᓂᑯᑎᒃᑯᑦ ᓯᕗᓂᖕᒐᒍᑦ ᑌᒣᓚᐅᕐᑐᕕᓂᖅ ᕐᑲᐅᔨᒪᔪᕋᓗᐊᕗᑦ. ᐃᑭᕋᓯᑭᑦᑐᖅ ᑖᓐᓇ ᐊᓪᓗᓇᓚᒃ ᐹᖕᒐᓃᑦᑐᖅ. ᑖᒃᑯᐊᑕᐅᖅ ᓂᑯᑎ ᐃᑦᑐᑲᒃᑯᑦ ᑕᐅᓇᓃᑉᐸᓚᐅᕐᑐᑦ ᓯᓚ ᐃᑭᕋᓯᑭᑦᑐᒥ-ᐅᖕᒍᓚᐅᕐᑎᓇᒥᑦ ᑌᒣᓚᐅᕐᑐᕕᓃᑦ. ᐃᑭᕋᓯᑭᑦᑐᒥᐅᖕᒍᓕᕐᑎ-ᓗᒥᑦ ᑌᒣᕐᕐᑲᒥᐅᓂᖕᖕᒥᒎᒐᓗᐊᑦ, ᑭᓪᓕᓂᕐᒥᐅᑦ ᑕᐅᓇᓃᓕ-ᐅᕐᓂᒥᒻᒪᑕ ᓯᕗᓂᐊᒍᑦ ᑑᕐᖕᒐᒐᓚᓐᓂᒃ ᕐᑲᐅᔨᒐᓚᕐᑲᑦᑕᐸᑦᑐᕕᓃᑦ. ᑖᒃᑯᐊ ᓂᑯᑎᒃᑯᑦ ᕐᑲᐅᔨᑲᓪᓛᕙᑦᑐᕕᓃᑦ ᓄᑖᖕᒍᓂᖕᒥᓐᓂ ᕐᑲᒻᒥᐅᓂᖕᒐᓂ. ᐃᓄᒐᒍᓪᓕᐊᐱᓐᓂᒃ ᕐᑲᐅᔨᑲᓪᓛᕙᑦᑐᕕᓃᑦ.

ᐃᓄᕈᑦᔪᐃᑦ ᐊᓯᖕᒥᑦ ᓛᐸᑐᐊᑉ ᑎᑭᖀᓗᖕᒐᓂ

ᐃᓄᒐᒍᓪᓕᐊᐱᐅᓂᕋᕐᑕᓂᒃ ᒥᑭᔭᒍᓗᓐᓂᒃ ᐃᓄᐊᐱ-ᐅᓂᕋᕐᑕᓂᒃ ᕐᑲᐅᔨᒪᒻᒥᔭᒍᑦ ᑌᒪᖕᖕᒐᓂᑦ. ᓂᑯᑎ ᐃᓅᓕᕐᑎᓗᒍ ᐳᐃᔨᓐᓂᐊᕐᑲᑕᐅᕐᑲᑦᑕᓕᕐᑎᓗᒍ ᑌᒃᑯᐊ ᐃᓄᒐᒍᓪᓕᓃᑦ ᐊᖕᒍᑎᓄᑦ ᕐᑲᐅᔨᔭᐅᐸᑦᑐᕕᓃᑦ. ᓄᑖᖀᓵᑎᓪᓗᒍ ᕐᑭᒪᑦᑕᐅᕐᑲᒻᒥᐅᓂᓕᒫᓂ ᕐᑲᐅᔨᕕᐅᕐᑲᑦᑕᓯᒪᔭᖅ.

ᓱᐸᑕᐅᔪᑦ, ᖁᓪᓕᒧᑦ ᒪᓂᖅᑖᕆᔭᐅᓲᑦ.

Champ de linaigrettes, utilisées comme mèche de *qulliq* (lampe à l'huile).

A patch of cottongrass, which is used as a wick in a *qulliq* (seal fat lamp).

Rosemary Gilliat, IND RG-36

ᑌᓐᓇ ᖃᕐᖄᓗᒃ ᓂᑯᑎᐅᑉ ᐅᓂᒃᑳᐸᓚᐅᕐᑕᖓ, ᐃᓪᓗᐊᓘᑦᓯᓂ ᐹᖂᓗᐊ ᓄᐃᑕᑦᓯᐊᐸᑦᑐᕕᓂᖅ. ᒫᓐᓇ ᐹᕐᖃᓲᖑᒍᓐᓀᑐᖅ. ᓱᓇᕐᖃᖕᖏᒪᓴᓕᕐᑐᖅ ᐃᓐᓈᕿᑐᐃᓐᓇᐅᓕᕐᑐᖅ. ᑌᒃᑯᐊ ᑑᕐᖕᒐᓚᓴᐊᓗᕕᓃᑦ ᑕᑲᓇᓂ ᐃᓄᐊᕐᑎᓚᓴᐊᓗᕕᓃᑦ. ᐃᓄᓐᓂᒃ ᓂᕿᓕᐊᓘᑦᓯᑎᒃ ᐃᓄᓐᓂᐊᑎᐅᑦᓯᑎᒃ. ᓲᓚᐅᕐᖃᒥᕕᓂᐅᑎᓪᓗᒥᑦ ᑕᐅᓇᓃᑉᐸᓕᕐᓂᖃᒥᒃ ᐃᓪᓗᐊᓘᕙᑦᑐᕕᓂᖅ ᐃᓗᓕᐊᓘᑦᓯᓂ.

ᐅᓇᑕᒐ ᓚᒍᓐᓇᐸᓚᐅᕐᑕᖓ ᐃᓪᓗᐊᓘᕙᑦᑐᕕᓂᖅ ᐃᓐᓈᕿᒍᓗᑐᐃᓐᓇᐅᓕᕐᑐᖅ ᐃᓪᓗᓕᐊᓗᕕᓂᐅᑦᓯᓂ. ᐊᓪᓛᑦ ᐅᒃᑯᐊᖂᓗᐊ ᐹᖂᓗᐊ ᑕᕐᖃᒍᖓ ᐃᓗᒻᒨᓂᐊᓗᐊ ᓄᐃᑕᕙᑦᑐᕕᓂᐅᑦᓯᓂ ᒫᓐᓇ ᒪᒥᓯᒪᑦᓯᐊᑐᐃᓐᓇᓕᕐᑐᖅ.

ᖃᓄᑭᐊᒍᖕᖏᑐᖅ ᐃᒻᒪᖄ ᑌᒃᑯᐊ ᐃᓅᒍᓐᓀᒪᑕ ᑕᑲᓇᓂ ᓄᓇᓕᓪᓚᓴᕕᓃᑦ ᐃᒻᒪᖄ ᐅᒃᑯᐊᓯᑐᐊᖁᒥᒃ ᐱᐅᓯᕐᒥᓄᑦ ᐅᑎᕐᓂᒥᔪᑦ. ᐊᒻᒪᑕᐅᖅ ᑌᓐᓇ ᐃᑭᖁᓴᑭᑦᑑᑉ ᓴᓂᐊᓂ ᕿᑭᕐᑕᐅᑉ ᖃᕐᖃᐅᓯᓂ ᖄᖓᓂ ᐅᒃᑯᐊᖃᕐᐸᓂᕐᒥᔪᖅ ᐃᓄᒐᒍᓪᓕᐊᐱᓐᓂᒃ ᑖᒃᑯᓂᖓ ᐃᓄᖃᕐᐸᓯᓂ.

ᐃᑲᓂ ᐃᑭᖁᓴᑭᑦᑑᑉ ᓴᓂᐊᐱᐊᓃᑦᓯᓂ ᕿᑭᕐᑕᒥ ᓂᑯᑎᐅᑉ ᑕᑯᓐᓇᕕᒥᕚᓐᓂᒥᔭᖓ ᐊᓪᓛᑦ ᕿᖕᖑᓯᔭᕐᐸᑐᕕᓂᖅ ᐊᕐᓈᐱᒐᓴᒃ ᒥᑭᔪᐊᐱᒃ ᐊᒪᐅᑎᒃᑲᑐᐊᐱᒃ ᕿᓯᒻᒥᒃ ᓄᐃᑕᕙᑦᑐᕕᓂᖅ. ᑌᓐᓇ ᑌᒫᑦᓴᓇᖅ ᕿᑭᕐᑕᒦᑦᓯᓂ ᐃᓐᓈᕿᑲᓪᓚᐅᓯᓂ ᐃᓪᓘᐸᓐᓂᒥᔪᖅ ᑐᑭᐊ ᑕᑯᓐᓇᕕᐅᕚᑦᑐᕕᓂᖅ ᑌᑦᓯᒪᓂᐅᑎᓪᓗᒍ. ᑌᒫᑦᓴᓇᖅ ᐃᓪᓗᖅ ᒪᒥᓯᒪᓲᖑᓕᕐᒥᔪᖅ.

ᑌᒃᑯᐊᑕᒐ ᐃᓄᒐᒍᓪᓖᑦ ᑑᕐᖕᒐᐅᓂᖁᑕᐅᔪᐃᓪᓗ ᓇᔪᕐᐸᑕᕕᓂᖏᑦ ᐅᓪᓗᒥ ᒪᒥᓯᒪᓕᕐᑐᑦ ᐱᐅᓯᕐᒥᓄᑦ ᐅᑎᕐᓯᒪᓕᕐᑐᑦ. ᐃᓪᓗᓕᐊᓘᕙᑦᑐᕕᓃᑦ ᐃᒫᒃ ᓯᒃᑭᑖᓘᑦᓯᑎᒃ ᐹᓕᐊᓘᑦᓯᑎᒃ ᓂᑯᑎᐅᑉ ᑕᑯᓐᓇᕕᒥᕚᑦᑕᕕᓂᖓ ᐃᓄ-ᒐᒍᓪᓕᓂᒃ ᐹᖂᓗᒻᒦᒪᑦ, ᓂᕐᒥᒪᑦ. ᐊᒪᐅᑎᓕᐊᐱᒐᓴᓐᓂᒃ ᐊᕐᓈᐱᓐᓂᒃ ᕿᖕᖑᑎᒧᑦ ᑕᑯᓐᓇᕕᐅᕚᑦᑐᕕᓂᖅ. ᑐᓂᐊᐱᓐᓂᒃ ᑕᑯᕕᐅᕚᑦᓯᓂᓗ ᐅᑭᐅᖑᓕᕐᒪᑦ. ᑌᒣᑉᐸᑐᕕᓂᐅᒐᓗᐊᕐᓯᓂ ᒫᓐᓇ ᖃᐅᔨᕕᐅᕐᖃᔭᓲᖑᒍᓐᓀᓚᐅᔪᒻᒥᔪᖅ ᐊᑯᓂ.

ᑌᒃᑯᑑᖕᖏᑐᑦ ᑕᑯᖃᑦᑕᑐᕕᓃᑦ. ᑌᑦᓯᒪᓂ ᐃᓅᔪᕕᓃᑦ ᖃᐅᔨᒪᕙᑦᑐᕕᓈᓗᐃᑦ ᑭᓪᓕᓂᕐᒥᐅᓚᓪᓗ ᐊᓯᖏᓪᓗ. ᐃᓄᐃᑦ ᑲᑎᑦᓴᑐᐊᖁᒥᒃ ᖃᐅᔨᒪᐅᑎᔪᕕᓈᓗᐃᑦ ᐅᓂᒃᑳᖃᑦᑕᓯᑎᒃ ᖃᐅᔨᔭᒥᓂᒃ ᑌᒣᑦᑐᑕᓕᓐᓂᒃ. ᑕᒐ ᒫᓐᓇ ᖃᐅᔨᒪᓪᓚᓴᖕᖏᑐᑑᕗᒍᑦ. ᑌᒃᑯᐊᓕ ᐃᓅᕙᑦᑐᕕᓃᑦ ᓂᑯᑎᐅᑉ ᓯᕗᓂᖓᒍᑦ ᑖᒃᑯᓂᖓᓕᒫᖅ ᖃᐅᔨᒪᔪᐃᓐᓈᓘᕙᑦᑐᕕᓃᑦ.

ᐊᓪᓛᑦ ᓄᓇᓕᒻᒪᓴᒥᓴᕕᓂᐅᑐᐊᖁᒥᒃ ᐊᑯᓂᐊᓗᒃ ᓄᓇᕕᓂᓴᑐᐊᖁᑦᑎᒍᑦ ᓄᓇᓕᕐᑖᖑᓲᖑᒻᒪᑦ. ᑌᓐᓇᒐᓴᒃ ᐃᓐᓈᕿᐊᓗᒃ ᐱᕿᕐᕕᐅᒪᔪᕕᓂᐅᒐᓗᐊᕐᓯᓂ ᐃᕕᓐᓄᑦ ᐱᑕᖃᑦᓯᐊᑑᔫᓲᖑᒍᓐᓀᑐᑦᑑᓃᑦ. ᐃᓐᓈᖀᑉ ᐊᑖ ᐊᒥᓯᐊᓗᓐᓂᒃ ᓂᐊᖁᖃᐅᑎᐅᕙᑦᑐᕕᓂᐊᓪᓛᑦ ᐃᓄᕕᓂᕐᓂᒃ. ᒪᑯᐊ ᓇᐅᔭᑦ ᐃᓐᓈᕿᕐᒥ ᒪᓐᓂᓕᐊᓘᒐᒥᒃ ᖃᑯᓪᓕᐊᓘᑦᓯᑎᒃ ᓲᖑᒻᒪᑕ ᑌᒣᑦᑑᕙᑦᑐᕕᓂᐊᓪᓛᒍᖅ. ᑌᒫᑕᒐ ᐃᓄᒻᒥᓄᑦ ᑖᒃᑯᓄᖓ ᐃᓄᑦᓯᐊᒍᖕᖏᑐᐊᓘᒐᓗᐊᓄᑦ ᓇᔭᕐᑕᐅᒍᓐᓀᖁᒥ ᓄᓇᑦᓯᐊᑐᐃᓐᓇᐅᓕᕐᑐᖅ. ᐃᓄᖃᕐᐸᑕ ᐃᓪᓗᐊᓘᓗᑎᒃ ᓄᐃᑕᒐᓴᕐᓯᑎᒃ. ᑕᒪᓐᓇᑕᒐ ᐅᓂᒃᑳᑕᐅᕙᓚᐅᕐᑐᖅ.

ᕐᑫᑭᓯᒃ ᐅᓂᒃᑳᑐᐊᓃᑦᑐᖅ.
La caverne légendaire.
The cliff house of legend.
Robert Fréchette

ᐅᓂᒃᑲᐅᓰᑦ ᑐᖕᒐᓚᐊᓃᑦᑐᑦ ᐅᓂᒃᑳᑐᐊᑦ ᐃᓅᓯᑫᓂ

ᐊᓪᓗᓇᓚᐅᑉ ᐅᓂᒃᑳᑐᐊᖓ

ᓄᓇᕐᑲᕐᐳᖅ ᐊᓪᓗᓕᓚᒻᒥᒃ ᑌᔭᐅᔪᒥᒃ. ᑖᕙᑦᓯᒪᐅᑉ ᐅᓂᒃᑳᑐᐊᖓ ᐊᓪᓚᖑᐊᕐᓯᒪᔭᑫ ᐸᑎᑦᑎᒐᕐᒎᓯᒍ. ᑖᕙᓂᒎᖅ ᒪᕐᑫᑦᑏᑦ ᐆᒪᔪᕐᓂᐊᑎᒻᒪᓖᑦ ᓄᓇᕐᑲᓚᐅᕐᐳᑦ. ᐊᖑᑏᑦ ᐃᓚᖓᑦ ᐱᒻᒪᓕᒃ ᓯᓇᓚᒫᖅ ᐊᖑᓯᑦᑐᖅ. ᑖᕙᓇᒎᖅ ᓄᓇ ᑐᒃᑐᓄᑦ ᐊᕐᕐᑯᑎᒥᔭᒻᒪᓕᐅᑦᓯᓂ.

ᑐᒃᑐᐃᑦ ᐅᑯᓈᓚᑫᒥᓪᓗ ᑐᑭᓚᓖᑉᐸᓯᑎᒃ, ᑕᑉᐱᑯᐊ ᕐᑲᕐᕐᑫᑦ ᓈᑦᓯᒥᑦ ᑐᒃᑐᐃᑦ ᐃᓯᖏᑦ ᓂᑦᑕᖏᑦᑐᓘᓐᓃᑦ. ᑖᕙᖕᖓᑦ ᕐᑲᕐᕐᑲᓂᑦ ᐱᑦᓯᑎᒃ ᐊᐳᖓ ᑲᖏᕐᓰᑉ ᐊᑭᐊᓄᑦ ᑎᑭᑦᓯᒍ. ᑲᖏᕐᓰᓗ ᐊᑭᐊᓃᑦᑑᑉ ᕐᑲᕐᕐᑲᓄᑦ ᐃᓯᐊᕐᑲᖕᖏᒥᔪᑦ. ᑐᒃᑐᐃᑦ ᐊᕐᕐᑯᓵᓚᕐᒪᑕ ᐊᓪᓗᓕᓚᒃᑯᑦ ᐅᓪᓗᓂ ᐊᒥᓯᓂ ᐊᓂᒍᒐᓯᐊᕐᐸᓯᑎᒃ. ᒪᕐᕈᐃᒍᑦᓯᑎᓪᓗ ᑐᒃᑐᐃᑦ ᐊᕐᕐᑯᑎᒥᒃ ᒪᓚᐅᑎᒍᑎᔪᑦ. ᐱᓯᕙᓪᓛᓂᖏᑦ ᕐᑫᕐᑐᑯᑦ ᓯᕐᐯᒍᔪᐃᑦᑑᓯᑎᒃ ᐅᓐᓄᐊᑰᒐᓗᐊᖅ ᐃᑦᑐᓗᑦᑐᑦ ᓄᕐᕐᑲᔪᐃᑦᑐᑦ ᐃᒫᓅᕐᕐᑲᑐᐃᑦ ᐳᐃᑦᔪᓯᔪᐃᑦ ᓴᕐᕙᑎᑐᑦ ᓰᕐᓗ ᓯᕐᕙᓃᑦ ᐅᓪᓗᓚᒫᖅ ᐅᓐᓄᐊᓚᒫᖅ ᐃᑦᑐᓗᑦᑐᑦ ᓄᕐᕐᑲᔪᐃᑦᑐᑦ.

ᑐᒃᑐᐃᑦ ᐃᑦᑐᓗᕝᕙᓵᓂᖓᑦ ᕐᑭᑦᓯᓵᓇᓚᕐᓂᕐᑯᖅ ᐅᐱᓐᓇᑫᓂ ᒪᕐᑫᑦᑎᒪᓕᒻᒥᒃ. ᒪᕐᑫᑦᑎᒪᓕᒃ ᐁᕕᕐᓯᐅᕈᒪᓚᕐᓯᓂ ᕐᑭᑭᕐᑕᕐᑲᕐᒪᑦ ᐱᕈᕐᑐᕐᑲᖕᖏᑐᒥᒃ ᑕᐅᓇᓂ. ᕐᑭᑭᕐᑕᕉᖅ ᐁᕕᕐᓄᑦ ᓇᔪᕐᑕᐅᓚᑫᒥ ᓇᓚᒻᒪᑕᐅᒪᓰᖅ, ᐊᒻᒪᓗ ᕐᑭᑭᑦᑕᐅᑉ ᓴᓂᐊ ᐊᕙᓗᐊ ᐊᒥᓯᒥᐊᓪᓚᓄᑦ ᐳᐃᑦᔪᕕᐅᔪᖅ. ᐁᕕᕐᑲᕐᓂᒪᑦ ᕐᑭᑭᕐᑕᖅ ᐃᓄᓐᓄᑦ ᑌᔭᐅᕙᑦᑐᕕᓂᖅ ᐅᓪᓚᒥᒃ.

ᐅᑭᐊᑦᓴᐅᓚᕐᓯᓂᓗ ᐁᕕᐊᓕᐊᒥᒃ ᐱᐅᓗᐊᖕᖑᐊᓚᕐᑐᖅ. ᑐᒃᑐᐃᑦ ᑭᑎᑦᓴᐅᖏᑦᑐᐊᓗᐃᑦ ᐱᓯᕙᓛᓂᐊᓗᖏᑦ ᐃᑦᑐᓗᐃᓐᓇᑐᐊᑑᑦᓴᑫᓗᐊ. ᐃᒫᓄᓪᓗ ᐳᐃᑦᔪᓯᔪᐃᑦ ᓯᕐᕙᓘᔭᕐᐸᓗᑦᓯᑎᒃ. ᑌᒉᒻᒪᑦ ᓯᓂᒥᐊᒥᒃ ᐊᔪᕐᓇᑎᓪᓗᒍᐊᓪᓚᑦ, ᒪᕐᑫᑦᑎᒪᓕᒃ ᓯᓂᑦᓯᐊᔪᐃᑦᑑᓚᕐᑐᕕᓂᖅ ᓯᓂᑦᓯᐊᕈᒪᓪᓚᕐᑫᒥ ᑐᒃᑐᐃᑦ ᓯᖏᕐᑕᓂᖏᓐᓂᒃ ᓄᕐᕐᑲᑎᑦᓯᒍᒪᓯᓐᓂᕐᑯᖅ. ᐅᓐᓄᐊᖅ ᓯᓂᒍᒪᒧᑦ ᐁᕕᐱᓂᐅᑉ ᓴᐅᓂᖏᓐᓂᒃ ᓂᐊᕐᑯᕕᓂᖓᓄᑦ ᐊᑕᔪᓂᒃ ᑐᒃᑐᐃᑦ ᐊᕐᕐᑯᓯᓂᖓᓅᓕᑦᓯᓂ. ᑐᒃᑐᐃᑦ ᐁᕕᐱᓂᕐᒥᒃ ᐊᓪᓗᐃᕐᑲᔭᖕᖏᓇᒥᒃ ᓯᕗᒧᐊᒍᓐᓇᖏᕐᓂᕐᑯᑦ ᑐᑭᓚᐊᓖᑦᓯᑎᒃ ᓯᓚ. ᑐᒃᑐᐃᑦ ᕐᑭᑲᑫᓐᓇᓚᐅᕐᓂᖏᓐᓂ ᒪᕐᑫᑦᑎᒪᓕᒃ ᓯᓂᑦᓯᐊᓚᕐᓂᕐᑯᖅ ᐊᓯᐃᓵᒃ.

ᐊᕐᑲᒍᐊᓂ ᒪᕐᑫᑦᑎᒪᓕᒃ ᐁᕝᕙᒐᓯᐊᓯᓐᓂᕐᑯᖅ ᕐᑲᔭᒃᑯᑦ. ᕐᑭᑭᕐᑕᒥᑦ ᐊᓚᒃᑲᐸᓪᓚᐊᓚᕐᑎᓗᒍ ᐁᕕᐊᐱᒻᒧᑦ ᐊᒫᒪᑦᑐᒧᑦ ᓯᓚ ᑎᑭᓴᕐᑐᕕᐅᓚᕐᓂᕐᑯᖅ. "ᑲᐱᖕᖓ ᐃᒥᕈᒃᑲᒪ" ᐁᕕᐊᐱᒎᖅ ᓚᓚᕐᑐᕕᓂᖅ ᒪᕐᑫᑦᑎᒪᓕᒻᒧᑦ. ᒪᕐᑫᑦᑎᒪᓕᒃ ᑑᒐᑭᑦᑐᒥᒃ ᑕᑯᓐᓇᑫᒥ ᑭᐅᓐᓂᖏᑦᑐᓐᓃᑦ. "ᑲᐱᓚᖕᖓ ᐃᒥᕈᒃᑲᒪ!" ᐁᕕᐊᐱᒃ ᓚᒥᐊᓪᓚᓚᕐᓂᕐᑯᖅ, ᒪᕐᑫᑦᑎᒪᓕᒃ ᑭᐅᓂᐊᓚᕐᒪᑦ "ᐱᔪᒪᑦᔭᖏᓪᓚᒥᑦ ᑑᒐᑭᑦᑑᒐᕕᑦ".

ᑐᓄᑕᐅᔪᓕᒧᑦ ᐁᕕᐊᐱᒃ ᑐᓄᑦᓯᓂᓗ ᐁᕕᕐᓄᑦ ᕐᑭᒪᑦᓯᓚᕐᓂᕐᑯᖅ ᕐᑫᒐᓚᓯᑦᓯᓂᓗ "ᐱᔪᒪᔭᐅᖕᖏᓚᒍᒎᖅ" ᐁᕖᓪᓗ ᑐᓴᑫᒥᒃ ᐃᒫᓄᑦ ᐳᐃᑦᔪᓯᕗᑦ ᐃᒫᓃᑦᑐᓗ ᕐᑭᒪᑦᓯᕗᑦ. ᐁᕕᓚᒫᑫᓗᐃᒎᖅ ᕐᑭᒪᑦᓯᓂᐊᓚᕐᒪᑕ ᑐᓄᑕᐅᓂᕐᓗᓯᑎᒃ.

ᑐᒃᑐᐃᓗᐊᓪᓵᑦ ᑐᓴᕐᑲᑕᐅᒻᒥᒐᒥᒃ ᕐᑭᒪᑦᓯᕐᑲᑕᐅᑐᐃᓐᓇ-ᓚᕐᓂᓕᕗᑦ. ᐁᕕᐊᐱᓗᒎᖅ ᐳᐃᒥᐊᑕᒫᑦ "ᐱᔪᒪᔭᐅᖕᖏ-ᓚᒍᒎᖅ" ᓚᕐᑲᑦᑕᓯᓂ, ᐆᒪᔪᐃᑦ ᐊᑦᔦᒦᖕᖏᑐᐃᑦ ᑐᓴ-ᑫᒥᑦᑕᐅᖅ ᕐᑭᒪᑦᓯᕐᑲᑕᐅᓯᑐᐃᓐᓇᕐᑲᑦᑕᓚᕐᕐᑯᒎᖅ. ᑖᕙᓇ ᓄᓇ ᐆᒪᔪᕐᑲᕐᓂᐊᕈᓐᓄᒫᓪᓵᑦ. ᓇᑦᓰᑦ, ᐁᕖᑦ, ᑐᒃᑐᐃᑦ, ᐃᓗᓐᓇᑎᒃ ᐊᐅᓪᓚᐅᕐᑲᕐᐳᑦ ᑎᒻᒥᐊᒐᓗᑦ ᐊᐅᓪᓵᓚᕐᑐᕕᓃᑦ ᓄᓇᓗ ᐃᒪᕐᓗ ᑖᒃᑯᐊ ᐊᒥᐊᒃᑰᓚᑫᑕᕐᑎᓗᒥᒃ ᑖᕙᓇᓚᒫᖅ ᐆᒪᔪᐃᕈᓐᓂᒪᑦ ᒪᕐᑫᑦᑎᒪᓕᐅᑉ ᓄᓇᓚᖓᓂᒥᐅᑦ ᐃᓗᓐᓇᑎᒃ ᐱᕐᓚᓚᕐᑭᑦᓴ-ᑐᐃᓐᓇᓯᑎᒃ. ᒪᕐᑫᑦᑎᒪᓕᒎᖅ ᓯᓚᕐᕐᑲᑎᖏᓪᓗ ᕐᑫᕐᑑᑉ ᐃᓗᐊᓂ

ᑑᒪᓯ ᐃᑦᑐᒃ, ᑏᕕ ᐃᑦᑐᒃ, ᒨᓯᓯ ᐃᑦᑐᒃ ᐊᓪᓗᕆᓕᒻᒥ 1951-ᒥ.

Taamisa Ittuk, Tivi Etok, Mususi Ittuk dans un voilier près de l'embouchure du fjord de l'Allurilik, 1951.

Taamisa Ittuk, Tivi Etok, Mususi Ittuk in a sailboat near the mouth of Allurilik Fiord, 1951.

Rousseau III-11

ᐃᓪᓗᓂᕕᓃᑦ ᐃᓅᒍᓐᓀᒪᑕ ᐃᓪᓗᖓᑦ ᑲᑕᓂᖅᓂᖅᑯᖅ ᐱᕈᓯᑦᓯᓂ ᓄᓇᓂᓂᒫᓂᒃ. ᐃᓪᓗᒥᓂᒃ ᐃᓗᕕᖅᑲᖅᓂᐊᓂᖅᒪᑕ ᐱᖅᑭᑐᕕᓃᑦ. ᐃᓅᓯᑦᑑᓈᓂ ᓄᓇ ᐅᔭᕋᓪᓘᓃᑦ ᐊᐅᓚᑦᔭᑕᐅᓂᖅᒪᑕ ᑖᕙᓂ ᒪᒣᑦᑐᐊᓘᕙᓚᐅᖅᒪᑦ.

ᐁᕕᐊᐱᒃ ᐊᒫᒪᑦᑐᖅ "ᑲᐱᓯᖕᖓ, ᐃᒥᕈᒃᑲᒪ" ᓚᒻᒪᑦ ᐃᒫᒃ ᑐᑭᖅᑲᖅᓂᖅᑕᐅᓲᖅ "ᐱᔪᒪᑦᓯᐊᖓ ᐆᒪᔪᖅᑲᑦᓯᐊᓂᐊᖅᒪᑦ". ᐆᒪᔪᓂᒫᑦ ᓇᖅᕿᒥᔭᐅᒥᐊᖅᑲᖖᒥᒪᑕ. ᐃᒫᒃ ᐅᖅᑲᐅᓯᖅᑕᖅᑲᓲ-ᖖᒍᒻᒥᔪᖅ ᑖᓐᓇ ᐅᓂᒃᑳᑐᐊᖅ. ᐃᓄᐃᑦ ᐆᒪᔪᖅᓂᒃ ᐱᑦᓯᐊᓂᖅᓴ-ᐅᓂᖅᐸᑕ ᐆᒪᔪᐃᒎᖅ ᑖᒃᑯᖓ ᐅᑎᕈᒫᖅᑐᑦ. ᐅᓪᓗᒥ ᑖᕝᕙᓐᓇ ᐆᒪᔪᖅᑲᖖᒥᑐᓪᓗᑐᐊᓘᑦᔭᕈᓐᓀᑐᖅ ᑭᓯᐊᓂ ᐆᒪᔪᓂᐊᓘᑦᔭ-ᑫᓂᓗ. ᑖᓐᓇᑕᒐ ᐊᓪᓗᕆᓕᐅᑉ ᐅᓂᒃᑳᑐᐊᖓ.

ᐊᑖᑕᒐ

ᐊᑖᑕᒐ ᐅᒥᐊᖅᑲᖅᐸᓚᐅᖅᖅᑯᖅ ᑰᑭᖅᔪᐊᒥᐅᖑᑎᓪᓗᑕ, ᐃᓛ ᐊᑖᑕᒃᑯᑲ ᓄᑲᓈᑦ ᐅᒥᐊᖅᑲᖅᐸᓚᐅᖅᑐᑦ ᑎᓕᒪᓐᓂᐊᑦ ᐊᒥᖕᒥᓐᓄᑦ ᓂᐅᕕᐊᓇᑦᓯᒍ. ᑌᑦᓯᒪᓂ ᐊᖑᑏᑦ ᐊᒥᓯᐃᑦ ᐅᒥᐊ-ᖅᑲᖅᐸᓚᐅᖅᒪᑕ ᑎᓕᒪᓐᓂᐊᑦ ᐊᒥᖕᒥᓐᓄᑦ ᐱᑦᓯᒍ.

ᐊᕐᕌᒍᐃᑦ ᐊᒥᓱᐃᑦ ᓈᓯᒪᓕᕐᒪᑕ ᐊᑖᑕ ᐊᓯᐊᓂᒃ ᐅᒥᐊᕐᑖᓕᓚᐅᕐᓯᒪᒋᕗᖅ. ᑌᓇ ᐅᒥᐊᕆᓚᐅᕐᓯᒪᒻᒥᔭᕗᑦ ᐊᕐᕌᒍᓂ ᐊᒥᓱᓂ ᐅᒥᐊᑯᑖᒻᒥᒃ ᐊᑎᖃᓚᐅᕐᓯᒪᔪᖅ. ᐅᒥᐊᕆᕙᓕᓚᐅᕐᓯᒪᒋᕙᕋ ᐊᑖᑕ ᐱᒍᓐᓇᕈᓐᓂᒪᑦ ᖃᓄᐃᓐᓂᒍᑦ. ᐊᑖᑕ ᐊᑯᓂ ᖃᓂᒪᓚᐅᕐᓯᓂ ᐃᓅᒍᓐᓃᕋᑕᓚᐅᕐᓯᒪᔪᖅ. ᖄᒍᓪᑕᓐᒧᐊᓖᑦ ᐊᐅᓪᓚᓯᒪᓚᐅᕐᓯᒪᒐᒥ ᐳᕙᒻᒥᓂᒃ ᐊᐅᓪᓚᒍᑎᖃᕐᓯᓂ. ᑭᖑᓂᐊᒍᑦ ᑌᓇ ᐅᒥᐊᑯᑖᖅ ᐅᒥᐊᕆᕙᓕᓚᐅᕐᖃᕋ ᐊᒥᓱᓂ ᐊᕐᕌᒍᓂ.

ᐊᑖᑕ ᑲᒻᐸᓂᒃᑯᓄᑦ ᓇᓗᓃᕐᑕᐅᓚᐅᕐᓯᒪᕗᖅ ᒪᕐᕋᑦᑎᒪᕆᐅᓂᕋᕐᑕᐅᓯᓂ. ᑲᒻᐸᓂᒃᑯᑦ ᐱᐅᓯᖃᕐᐸᓚᐅᕐᒪᑕ ᓇᓗᓃᕐᓯᓯᑎᒃ ᑎᕆᒐᓐᓂᐊᕈᓐᓇᓂᕐᕚᓂᒃ ᐊᖑᑎᒻᒪᕆᖁᑎᖃᕐᐸᓚᐅᕐᒪᑕ. ᐊᑖᑕ ᐊᖑᑎᒻᒪᕆᐅᓂᕋᕐᑕᐅᓚᐅᕐᖁᖅ. ᐊᑖᑕᒻᒪ ᐅᒥᐊᖓ ᐃᑲᔪᕐᓯᔪᒻᒪᕆᐅᓚᐅᕐᖁᖅ ᐃᓄᓐᓂᒃ. ᑕᐅᓄᖓ ᐃᒪᑐᐃᓐᓇᒍᑦ ᓇᑦᓯᓯᐅᕐᐸᓚᐅᕐᒪᑕ ᐅᒥᐊᒃᑯᑦ. ᐊᒥᓱᓂᒃ ᐊᖑᑎᓂᒃ ᐊᐅᓚᑦᓯᓯᑕ ᐃᓚᖓᑎᒍᑦ ᐊᕙᑎᐅᕙᑦᑎᓗᒥᐊᓪᓖᑦ ᖃᓴᑦ. ᐊᒥᓱᐊᓗᐃᑦ ᑕᑉᐹᓂ ᐅᒥᐊᑉ ᖄᖓᓂ ᖃᓚᐊᓈᑦᑎᓗᒥᑦ ᐊᐅᓚᔨᔪᖓ. ᓯᑯᐊᓗᓐᓄᑦ ᑎᑭᒃᑲᑕ ᖃᓴᑦ ᐃᕐᐸᑎᕐᓂᐊᓕᕐᒪᑕ ᓇᒧᓕᒫᖅ ᓇᑦᓯᓯᐅᓯᔪᑦ. ᐳᐃᔨᓂᒃ ᐊᑦᔨᒦᖕᖏᑐᓂᒃ ᐊᖑᓇᓯᑦᑐᑦ, ᐅᑦᔪᓂᒃ, ᕋᕈᓕᓐᓂᒃ, ᐊᒻᒪᓗ ᓇᑦᓯᑐᐃᓐᓇᓂᒃ. ᖃᓴᑦ ᐅᑎᕐᓂᐊᑐᐃᑦ ᑲᓕᑦᓯᑎᒃ ᐊᒥᓱᓂᐊᓪᓖᑦ. ᐅᑦᔪᐊᓗᐃᑦ ᐊᖏᔪᐊᓘᒐᒥᒃ ᐅᖁᒣᑦᑐᐊᓗᐃᑦ ᑕᒐ. ᕋᕈᓕᐊᓗᐃᓪᓗ ᐊᖏᓂᐊᓗᖏᑦ ᑌᒫᑦᓴᓇᖅ ᐅᖁᒣᑦᑐᑦ. ᐊᖑᑏᑦ ᐃᓚᖓᑎᒍᑦ ᕋᕈᓕᓐᓂᒃ ᒪᕐᕉᓂᐊᓪᓖᑦ ᑲᓚᑉᐸᓚᐅᕐᒪᑕ. ᐊᖑᑏᑦ ᑌᑦᓯᒪᓂ ᓲᖑᔫᕙᓐᓂᒪᑕ.

ᑭᑦᓕᓂᓕᐊᕐᐸᓚᐅᕐᖁᒍᑦ ᐊᒥᓱᕕᑦᓯᑕ ᐊᑖᑕᒻᒪ ᐅᒥᐊᖓᒍᑦ ᕿᓚᓗᒐᕐᓂᐊᐸᑦᓯᑕᓗ ᐊᒻᒪᓗ ᓇᑦᓯᕋᓯᐊᕐᐸᑦᓯᑕ ᐅᒥᐊᒃᑯᑦ. ᓄᓇᓕᓐᓂᓗ ᐃᓄᓐᓂᒃ ᓅᑦᓯᕙᑦᓯᑕ ᐊᐅᓛᑎᑕᐅᒍᒪᓕᕐᒪᑕ ᐊᑖᑕᒻᒪ ᐅᒥᐊᖓᓄᑦ ᐊᑖᑕ ᓄᑲᖏᑦᑐ ᐃᓄᓐᓂᒃ ᐃᑲᔪᕐᐸᓚᐅᕐᒪᑕ. ᐊᖓᔪᒃᑲᓗ ᑌᒉᓘᕐᐸᓕᓚᐅᕐᒥᔪᒍᑦ ᐊᑖᑕᒻᒪ ᑭᖑᓂᐊᒍᑦ. ᐊᕐᕌᒍᐃᑦ ᐊᒥᓱᐃᑦ ᐊᓂᒍᕐᑎᓗᒥᑦ ᐅᒥᐊᖅ ᐱᑐᖃᐅᒧᑦ ᐊᐅᓂᐊᓘᓕᕋᑕᓚᐅᕐᓯᒪᔪᖅ. ᐱᔪᓐᓇᓯᐊᕐᑎᐅᒥᐊᒥᒃ ᐊᐅᓚᒐᓯᐊᕆᐊᒥᒃ ᐊᔪᕐᓇᓯᕙᓪᓕᐊᑐᐃᓐᓇᒪᑦ ᐊᖓᔪᒃᑲᓗ ᓗᓈᑐᐃᓐᓇᓕᕋᑕᓚᐅᕐᓯᒪᔭᕗᑦ. ᑌᑦᓯᒪᓂ ᖃᔭᕆᐊᕐᑖᖕᒫᕆᑦᓯᑕ ᐊᐅᓚᐅᑎᓕᓐᓂᒃ ᖃᔭᕆᐊᑦ ᐊᐅᓚᒥᐊᒥᒃ ᐊᔪᕐᓇᖕᒥᓐᓂᓴᐅᒻᒪᑕ.

ᖁᑭᐅᑏᑦ, ᓴᒃᑯᐃᑦ ᐊᒻᒪᓗ ᖁᑭᔩᖑᒐᓯᐊᕐᓂᖅ

ᖁᑭᐅᑏᑦ ᐊᒻᒪᓗ ᓴᒃᑯᐃᑦ ᓱᓕ ᐊᔪᕐᓇᑐᒻᒪᕆᐅᑎᓪᓗᒥᑦ ᐊᖑᑏᑦ ᐃᑭᑦᑐᐊᐲᑦ ᖁᑭᐅᑎᖃᕈᓐᓇᐸᓚᐅᕐᖁᑦ. ᒪᕐᕋᑦᑎᒪᕆᐊᓪᓖᑦ ᐊᑕᐅᓯᕐᒥᒃ 22-ᕌᐱᒻᒥᒃ ᖁᑭᐅᑎᖃᕐᐸᓚᐅᕐᑐᑦ ᐃᓅᓯᓕᒫᖅ ᑖᓐᓇᑑᑎᓪᓗᒍ. ᐊᓯᐊᓂᒃ ᓂᐅᕕᕋᓯᒥᐊᒥᒃ ᐊᔪᕐᓇᒪᑦ ᑭᓯᐊᓂᐅᒐᓗᐊᖅ.

22-ᕌᐱᒻᒥᒃ ᖁᑭᐅᑎᖃᓚᐅᕐᓯᒪᒋᕗᖓ ᐃᓅᓯᑦᑑᖕᒥᓐᓇᓯᖓ ᐱᑖᕆᔭᕕᓂᕆᑦᓯᒍ ᓗᑯᑦᑕᕕᓂᕆᒻᒥᓯᒍ. ᖁᑭᐅᑎᑐᐊᕆᓚᐅᕐᓯᒪᒻᒥᔭᕋ ᐊᒥᓱᓂ ᐊᕐᕌᒍᓂ ᑐᓂᕐᕈᓯᐊᕐᑖᕆᑐᐃᓐᓇᒧᑦ ᖁᑭᐅᑎᒥᒻᒥᓯᒍ. ᐊᑦᓴᒪ ᐊᖑᑎᖓᑕ ᕋᓚᐅᕐᓯᒪᔭᖓ ᒪᕐᕋᓐᓂᒍᑦ ᐱᕐᖃᓴᕋᒥ ᑭᓯᐊᓂᐅᒻᒥᔪᖅ.

ᐊᕐᕌᒍᐃᑦ ᐊᒥᓱᐊᓗᐃᑦ ᐊᓂᒍᕐᒪᑕ ᑭᓯᐊᓂ ᐊᓯᖓᓂᒃ ᖁᑭᐅᑎᑖᓚᐅᕐᓯᒪᕗᖓ. ᐊᕐᕌᒍᐃᑦ ᐃᓚᖓᓂ ᓯᑕᒪᓂᒃ ᑎᕆᒐᓐᓂᐊᓚᐅᕐᓯᒪᒐᒪ ᑎᕆᒐᓐᓂᐊᕐᖁᑎᒃᑲ ᑲᒻᐸᓂᒃᑯᓅᕈᑦᔩᓯᒥᑦ ᓂᐅᕕᕐᑎᒧᑦ ᑲᒻᐸᓂᒃᑯᑦ ᓂᐅᕕᕐᑎᖓᓄᑦ ᑐᓂᒐᒃᑭᑦ ᐊᐱᕐᓯᑕᐅᓕᓚᐅᕐᓯᒪᕗᖓ ᑖᒃᑯᐊ ᑭᓇᐅᑉ ᐱᒥᒻᒪᖕᒫᒥᑦ. ᐱᒥᓂᕋᕋᒃᑭᑦ ᐅᕙᓐᓂᒃ ᐅᖃᐅᐲᓕᓚᐅᕐᓯᒪᕗᖅ ᐊᖑᑎᖕᖑᓂᕙᑦᓯᓂ. ᓚᓚᐅᕐᓯᒪᔪᖅ. ᑌᓇ ᐃᓅᖃᑎᑦᑎᓄᑦ ᐊᖑᑕᐅᓂᕋᕐᑕᐅᖃᐅᒪᓗᐊᕐᑎᓗᖓ 22-ᒥᒃ ᖁᑭᐅᑎᑖᓚᐅᕐᓯᒪᕗᖓ. ᓂᐅᕕᕐᑎ ᖃᓂᕐᕕᓃᑎᒥᒃ ᐊᒻᒪᓗ ᖃᓂᕐᒧᑦ ᓱᐴᒐᕐᒥᒃ ᓂᑦᔭᐅᑎᒥᒃ ᕋᑦᓯᓚᐅᕐᓯᒪᕗᖅ ᐊᖑᑎᖕᖑᓂᕋᓂᒃ ᐅᐱᒍᓱᑦᓯᓂ.

ᐊᖑᑎᖕᖑᕙᓪᓕᐊᓕᕐᓯᖓ ᐁᑦᓯᕋᕐᑎᑐᐃᓇᐅᕙᓚᐅᕐᖁᖓ ᐊᖑᑎᒻᒪᕆᑦ ᓇᑦᓯᑕᖕᒥᓐᓂᒃ ᖃᔭᕐᒧᑦ ᖃᔭᕆᐊᒧᓪᑑᓃᑦ ᐁᑦᓯᕙᑦᓯᖓ. ᐅᕕᒃᕋᑦ ᐃᓅᓯᑦᑐᐃᑦ ᐱᓇᓯᐊᒐᑐᐊᕆᐸᓚᐅᕐᒪᔪᒃ ᓇᑦᓯᓂᒃ ᐁᑦᓯᕋᕐᑎᐅᓂᖅ. ᑌᑦᓯᒪᓂ ᐊᖑᑎᒻᒪᕆᑦ ᑭᓯᐊᓂ ᓇᑦᓯᓂᒃ ᐃᓛ ᐆᒪᔪᓂᒃ ᐆᒪᔪᓕᒫᓂᒃ ᖁᑭᕆᐊᕈᓐᓇᐸᓚᐅᕐᒪᑕ. ᐆᒪᔪᐃᑦ ᐊᔪᕐᓇᓕᕐᒪᑕ ᑕᒪᓐᓇ ᒪᓕᒐᖅ ᐊᑐᕐᑕᐅᓗᐊᖕᖑᐊᐸᓚᐅᕐᑐᖅ. ᐆᒪᔪᖃᑦᓯᐊᕈᓐᓂᒪᑦ ᒪᕐᕋᓐᓂᖅ ᐱᓪᓚᕆᐊᔫᐸᓚᐅᕐᒪᑦ. ᐊᖑᑎᒃ ᖁᑭᐅᑎᒥᓂᒃ ᓯᒃᑭᑎᑦᓯᓂᐅᔭᕐᐸᓚᐅᖕᖏᒪᑦ ᐱᓚᖓᒥᐊᒥᒃ ᓯᕐᖁᐃᓯᓪᓗᑐᖕᖏᑐᐊᕋᒥ. ᐆᒪᔪᕐᒥᓗ ᑌᒫᒃ ᐊᓐᓂᔪᖃᕆᐊᖃᖕᖏᒪᑦ ᐱᑦᔪᑎᖃᕐᓯᓂ ᒪᕐᕉᓂᓗᐊᖕᖑᐊᖅ. ᐊᖑᑎᐅᑉ ᐃᓛᐱᖕᒥᑦ ᓂᕆᒥᐊᖃᕐᒪᑕ ᖃᓄᐃᖕᖏᓯᐊᓚᖓᒍᑎᑦ ᐊᒻᒪᓗ ᓴᒃᑯᖅ ᐊᓐᓂᓇᕐᒪᑦ ᐊᔪᕐᓇᕋᒥ.

ᐊᖑᑎᒃ ᐃᒡᓗᒥᑕ ᓴᓂᐊᓃᑦᑐᖅ ᑲᖏᕐᓱᒥ 1947-ᒥ.

Chasseur près de son iglou, Kangirsuk, 1947.

A hunter outside his igloo, Kangirsuk, 1947.

Corporal C.K. McLean Collection MCL 067

ᓱᒥᐊᕐᑐᖅ ᖁᑮᙱᓇᒥ ᖁᐊᕐᓵᓇᕐᑑᔫᕐᐸᓚᐅᕐᒪᔫᓐᓃᑦ ᐱᒡᒐᑐᒧᑦ. ᑌᒪᙵᑦ ᓂᕐᑭᓂᑉ ᐱᔪᑦᔭᐅᓗᑕ ᑭᓯᐊᓂᐅᕙᓚᐅᒪᑦ ᐃᓚᖓᒍᑦ ᐆᒪᔭᓕᕖᙵᐅᕙᒃᑲᓗᐊᕐᓯᓂ. ᓴᒃᑯᖅ ᐊᔭᕐᓇᒪᑦ ᐊᖑᑎᒃ ᖁᑭᐅᑎᒥᓂᒃ ᑎᒍᓯᕙᓚᐅᑦᔭᖕᒥᑦᑐᓛᓐᓃᑦ ᐆᒪᔭᓚᖓᒥᐊᒥᒃ ᓱᕐᖁᐃᓯᒪᙱᓂᓕᒫᒥᓂ. ᐊᖑᑎᒃ ᖁᑭᐅᑎᒥᓂᒃ ᑎᒍᓯᕙᓚᐅᑦᔭᖕᒥᒻᒪᑦ ᓴᒃᑯᖅ ᐊᑕᐅᓯᐅᑲᓗᐊᖅ ᐊᑑᑎᕐᑲᑦᓯᐊᓗᓂ ᑭᓯᐊᓂᐅᒻᒪᑦ.

22-ᖒᐱᐅᑉ ᓴᒃᑯᒐᓚᖕᒥᑦ ᐱᑦᓯᐊᑕᐅᕙᓚᐅᕐᒪᑕ ᐊᕐᑭᒡᒋᒐᓯᑦᑐᓄᐊᓪᓛᑦ ᐃᓛᓐᓂ ᓴᒃᑯᐃᑦ ᐊᒥᒐᓪᓗᑐᕐᐸᓚᐅᕐᒪᑕ. ᓴᒃᑯᐃᑦ ᐊᒥᒐᓕᕐᒪᑕ ᐊᑕᐅᓯᐊᐱᒻᒥᒃ ᐊᕐᑭᒡᒋᒍᓐᓇᐸᓚᐅᕐᖁᒧᑦ. ᒪᕐᖃᑦᑐᖅ ᐊᕐᑭᒡᒌᑦ ᒪᓂᒪᑦᓯᐊᒐᓗᐊᕐᒪᑕ ᐱᓂᐅᔭᕐᐸᓚᐅᙱᓚᖅ ᓴᒃᑰᑉ ᐊᒥᒐᕐᓂᖓ ᐊᐅᓚᑦᓯᔫᑎᓪᓗᒍ. ᐊᕐᑭᒡᒋᖅ ᐊᑕᐅᓯᐊᐱᒃ ᐊᒡᒍᑕᐅᓂᐊᓕᕐᒪᑦ ᐸᔪᑕᐅᑦᓴᓗᓂ ᑭᓯᐊᓂᐅᑦᓴᖃᓗᐊ. ᑌᒪ ᐃᓚᒦᑦ ᐊᕕᑦᓯᐊᖃᓯᐊᕐᓂᐊᓕᕐᒪᑕ ᐸᔪᓯᐊᖄᐱᒻᒥᓂᒃ. ᑌᒪ ᑳᓇᓕᕐᒪᑦ ᐅᕐᑯᒻᒥᓯᐊᐱᑦᑎᑕᐅᒋᐊᒥᒃ ᐅᐱᒍᓲᒻᒥᓇᕐᓂᐹᖅ.

ᑌᒪ ᓴᒃᑯᐃᑦ ᐊᒥᐊᒃᑯᐃᑦ ᐃᓘᓐᓇᑎᒃ ᐅᓪᓗᓂᒃ ᑐᖄᕐᑕᕐᑲᕐᒪᑕ ᐅᓪᓗᓂᒃ ᐃᓅᕕᒋᒋᐊᕐᑲᓛᕐᑕᒥᓂᒃ ᑳᓐᓇᖅ ᑌᒪᙵᑦ ᑎᑭᑉᐸᓚᐅᕐᒪᑦ ᐅᓪᓗᓂ ᓯᕗᓂᑦᑎᓂ.

ᐊᐅᓚᔨᑦᓯᐊᐳᖓ ᐊᑖᑕ ᐱᖓᓰᔭᕐᑐᑐᐃᓐᓇᓂᒃ ᓴᒃᑯᕐᑲᓚᐅᕐᓯᒪᒻᒪᑦ ᐅᐱᕐᖔᓕᒫᖅ. ᐱᖓᓰᔭᕐᑐᐃᑦ ᓴᒃᑯᖏᑦ ᐅᐱᕐᖔᓕᒫᒍᑦ ᓈᒻᒪᑎᓚᐅᕐᓯᒪᔭᖏᑦ ᐊᑖᑕ ᓵᕕᑦᓯᓂᒃ ᖁᑭᐅᑎᓐᓈᕐᑲᕐᐸᓚᐅᕐᒪᑦ. ᓵᕕᑦᓯᑖᕐᑎᓗᒍ ᑭᖑᓕᖏᓐᓂᒃ ᖃᐅᔨᒪᕗᓚᐅᕐᑕᖃ. ᑎᓴᒪᓐᓂᐊᓂᒃ ᒥᑭᒥᐊᕐᓂᐊᑎᐅᒪᒥ ᐊᖑᓯᑦᑑᓯᓂ ᖁᑭᐅᑎᑖᕈᓐᓇᐸᓚᐅᕐᑐᖅ. ᐅᐱᕐᖔᑯᑦ ᑐᑦᑐᓯᐅᕐᑲᑎᒥᓚᐅᕐᓯᒪᔭᖃ ᐅᖓᓯᑦᑐᐊᓗᒻᒧᑦ ᑐᑦᑐᓯᐅᖃᓗᒃ ᑐᑦᑐᓯᒐᓐᓗᒃ ᒪᕐᕈᖄᓚᐅᕐᓯᒪᔪᖅ ᓯᑕᒪᓂᒃ ᓴᒃᑯᓂᒃ ᐊᒥᐊᒃᑯᓯᓂ, ᐱᔭᕆᐊᓕᒻᒥᓂᒃ ᓲᕐᓗ ᐊᑐᑐᐃᓐᓇᑐᖅ, ᑌᒫᒃ ᑭᓯᐊᓂ ᐱᐅᓯᐅᕙᓚᐅᕐᒪᑦ.

ᐆᒪᔪᕐᓂᐊᑎᙳᐸᓪᓚᐊᓂᖃ

ᓯᕈᓯᐊᐱᐅᖏᓐᓈᓯᖓ ᒪᕐᖃᑦᑎᑎᑐᑦ ᐱᐅᓯᕐᑲᕐᐸᓚᐅᕐᖁᖓ. ᐱᙳᐊᓴᕐᓯᖓ ᐋᓰᑦ ᓗᕕᓗᕕᓛᑯᓗᒻᒥᒃ ᐱᐊᖃᕈᓗᒻᒥᒃ ᐱᓇᓯᐊᓯᓚᐅᕐᓯᒪᕗᖓ ᐊᕐᐸᖏᒍᓐᓇᑑᒐᓗᐊᖅ ᑎᖏᕐᕐᑲᔭᙱᑐᖅ ᐅᓚᓴᕐᓂᐊᓚᖅᑯ ᒥᓪᓗᓯᒍᓗ ᐊᑯᓂᐊᓗᒃ ᐱᓇᓯᓚᐅᕐᓯᒪᒻᒥᔭᖃ ᒥᓪᓗᓯᒍ ᐅᔭᖃᕐᓗᑦ. ᐃᓚᖓᓂ ᐅᔭᖅ ᐃᓪᓗᐃᓇᕐᒍᑦ ᑭᐯᐯᕐᑲᔭᑦᔭᖏᑦᑕᖃᓪᓗᓃᑦ ᐱᑦᓴᖃᑕᖃᒃᑯ ᐊᓂᕐᖃᐅᑎᓂᐊᓕᖃᒃᑯ. ᐊᓈᓇᒻᒪ ᐊᒥᑯᓗᐊ ᐊᓕᑦᑐᑐᐃᓐᓇᓯᒍ ᓂᕐᑭᒍᓗᐊᐱᖓ ᓂᒃᑯᓕᓚᐅᕐᓯᒪᓚᐅᒃ. ᐊᕐᓇᕐᑯᑎᒐ ᑌᑦᓯᒪᓂ ᑯᑦᔭᐊᒥᐅᒍᓚᐅᕐᓯᒪᒻᒪᑦ ᓗᕕᓗᕕᓛᕐᑕᖃᓂᒃ ᑐᓂᕌᕕᒋᕐᕐᑲᔭᑦᔭᖏᓐᓇᑯ ᐊᓈᓇᒻᒪ ᓂᒃᑯᓕᐅᕈᑦᕌᓯᓚᐅᕐᓯᒪᓚᐅᖓ ᓗᕕᓗᕕᓛᓇᐅᕐᑕᖃᓂᒃ.

ᐊᐅᓚᔨᑦᓯᐊᒥᕗᖓ ᒥᑎᕐᓗᒥᐅᕐᓯᖓ ᐊᒥᓯᐃᑦ ᐊᖂᒍᐃᑦ ᑭᖑᓂᐊᒍᑦ. ᐅᐱᕐᖔᑯᑦ ᒥᑎᕐᓗᐃᑦ ᐃᐯᓕᕐᓯᑎᑉ ᐃᓴᐅᓲᖑᒻᒪᑦ ᒥᑎᕐᓗᓂᒃ ᕿᑭᑕᒦᑦᑐᓂᒃ ᐊᒥᓯᐊᓗᓂᒃ ᑕᑯᓕᓚᐅᕐᓯᒪᕗᒃ ᐊᑖᑕᒐᓗ. ᕿᑭᕐᑕᓄᑦ ᑐᓚᒐᓐᓄᒃ ᐊᑖᑕᒐᓄᑦ ᐅᓪᓚᖁᔭᐅᒐᒪ ᐅᓪᓚᓯᑦᓴᓚᐅᕐᓯᒪᕗᖓ. ᐅᓪᓚᓕᖃᒃᑭᑦ ᕿᑭᕐᑕᓄᑦ ᐅᔭᖃᐅᑉ ᖃᖓᑕᓂᖓᑕ ᐊᑖᓄᑦ ᐳᓚᑦᓯᓂ ᐳᙵᓯᑦᓴᓯᓂ.

ᐊᑖᑕᒐᓄᑦ ᖁᑮᖁᔭᐅᒐᒪ ᖁᑭᓕᓚᐅᕐᓯᒪᔭᖃ. ᐊᑖᑕ ᒪᓐᓂᑕᓯᑎᓪᓗᒍ ᕿᑭᕐᑕᒥ ᐊᕐᐸᓕᖃᕐᑎᑕᐅᓯᓚᐅᕐᓯᒪᕗᖓ.

ᒥᑎᕐᓗᒥᒃ ᐊᓯᐊᓂᒃ ᑕᑯᓂᐊᓕᕐᒥᒐᒪ ᓄᓀᓐᓇᒥ ᐳᖖᒐᔪᒥᒃ. ᐳᖖᒐᓯᐊᑲᓪᓚᑐᐃᓐᓇᒪᑦ ᒥᖖᒋᕕᒋᑦᓱᒍᓗ ᖁᖏᓯᖕᒐᓗ ᖀᑦᔭᓗᕐᑎᓱᒍ ᑐᖁᓚᐅᕐᓯᒪᔭᕋ. ᐊᓂᕐᕋᕋᓐᓄᒃ ᐊᓅᓇᒻᒪ ᓂᒃᑯᓕᓕᓚᐅᕐᓯᒪᒋᕙᐅᒃ ᐊᕐᓇᖁᑎᒻᒪ ᐱᓛᕐᒥᒪᐅᒃ.

ᐆᒪᔪᓇᐅᕐᑕᓕᒫᒃᑲ ᐊᕐᓇᖁᑎᒪᓅᕐᑕᐅᕙᓚᐅᕐᑐᑦ ᐱᐅᓯᑐᖃᖅ ᒪᓕᑦᓯᒍ. ᐊᕐᓇᖁᑎᒪ ᐃᓅᒍᓐᓂᑎᓪᓗᒍ ᑭᓯᐊᓂ ᓇᑦᓯᓇᐅᓚ-ᐅᕐᓯᒪᔪᖅ ᐊᒻᒪᓗ ᑐᒃᑐᓇᐅᕐᓯᒪᑦᓯᖅ ᐊᕐᓇᖁᑎᒻᒪ ᑭᖑᓂᐊᓂ ᐆᒪᔪᕐᑕᑲ ᐸᕐᓚᒍᑕᐅᕙᓕᓚᐅᕐᑐᑦ ᓯᓚᕐᖃᑎᑦᑎᓗᑦ ᐊᓕᑦᑑᑕᐅᑦᓯᑎᒃ.

ᐊᖑᑎᖖᒍᐸᓪᓕᐊᓂᕋ ᐊᒻᒪᓗ ᒪᕐᑫᑦᑎᖑᕐᐸᓕᐊᓂᕋ ᒪᓕᑦᓯᒥᒃ ᐊᑖᑕᒐᓂᒃ ᐃᑲᔪᓇᐊᖃᕐᐸᓚᐅᕐᖁᖕᒐ ᐊᖑᓇᓲᑎᖏᓐᓂᒃ ᑲᒪᔨᐅᖃᑦᑕᓱᖕᒐ. ᐊᑖᑕᒐ ᐊᑦᓯᓈᓕᐅᓕᕐᒪᑦ ᖀᓯᔭᓂᒃ ᐃᑲᔪᕐᐸᓚᐅᕐᖁᖕᒐ ᖀᒻᒦᓗ ᐊᑦᓯᓈᖁᑎᖏᓐᓂᒃ ᑮᓕᕐᑎᐅᕙᓚᐅᕐᓯᖕᒐ ᐃᐱᐅᑌᑦ ᑮᓕᕐᓯᒪᒥᐊᖃᕐᐸᓚᐅᕐᒪᑕ

ᒨᓯᓯ ᐃᑦᑐᒃ ᐃᓚᖏᓪᓗ ᑐᐱᒥᑕ ᓵᖕᒐᓂ 1951-ᒥ

Mususi Ittuk et sa famille devant leur tente, 1951.

Mususi Ittuk and his family in front of their tent, 1951.

Rousseau IV–3

ᕿᑐᑦᑑᖏᑐᐊᕋᒥᒃ ᓄᔫᕐᑎᒍᓇᒪᑕ. ᓄᖑᓪᓚᐸᓪᓕᐊᓗᑎᓪᓗ ᐊᒻᒪᓗ ᑭᑦᑐᕋᐅᑎᓗᑎᒃ ᐊᓪᓛᑦ ᒍᓇᒪᑕ. ᐅᓪᓗᒥ ᐊᒥᓱᓂᒃ ᐊᑦᓱᓈᕐᑯᑎᓐᓂᒃ ᑮᓕᕐᑐᕕᓂᐅᔪᖃᕋᒥ ᖃᓂᓇᔭᖅ ᐆᓐᓂᐅᓴ-ᕐᐸᓚᐅᕐᒪᑦ. ᐆᓇᑦᓴᓂᐊᓕᕐᒪᑦ ᐊᒻᒪᓗ ᐃᑉᐱᓂᐊᒻᒪᕆᑦᓯᓂ ᓯᓂᓯᒐᓯᐊᕆᐊᕐᓘᓃᑦ ᐊᔪᕐᓇᓚᐅᕐᑐᓯᓂ.

ᐊᑖᑕᒐᓂᒃ ᐃᑲᔪᕐᐸᓚᐅᕆᕗᖓ ᐊᓕᕐᓕᐅᕆᐊᖃᓯᒻᒪᑦ. ᐅᑦᔫᑉ ᐊᕐᓇᐅᑉ ᕿᓯᖓ ᐱᐅᓂᕐᐹᖅ. ᐳᐃᔨᒻᒪᕆᐅᑉ ᕿᓯᖓ, ᐳᐃᔨ-ᒻᒪᕆᐅᓐᓂᐊᑎᒃ ᐊᓕᖅ. ᐅᑦᔫᑉ ᕿᓯᖓ ᐱᓚᑦᑐᑕᐅᔫᖑᕗᖅ ᓯᓚᓐᓂᖓ ᑲᒪᒥᑦᓯᐊᓱᒍ ᐊᒻᒪᓗ ᑕᑭᓂᖓ ᓈᒻᒪᑐᓕᐊᕆᑦᓱᒍ. ᐊᓕᑦᓴᖅ ᑌᒫᒃ ᑕᓯᑎᕐᑕᐅᓂᐊᓕᕐᒪᑦ ᐃᑦᑏᔭᕐᑕᐅᓱᓂᓗ. ᕿᔪᓐᓄᑦ ᓯᑕᒪᓄᑦ ᓇᐸᔪᓄᑦ ᑕᓯᙵᕕᖃᕐᑎᓗᒍ. ᕿᔪᐃᑦ ᓯᑕᒪᑦ ᓇᐸᔪᑦ ᐊᑦᓱᓈᑦᓴᒥᒃ ᑕᓯᙵᕋᑎᓪᓗᒥᑦ ᕿᔪᒻᒧᑦ ᕿᓗᕐᕿᑖᕐᑎᓱᒍ ᐃᑦᑏᔭᕐᑕᐅᔫᖅ. ᐊᓕᖅ ᐃᑦᑏᔭᕐᑕᐅᒦᕐᕋᒥ ᐅᕐᑯᒣᑦᑐᐊᓗᒻᒥᒃ ᔫᖑᔪᐊᓗᒻᒥᒃ ᓄᖀᒍᑕᐅᒍᓐᓇᔫᖅ.

ᐊᒥᓱᓂᒃ ᐱᔪᓐᓇᓯᓯᒪᕗᖓ ᑕᑯᓐᓇᓂᑐᐃᓐᓇᓂᒃᑯᑦ ᐆᑦᑑᑎᒥᓗᒥᑦ ᐅᓈᖅ, ᑕᓗᐊᖅ ᐊᒻᒪᓗ ᓇᐅᓚᖅ. ᐃᓪᓗᓕᒥᐊᒥᒃ ᐱᔭᕆᐊᑐᓂᕐᓴᐅᓚᐅᕐᓯᒪᕗᖅ, ᖁᓕᒐᓯᒥᐊᒥᒃ ᐊᔪᕐᓇᓂᕐᓴᒪᕆᐊᓘᓚᐅᕐᓯᒪᔪᖅ. ᓱᕈᓯᐅᓂᓕᒫᕋᓂ ᐅᑦᓯᑐᐃᔨ-ᐅᓯᒪᒐᓗᐊᕐᓱᖓ ᐱᒥᐅᕐᓴᓱᖓ ᐊᒥᓱᓂ ᐊᕐᕿᒍᓂ ᐱᒥᐅᕐᓴᓱᖓ ᖁᓕᒥᐅᕋᑕᓚᐅᕐᓯᒪᕗᖓ ᓇᒻᒥᓂᖅ ᓗᖓ ᑭᓯᐊᓂᐅᓕᕐᒥᒪᑦ ᐃᓪᓗᓕᒥᐅᕐᓱᖓ. ᐊᖓᔪᒐᓗ ᑐᒃᑐᓯᐅᓚᐅᓯᒪᒐᓐᓄᒃ ᑌᑦᓱᒪᓂ ᐱᕐᓕᑲᓴᓚᖕᒐᑦᓱᑕ. ᑌᓱᒪᓂᐊᓪᓛᑦ ᐅᔪᕈᒐ ᐱᕐᓕᓱᓂ ᐱᔪᓐᓇᖏᓚᐅᕐᓯᒪᒻᒪᑦ. ᓄᑲᕐᓯᐅᒐᒪ ᐃᑲᔪᕐᑎᑐᐃᓐᓇᐅᑎᓪᓗᖓ ᐊᖓᔪᒐᓄᑦ.

ᑐᒃᑐᐃᑦ ᑐᒥᖏᓐᓂᒃ ᑐᒥᓯᒐᓐᓄᒃ ᐊᖓᔪᒐ ᑐᑦᔭᓯᓯᓚᐅᕐᓯᒪᔪᖅ ᓄᑖᑦᓯᐊᖑᒻᒪᑕ. ᐊᓯᐃᓛᒃ ᐱᓯᓯᒻᒪᑦ ᐱᕐᑯᑎᑦᑎᓂᒃ ᐊᒻᒪᓗ ᕿᒻᒥᓂᒃ ᐯᓇᑦᓯᓯᕗᖓ. ᑖᕐᓯᕙᓪᓕᐊᓯᕋᑕᕐᒪᑦ ᐊᖓᔪᒐ ᐅᑎᓚᐅᕐᑎᓇᒍ ᐃᓪᓗᓕᒐᓯᐊᓯᓚᐅᕐᓯᒪᕗᖓ.

ᓴᕙᐅᔭᓯᑦᓴᖁᖓ ᐊᒥᓱᕙᑦᓱᖓ ᓴᕙᐅᔭᑐᐊᖃᑦᓴᓂᕐᖂᕋᒪ ᑕᒐᓕ ᐊᔪᕐᓇᓴᙱᓚᖅ. ᑌᒪ ᐊᕙᓗᕙᓪᓕᐊᓯᑦᓴᓂᐊᓕᕐᒪᑦ. ᖁᓕᑉᐸᓕᐊᓕᕐᓱᖓ ᑕᑉᐸᐅᖓ ᐃᓕᔭᒃᑲ ᑲᑕᑦᓴᑐᐃᓐᓇᖃᑦᑕ-ᓂᐊᓕᕐᒪᑕ ᐊᓯᐊᓂᒃ ᐃᓕᔨᒪᓗᐊᕋᒪ ᑲᑕᑦᓴᑐᐃᓐᓇᓇᕗᖅ. ᕿᑲᓚᐅᕐᑐᓱᖓ ᐃᓱᒪᑦᓴᓯᐅᑦᓴᓂᐊᓕᕋᒪ. ᐊᔪᐃᓐᓇᓯᑮᕐᒥᓱᖓᓗ ᐃᓱᒪᑦᓯᐊᕋᓱᐊᕐᓱᖓ ᐋᕐᕿᒥᐊᕐᑕᑲ ᑲᑕᑦᓴᑐᐃᓐᓇᖃᑦᑕᓕᕐᒪᑕ ᐊᕙᓗᓕᐊᓇᓯᒪᔭᒃᑲ ᐃᑐᑦᑎᓯᕋᑕᓚᐅᕐᓯᒪᕙᒃᑲ.

ᐊᕐᓱᕈᕐᓇᓚᕆᑦᑐᒥᒃ ᖃᐅᔨᒥᐅᕐᑑᔫᖃᑦᑕᓕᕐᓱᖔᓪᓛᑦ. ᓴᐱᕐᓇᓗᑐᓕᕋᓗᐊᕐᑎᓗᒍ ᐊᔪᐃᓐᓇᓗᖓ ᑭᓯᐊᓂᐅᑦᓴᕋᓗᐊ. ᐃᓱᒪᑦᓯᐊᕋᓱᐊᑦᓴᕋᒪᑕᒐ, ᐊᕙᓗᒥᐊᙵᒍᑎᒃᑲ ᐃᓗᒻᒧᐊᓂᕐᓴ-ᐅᓕᕐᑎᓗᒥᑦ ᐋᕐᕿᓱᓯᒥᕙᒃᑲ, ᐊᔪᐃᓐᓇᓯᒻᒥᓱᖓ ᑲᑕᑦᑐ-ᖃᕆᐊᓪᓚᕋᓂ ᖁᓕᑦᓯᑐᐃᓐᓇᓂᐊᓕᕐᒪᑦ ᑭᑭᐊᑦᑐᑕᐅᔪᖅ ᓲᕐᓗ. ᑌᒫᒃ ᐊᔪᕐᓇᔭᕈᓐᓃᒪᑦ.

ᐅᓐᓄᐊᑐᖃᐅᓕᕐᒪᑦ ᐊᖓᔪᒐ ᐅᑎᑦᓴᕋᑕᓚᐅᕐᓯᒪᔪᖅ ᐅᓯᕐ-ᑎᓯᒪᓇᖓ ᐅᑕᕐᕿᓯᐊᕐᑕᕋ. ᐅᓂᒃᑲᐅᑎᓂᐅᔭᙱᑕᕋ ᐊᕐᓱᕈᕐᓂᕆᕋᓐᓇᑕᕋᓂᒃ. ᐅᓪᓛᑯᑦ ᐊᐅᓪᓚᓚᕆᕗᒍᒃ, ᐅᓐᓄᒪᑦ ᐃᓪᓗᓕᓯᒻᒥᓱᓄᒃ ᐊᖓᔪᒻᒪ ᐃᓪᓗᓕᐅᕈᓯᖓᓄᒃ ᐃᑉᐱᒥᔭᖃᑦᓯᐊᕋᑕᐅᓂᑦᓯᖓ. ᑕᑯᓇᓯᐊᕋᓱᐊᕐᓂᐊᕋᓂᒃ ᓴᕐᖀᔭᕐᑎᓯᑦᑌᓕᒻᒥᓱᖓ ᐊᖓᔪᒐᓂᒃ ᐃᓱᒪᓂᐊᖖᒎᓯᑦᓱᖓ "ᐃᓕᓐᓂᐊᓴᙳᐊᓕᕐᑐᕆᓐᓀ!".

ᐊᖓᔪᒐ ᑐᒃᑐᓂᒃ ᐊᖑᐃᓚᐅᕐᓯᒪᑦᔭᖏᑦᑐᖅ ᑌᑦᓱᒪᓂ ᑐᒃᑐᐃᑦ ᐱᓱᓯᒐᒥᒃ ᓄᕐᖃᓂᐅᔭᑦᔭᖏᒻᒪᑕ, ᖁᐃᓯᒐᒥᒃ ᑭᓯᐊᓂ ᓄᕐᖃᓚᐅᕐᑐᔩᑦ. ᐃᓄᒻᒧᑦ ᐱᓱᑦᑐᒧᑦ ᐊᖑᔭᐅᓂᐅᔭᙱᓗᕐᑐᑦ. ᐊᖓᔪᒐ ᑌᒃᑯᓂᖓ ᑐᒃᑐᓂᒃ ᑕᑯᒍᓐᓇᓯᓐᓂᖏᑦᑐᓘᓐᓃᑦ.

ᑭᖑᓂᑐᖃᖓᒍᑦ ᐊᕐᖂᒍᐃᑦ ᐊᒥᓱᐃᑦ ᐊᓂᒍᕐᓯᒪᓕᕐᑎᓗᒥᑦ ᐃᓄᑑᑦᓱᖓ ᑐᒃᑐᕆᐅᓕᓚᐅᕐᓯᒪᕗᖓ. ᐊᑖᑕᒐᓂᒃ ᐊᖓᔪᒃᑲᓂᓪᓗ ᐃᑲᔪᖃᑦᑕᓯᒪᒐᓗᐊᕐᓱᖓ ᑐᒃᑐᒥᒃ ᐋᒃᑐᑎᓪᓗᒥᑦ ᐊᒥᓱᕕᑦᓱᖓ. ᑌᑦᓱᒪᓂᓚ ᐃᓄᑐᐊᑦᓯᐊᒍᓚᓚ-ᐅᕐᓯᒪᕗᖓ. ᓂᐅᖏᓐᓂᒃ ᓯᕗᓪᓖᖏᓐᓂᒃ ᑐᓄᕙᓯᖓᒍᖔᖅ ᐆᒃᑐᐃᓕᓚᐅᕐᓯᒪᕗᖓ, ᖃᐅᔨᒪᔪᖃᐅᒐᓗᐊᕐᓱᖓ ᓯᕗᐊᒍᖔᖅ ᐆᒃᑐᑕᐅᓲᖑᒥᐊᖓ. ᐃᓱᒪᓇᓪᓗᐊᖏᑦᑐᓘᓐᓃᑦ ᐱᒻᒪᕆᐊᓘᙱᒧᑦ. ᐊᒥᖅ ᑎᑭᐅᑦᔨᒐᒃᑯ ᐊᑖᑕᒪ ᐃᓐᓂᓯᓚᐅᔪᕙᐅᒃ, "ᓯᕗᓖᖏᓄᑯᐊ ᖄᖓᒍᖔᖅ ᐋᒃᑐᑕᐅᕐᖄᓲᑦ" ᐊᑖᑕᒐ ᓚᓚᐅᕐᓯᒪᔪᖅ. ᑌᒫᒃ ᐱᐅᓯᑐᖃᐅᒻᒪᑦ ᐋᒃᑐᐃᒍᓯᖅ ᓇᒻᒥᓂᖅ ᖃᐅᔨᒪᑦᓯᐊᓱᖓ ᑲᙳᓱᓕᓚᐅᕐᓯᒪᔪᖓ ᑕᒻᒪᓂᕋᓂᒃ ᐱᒻᒪᕆᐊᓘᙱᑲᓗᐊᕐᑎᓗᒍ.

ᐊᒥᓱᕙᑦᓱᖓ ᐊᑖᑕᓐᓂᒃ ᐃᑲᔪᕐᐸᓚᐅᕐᖁᖓ ᖃᔭᑦᓴᒥᑕ ᕿᔪᖁᑎᖏᓐᓂᒃ ᓴᓇᓕᕐᒪᑦ ᓴᓇᒍᓐᓇᕆᐊᒥᒃ ᓇᓗᙱᓗᑐᕐᑐᖓ, ᓇᒻᒥᓂᖅ ᑲᒪᔨᖃᕐᓇᖓ ᓴᓇᓯᒪᙱᑲᓗᐊᕐᓱᖓ. ᖃᒍᓯ-ᐅᕆᐅᓚᐅᕐᓯᒪᒻᒥᔪᖅ ᐃᓄᑑᑦᓱᖓ ᓇᓄᓇᓚᐅᕐᓯᒪᑦᔭᖏᑦᑐᓚ ᖃᒍᑏᓐᓂᒃ ᕿᒥᕐᕈᓯᑐᐃᓐᓇᖃᑦᑕᓱᖓ ᖃᐅᔨᒍᓚᑐᐊᕋᒪ.

ᓲᓯ ᐋᓇᓈᒃ ᐃᕐᓂᖅᑲᓗ
ᓵᓐᑎ ᑭᓪᓕᓂᕐᒥ
1960-ᐃᑦ ᐊᕐᕌᒍᖕᒥᓐᓂ.

Susie Annanack
et Sandy, Killiniq,
années 1960.

Susie Annanack and
Sandy, Killiniq, 1960s.

Rosemary Gilliat
IND RG-19

ᑲᖏᕐᓱᐊᓗᑦᔪᐊᖅ ᐊᒻᒥᑐᖃᕋᒥ ᐊᐅᒍᔅᑎ 1948-ᒥ

À l'approche du comptoir de la rivière George, août 1948.

Approaching the George River Post, August, 1948.

Corporal C.K. McLean Collection MCL 119

ᐊᑖᑕᒐ ᐋᓐᓂᐊᕕᓕᐊᓚᐅᕐᓯᒪᒻᒪᑦ ᖄᒥᓪᑕᓐ ᐊᓐᑕᕆᐅᒧᑦ. ᑌᑦᓯᒪᓂ ᐊᒥᓱᑦ ᐅᖁᒣᑦᑐᑦ ᐅᕙᓐᓄᑦ ᐊᑐᓕᓚᐅᕐᓯᒪᕗᑦ ᐊᖓᔪᒃᑲᓗ ᐅᕙᖓᓗ ᐆᒪᔪᕐᓂᐊᑎᑑᓯᒪᑦᑕ. ᐊᑖᑕᒐ ᐅᑎᕋᒥ ᐃᓕᓐᓂᐊᑎᑦᓯᒪᕆᓯᓚᐅᕐᓯᒪᕗᖅ ᒪᙯᓐᓂᐅᑉ ᐆᒪᔪᕐᓂᐊᓂᐅᑉ ᒥᑦᓵᓄᑦ. ᒪᙯᑦᑏᑦ ᖃᐅᔨᒪᒋᐊᓕᖏᓂᒃ ᐃᓕᓐᓂᐊᑎᑕᐅᒻᒪᕆᓕᕐᑐᒍᑦ. ᖃᐅᔨᒪᔭᒃᑲ ᐅᓪᓗᒥᒍᑦ ᒥᑭᔪᑯᓗᑐᐃᓐᓇᐅᕗᑦ ᑌᑦᓯᒪᓂᓕ ᐊᖑᑏᑦ ᖃᐅᔨᒪᒻᒪᕆᑦᑑᕙᓚᐅᕐᒪᑕ. ᒪᙯᑦᑎᖑᕐᐸᓕᐊᕋᒪ ᐃᒻᒥᓂᕿᒥᐅᕐᓴᓯᖓ ᐊᕐᓯᕈᕐᓇᑐᒥᒃ ᖃᐅᔨᓪᓚᕆᓚᐅᕐᓯᒪᕗᖓ.

ᐊᑖᑕᒐᓗ ᓇᑦᓯᓯᐅᓕᕋᓐᓄᒃ ᐃᓕᓐᓂᐊᒪᕆᑉᐸᓚᐅᕐᖁᖓ ᓯᓇᐅᕙ ᐆᒪᔪᕐᓂᐊᑎᑐᐊᒥᔭᐅᕙᓪᓕᐊᓚᖓᓕᕐᓯᖓ. ᐱᒥᐅᕐᓴᓚᕆᓕᕐᓯᖓ "ᑕᒐ ᓴᐱᑐᐃᓐᓇᐸᓚᖓᕖᑦ?" ᓚᔭᐅᕙᑦᓯᖓ ᑎᓕᐅᕆᒍᑎᖏᑦ ᒪᓕᒐᓯᐊᑐᐃᓐᓇᑕᒃᑲᓂᒃ. ᐆᒪᔪᕐᓂᐊᓂᕐᒥᒃ ᐱᒥᐅᕐᐸᓕᐊᑐᐃᓐᓇᓕᓚᐅᕐᓯᒪᕗᖓ ᐊᓯᐃᓛᒃ.

ᑐᒃᑐᓂᐊᕐᐸᓯᓄᑦᓗ ᐊᑖᑕᒐᓗ. ᐊᑖᑕᒐ ᐊᔪᕿᕐᑐᐃᕙᑦᑎᓗᒍ ᐅᕙᓐᓂᒃ ᑐᒃᑐᓯᐅᕐᓂᐅᑉ ᒥᑦᓵᓄᑦ. ᓇᓗᕐᖁᑎᓯᑦᓴᑐᐃᓐᓇᒥᒪᒪ ᐊᑖᑕᒐᓄᑦ "ᑕᒑ ᓴᐱᑐᐃᓐᓇᐸᓚᖓᕕᑦ?" ᓚᔭᐅᕙᑦᓯᖓ, ᐊᓯᐃᓛᒃ ᑐᒃᑐᓂᐊᕋᓯᑦᓴᓂᐊᓕᕋᒪ. ᐱᒐᓯᒐᒃᑭᑦ ᐊᓯᐃᓛᒃ ᐱᑐᐃᓐᓇᓂᐊᓕᕐᓯᒥᑦ. ᐱᓯᑎᖕᖑᕙᓪᓕᐊᑐᐃᓐᓇᓕᕐᓯᖓ ᐃᓕᓐᓂᐊᑎᑕᐅᒐᒪ.

ᐊᑖᑕᒐ ᐃᑦᑑᓕᕋᒥ ᒪᙯᖕᖑᓯᒍᓐᓃᓚᐅᓯᒪᔪᖅ ᐱᐅᒃᑯᑎᓂᓪᓗᓃᑦ ᑲᒪᒍᒣᕐᓯᓂ. ᑌᒪ ᐊᕐᓯᕈᕐᐸᓕᐊᓕᓚᐅᕐᖁᖓ ᐊᒃᓯᑦ. ᓯᓇᐅᕙ ᐃᓕᓐᓂᐊᓚᕆᓯᒐᒪ ᐊᑖᑕᒻᒪ ᐃᓕᓐᓂᐊᑎᓪᓚᕆᓯᒻᒫᖓ. ᐊᑖᑕᒻᒪ ᑌᑦᓯᒪᓂ ᐃᓕᓐᓂᐊᑎᓪᓚᕆᓐᓂᒫᖓ ᓯᓇᐅᕙ ᓇᓪᓕᒥᒐᒥᖓ, ᕿᒣᒍᒪᖕᖏᓇᒥ ᒪᙯᕐᖃᔭᑦᓯᐊᑎᓐᓇᖓ.

ᑌᑦᓯᒪᓂ ᐃᓅᓯᑦᑑᓯᖓ ᓯᓕ ᕿᒻᒥᑲ ᑌᒪᖕᖓᑦ ᐆᒪᔪᕋᒪ ᓂᕆᒃᑲᑕᐅᒥᐊᖃᕐᐸᓚᐅᕐᑐᑦ. ᓯᓚᐅᑉ ᐱᐅᓯᖓᓂᒃ ᖃᐅᔨᒪᕙᓪᓕᐊᓕᕐᓯᖓᓗ. ᑌᑦᓯᒪᓂ ᐃᓱᒪᒐ ᐊᕐᓯᕈᐃᓐᓇᓯᐊᓚᐅᕐᓯᒪᔪᖅ ᐱᒥᐅᕐᐸᓕᐊᒻᒪᕆᓕᕐᓯᖓ ᐊᒻᒪᓗ ᖃᐅᔨᒪᕙᓪᓕᐊᒪᕆᓕᕐᓯᖓ. ᐆᒪᔪᕐᐸᖏᒃᑯᒪ ᐱᕐᓕᑐᐃᓐᓇᕆᐊᖃᕐᓂᑎᓂᒃ ᐃᓱᒪᕙᓕᕐᓯᖓ. ᓄᓇᒥᑦᓗ ᖃᐅᔨᒪᒋᐊᖃᓕᕐᓯᖓ ᐅᕐᕿᓇᑐᐃᓐᓇᖃᑦᑕᕈᒪᖕᖏᑐᐊᕈᒪ. ᐃᓱᒪᒋᐊᖃᓕᕐᓯᖓ ᑌᒪᖕᖓᑦ ᐱᕕᑦᓴᓂᒃ ᖃᐅᔨᒪᒋᐊᖃᓕᕐᓯᖓ. ᐊᑑᑎᓚᐅᕐᓯᒪᖕᖏᑕᒃᑲᓂᒃ ᐃᓱᒪᒃᑯᑦ ᐊᑑᑎᕙᓕᕐᓯᖓ. ᓯᓇᐅᕙ ᐊᖑᑎᖕᖑᕙᓪᓕᐊᓕᕋᒪ, ᒪᙯᑦᑎᖑᕐᐸᓕᐊᓕᕋᒪ.

ᒪᙯᑦᑎᒃ ᑐᐊᕕᕐᓂᖃᕆᐊᖃᖕᖏᓚᖅ ᐆᒪᔪᓂᒃ ᑎᕐᓕᑎᑦᓯᓕᑭᓂ ᐱᓗᐊᕐᑐᒥᒃ ᐆᒪᔪᐃᑦ ᐊᒥᒐᓕᕐᒪᑕ, ᐆᒪᔪᑐᐊᒍᓗᐃᑦ ᖁᐊᕐᓵᕈᐊᕐᑐᐸᓗᒻᒪᑕ ᕿᒪᑦᓯᒍᐊᕐᑐᐊᐱᐅᑦᓯᑎᒃ. ᐆᒪᔪᒥᒃ ᑎᕐᓕᐊᓯᔪᖅ ᐅᐃᒪᒋᐊᖃᖕᖏᓚᖅ ᐊᒻᒪᓗ ᕿᑦᓯᒎᓴᕆᑦᑌᓕᓗᓂ.

ᐅᓪᓗᒥ ᑐᓵᔨᖑᓕᕐᖁᖓ ᐱᓇᓱᒪᕐᑖᕈᒪᔪᐃᑦ ᖃᐅᔨᓴᕐᑕᐅᒥᐊᖃᕋᒥᒎᖅ ᙯᕐᖁᔭᐅᕙᓪᓗᑎᓪᓗᒥᑦ ᐊᐱᕐᓯᑕᐅᒥᐊᖃᕋᒥᒎᖅ ᐊᒻᒪᓗ ᐱᔪᓐᓇᓂᖏᑦ ᖃᐅᔨᓴᕐᑕᐅᓗᑎᒃ. ᐃᓄᐃᓪᓕ ᐱᒥᐅᔫᖑᑎᓪᓗᒥᑦ ᐆᑦᑐᕋᖃᑦᑕᓯᑎᒃ ᑭᓯᐊᓂ. ᓯᓇᑐᐃᓐᓇᖅ ᐃᓕᓐᓂᐊᕙᓪᓕᐊᓯᒍ ᐊᕐᓯᕈᕐᓇᑐᒻᒪᕆᐅᒐᓗᐊᖅ ᑭᓯᐊᓂ ᐱᒥᐅᕐᑕᐅᒍᓐᓇᑐᖅ. ᐃᓄᒃ ᐱᕐᖃᔭᕐᑕᖃᖕᖏᓚᐅᕋᓗᐊᑭᓂ ᐱᒥᐅᕈᓐᓇᑐᖅ ᐱᓇᓱᑦᑕᒥᓂᒃ. ᖃᓄᕐᓗ ᐊᐅᓚᑕᐅᔫᖑᒻᒪᖓᑦ ᖃᐅᔨᕙᓪᓕᐊᓂᕆᔭᒥᓂᒃ, ᐃᓱᒪᒍᑦ ᐊᕐᓯᕈᕐᓇᑑᒐᓗᐊᖅ. ᑌᒫᒃ ᑭᓯᐊᓂ ᐃᓕᑦᓯᓯᒪᕗᒍᑦ.

ᐱᕐᓕᑲᓵᓐᓂᕐᒃ

ᐊᒥᓯᕕᑦᓯᖕᒐ ᑳᕐᑲᑕᐅᕐᑲᑦᑕᓯᒪᔪᖕᒐ. ᐱᕐᓕᑲᓵᑦᑐᓃᑦᓯᒪᒥᔪᖕᒐ ᐊᑕᐅᓯᕕᑦᓚᓇᑦᓯᖕᒐ. ᑌᑦᓯᒪᓂ ᐊᒃᑲᒪ ᐃᕐᓂᖕᒐ ᐱᕐᓚᓯᓂ ᐱᔪᓐᓇᖕᒥᕐᑎᓗᒍ ᐃᓅᓯᑦᑑᓚᐅᕐᓯᒪᔪᖕᒐᓚ ᑌᑦᓯᒪᓂ. ᑕᑉᐹᓂ ᑰᑭᕐᔪᐊᑉ ᑐᑭᐊᓂ ᐃᑦᑐᑎᓐᓃᓚᐅᕐᓯᒪᔪᒍᑦ. ᐊᖕᒐᔪᒐᓗ ᔫᓯᓯ ᐅᐸᖕᒐᓗ ᑐᒃᑐᓯᐅᓯᓚᐅᕐᓯᒪᔪᒍᒃ ᕐᑲᕐᕐᑫᑦ ᓇᑎᕐᓈᓗᖕᒥᓐᓄᑦ ᐊᐅᑦᓚᓚᐅᕐᓯᒪᔪᒍᒃ. ᑕᕐᕐᑭᐅᑉ ᕐᑭᑎᕐᕐᑲᑲᓵᓕᒫᖕᒐᓂ ᓂᓇᓚ-ᐅᕐᓯᒪᑦᔪᒍᓐᓂᓯᓄᒃ. ᐊᖕᒐᔪᕐᕐᑳᔪᑦ ᐊᒻᒪᓗ ᕐᑲᑕᖕᖕᒍᑎᔪᑦ ᐃᑦᑐᑎᓐᓂ ᐯᓯᑎᑦᑐᒥᑦ ᓂᕐᑭᕐᑲᑦᔪᖕᒥᑦᑐᑦ ᑕᒐ ᐱᕕᑦᑐᑦ.

ᕐᑯᓕᐅᖕᖕᒥᒐᕐᑐᓂᒃ ᕐᑭᒻᒥᕐᑲᕐᓯᑕ ᑌᑦᓯᒪᓂ ᑌᒪᖕᖕᒐᑦ ᕐᑭᒻᒥᑎᓐᓂᒃ. ᐃᓚᖕᒐᑦ ᓂᖕᖕᒐᑭᐊᕐᑐᕐᒃ ᑌᒣᑦᑑᒪᑦ ᕐᑭᒻᒥᓯᐊᕐᑯᑎᒥᔪᐅᐸᓚᐅᖕᖕᒥᑐᕐᒃ. ᐃᓄᐃᑦ ᑌᒣᑦᑐᓂᒃ ᕐᑭᒻᒥᓯᐊᕐᑯᑎᕐᑲᔫᖕᒍᑦᔪᖕᒥᓐᓇᒥᒃ ᓂᖕᒐᓇᔪᕐᑲᔫᒍᒻᒪᑕ. ᐅᑦᑐᓂ ᐊᒥᓯᓂ ᐃᖕᒥᕐᑫᔪᒍᒃ. ᐱᓇᓯᐊᑭᔫᑦ ᓈᕐᑲᑦᑕᓕᑫᑕᕐᑐᑦ ᕐᑭᒻᒥᔪᑦ ᓂᓇᔪᐃᑑᕐᑲᑦᑕᑎᑦᑐᒥᑦ. ᔫᓯᓯᓗ ᐃᓅᔪᒍᒃ ᑕᒐ ᐃᒪᕐᒍᑦ ᐊᓯᕐᑲᑦᔪᖕᒥᑦᑐᒍᑦ.

ᕐᑭᒻᒥᔪᑦ ᐅᕐᑭᐃᓐᓇᕐᑲᑦᑕᓕᑫᑕᕐᑐᑦ ᓯᔪᑦᓃᖕᒥᑦ ᐃᓯᕕᒍᓐᓇᖕᒥᕐᒪᑕ, ᕐᑭᒻᒦᑦ ᒪᑭᑦᓵᕐᑲᑦᑕᔪᖕᒥᑦᑐᑦ. ᕐᑭᒻᒥᔪᑦ ᓯᔪᑦᓃᖕᒥᑦ ᐊᕐᑯᑦᓵᒪᑕ, ᑭᕕᑦᓯᒥᑦ ᕐᑲᒍᑏᓐᓄᑦ ᐅᓯᓚ-ᑐᐃᓐᓇᕐᑲᑦᑕᑦᑕᒃᑲ. ᕐᑭᒻᒥᓗ ᐊᑕᐅᓯᕐᒃ ᐅᐸᖕᒐᓗ ᕐᑲᒍᑎᒥᒃ ᐅᓂᐊᕐᑐᑑᓕᑫᑕᕐᑐᒍᒃ. ᔫᓯᓯ ᐱᓯᑦᑎᓗᒍ ᓴᓂᐊᐱᑦᑎᒍᑦ. ᑖᒃᑯᐃᓇᐅᑦᓯᓄᒃ ᕐᑲᒍᑏᓐᓄᑦ ᓯᑕᒪᐅᔪᕐᑐᓂᒃ ᕐᑭᒻᒥᓂᒃ ᐅᓯᑎᑦᑐᒥᑦ ᐅᓂᐊᑦᓴᑐᒥᑦ ᑭᓯᐊᓂᐅᓕᕐᑐᕐᒃ. ᑌᒪᖕᖕᒐᓂᑦ ᐃᓄᐃᑦ ᐃᒫᒃ ᐅᕐᑲᐅᓯᕐᑲᔫᖕᒍᒻᒪᑕ "ᓇᕐᑭᓯᒥᔪᑦ ᐊᕐᓯᑭᕐ-ᓇᓯᒻᒪᑦ ᐱᐅᓯᔫᖕᒍᔪᑦ" ᑖᓐᓇᑕᒐ ᕐᑭᒻᒥᐅᓯᐊᖕᖕᒥᓂᕐᐹᕕᓂᕐᒃ ᑌᒣᓕᓯᒪᔪᕐᒃ.

ᓯᔪᒧᐊᒍᓗᑦᓴᓚᐅᕐᓯᒪᔪᒍᒃ ᐅᑦᑐᓂ ᐊᒥᓯᓂ ᑐᒃᑐᐃᑦ ᑐᒥᖕᖕᒥᓂᒃ ᑐᑦᓯᓚᐅᑫᓄᒃ. ᑐᒥᓯᑦᓴᑫᑕᑫᓐᓄᒃ ᔫᓯᓯ ᐱᓯᑦᓯᓂ ᑐᑦᔪᓯᓯᓚᐅᕐᓯᒪᔪᕐᒃ ᓯᓇᐅᑫᑉ ᐊᖕᒍᐃᓚᖕᖕᒐᑦᔪᒐᓂ. ᑌᑦᓯᒪᓂᑕᒐ ᐃᑦᑐᓕᒥᐅᓚᐅᕐᓯᒪᔪᖕᒐ ᕐᑯᓕᒥᐅᓚᐅᕐᓯᒪᔪᖕᒐ.

ᑐᒃᑐᑫᑕᓚᐅᕐᓯᒪᒐᓗᐊᕐᑐᒍᒃ ᑭᓯᐊᓂ ᐊᑦᓚᑭᔪᒃ ᐁᑦᑕᑭᓐ-ᓇᖕᒥᕐᓯᒪᓚᕐᑎᓗᒥᒃ ᐊᑯᓂ ᓂᓇᓯᒪᖕᖕᒥᒍᑦ. ᐃᓄᐃᑦ ᐃᓅᒍᓐᓃᕐᑲᒻᒦᑦ ᑎᒥᖕᒥᑦ ᕐᑭᑫᑦᑕᔫᖕᒍᒻᒪᑕ ᐊᑦᓚᑭᔪᒃ ᑌᒫᒃ

ᐊᐅᓚᒍᓐᓇᖕᒥᕐᓯᒪᓚᐅᕐᓯᒪᔫᒃ. ᐃᒥᕐᐸᑲᓗᐊᕐᓯᓄᒃ ᑭᒍᑎᔪᑦᑕ ᐊᑯᓐᓂᖕᒥᑎᒍᑦ ᐊᒻᒪᓗ ᐃᕐᑭᑦᑎᒍᑦ ᑌᒫᒃ ᐃᓅᑦᓯᓄᒃ.

ᑐᒃᑐᒐᓐᓄᒃ ᐊᐅᖕᒐᓂᒃ ᐃᒥᓕᓚᐅᕐᓯᒪᔪᒍᒃ ᐊᒻᒪᓗ ᓂᕐᑭᒥᒃ ᐅᕐᑯᒻᒥᔪᐊᐱᑦᓯᓄᒃ. ᓂᕐᑭ ᓯᕐᑲᑦᓕᓯᒍ ᓴᕕᒻᒍᑦ ᐱᓚᑦᑐᔪᐊᒻ-ᒪᓇᑦᓯᒍ. ᑭᒍᑎᑦᑕ ᑭᑦᓕᖕᒐᒍᑦ ᐃᕐᑭᒃᑯᑦ ᑮᕕᐊᓯᒥᑦ. ᐁᑦᑕᕐᑲᔪᑦᔪᖕᒥᓐᓇᓄᒃ ᑕᒍᐊᕐᕐᑲᔪᑦᔪᖕᒥᑦᑐᒍᒃ, ᑌᒫᒃ ᑭᓯᐊᓂᐅᒻᒪᑦ ᐊᑯᓂ ᓂᓇᓯᒪᖕᖕᒥᓇᓐᓄᒃ ᐱᑦᔪᑎᒥᑦᓯᒍ. ᓂᕐᑭᒥᒃ ᐋᓯᓚᑫᑕᑫᓐᓄᒃ ᐱᖕᒐᓯᓂ ᐅᑦᑐᓂ ᐅᓐᓄᐊᓂᑦᑐ

ᑭᑦᑑᐱᒃ ᑲᖕᒥᕐᓱᐊᓗᑦᔪᐊᒥ 1968-ᒥ.

La scierie de Kangiqsualujjuaq, 1968.

The lumber mill in Kangiqsualujjuaq, 1968.

Donat Savoie Collection IND DSA 038

ᐃᖅᖁᒣᓐᓇᕆᐊᖃᓚᐅᕐᓯᒪᔪᒍᒃ. ᐃᖅᖁᒪᒥᐊᒥᒃ ᑌᒫᒃ ᐊᑯᓂ ᑕᖃᓐᓇᑐᖅ ᐃᕿᐊᓇᕐᓯᓂᓗ.

ᓯᓂᑦᑌᓕᓕᕐᑐᒍᒃ ᑎᒥᕗᒃ ᓂᕆᔭᕕᓂᕗᓐᓂᒃ ᐄᓯᒐᓯᐊᕐᓂᖓᓂ ᐃᒪᑐᐃᓐᓇᒥᒃ ᑭᓯᐊᓂ ᐅᖁᒻᒥᓯᖃᑦᑕᓯᓄᒃ. ᐊᖏᔪᒥᒃ ᑌᑦᓯᒪᓂ ᐃᒥᓚᐅᕐᓯᒪᕗᒍᒃ. ᑌᒪ ᐅᓐᓄᐊᑦ ᓯᑕᒪᖓᓐᓂ ᓯᓂᓯᒥᐊᒥᒃ ᓯᕘᑫᓇᕐᑐᖃᕈᓐᓀᓚᐅᕐᓯᒪᔪᖅ. ᑕᒪᓐᓇ ᐊᑐᓚᐅᕐᓯᒪᔭᕗᒃ ᐊᖓᔪᒻᒪ ᐅᖃᖅᑕᖏᑦ ᒪᓕᑦᓯᒥᑦ ᐱᐅᓯᑐᖃᖅᓂᒃ ᐊᒻᒪᓗ ᐊᔪᕿᖅᑑᑕᐅᒍᓯᕕᓂᕗᓐᓂᒃ ᒪᓕᑦᓯᓄᒃ. ᐊᖓᔪᒐ ᐅᕙᓐᓂᒃ ᐅᖃᐅᑏᓯᓚᐅᕐᓯᒪᔪᖅ ᓯᓂᓯᒐᓗᐊᕈᓐᓄᒃ ᖃᓄᐃᒍᓐᓀᓂᒉᑦᓯᓂ ᓱᓇᐅᕝᕙ ᐅᖃᓈᑦᓴᖏᒻᒪᕆᓪᓗᓂ ᓯᓂᓯᓚᖓᔪᖅ. ᑐᐸᓕᕐᒥᒐᓐᓄᒃ ᖃᓂᕗᒃ ᐁᑦᑕᕈᓐᓇᓕᑑᒃ. ᓂᕆᒍᓐᓇᓕᑫᓐᓄ ᓂᕆᖃᑦᑕᓕᖅᑐᒍᒃ. ᓲᖑᓯᒐᓐᓄᒃ ᐊᒻᒪᓗ ᑕᖅᑫᑦᓯᐊᓯᓄᒃ ᐅᑎᕈᓐᓇᓯᓚᐅᕐᓯᒪᔪᒍᒃ. ᐱᕐᓚᕕᒥᐊᒥᒃ ᐊᕐᓯᕈᕐᓇᑐᒻᒪᕆᐊᓄᒃ ᑭᓯᐊᓂ ᐅᖁᒣᒥᔭᖃᕐᓇᖏᑦᑐᖅ. ᑎᒥᒃ ᐃᒻᒥᓂᒃ ᐅᕿᒥᑦᓯᐊᓗᑐᕈᓐᓇᐊᓄᒃ ᐊᕐᓯᕈᒥᐊᖃᑫᓂ. ᒪᐅᔭᐅᑉ ᖄᖓᒍᑦ ᐱᓯᒍᓐᓇᑑᔭᕐᓯᓂ ᑌᒫᒃ ᐅᕿᑦᑑᔪᖃᓕᑫᒥ ᓇᒻᒥᓂᖅ ᐅᕿᒥᑦᓗᑦᓯᓂ ᑭᓯᐊᓂ ᐊᓪᓕᕈᖅ ᐁᑦᑕᓂᐅᔭᑲᓵᑦᑎᓇᒍ. ᕿᒻᒥᓕᒫᕗᑦ ᐊᓐᓇᓚᐅᕐᓯᒪᔪᑦ ᐃᓚᑦᑎᓄᓪᓗ ᐅᑎᑦᓯᐊᓯᑕ.

ᐊᖑᑕᐅᓂᖅ, ᐊᕐᓀᑦ, ᑲᑎᑎᑕᐅᓂᕐᓗ

ᐃᓅᓯᑦᑑᖏᓐᓇᓯᖓ ᒪᖅᑫᑦᑎᐅᓕᒉᓗᐊᕐᓯᖓ ᐊᕐᓀᑦ ᖃᐅᔨᕙᓪᓕᐊᓕᓚᐅᕐᓯᒪᕙᒃᑲ. ᐊᖓᔪᑦᓯᒐᓗᑦ ᒪᓂᓴᕐᐸᓕᓕᓚᐅᕐᑐᑦ ᐊᓕᐊᒥᑐᐃᓐᓇᓯᒥᓪᓗ ᐱᐅᓯᐅᖖᒥᑲᓗᐊᕐᑎᓗᒍ. ᐊᕐᓇᓃᖃᑦᑕᓯᒪᕗᖓ ᐊᒥᓰᖖᒥᑑᒐᓗᐊᓂ, ᒪᕐᕈᓗᐊᖖᒍᐊᓂᒃ ᐊᕐᓈᓂᒃ ᐅᓇᒻᒥᓯᑦᓯᒪᕗᖓ ᐱᖃᑎᒥᖃᑦᑕᓯᒥᐊᓪᓛᑦ ᑭᖖᒍᓕᐊᕇᑦᑎᓗᒥᒃ. ᑕᒪᒥᓪᓗ ᑐᑦᓯᑫᕐᓯᒥᒃ ᑲᑎᑎᑕᐅᓂᕐᒍᑦ. ᑕᒪᕐᒥᒃ ᐊᖓᔪᖅᖄᒥᓄᑦ ᐊᖏᕈᑕᐅᓚᐅᕐᓯᒪᑦᓴᖏᑦᑑᒃ. ᓇᓪᓕᐊᓘᓐᓃᑦ ᐊᖏᕈᑕᐅᖖᒥᒪᓃᒃ ᐱᕖᕈᑦᓯᐊᖃᑦᑕᓯᒪᔪᖓ ᐱᖃᑎᖃᖅᓂᑐᐃᓐᓇᓘᓐᓃᑦ ᐊᔪᕐᓇᓯᑦᓯᓂ.

ᑲᑎᑎᑕᐅᓕᑫᑕᓚᐅᕐᓯᒪᔪᖓ ᑕᒪᑐᒪᓂ ᐱᐅᓯᕐᒥᒃ ᒪᓕᑦᓯᐊᓯᓄᒃ. ᐊᖓᔪᖅᖄᑲ ᐊᒻᒪᓗ ᐊᕐᓇᓴᕐᒪ ᐊᖓᔪᖅᖄᒥᒃ ᐊᖏᖃᑎᒦᑦᑎᓗᒥᒃ ᓇᒻᒥᓂᖅ ᖃᓄᐃᑑᑦᓴᑎᓐᓇᖓ. ᐁᐸᓴᑫᓘᓐᓃᑦ ᖃᓄᐃᑑᑦᓴᕐᒥᑦᑐᖅ. ᐊᖓᔪᖅᖄᕗᑦ ᐊᖏᖃᑎᒦᒻᒪᓂᒃ ᓲᕐᓗ ᑲᑎᑎᑕᐅᒦᕐᑐᒍᒃ. ᐁᐸᓴᑫ ᐊᖅᑫᒍᓕᒫᑲᓵᒥ ᑕᑯᓚᐅᕐᓯᒪᑦᓴᖏᑦᑕᑫᓘᓐᓃᑦ ᐅᑭᐊᑦᓴᐅᓕᕐᑎᓗᒍ ᐊᓈᓇᒐᓄᑦ ᐁᓴᐅᑫᑕᓚᐅᕐᓯᒪᔪᖅ. ᐅᕙᑦᑎᓂᒥᐅᖑᓯᒻᒪᑦ ᐁᐸᕇᒍᓐᓇᓯᓚᐅᕐᓯᒪᕗᒍᒃ. ᑌᒪᖖᒐᓂᑦ ᑲᑎᒪᕗᒍᒃ.

ᑲᖏᕐᓱᐊᓗᑦᔪᐊᑉ ᓄᓇᓕᖖᒍᓂᖓ

ᑯᐊᐸᓕᐅᑫᓯᐊᕐᓂᒥᒃ ᐱᒋᐊᕐᐸᓕᐊᓯᓚᐅᕐᓯᒪᕗᒍᑦ 1959-ᒥ. ᒪᕐᕉᒃ ᐊᖑᑏᒃ ᐃᓄᓕᕆᔨᑐᖃᒃᑯᓂᑦ ᐱᓯᒪᔫᒃ ᑎᑭᓚᐅᕐᓯᒪᔫᒃ ᑲᖏᕐᓱᐊᓗᑦᔪᐊᒧᑦ ᑯᐊᐸᓕᐅᕐᓂᒥᒃ ᐱᒋᐊᕐᑎᓯᓕᔭᕐᒪᖕᓖᑦᑕ ᐊᔪᐃᓐᓇᕆᐊᕐᑐᓯᑎᒃ. ᑌᑦᓯᒪᓂ ᓄᓇᓕᐊᕈᕐᒥᐅᖑᑦᓯᑕ ᓄᓇᓕᕗᑦ ᐊᒥᓰᑦᓴᒪᕆᑦᑐᐃᑦ. ᐅᕙᓂᓕ ᐃᓚᒦᖑᑦᓯᑕ ᑰᕈᕐᔪᐊᒥᐅᒍᑎᓪᓗᑕ. ᑕᓯᑲᓪᓚᒥᐅᑦ, ᑐᓄᓪᓚᒥᐅᑦ, ᑐᒃᑐᑑᕐᒥᐅᑦ ᐊᒻᒪᓗ ᒪᕐᑫᓚᒻᒥᐅᑦ ᑎᑭᓚᐅᕐᓯᒪᔪᑦ. ᑲᖏᕐᓱᐊᓗᑦᔪᐊᒥ ᒪᕐᕈᐃᑐᐃᓐᓈᓂᒃ ᐃᓄᖃᕐᑎᓗᒍ. ᒍᐃᓚ ᐃᒪᕐᓚᑯᓐᓂᒃ ᐊᒻᒪᓗ ᔫᓯᐱ ᓵᒥ ᐋᓇᓈᒃᑯᓂᒃ. ᑐᒃᑐᑑᕐᒥᐅᑦ ᑎᑭᖃᑦᑕᕙᓚᐅᑫᑐᐊᕐᓯᑎᒃ ᓄᓇᓕᑦᑖᑎᓐᓄᑦ ᐃᓚᖖᒍᓚᐅᓯᒪᑦᓴᖏᑦᑐᑦ.

ᑌᑦᓯᒪᓂ ᑐᐱᐊᓗᒻᒥ ᑲᑎᒪᕙᓚᐅᑫᑦᑕ ᑌᑲᓂ ᐅᖃᐅᑦᓴᐅᓚᐅᕐᓯᒪᕗᖓ ᑲᑎᒋᐊᖃᓕᕐᓂᑎᓂᒃ ᓄᓇᓕᓕᐅᕐᓗᑕ ᑲᖏᕐᓱᐊᓗᑦᔪᐊᒥᒃ ᓄᓇᓕᑦᑎᓂᒃ ᕿᒣᓗᑕ. ᓄᓇᑦᑎᓂᑦ ᕿᒣᒥᐊᒥᒃ ᐊᕐᓯᕈᕐᓇᓚᐅᕐᓯᒪᔪᖅ ᒐᓗᐊᕐᑎᓗᒍ ᐅᑭᐅᑉ ᐃᓚᖕᒐᓂᑦᓴᓇᖅ ᐃᒻᒪᖄ ᒫᑦᔨᒥ ᓄᑦᑎᓚᐅᕐᓯᒪᕗᒍᑦ. ᑌᑦᓯᒪᓂ ᑳᖏᓐᓇᓯᑕ ᐃᓅᓯᖅ ᐊᕐᓯᕈᓐᓀᓈᕐᑎᓗᒍ.

ᐊᔪᐃᓐᓇᒪᕆᑦᓯᑕ ᑭᓯᐊᓂ ᑌᒪᖖᒐᑦ ᐆᒪᔭᖃᖖᒥᓗᐊᖖᒍᐊᒥᔪᒍᑦ ᐊᐅᓪᓖᓯᑕ ᑳᓐᓇᒥᐊᓪᓚᑐᐃᓐᓇᑐᒍᑦ ᓅᒪᑦᑕᑕᒐ. ᐱᒐᓯᐊᒻᒪᕆᓐᓇᑐᒦᒃᑲᓗᐊᕐᓯᑕ ᑭᓯᐊᓂ ᓯᕘᑫᒥᓴᖃᑫᑦᑕ ᑌᑦᓯᒪᓂ ᐅᖃᐅᓯᕆᓴᐅᔪᒥᒃ ᐱᒋᐊᑦᓴᐅᑎᒥᕙᓚᐅᑫᑦᑕ ᓯᓇᑐᐃᓐᓇᖅ ᑐᑭᑖᕈᑕᐅᑐᐊᕐᒪᑦ ᐱᒋᐊᑦᓴᐅᑎᒥᐊᐱᐸᓚᐅᕐᑕᕗᑦ.

ᑯᐊᐸᐅᑉ ᒥᑦᓵᓄᑦ ᐊᒥᓯᕕᑦᓯᑕ ᑲᑎᒪᑎᑕᐅᕙᑦᓯᑕ ᐅᓐᓄᐊᑐᖄᓲᑎᓪᓗᒍ ᑲᔪᓯᕙᑦᓯᑕ. ᐃᓚᒦᑦ ᐊᒥᓯᒐᓗᑦ ᑕᑉᐸᐅᖓ ᑰᑉ ᑐᑭᐊᓄᑦ ᑲᖏᒍᐊᓯᓚᐅᕐᓯᒪᔪᑦ ᓇᐹᕐᑐᓂᒃ ᕿᔪᑦᓴᐅᒪᖖᓖᑕ ᖃᐅᔭᓴᔭᑦᓯᑎᒃ. ᐊᖓᔪᖅᖄᑲ ᑌᑦᓯᒪᓂ ᐃᓚᐅᓚᐅᕐᓯᒪᔫᒃ. ᐊᓯᐃᓖᒃ ᓇᐹᕐᑐᐃᑦ ᑕᑉᐹᓂ ᑰᑉ ᑐᑭᐊᓂ ᐊᖏᔫᑎᐅᒻᒪᑕ ᕿᔪᖁᑎᑦᓴᓕᐊᕆᑦᓯᒥᑦ ᑮᓇᐅᔭᒃᑯᑦ ᖃᑭᒪᓯᐊᕈᑎᒥᓕᓚᐅᕐᓯᒪᕙᕗᑦ. ᑌᑦᓯᒪᓂ ᑐᐱᕐᒥᐅᖑᑦᓯᑕ ᕿᔪᓐᓂᒃ ᓴᓇᓗᑕ ᐃᓪᓗᑖᕈᒪᓂᑫᓯᓚᐅᕐᓯᒪᕗᒍᑦ. ᓵᑦᑐᔭᖅ, ᐃᑭᐊᕐᒥᐅᑕᑦᓴᔭᖅ, ᑐᕐᓯᑌᑦ, ᐊᓯᖏᓪᓗ ᑕᒪᒃᑯᐊ ᑎᑭᓴᕐᑕᐅᒥᐊᖃᑫᓗᐊᕐᑎᓗᒥᑦ.

ᕿᔪᓐᓂᐊᑏᑦ ᓇᑲᑎᕐᑕᒥᓂᒃ ᓴᕐᕙᐅᕗᒍᒫᕐᓂᐊᓚᐅᕐᓯᒪᔪᑦ ᐅᐱᕐᖕᒑᑯᑦ ᑰᒻᒪᕆᑦᓴᓂᖕᒐᓂ. ᓯᕗᓪᓕᐹᒥ ᐊᒥᓱᑲᓪᓚᓂᒃ ᓇᐹᕐᑐᕕᓂᕐᓂᒃ ᐊᔪᕋᓚᐅᕐᓯᒪᔪᑦ ᓴᕐᕙᓄᑦ ᐱᓗᐊᕐᑐᒥᒃ. ᐅᒥᐊᓕᐅᕐᓗᑎᓪᓗ ᑯᐊᐸᒃᑯᑦ ᓂᐅᕐᕿᑎᑦᓴᖕᒥᓐᓂᒃ 18-ᓕᓐᓂᒃ ᐊᐅᓚᔩᕐᑲᕐᑎᓗᒥᑦ. ᕿᐊᕐᖕᒍᔩᑦ ᓂᐅᕕᐊᕆᓚᐅᕐᓯᒪᒐᑦᑎᒥᑦ ᑲᕙᒪᒃᑯᓂᑦ ᑮᓇᐅᔭᓂᒃ ᐊᑦᑕᑐᕐᓯᑕ. ᐅᒥᐊᕐᔪᐊᖅ ᑎᑭᒻᒪᑦ ᓂᕆᐅᒥᔭᒻᒪᕆᐊᓗᒍᑦ ᑎᑭᓚᐅᕐᓯᒪᔪᑦ. ᐃᕐᑲᓗᓐᓂᐊ-ᑎᖕᖑᓕᓚᐅᕐᓯᒪᔪᖕᒐ ᓄᓗᐊᕐᓂᐊᑎᖕᖑᓯᖕᒐ.

ᑲᖕᒥᕐᓯᐊᓗᑦᔪᐊᒧᑦ ᓄᑦᑎᑎᕗᑦᑕ ᑖᕗᖕᒐ ᐊᑭᐊᓄᖕᒑᖅ ᑐᐱᑦᑎᓂᒃ ᓇᑉᐯᓚᐅᕐᓯᒪᕗᒍᑦ. ᑌᒪ ᐅᐱᕐᖕᒑᑯᒃ ᑐᐱᖅ, ᑐᐱᒻᒪᕆᒃ ᐃᓕᓐᓂᐊᕕᑦᓴᖅ ᓇᑉᐸᑕᐅᓕᓚᐅᕐᓯᒪᕗᖅ ᐱᐊᓄᑦ ᐃᓕᓐᓂᐊᔨᕖᕐᓯᑎᓪᓗ. ᑭᖕᒍᓂᐊᒍᑦ ᑐᓴᕐᑲᑦ-ᑕᓕᓚᐅᕐᓯᒪᔪᒍᑦ ᐱᐊᓄᒎᖅ ᐊᖕᒐᔪᕐᕐᑳᒥᓃᒍᒪᒪᓗᐊᕐᓯᑎᒃ ᑭᓯᐊᓂ ᐃᓕᓐᓂᐊᓄᐊᕐᑲᒧᑦ ᐱᒥᐊᓪᓚᕕᕐᑲᕐᓂᖕᒥᑦᑐᑦ. ᐃᓕᓐᓂᐊᓂᖅ ᑌᑦᓯᒪᓂ ᓄᑖᒻᒪᕆᐅᓚᐅᕐᓯᒪᒻᒪᑦ ᐃᓚᒦᓄᑦᓗ ᐃᓯᐃᒥᔭᒻᒪᕆᐅᑦᓯᓂ.

ᐃᓪᓗᑲᓪᓚᐅᓂᕗᕐᑕᕗᑦ ᑲᖕᒥᕐᓯᐊᓗᑦᔪᐊᑉ ᓄᓇᓕᒥᓕᕐᑕᖕᒐᓂ ᑕᒻᒪᓂ ᓇᑉᔫᓚᐅᕐᓯᒪᔪᖅ. ᑌᑲᓂ ᑲᑎᖕᖕᒪᕕᕐᑲᓚᐅᕐᓯᒪᕗᒍᑦ. ᑌᑲᓂ ᓂᕿᐊᕐᓂᒥᒃ ᐊᑐᓇᐅᓯᑦᓯᑕ ᔫᔾ ᐋᓇᓈᒃᑯᑦ ᓂᕿᐊᕐᑕᐅᓚᐅᕐᓯᒪᔪᑦ ᑯᐊᐸᒃᑯᖕᒥᓐᓄᑦ ᐊᖕᒐᔪᕐᕐᑲᓕᐊᖕᒍᑦᓯᑎᒃ.

ᐅᑭᐅᖕᒍᓕᕐᒪᑦ ᕿᔪᓐᓂᐊᓇᐊᓕᓚᐅᕐᓯᒪᕗᑦ. ᕿᔪᐃᑦ ᐅᐱᕐᖕᒑᑯᑦ ᑰᒃᑯᑦ ᓴᕐᕙᐅᑎᑕᐅᑦᓯᑎᓪᓗ. ᑌᒪ ᑭᓪᓘᕕᒻᒧᑦ ᑎᑭᑕᐅᒪᑦᑕ ᕿᔪᕐᑯᑎᐊᓗᕗᑦ ᑭᓪᓘᑕᐅᑦᓴᓂᐊᓕᕐᒪᑕ. ᐃᓪᓗᓕᐅᓇᑦᓴᓕᓚ-ᐅᕐᓯᒪᕗᑦ ᓇᒻᒥᓂᑦᓴᑎᓐᓂᒃ. ᑭᓪᓘᑕᐅᓚᐅᕐᓯᒪᔪᑦ 2 × 4 ᐊᒻᒪᓗ 2 × 2 - ᓕᐊᓇᑦᓯᒥᑦ, ᐊᓯᖕᒥᓪᓘᒐᓗᐊᖅ ᑭᓪᓘᑕᐅᔪᑦ. ᐅᐱᕐᖕᒑᒍᓕᕐᒥᒪᑦ ᐃᕐᑲᓗᓐᓂᐊᓯᓚᐅᕐᓯᒪᒥᕗᒍᑦ ᐃᕐᑲᓗᑉᐱᓂᒃ. ᐃᕐᑲᓗᑦᑐᕖᖕᖕᒪᐅᓯᑕ ᑌᑦᓯᒪᓂ, ᐅᒥᐊᕐᔪᐊᑉ ᖁᐊᒃᑯᕕᖕᒪ ᑕᑕᒃᓴᒪᓇᑦᓯᒍ. ᑌᑦᓯᒪᓂ ᐃᕐᑲᓗᒃ ᐊᑕᐅᓯᖅ ᑖᓚᕿᖕᖕᒥᑐᕐᓘᓃᑦ.

ᐃᒥᐊᓘᑉ ᓱᒃᑯᑎᓇᓂᖕᒐ

1961-ᖕᒍᕐᕐᑰᑎᓪᓗᒍ ᐃᒥᐊᓗᓲᒍᓯᓚᐅᕐᓯᒪᕗᖕᒐ. ᑌᑦᓯᒪᓂ ᐃᒥᐊᓗᒃ ᓄᓇᓕᑦᑎᓄᑦ ᑎᑭᓕᓚᐅᕐᓯᒪᔪᖅ ᐃᒥᕐᐸᓚᐅᕗᑦᑕ ᐋᖕᒐᔫᓕᕐᓗᑕ ᑭᓯᐊᓂᐅᑦᓯᑕ ᐊᓯᐊᓂᒃ ᖃᐅᔨᒪᖕᖕᒥᒍᑦ.

ᑭᐅᒪᐅᑎᑦᓴᐸᓕᓚᐅᕐᕐᑯᒍᑦ ᓯᐊᖕᒪᐅᑎᑦᓴᓯᑕ ᐹᓯᖕᒥᓐᓇᐸᑦᓯᑕᓗ. ᐊᓪᓛᑦ ᐊᓯᓐᓂᐊᓂᖅ ᐱᑦᔪᑎᕐᑲᕐᒎᔭᕐᐸᓕᓕᐅᕐᕐᑯᖅ ᐃᒥᐊᓗᒻᒥᒃ ᐱᐅᓯᐅᕘᓕᕐᓯᓂ ᐊᓪᓛᑦ. ᓴᓪᓗᓂᖅ, ᖃᐅᔨᔭᐅᑦᑌᓕᓂᖅ, ᐃᓅᓂᒃ ᑲᑎᓯᑦᑌᓕᓂᖅ ᐱᐅᓯᓇᓕᕐᓯᒥᑦ, ᐊᐱᕐᕐᑯᑎᐅᔪᐃᓪᓗ ᑭᐅᓪᓗᑐᕐᑌᓕᕙᓕᕐᓯᒥᑦ.

ᓵᑦᑕᓇᓯᐅᑉ ᐱᓂᐊᕐᓂᖕᒥᑦ ᑕᕙᕙᐅᓴᕐᓂᐊᓕᕐᓯᑎᒃ ᓵᑦᑕᓇᓯᐅᓪᓗ ᐃᓄᕐᑯᑎᖕᒥᑦ ᐊᔪᕐᓇᕋᓐᓃᓯᑎᒃ. ᐱᐅᓯᐅᕘᓕᕐᓯᓂᐊᓪᓛᑦ ᓴᓪᓗᓂᖅ ᐱᓂᐊᕐᓂᕗᓪᓗ ᓇᓪᓕᓂᐅᕘᓕᕐᓯᑎᒃ. ᖁᕕᐊᓇᕐᑐᐊᓘᕘᓕᕐᓯᓂᐊᓪᓛᑦ ᐊᑐᕐᑕᕗᑦ. ᓵᑦᑕᓇᓯᒧᐊᓪᓛᑦ ᑭᒃᒪᓇᔭᐅᓕᕐᓯᖕᒐ ᕗᓐᓇᓚ-ᐅᕐᓯᒪᕗᖕᒐ. ᐊᕐᓇᕗᓗ ᐃᒥᐊᓗᑉᐸᓕᓕᐅᕐᕐᑯᒍᒃ ᕿᑐᕐᖕᒐᕗᑦ ᑕᑯᓐᓇᑎᓪᓗᒥᑦ ᐊᓪᓛᑦ ᐃᒥᕐᐸᓯᓄᒃ. ᐋᖕᒐᔫᓕᒻᒪᓇᓪᓗᓄᒃ ᑭᓯᐊᓂ ᐱᒥᐊᕐᑲᕐᔫᔭᑦᓴᕗᓗᐊ. ᐃᑉᐱᒋᕐᕿᑎᓪᓗᓄᒃ ᐱᕙᑦᓯᓄᒃ. ᐱᖕᒐᓯᓂᒃ ᐊᕐᕘᒍᓂᒃ ᐃᒥᕐᑎᐅᓚᐅᕐᓯᒪᕗᖕᒐ.

ᑌᒪ 1963-ᖕᒍᓕᕐᑎᓪᓗᒍ ᐊᖕᒍᑕᐅᕐᑲᑏᒃᑲ ᐅᕙᖕᒐᓗ ᑰᑦᔪᐊᓕᐊᓕᓚᐅᕐᓯᒪᕗᒍᑦ ᐅᒥᐊᓕᓇᓂᕐᒥᒃ ᐃᓕᓐᓂᐊᓇᐊᕐᓯᑕ. ᑕᒪ ᐃᓘᓐᓇᑕ ᐃᒥᐊᓗᓲᖕᒍᑦᓯᑕ. ᐃᓚᕗᒃ ᐊᖕᒐᕐᑲᓚᐅᕐᓯᒪᒻᒪᑦ ᐃᒥᕐᑎᐅᒥᔪᒥᒃ ᑰᑦᔪᐊᒥᐅᒥᒃ. ᑌᑲᖕᖕᒪᑦ ᐁᑦᓯᓚᐅᕐᓯᒪᔪᖅ 40-ᐊᐅᓐᓯᒥᒃ ᐃᒥᐊᓗᒻᒥᒃ. ᐊᓯᐃᓛᒃ ᖁᕕᐊᓯᒻᒪᓇᑦᓯᑕ ᐃᒥᓕᓚᐅᕐᓯᒪᕗᒍᑦ.

ᑰᒻᒥ ᑭᓴᕐᓯᒪᑦᓯᑕ ᐃᒥᓕᓚᐅᕐᓯᒪᔭᕗᑦ ᓄᖕᒍᑦᓯᒍ. ᐱᖕᒐᔪᒥᔭᕗᒃ ᐃᒥᓪᓗᐊᖕᒥᓐᓂᐹᖅ. ᑌᓐᓇ ᐃᑉᐱᓂᕐᐸᓕᐊᓕᑌᓐᓇᑎᓪᓗᒍ ᐃᒥᐊᓗᒃ ᓄᖕᒍᒦᕐᕐᑯᓕ ᐊᖕᒐᒃᑯᒥᓄᑦ ᐴᓕᓇᐊᓯᓚᐅᕐᓯᒪᒻᒥᓯᓂ ᐃᒥᕿᒪᒐᒥ ᓯᓕ, ᐅᕙᖕᒐᓕ ᐃᓪᓕᕗᓂ ᓇᓚᑐᐃᓐᓇᓕᕐᑐᖕᒐ ᐋᖕᒐᔫᒧᑦ. ᐃᓪᓕᕗ ᑕᒦᓂ ᐅᒥᐊᑉ ᕿᑎᖕᒐᓃᑦᑐᖅ ᑕᒪ. ᓇᓪᓕᖕᒐᒐᒪᑕᒐ ᓈᕗ ᐳᕖᓕᓚᐅᕐᓯᒪᔪᖅ ᐳᕖᕐᑐᐸᐅᔫᒍᑦᓯᓂ. ᓯᓇᐅᕙ ᐃᒥᕐᑕᕕᓂᕗᓂᒃ ᓯᐱᓯᑐᐃᓐᓇᕐᑲᑦᑕᓚᖕᒐᓕᕐᓯᖕᒐ ᑕᑉᐸᐅᖕᒐ ᖁᒻᒧᑦ. ᐋᖕᒐᔫᒧᑦ ᓴᓗᒻᒪᓴᕐᕐᑲᔭᑦᔭᒍᓐᓂᕗᒪᓘᓐᓃᑦ ᑌᓐᓇ ᓴᓗᒻᒪᓴᕐᓯᑦᓴᓇᕗᖅ. ᓯᓇᐅᕙ ᑌᒫᑦᓴᓇᖅ ᒥᓇᐊᓚᖕᒐᔪᖕᒐ. ᓈᕗ ᐳᕖᓇᐊᓪᓚᓴᕐᕐᑯᖅ, ᖁᒻᒧᑦ ᒥᓇᐊᑦᓴᓇᕗᖕᒐ. ᑌᓐᓇ ᓴᓗᒻᒪᓴᕐᓯᑦᓴᓇᕗᖅ ᓯᓕ, ᐱᖕᒐᓯᕖᑦᓯᖕᒐ ᑌᒣᓚᐅᕐᓯᒪᔪᖕᒐ. ᐱᖕᒐᔪᐃᑦ ᑕᒻᒪ ᑲᒪᓇᕐᓂᕗᕐᑕᐅᔫᒍᑦᓴᕐᑯᖅ.

ᑌᑦᓯᒪᓂᓂᑦ ᐃᒥᓇᐊᓪᓚᓅᕐᓯᒪᑦᓴᖕᒥᓪᓚᖕᒐ. ᖃᓪᓗᓈᓂᒃ ᒪᕐᕗᒥᐊᕐᑐᑐᓂᒃ ᐅᕙᕙᓘᓐᓃᑦ ᐃᕐᑲᓗᓐᓂᐊᓇᐊᕐᓯᒪᔭᓂᒃ ᑲᒪᔨᐅᕙᓚᐅᓇᕗᖕᒐ. ᐃᒥᐊᓗᓐᓂᒃ ᐃᓚᖕᒥᑦ ᑕᕐᑯᐊᕙᑦᓗᓰᑦ.

ᐊᕐᓂᑦ ᐊᒫᕐᑐᑦ
ᑲᖏᕐᓱᐊᓗᑦᔪᐊᑉ
ᕐᑲᓪᓗᓂᐊᕐᐱᖓᓂ
1951-ᒥ.

Femmes et enfants au comptoir de la rivière George, 1951.

Women and children at the George River Post, 1951.

Rousseau A XVIII – 15

ᐊᒥᓱᐃᑦ ᐊᔪᐃᓐᓇᓯᑎᕐᔪᐊᑦ ᐃᒥᐊᓗᒍᒪᔪᕐᑲᕐᒪᖔᑦ ᐃᓚᖏᓪᓗ ᑲᒪᔨᒥᓂᒃ ᓂᐅᕐᓯᐊᐱᕐᑯᔨᔪᑦ ᐃᒥᐊᓗᒻᒥᒃ. ᐃᓚᖏᑦ ᐊᖏᕐᓗᒥᑦ ᑭᓯᐊᓂᐅᑦᓴᕋᓗᐊ. ᐃᓴᑉᐸᓚᐅᕐᕐᑯᖓ ᐃᒥᕈᑎᐊᐱᒻᒥᒃ ᑎᒍ- ᒐᓗᐊᕋᒃᑯ ᑯᕕᑐᐃᓐᓇᓯᒍ ᐃᓗᓕᖓ ᑐᓄᒐᓄᑦ. ᐅᒪᖕᖓᓂᑦ ᑰᑦᔪᐊᒥ ᒥᓇᐊᑎᒥᓚᐅᕐᓯᒪᒐᒪ ᐃᒥᐊᓘᑦᓵᓯᒪᑦᓴᖏᑦᓚᖓ.

ᐅᑭᐊᑦᓴᐅᓕᕐᒥᑎᓪᓗᒍ ᐅᑦᑑᐱᓇᒥ ᐃᓪᓗᓕᐅᕐᑲᑕ- ᐅᓕᓚᐅᕐᓯᒪᒋᕗᖓ ᑲᖏᕐᓱᐊᓗᑦᔪᐊᒥ ᑌᑦᓯᒪᓂ ᐃᓪᓗᓕᐅᕐᑐᒪᓇᐊᓘᓕᓚᐅᕐᓯᒪᒻᒪᑕ. ᓴᓇᔾᔨᐃᓐᓇᐅᓯᖓ ᐃᓖ ᕐᑲᓪᓗᓅᓂᒃ ᐃᓪᓗᓕᐅᕐᑎᓚᓐᓂᒃ ᓴᓇᓚᔅᕐᑕᖏᑦᑕ ᐊᑦᔨᑐᐃᓐᓇ- ᖏᓐᓂᒃ ᐱᔪᓐᓇᓯᖓ ᐃᓚᖓᓂ ᐱᑦᓯᐊᓂᕐᓴᐅᕙᑦᓯᖓᓖᑦᓛᑦ.

ᕐᑲᓐᓂᕐᑲᑦᑕᓕᕐᑎᓗᒍ ᕐᑲᓂᒻᒪᓕᓚᐅᕐᓯᒪᒋᕗᖓ ᐃᑯᓪᓚ- ᐅᒥᓂᐊᕈᓐᓂᓯᖓ ᓄᓇᓕᓖᒥ ᕐᑲᓂᒪᔫᑦᓴᕋᓗᐊ. ᐱᓇᓯᐊᕈᓯᓕᒫᒥ ᐅᓯᖕᖏᓇᕐᓯᖓ ᐃᕐᒃᑲᓘᓐᓃᑦ ᐅᐃᕐᕐᑲᔭ- ᕈᓐᓂᑎᓪᓗᒥᒃ ᑐᕐᑯᒦᓕᕐᑐᖓ ᓲᕐᓗ, ᐃᓚᒃᑲ ᑐᕓᖑᓇᑕᕋᓗᐊᒃᑲ ᓂᐱᖏᑦ ᐊᒻᒪᓗ ᐊᐅᓚᕖᓪᓛᓂᖏᑦ.

ᑖᕐᑐᑐᐃᓐᓇᒦᑦᑐᖓ ᑕᒪ ᐅᕐᑲᐅᓯᕐᓂᒃ ᑐᕖᓕᓚᐅᕐᓯᒪᒋᕗᖓ. ᓯᐅᑎᒃᑰᖏᑦᑐᖅ ᑐᕖᑦᓱᒥᑦ ᑭᓯᐊᓂ ᑐᑭᓯᑦᓴᓯᐊᑦ. ᐃᓗᒃᑯᑦ ᑐᑭᓯᔭᕋ ᐃᖃᓕᔪᖅ: "ᕐᑲᕐᑭᐊᓕᓇᑦ ᕐᑫᕐᑯᓯᒪᓚᒃᑭᑦ ᐊᑏᑦ ᐱᓪᓗᒍ. ᕐᑲᕐᑭᐊᓕᖕᖏᒧᕕᑦ ᐃᑯᐊᓚᕐᔪᐊᒥᐅᖑᓛᕐᐳᑎᑦ ᓅᖑᓯᐃᑦᑐᒥ." ᐅᕐᑲᐅᔩᑦ ᑐᑭᓯᑦᓴᓯᐊᑦ ᓂᐱᑭᑦᑐᐊᐱᐅᑦᓯᑎᒃ.

ᐱᖓᓯᕕᑦᓯᒥᑦ ᑐᓴᕐᑕᑲ ᑖᒃᑯᓴᓐᓄᑦ. ᑐᓴᕋᓗᐊᕋᒃᑭᑦ ᓯᒥᐊᕐᑲᑦᑕᓐᖓ ᐱᖓᔪᐊᓐᓂ ᑭᓯᐊᓂ ᑐᒃᓯᐊᓯᓚᐅᕐᓯᒪᒋᕗᖓ

ᐃᓯᒪᑐᐃᓐᓇᑰᒐᓗᐊᖅ ᓂᓪᓕᕈᓐᓇᖏᓐᓇᒪ ᕐᑲᓂᒪᒧᑦ. ᐃᓯᒪᒥᔭᓐᓄᕕᐅᒧᒪᑦᓯᖓ ᑐᒃᓯᐊᓴᖅᑯᖓ ᑐᕐᑯᑮᕐᓯᖓᓗ. ᑖᕐᑐᑐᐃᓐᓇᒦᑦᓯᖓᓯᓂ ᑭᓯᐊᓂ ᓯᕐᕓᕈᑦᓯᐊᓂᓚᓚᐅᕐᓯᒪᔪᖅ. ᑌᒪ ᐅᓕᒪᐅᑎᕐᔪᐊᕐᕌᓗᕙᓪᓗᔪᖅ ᑐᓄᓯᒐᓂ ᐅᓕᒣᓕᓕᐅᕐᓯᒪᔪᖅ. ᐊᓯᐃᓛᒃ ᑐᓄᓯᒐᓂᑦ ᕐᑭᓚᐅᕐᖑᔪᐊᕐᕌᓗᕙᓪᓗᔪᐃᑦ ᓯᕐᑯᑦᑎᑕᐅᕙᓪᓗᓂᐊᓕᕐᒪᑕ. ᕐᑭᓚᐅᕐᖑᔦᑦ ᐊᑐᓂᑦ ᓇᑲᑎᕐᕙᑖᓂᖏᑦ ᐱᑦᓯᓚᕐᕙᑖᓂᖏᑦ ᑐᓴᕐᑲᑦᑕᑦᑲ.

ᑌᒪ ᐃᓪᓕᕋᓗᑦ ᐊᕐᓇᕋ ᕐᕋᖅᑯᓕᓕᐅᕐᓯᒪᔫᕋ. ᕐᕋᒻᒪᑦ ᐃᕐᑭᑉᐸᕋ ᕐᑯᖏᕐᓯᖓᒧᑦ ᐃᓯᒪᒥᔭᓐᓄᕕᐅᒧᒪᑦᓯᖓ. ᐊᓯᐃᓛᒃ ᐃᓯᒪᒥᔭᓐᓄᕕᐅᑦᓴᕐᑯᖓ. ᕐᑭᑐᕐᖓᑲᑦᑕᐅᖅ ᑭᖑᓪᓕᓈᑦᑎᓗᒥᑦ ᕐᕋᖅᑯᕐᑲᑦᑕᓯᒥᑦ ᐃᓯᒪᒥᔭᓐᓄᕕᐅᒧᒪᑦᓯᖓ.

ᑕᒻᒪᓂᖅ ᑕᒻᒪᖏᓐᓂᓗ

ᑕᒻᒪᐅᒪᕙᓕᐅᖅᑯᖓ ᕐᑭᒧᑦᓯᐸᑦᓯᖓ ᑌᑦᓯᒪᓂ ᐃᓅᓯᑦᑑᓕᐅᕐᓯᒪᒐᒐᒪ ᕐᑭᒻᒥᓂᒃ ᕐᑲᐅᔮᒪᓂᕐᓴᐅᔪᓇᑦᓯᖓ. ᕐᑲᐅ-ᔮᒪᑦᓯᐊᑐᖓ ᑕᒐ ᓯᒧᑦ ᑕᒻᒪᐅᒪᕙᓕᐅᕐᒪᖔᒻᒪ. ᓂᑦᑌᑑᓕᕐᒪᑦ ᕐᑭᒻᒥᑲᓂᒃ ᐊᑕᓐᓂᐅᕕᕐᑲᓯᑦᓴᐸᓕᐅᕋᒪ ᐊᖅᑯᑎᒥᒃ ᕐᑲᐅ-ᔮᒪᔦᓇᒧᑦ. " ᕐᑯᐃᑦ, ᐊᐅᒃ " ᕐᑭᒻᒥᑲ ᓚᓯᑦᓴᐸᑦᓯᒥᑦ ᓴᖑᓴᕐᓯᒥᑦ ᕐᑭᐱᓗᓕᕐᒪᑕ ᐃᓕᕋᓇᕐᓯᒥᐊᑐᐃᓐᓇᐸᑦᓯᖓ. ᐃᓕᑕᕐᓇᑐᒥᒃ ᑌᒪᙵᑦ ᕐᑭᓂᕐᓯᖓ ᐊᔦᕐᓇᓯᒻᒪᑦ ᑭᓯᐊᓂ ᓂᕓᓚᖓᑦᓯᖓ. ᑌᒪ ᕐᑭᒻᒦᑦ ᐃᓯᒪᕐᓯᑎᑦᓴᓗᒥᑦ ᑭᓯᐊᓂᐅᑦ-ᓴᓂᐊᓕᕐᒪᑦ. ᐊᓯᐃᓛᒃ ᑎᑭᐅᑦᐳᕋᑕᕐᓂᐊᑐᑦ ᐅᕙᓐᓂᒃ ᐊᓂᕐᕋᒧᑦ ᕐᑲᐅᔮᒪᒐᒥᒃ ᑭᓯᐊᓂ. ᐊᖅᑯᑎᒃ ᐊᐳᑎᒧᑦ ᓇᓕᒻᒪᓯᒪᑦᓯᐊ-ᕋᓗᐊᕐᒪᑦ ᓄᒪᒍᓐᓇᑐᑦ ᐊᓕᓐᓂᓂᒃ.

ᐊᓯᐅᒪᓪᓗᑐᑦᓯᐊᕐᑲᑦᑕᓯᒪᕗᖓ ᐊᔦᕐᓇᓯᓪᓗᑐᕐᑎᓗᒍ ᓯᑭᑑᕐᓯᖓ ᐱᓗᐊᕐᑐᒥᒃ, ᐆᑦᑑᑎᒥᓗᒍ ᐊᓂᕐᕋᐸᓪᓚᐊᓚᐅᕐᓯᒪᔪᖓ ᑕᒐ ᑖᕐᑐᒥ ᕐᑲᓐᓂᑎᓪᓗᒍ. ᐊᖅᑯᑏᕐᓯᓕᓕᐅᓯᒪᔪᖓ ᓄᓇᓗ ᐃᓕᑕᕐᓇᑐᕐᑲᕈᓐᓇᓯᓂ. ᑲᑉᐱᐊᓯᓕᕐᐸᓕᐊᑐᐃᓐᓇᓕᕐᑐᖓ ᐃᓂᒃᑲᓂᒃ ᐊᑐᕋᑖᕋᓐᓇᑕᒃᑲᓂᒃ ᑭᐱᓯᕐᑲᑦᑕᓕᕋᒪ.

ᐊᓯᐅᒪᑦᓯᖓ ᑲᑉᐱᐊᓯᓪᓚᓇᓕᕐᑐᖓ. ᐃᓯᒪᑦᓯᐊᕋᓯᐊᓕᓕ-ᐅᕐᓯᒪᕗᖓ ᓯᑭᑑᕋ ᓄᕐᑲᑎᑦᓯᒍ. ᐃᓯᒪᑦᓯᐊᕋᓯᐊᒻᒪᓇᓕᕐᑐᖓ ᑐᒃᓯᐊᓯᖓᓗ ᓂᐱᕐᑲᕐᓇᖓ. ᑌᒪ ᓄᓇᒥᒃ ᕐᑭᒥᕐᑭᓴᕐᓂᐊᓕᕋᒪ ᕐᑲᖅᑲᖅ ᐃᓕᑕᕐᓇᑑᔮᓯᑦᓴᕐᑯᖅ "ᐃᒻᒪᕐᑳ ᒪᐅᓈᕈᒪ?" ᐃᓯ-ᒪᓯᑦᓴᕐᑯᖓ, ᐊᓯᐃᓛᒃ ᐆᑦᑐᕋᓯᑦᓯᖓ ᑲᑦᓯᖓᑦᔩᒥᔩᒐᓗᐊᖅ. ᐃᖏᕐᕋᔦᑐᕐᑲᒐᓚᐅᓂᕐᓯᖓ ᓄᓇᒥᒃ ᐃᓕᑕᕐᓯᔦᓇᓕ-ᓚᐅᕐᓯᒪᕗᖓ. ᐊᓯᐃᓛᒃ ᑲᔦᓯᑐᐃᓐᓇᓕᕋᒪ ᐊᖅᑯᑎᒃ ᐃᓕᑕᕐᓇᓯᕗᓪᓕᐊᑐᐃᓐᓇᓯᔦᖅ. ᐊᓂᕐᕌᓂᑦᓴᕋᑕᕐᓂᐊᓕᕋᒪ.

ᑲᑉᐱᐊᓯᓐᓂᖅ ᒪᕐᕋᑦᑎᐅᑉ ᐱᓐᓄᓗᑕᓇᓂᕐᐹᖓ. ᐃᓯᒪᔫᖑᔪᖓ ᐊᒥᓯᐃᑦ ᐊᓯᐅᔫᖑᕗᑦ ᑲᑉᐱᐊᓯᓕᕋᒥᒃ ᐃᓯᒪᑦᓯᐊᕈᓐᓇᖏᔫᖑᒻᒪᑕ. ᒪᕐᕋᑦᑎ ᓄᖅᑲᓇᐊᕐᑲᕐᐳᖅ ᓴᒻᒪᓯᐊᕐᓗᓂ ᑲᔦᓯᒥᐊᒃᑲᓂᕐᕕᓴᐅᒻᒪᑦ. ᐃᓄᒃ ᐅᐃᒻᒪᖓᑐᐊᕋᒥ ᐊᒥᓯᓂᒃ ᕐᑲᐅᔮᔩᖑᑦᔭᖏᓚᖅ ᐃᓯᒪᖓ ᑲᑉᐱᐊᓯᓐᓂᒥᒃ ᑭᓯᐊᓂ ᐃᒃᐱᒋᔭᕐᑲᕐᒪᑦ. ᐊᓯᐅᒍᕕᑦ ᑐᒃᓯᐊᓇᐊᕐᑲᖅᑯᑎᑦ ᐃᑲᔦᕐᑕᐅᒍᒪᓗᑎᑦ ᐃᓯᒪᒃᑯᑐᐃᓐᓇᖅ ᑐᒃᓯᐊᕋᓗᐊᕈᐱᑦ.

ᕐᑭᒻᒦᑦ ᕐᑭᒧᑦᓰᓗ

ᐃᓅᓯᑦᑑᓯᖓᓕ ᕐᑭᒻᒥᕐᑲᕐᐸᓕᓚᐅᖅᑯᖓ ᕐᑭᒧᒃᓯᓰᖑᑦᓯᖓ. ᕐᑭᒻᒦᑦ ᐃᓚᖏᑦ ᐱᐅᔦᐊᓘᒍᓐᓇᑐᑦ ᕐᑲᐅᔮᒪᔦᑦᓯᐊᕌᓘᑦᓯᑎᒃ ᐃᓚᖏᓪᓗ ᑕᐸᑐᐃᓐᓇᓘᔦᕐᑐᑦ. ᐃᓚᖏᑦ ᐃᓕᑦᓯᕐᑲᔦᑦᔦᖏᑦᑐᑦ. ᕐᑭᒻᒦᑦ ᕐᑭᒧᒃᓯᐅᑏᑦ ᐱᐅᔦᒻᒪᓇᐊᓘᒍᓐᓇᑐᑦ ᐅᕝᕙᓘᓐᓃᑦ ᐱᐅᙱᑐᒻᒪᓇᐅᑦᓯᑎᒃ. ᕐᑲᓄᐃᑦᑐᓖᑦᓯᐊᖑᒍᓐᓇᑐᑦ ᕐᑭᒻᒦᑦ ᐊᖓᔦᖅᑳᕐᑯᑎᒥᓂᒃ ᒪᓕᑦᓯᐊᑐᐃᓐᓇᕋᒥᒃ. ᒪᓕᒐᕐᑲᑦᓯᐊᑐᐊᕋᒥᒃ ᑐᑭᓯᒪᑦᓯᐊᑐᒥᒃ ᕐᑭᒻᒦᑦ ᐅᐱᒪᓐᓇᓚᓇᒍᓐᓇᑐᑦ.

ᐊᖓᔦᖅᑳᕐᑲᑦᓯᐊᑐᐊᕋᒥᒃ ᓇᐹᕐᑐᑎᒍᑦ ᐃᐱᐅᑕᖏᑦ ᓂᒐᕕᑦᔦ-ᐅᑐᐊᓪᓕᓚᐅᕐᓯᒪᒪᑎᓪᓗᓃᑦ ᐱᐅᓯᕐᑲᕐᓇᑐᑦ. ᐱᔦᓇᐅᕐ-ᓴᓯᒪᑦᓯᐊᑐᐊᕋᒥᒃ ᒍᓐᓇᑐᑦ, ᐃᓛ ᐊᖓᔦᖅᑳᕐᑲᑦᓯᐊᑐᐊᕋᒥᒃ ᐱᐅᔦᓪᓚᓇᐅᒍᓐᓇᑐᑦ.

ᕐᑭᒻᒦᑦ ᐊᑎᕐᒥᓂᒃ ᐊᑐᓂᑦ ᕐᑲᐅᔮᒪᓕᓚᐅᖅᑯᑦ. ᐊᑎᖓᑕᒐ ᑌᔦᐅᒻᒪᑦ ᑐᓴᕐᓂᐊᑐᖅ. ᑎᓕᐅᕐᑕᐅᒍᓯᕐᓂᓗ ᕐᑲᐅᔮᒪᑦᓯᑎᒃ "ᐅᐃᑦ!" ᐃᖏᕐᕋᓯᐅᑎᒃ. "ᐊᐅᒃ!" ᓴᖑᓴᐅᑎᒃ ᑕᓕᕐᐱᐊᓄᑦ. "ᕐᑲᔦ!" ᓴᖑᓴᐅᑎᒃ ᓴᐅᒥᐊᓄᑦ. ᐃᓘᓐᓇᓂᒃ ᕐᑲᐅᔮᒪᓕᓚᐅᕐᑐᑦ ᐊᙵᓯᒥᓪᓗ. ᕐᑭᒻᒦᑦ ᐊᓂᕐᕌᓂᐸᓚᐅᕐᑐᑦ ᐱᕐᓯᑐᒻᒪᓇᐊᓂᒐᓗᐊᕐᒪᑦ. ᓇᖏᐊᕐᓇᑐᒥᓪᓗ ᓯᑯᒥᒃ ᓈᑦᑐᓂᖓᓂᒃ ᕐᑲᐅᔮᒪᑦᓯᑎᑦ. ᓇᖏᐊᕐᓇᓕᕐᒪᑦ ᑎᒥᖏᑦ ᐱᑦᓯᐊ-ᕋᓯᐊᓯᔦᑦ ᕐᑲᐅᔮᒪᓇᕐᐸᓕᐅᖅᑯᑦ. ᐱᐅᓯᖏᑦ ᐊᓯᑦᐳᒪᓇᑦᓯᑎᒃ ᑌᒪ ᐃᓄᖓ ᑕᑯᑦᓴᓂᐊᓕᕐᒪᑦ ᓯᑰᑉ ᓇᖏᐊᕐᓇᑐᐊᓗᓂᖓᓂᒃ.

ᕐᑭᒻᒦᑦ ᐅᖓᓯᑦᑐᐊᓗᒻᒧᑦ ᐃᕙᒃᑲᐸᓚᐅᓇᕗᑦ ᐅᕐᑯᒣᑦᑐᐊᓗᓐᓂᒃ ᐅᓂᐊᕐᓯᑎᒃ. ᐃᓗᒻᒥᓗᒃ ᐃᓕᓴᕐᑕᐅᓯᐊᕋᒥᒃ ᐱᓇᓯᑦᑎᓯᐊᕐᓯᒥᑦ ᓂᓇᒃᑲᓯᐊᕐᐸᓯᒥᓗ ᕐᑭᒻᒥᓯᐊᑯᓗᐃᑦ ᐱᕙᓚᐅᖅᑯᑦ ᕐᑭᒻᒥᓗ ᐱᐅᙱᓗᑐᕐᑐᑦ. ᐅᒃᑯᐊᓕ ᓂᙵᓚᐅᒪᓐᓇᑐᐊᓗᐃᑦ. ᑌᒪᙵᑦ

ᐊᖓᔪᖅᑳᕐᑯᑎᖓᑦ ᒪᓕᑦᑕᐅᒪᑦ ᐱᐅᓯᖓᓂᒃ ᒪᓕᒃᑲᒥᒃ ᐃᓄᒃᑎᑑᓪᓚᕆᒻᒥᔪᑦ ᓯᕗᓕᕐᑎᕐᑲᑦᓯᐊᑐᐊᕋᒥᒃ ᐱᔪᓐᓇᑐᐊᓗᐃᑦ. ᐊᖓᔪᖅᑳᕐᑯᑎᖓᑦ ᐱᐅᙱᒪᑦ ᑕᒐ ᐱᐅᑦᔭᖏᓪᓚᑦ ᐃᓘᓐᓇᑎᒃ. ᐃᓄᒃᑎᑐᑦ ᑕᒐ ᑌᒣᒥᕗᑦ.

ᐊᑦᔨᖑᐊᓕᐅᕐᓂᖅ

ᐳᕕᕐᓂᑐᓕᐊᓚᐅᕐᓯᒪᔪᖓ ᐸᑎᑦᑎᒐᓕᐅᕐᓂᒥᒃ ᐃᓕᓐᓂᐊᕆᐊᕐᓯᖓ. ᐱᖓᓱᓂᒃ ᐱᓇᓱᐊᕈᓯᕐᓂᒃ ᑲᔪᓯᒥᐊᕐᑲᕋᓗᐊᕐᓯᑕ ᐊᐅᓪᓚᓴᐅᑎᒥᓚᐅᕐᓯᒪᔪᖓ ᐅᐱᕐᖓᓴᐅᓕᕐᒪᑦ ᒥᕝᕕᒧᑦ ᐊᐅᑉᐸᓗᐊᒻᒪᑦ ᐊᐅᓪᓚᓚᐅᕐᓯᒪᔪᖓ ᖃᖓᑦᑕᓲᖅ

ᒥᒍᓐᓇᓂᖓᓂ ᑭᓯᐊᓂᐅᒻᒪᑦ. ᐳᕕᕐᓂᑐᒥ ᐸᑎᑦᑎᒐᓕᐅᕐᓂᒥᒃ ᐃᓕᓐᓂᐊᓴᓕᓚᐅᕐᓯᒪᔪᖓ ᖃᐅᔨᒥᐅᒻᒪᕆᑦᓯᒍ. ᑐᒃᑐᖑᐊᒥᒃ ᐊᓪᓚᖑᐊᕐᑯᔭᐅᓚᐅᕐᓯᒪᒐᒪ ᐁᑉᐸᖅᑎᓗᒍ ᐊᒪᕈᙳᐊᒥᒃ. ᑕᒪᕐᒥᒃ ᐸᑎᑦᑎᒐᕐᓯᒥᑦ ᓯᑯᑦᓴᔪᓐᓂᑦ. ᑌᒃᑯᐊᑕᒐ ᐃᓕᓴᐅᑎᒥᓚᐅᕐᓯᒪᔭᒃᑲ.

ᐊᓯᐃᓛᒃ ᑲᖏᕐᓯᐊᓗᑦᔪᐊᒧᑦ ᐅᑎᕐᒥᒐᒪ, ᑯᐊᐸᒃᑯᑦ ᑲᑎᒪᔨᖏᓐᓄᑦ ᕿᓄᓂᓕᓚᐅᕐᓯᒪᔪᖓ ᐸᑎᑦᑎᒐᓕᐅᕐᕕᑖᑭᒪᓕᕐᓯᖓ. ᑌᑦᓯᒪᓂ ᑯᐊᐸᒃᑯᑦ ᑲᑎᒪᔨᖏᓐᓄᑦ ᐃᓚᐅᓚᐅᕐᓯᒪᓕᕐᒐ ᒪᕐᕋᑦᑎᑐᐃᓐᓇᐅᓯᖓᓗ. ᐊᓯᐃᓛᒃ ᑲᑎᒪᔩᑦ ᐃᓪᓗᑲᑦᓛᐱᒻᒥᒃ ᓇᑉᐸᑦᑐᐱᓃᓐᓇᒥᒃ ᓇᓗᓃᕐᓯᓚᐅᕐᓯᒪᔪᑦ ᐸᑎᑦᑎᒐᓕᐅᕐᕕᓴᐅᕐᑯᕗᓕᕐᓯᑎᒃ. ᐊᑭᓪᓗᕐᓐᓇᐊᓕᖕᒥᓪᓗ ᐅᕐᓯᑐᕐᓂᖓᓗ ᐊᒻᒪᓗ ᐃᑯᒪᐅᑎᑐᕐᓂᖓᓂᒃ ᐊᑭᓖᒃᑫᕐᑲᑦᑕᕈᓐᓇᓂᕋᕐᓯᑎᓪᓗ.

ᓴᓇᕕᑦᑖᕋᒪ ᑕᒐ ᐊᓪᓚᖑᐊᓕᓚᐅᕐᓯᒪᔪᖓ ᕿᒻᒥᖑᐊᒥᒃ ᑐᒃᑐᒥᒃ ᐱᓇᓯᐊᕐᑐᖑᐊᒥᒃ. ᐊᑖᑕᒥᓚᐅᕐᑕᒪ ᕿᒻᒥᒥᓚᐅᕐᓯᒪᔪᖓ ᓲᕐᓗ ᑌᓐᓇ ᕿᒻᒥᖅ ᐊᑖᑕᒪᓂᒃ ᐃᑲᔪᓚᐅᕐᓯᒪᒻᒪᑦ ᑐᒃᑐᒥᒃ ᐃᑭᓚᕐᓯᒪᔪᖓᓂᒃ ᐱᓇᓯᐊᕐᑎᓗᒍ. ᐆᒃᑐᕋᐅᑎᓕᐅᓚᐅᕐᓯᒪᔪᖓ ᒪᕐᑮᓂᒃ ᐅᕝᕙᓘᓐᓃᑦ ᐱᖓᓱᓂᒃ ᓯᑯᑦᓴᔪᓂᒃ ᐸᑎᑦᑎᓚᐅᕐᓯᒪᔪᖓ. ᐊᐅᓪᓚᑎᑦᓴᓕᐅᕐᓯᒪᕙᒃᑲ ᖃᓪᓗᓈᑦ ᓄᓇᖓᓐᓄᑦ ᐃᓚᑮᓴᒃᑯᓄᑦ. ᓱᓇᐅᑉ 50-ᓂᒃ ᐸᑎᑦᑎᓚᐅᕐᑯᔭᐅᑦᓴᓂᐊᓕᕐᓯᖓ. ᐱᑕ ᔫᐊᑳ ᓴᓇᕐᑲᑎᒥᑦᓯᒍ ᓂᖓᐅᑉ ᐸᑎᑦᑎᓚᐅᕐᑎᐅᓴᕐᓂᐊᓕᕈᓐᓇ. ᐅᐱᕐᖔᒍᓕᕐᒪᑦ ᕐᑯᓪᓕᓴᔪᓐᓂᑦ ᐊᖏᔪᑲᓛᕐᓇᓐᓂᑦ ᑎᑭᑕᐅᓚᐅᕐᓯᒪᔪᒍᑦ ᖃᓪᓗᓈᓐᓄᑦ ᓄᓇᖓᓂᑕᕐᓂᒃ. ᑲᖏᕐᓯᐊᓗᑦᔪᐊᕐᓯᒃ ᕐᑯᓪᓕᓴᔪᕐᑲᔭᖏᒻᒪᑦ ᑎᑭᓯᐅᑕ ᑭᓯᐊᓂᐅᒻᒪᑦ ᖃᓪᓗᓈᓐᓄᑦ ᓄᓇᖓᓂᑦ.

ᐊᓂᕐᓃᑦ ᖃᐅᔨᓯᒪᔭᒃᑲ

ᐊᓂᕐᓂᓗᒃᑰᑐᒥᒃ ᖃᐅᔨᒥᐅᓚᐅᕐᓯᒪᔪᖓ ᓯᓕ ᓲᑭᓯᐊᐱᑐᐃᓐᓇᐅᓯᖓ. ᐱᓯᓚᐅᕐᓯᒪᔪᖓ ᓄᓇᓕᐊᑭᐊᐱᑦᑕ ᓯᓚᑖᓄᑦ ᐅᖓᓯᑦᑑᖕᒥᑦᑑᓗᐊᒧᑦ. ᓇᐸᕐᑐᓃᑦᓯᖓ ᖃᐅᔨᓚᐅᕐᓯᒪᓕᕐᒪ. ᓄᓇᖅᑲᑎᑦᑕ ᕿᒻᒥᕐᒥᒃ ᑲᔪᓐᓄᑦ ᑎᕐᓕᑐᕐᓂᐊᑕᐅᓕᕐᓯᖓ. ᖃᓕᖑᐊᕐᓯᑎᓪᓗ ᐅᐸᓐᓂᒃ ᑮᓯᒥᐊᕐᑲᑦᑕᓯᔫᒃ. ᐃᕐᓯᓇᕐᑑᓴᖖᒍᐊᓕᕐᓯᒎᒃ ᐃᕐᓯᓇᕐᓵᑲᒥᒃ. ᐃᔨᒥᒃ ᖃᐅᒪᔫᒃ ᐊᐅᐸᕐᑑᓯᑎᒃ. ᑮᓯᒥᐊᓪᓗᑐᕐᑲᑦᑕᕋᓗᐊᕐᓯᐊᒥᒃ ᐊᑦᑑᑎᖅᑲᔭᕋᑎᒃ. ᑲᑉᐱᐊᓯᑦᑐᒪᓇᐅᑦᓯᖓ ᓇᐸᕐᑐᓂᑦ ᐊᓂᒍᓐᓇᓯᒪᔪᖓ ᐊᓂᕐᕋᒍᑦ ᑐᐊᐱᒻᒪᓇᓯᕐᑐᒍᑦ. ᑐᐱᕐᓗᑕᒐ ᑎᑭᐅᑎᒪᒪ, ᑌᒃᑯᐊ ᑌᒃᑯᓴᓐᓇᒃ ᕿᒻᒦᑉ ᑕᑯᓕᓇᑮᒃᑲ. ᐹᒻᒪᖓᐅᒐᕐᑑᑉ ᓱᓇᒥᓪᓗᓃᑦ ᑲᖕᑮᓯᙱᒎᑉ.

ᓵᑦᑕᓇᓯ ᑭᓪᓕᓂᕐᒥ

ᓯᑭᓯᐅᖏᓐᓇᓈᓂ ᑭᓪᓕᓂᓕᐊᕐᐸᓚᐅᖅᑯᒍᑦ. ᑕᕙᓃᑦᑎᓗᑕ ᑲᒻᐸᓂᒃᑯᑦ ᐊᑕᓂᕈᓯᖓᑦ ᑎᑭᓚᐅᕐᓯᒪᔪᖅ ᐱᕙᕐᔪᐊᕐᓯᐊᒻᒪᓇᓚᐅᕐᓯᒪᔪᖅ ᓯᓇᓘᑲᓂᒃ ᐅᕐᑯᒻᒥᐊᓕᕐᓂᐊᓗ ᐁᑦᑐᑐᕐᑕᐅᓚᐅᕐᓯᒪᔪᒍᑦ. ᐳᓖᒃᑯᓗ ᐱᙳᐊᕐᒥᒻᒪᓇᑦᑐᑦ ᐱᑦᓯᐊᑭᓯᓪᓗᒍᒐᒥᒃ ᐊᑐᓯᑎᒃ. ᑎᒍᓯᓲᕐᒍᓗᒻᒪᑕᒎᖅ ᑐᔭᐅᒪᑦᓴᕋᒪ ᑌᒪᙵᓂᑦ ᑎᒍᔭᐅᓂᐊᙳᓴᓚᐅᕐᓯᒪᔪᖓ. ᓯᐳᓚᑎᐊᓗᓚᓵᒃ ᒪᕐᑮᑉ ᐊᓐᓄᕋᒥᒃ ᐊᔾᔨᒐᐊᖖᒍᐊᒥᔫᑉ ᑕᑉᐸᐅᒥᔫᑉ ᓯᐳᓕᕐᑎᒥᒃ ᓂᐱᖅᑯᑐᔾᔪᒪᓇᐊᔫᑉ ᑐᓴᕐᓂᑐᒻᒪᓇᔫᑦᓴᕋᓗᐊ. ᓯᕐᕙᕐᒥᑉ ᐃᓯᒣᓐᓇᖅ ᐃᓯᒪᓇᕐᓂᐅᔭᐅᖖᒋᑑᑉ ᑐᓴᓇᐅᕐᓇᑑᑉ.

ᖃᓪᓗᓈᕐᑲᑎᕐᒪᑕᒐ ᐊᖑᑎᑕᕐᑲᓚᐅᕐᓯᒪᔪᖅ ᓄᔭᖏᑦ ᑲᔪᕐᓂᒃ, ᐊᖑᑎᒃᓯᐊᒪᓇᒻᒥᒃ ᑖᓂᓯᕐᓯᑎᐅᑦᓯᓂᓗ. ᑖᓂᓯᕐᓂᒧᑦ ᐱᓯᑎᒻᒪᓇᐊᓘᒻᒪᑦ ᑕᑯᓇᓴᖖᒍᐊᕐᑲᑦᑕᑦᑐᑦ. ᓄᔭᖏᑦᑐ ᖃᑯᕐᓂᕐᑲᕐᔫᕐᑲᑦᑕᓴᕋᓗᐊ. ᑖᓂᓯᕐᓯᓂ ᑕᒐ ᐃᑎᓚᖓ ᐋᓂᓚ-ᐅᓯᒪᔪᖅ ᑖᓂᓯᕕᒥ ᑖᓂᓯᕐᑐᓂᒃ ᖁᒪᕐᑭᕐᓯᓂ ᐃᑎᓕᒥᓂᒃ ᑕᑯᓂᐊᕐᓯᔪᖅ ᑖᓂᓯᕐᑲᑎᒥᓄᑦ ᒪᓕᑦᑕᐅᓯᓂ. ᐊᓯᐃᓛᒃ ᓯᓇᐅᑉ ᑐᒃᑑᑉ ᐃᑎᓚᖓ ᐅᒪ ᑖᓂᓯᕐᓯᑎᒃ ᐃᑎᓚᓂᒃ. ᑖᑉᓂᑦᓴᓇᖅ ᐊᓯᐅᑦᓴᓂᐊᓕᕐᒪᑦ. ᓯᓇᐅᖖᒋᑐᒍᑦ ᒥᑦᓯᑭᑦᓯᐊᑐᐃᓐᓇᑐᖅ. ᓵᑦᑕᓇᓯ ᐅᐃᕕᕐᓇᓯᕐᑲ ᓄᓇᑦᑎᓅᕐᑲᑦᓯᒪᔪᖅ ᐊᑯᓂᓂᐊᓗᒃ.

ᐅᕐᑯᒪᖏᕐᓂᐅᑉ ᑑᕐᖃᖃᓂᒃ ᑎᓪᓗᐃᓂᓇᓚᐅᕐᓯᒪᓂᕋ

ᐃᓄᐃᑦ ᓇᐅᑐᐃᓐᓇᓕᒫᕋᓗᐃᑦ ᐅᕐᑯᒪᖏᕐᓯᒪᓲᖑᒻᒪᑕ ᐅᕐᑯᒪᖏᑦᓴᓚᐅᓯᒪᒋᒐᖃ, ᐃᒫᒃ ᐊᐅᓚᑦᔭᕿᓐᓇᖏᕐᓯᑕ ᓲᖑᒻᒪᑦᑕ ᐃᕐᕐᑯᒪᔭᕐᑲᑦᓯᐊᕋᓗᐊᕋᒥ ᕿᑦᑌᖃᑦᓯᐊᑐᕐᑲᕋᓗᐊᕋᒥ ᐅᐃᕐᕐᑲᔭᕐᑐᕐᑲᖖᒋᑐᓪᓘᓃᑦ. ᐃᒣᑦᑑᓱᖑᒻᒥᔭᖅ ᑲᑉᐱᐊᓇᕐᑐᓪᑦ ᓇᔭᕐᑕᐅᔭᕐᑲᕐᓯᓂ. ᐊᒥᓯᕕᐊᓗᑦᓴᓱᖃᓕ ᑌᒣᑦᑑᕐᑲᑦᑕᓯᒪᒐᖃ.

ᐅᔭᕋᕐᒧᑦ ᐸᑎᑦᑎᑲᓕᐅᕐᓯᒪᔭᖃᒫᓪᓛᑦ ᐃᓚᖃᓂᒃ ᑌᓐᓇ ᐅᕐᑯᒪᖏᕐᓯᒪᓂᓇᓚᐅᕐᓯᒪᔭᕋ. ᑌᑦᓱᒪᓂᓕ ᑭᓯᐊᓂ ᓅᒍᓐᓇᓯᐊᓚᐅᕐᓯᒪᔭᖃ ᐊᐅᓚᒍᓐᓇᓯᐊᕐᓱᖃ.

ᑲᐸᐊᓱᑦᑐᐹᖖᒪᐅᔭᖃ ᐃᓱᒣᓐᓇᖅ. ᐋᓈᓐᓇᒃᑯᑲ ᕐᑲᑕᖖᒍᑎᒃᑲᓗ ᓯᓂᑦᑐᐃᓇᐅᑎᓪᓗᒥᑦ. ᑌᑦᓱᒪᓂ ᑐᐱᕐᒦᓚᐅᕐᓯᒪᔪᑦ. ᐃᐸᒥᔭᕐᑲᓕᕋᒪ ᓱᓇᑕᕐᑲᕐᓂᖃᓂᒃ ᑕᑯᓱᐊᕐᓗᖃ ᑭᓯᐊᓂᐅᓕᓚᐅᕐᓯᒪᒎᖅ. ᓯᕐᓖᐱᒃ ᐊᐅᓚᑦᓱᖃ ᕿᐱᒻᒪ ᐃᓗᐊᓂ

ᖄᔭᓇᐊᕐᑐᑐᑦ ᑰᑭᕐᔪᐊᑉ ᑰᖃᓂ 1951-ᒥ.

Canot sur la rivière Kuururjuaq, 1951.

A canoe on the Kuururjuaq River, 1951.

Rousseau A-VIII - 12

ᑲᒻᐸᓂᒃᑯᑦ ᑭᓪᓕᓂᕐᒥ, ᐊᕐᕿᒍᖓ 1903-04-ᒍᑦᓴᕈᓂ.

Comptoir de la Compagnie de la Baie d'Hudson à Killiniq, 1903-1904.

The Hudson's Bay Company Post at Killiniq, 1903-1904.

A.P. Low, Public Archives PA053570

ᒧᒥᑦᑎᓚᐅᕐᓯᒪᔪᖓ ᓱᕐᕙᕐᑲᖖᒥᒪᓇᑦᓯᖓ. ᕐᑭᐹᒃᑲ ᐃᓯᐊᒍᑦ ᒪᑉᐲᒐᓛᐱᓯᑦᓯᒥᒃ, ᓯᒃᕋᑐᐊᐱᐅᑦᓯᖓ ᑐᐊᕕᕐᓇᖓ ᑖᓐᓇ ᐅᕙᓐᓂᒃ ᕐᑲᐅᔨᓂᐊᖖᒥᒪᑦ. ᐊᓯᐃᓛᒃ ᑕᑯᓕᕐᕐᑲᕋ. ᐊᑦᔨᐸ-ᓱᑦᓯᐊᖓᓂᒃ ᐊᓪᓚᖑᐊᕐᓯᒪᒻᒥᔭᖓ ᐸᑎᑦᑎᒐᓕᐊᓇᑦᓯᒍ, ᑭᓯᐊᓂᓕ ᓇᐅᒃᑯᓘᓐᓃᑦ ᕐᑲᑯᕐᑕᐅᓂᕐᑲᒐᓛᖖᒥᑐᖅ ᑌᓐᓇ ᕐᑲᐅᒪᓂᕐᑲᒐᓛᒐᓂ. ᑐᑭᑖᕐᓯᖓᓗ ᑎᓪᓗᐸᐅᔫᓗᓚᖓᒥᐊᖓ ᑖᓐᓇ ᒪᓂᒪᑦᓴᓂᖓᓂ. ᐊᓯᐃᓛᒃ ᑎᓪᓗᒦᑦᓴᕋᒃᑯ ᑎᒥᖓᒍᑦ ᑕᒪᐅᓇ ᕐᑲᑦᑖᖓᑕ ᒥᑦᓵᒍᑦ ᓅᑭᓕᒫᕐᓯᖓ, ᐊᓯᐃᓛᒃ ᑎᓪᓗᑕᐸᐅᔫᓗᒦᕐᕋᒃᑯ ᓱᕐᕙᓚᑦᑐᐸᐅᔫᓗᒃ ᕐᑲᑦᑕᐅᔫᕐᑎᑐᑦ ᐃᓗᓕᕐᑲᖖᒥᑐᕐᑎᑐᑦ. ᕐᑲᑦᑕᐅᔪᑦ ᓲᕐᓗ ᑌᒫᒃ ᓱᕐᕙᓚᓲᒍᒻᒪᑕ ᐃᓗᓕᕐᑲᕋᑎᒃ ᐊᑦᑐᑕᐅᓪᓚᓇᒐᒥᒃ. ᐊᓯᐃᓛᒃ ᑌᓐᓈᓗᒃ ᕐᑭᒪᑦᓯᔦᐊᓗᓛᕐᕐᑯᖅ ᑎᓪᓗᑖᓗᒥᒐᒃᑯ, ᑐᓴᕐᓴᐹᓘᑦᓯᓂ ᓇᐹᕐᑐ-ᑎᒍᑦ ᕐᑭᒪᑦᓯᕙᓪᓛᓂᐊᓗᐊ, ᐅᑉᐱᑲᕐᑕᒪᓚᑉᐸᓗᔦᖅ. ᐃᓄᒐᒃᑲᓗ ᒥᖕᒥᑎᒃᑲ ᐋᓐᓂᐊᑐᒻᒪᓇᐊᓗᓕᕐᓯᑎᒃ.

ᕐᑭᒻᒥᑲ ᕐᑭᒧᒃᓯᕈᑎᒃᑲ ᑖᕐᑐᐊᓗᓪᓗ

ᒪᕐᕋᑦᓯᖓ ᕐᑭᒧᑦᓯᑯᑦ ᑕᑯᓚᐅᕐᓯᒪᒋᕗᖓ ᓯᓇᐅᔫᔭᕋᓂ ᕐᑭᕐᓂᑖᓗᒻᒥᒃ ᑖᕙᓂ ᓯᕗᓂᕋᓂ. ᕐᑭᕐᓂᑕᑐᐃᓐᓇᓛᓇᒃ, ᑕᒐᓕ ᓯᓚᑦᓯᐊᖅ, ᐊᓪᓚᕐᑭᔦᖅ ᑕᒪᓐᓇᓕᒫᖅ. ᓯᓚ ᕐᑲᐅᒪᔦᖅ ᐃᓯᒣᓐᓇᖅ. ᕐᑭᒻᒥᑲ ᑎᑭᐅᑎᓚᕋᒥᒃ ᐅᐃᒻᒪᓯᐊᕐᑐᑦ ᕐᑭᑦᑌᑐᓪᓚᓇᐊᑐᑦᓯᑎᒃ. ᑌᒪ ᐃᕓᒃᑲᖕᒥᓐᓇᓯᑎᒃ ᕐᑭᒻᒦᑦ ᓇᖕᒥᓯᔦᑦ ᓇᑉᐸᓯᐊᕐᑐᑦ. ᑭᖑᓪᓚᒥᒎᓚᕐᓯᑎᒃ ᐸᖓᓚᑦᓴᖑ-ᐊᓚᕐᒪᑕ ᐃᖕᒥᕐᕋᔦᐸᐅᔫᓗᑎᑕᐅᓚᕐᑐᖕᒪ. ᑳᒃᑯᐊᓗ ᕐᑭᒻᒦᑦ ᐅᐃᒻᒪᓗᑐᕐᕐᑭᓯᐊᕐᑐᐃᑦ. ᐅᕓᖕᒪᒪᓴᒃ ᐊᓚᐊᓪᓗᑐᓚᕐᑐᖕᒪ. ᑲᑉᐱᐊᓯᖖᒥᑐᖕᒪᓘᓐᓃᑦ ᓯᔭᕐᑲᓚᕐᒪᖕᒫᑦ ᕐᑲᐅᔨᒪᓛᓐᓇᖕᒪ. ᕐᑭᒻᒦᑦ ᓇᖕᒥᑦᓴᒪᓇᓕᕐᑐᑦ ᑭᖑᓪᓛᖕᒥᑦ ᑐᕐᑲᑦᑕᕋᓗᐊᕐᑎᓗᒥᑦ ᑐᑭᓇᐊᕐᑲᑦᑕᕋᒥᒃ, ᓯᓇᒥᑭᐊᖅ ᑖᕐᓂᒐᓚᑐᐃᓐᓇᒥᒃ ᓇᔦᒻᒥᕙᕐᓯᑎᒃ, ᐅᓪᓚᑐᐸᐅᔫᓗᓪᓗᓯᑎᒃ ᓯᒃᑐᒪᓇᐅᑦᓯᑎᒃ.

ᓯᑦᓴᒧᑦ ᐁᑎᑕᐅᕙᑦᓕᐊᓕᕐᑐᒍᑦ ᑖᕐᑐᐊᓗᒻᒧᑦ, ᑐᓵᓯᑦᓯᖓᓗ ᓂᐱᓂᒃ ᐊᒥᓯᐊᓘᕙᑦᓚᔪᓂᒃ. ᐅᒃᑯᐊ ᓂᐱᐊᓗᐃᑦ ᐃᓘᓈᓗᑎᒃ ᕿᓚᓕᔭᕐᑐᑦ ᐅᕙᓐᓂᑦ, ᑭᓯᐊᓂ ᖃᓄᐃᓕᐅᑦᓴᒪᖕᓛᑕ ᑐᑭᓯᕐᕋᔭᙱᑕᒃᑲ. ᖃᓄᐃᓕᐅᕈᑎᔪᐊᓗᐃᑦ ᐃᓱᒣᓈᓕᕐᑐᑦ. ᓂᐱᐊᓗᐃᑦ ᕿᓚᓕᔭ-ᐅᑎᔪᐊᓗᐃᑦ ᐃᓄᒃᑎᑐᑦ. ᐃᓄᒃᑎᑑᓇᐊᖏᑦ ᖃᐅᔨᒪᓇᕐᑐᑦ ᑭᓯᐊᓂ ᐊᑕᐅᓯᐊᐱᒻᒥᓘᓐᓃᑦ ᑐᑭᓯᕐᕋᔭᙱᑐᖓ.

ᑕᓕᓕ ᐊᒥᓯᐊᓘᓐᓂᒃ ᕿᑭᕐᖄᓘᓐᓂᒃ ᑐᓵᓕᕐᒥᔪᖓ. ᐃᒃᑐᓗᑦᑐᐸᐅᔫᓗᐃᑦ ᐅᕙᓐᓂᑦ ᕿᑦᓯᖑᐊᕐᐸᓗᓕᕐᑐᑦ ᓯᑦᓴᑯᑦ ᑕᑉᐸᐅᓇ. ᓯᑦᓴᑰᓯᕋᑕᕋᑦᑕ ᐅᔭᕋᕐᓂᒃ ᐊᒥᓲᒍᓐᓇᕕᓕᒫᖏᓐᓄᑦ ᑎᑐᓚᑦᓴᖑᐊᓕᕐᑐᖓ ᑕᒪᐅᖓ ᓵᓐᓄᑦ ᐅᓯᓕᕐᑐᓯᒥᑦ. ᕿᑭᕐᖄᓗᐃᑦ ᑐᓵᔭᒃᑲ ᐊᒥᓯᐊᓘᕙᑦᓚᔪᑦ. ᓯᕐᕐᑯᐃᓯᓕᕐᒥ-ᔪᖓ ᕿᑭᕐᖃᒥᒃ ᐅᕐᑯᒣᑦᑐᑲᓪᓛᓘᕙᑦᓚᔪᒥᒃ ᐃᓄᑦᑕᖓ. ᕿᑭᕐᖄᕐᑦᑲᓗᓚᐊᕐᑎᓗᒋᑦ ᐅᕐᑯᒣᑦᑐᓵᕐᓯᕙᑦᓚᔪᒋᓪᓚᐊᕐᑦᓗᓯᒃ ᑖᓇ ᐃᓕᖓᓪ. ᐅᕐᓈᓄᐃᕐᒃ ᐃᓯᒪᓕᕐᑐᖓ, "ᑖᓇ ᒥᑦᓗ-ᓵᖖᒍᐊᓕᖓᓕᕋᒃᑯ ᐅᔭᕋᕐᒧᑦ ᓄᐃᑐᐊᕐᐸᑦ". ᑕᒡᒐᕐᒃ ᐃᓯ-ᒪᓯᒻᒥᓯᖓ, "ᖃᓂᑦᓕᓗᐊᑐᐊᕐᐸᑦ ᒥᓗᓇᐊᑦᓴᖖᒍᐊᓕᖓᓕᕋᒃᑯ ᓄᐃᖖᒥᑲᓗᐊᕐᑎᓗᒍ." ᐅᔭᕋᕐᒥᒃ ᒥᓗᓇᐅᑎᑦᓴᓯᐊᕐᒥᒃ ᑕᓚ ᑎᒍᒥᐊᕐᑐᖓ.

ᑕᓗ ᕿᓚᓕᓯᓕᐅᔪᖓ ᐅᒃᑯᐊ ᓂᐱᐊᓗᐃᑦ ᒥᑦᓵᓄᑦ, "ᑖᕐᑐᒥᐅᖅᑰᔨᓯ, ᐱᐅᓕᔭᐅᓯᒪᙱᑦᑐᐊᕈᔨᓯ, ᐱᐅᖏᑦᑐᐊᕈᔨᓯ." ᑕᒡᒐᓈᐱᒃ ᓂᐱᐊᓗᐃᑦ ᕿᑭᕐᖄᓗᐃᓪᓗ ᓄᕐᖃᔨᑦ ᑖᕐᑐᐊᕈᕐᖃᐅᔪᕐᓗ ᐊᓯᐅᑦᓯᓂ. ᕿᒻᒥᑲ ᐸᖓᓕᑦᑐᑉᐅᔫᓗᐃᑦ ᑕᓚ ᑭᖑᓪᓕᖕᒥᑦ ᑭᓯᐊᓂ ᑐᒃᑕᑦᑐᑦ. ᐅᐃᒻᒪᓯᐊᕐᓯᑎᒃ ᓇᐸᑦ. ᑲᑕᕐᔨᓕ ᑕᒪᐅᖓ ᓄᓇᒧᑦ. ᓄᓇᒧᑦ ᑐᑐᐊᕋᒥᒃ ᐊᑦᑐᑐᐊᕋᒥᒃ ᑕᒡᒐᓈᐱᒃ ᓯᓂᓯᑦᓯᑎᒃ ᖃᐅ-ᔨᑦᓵᖖᒥᑦᑐᑦ ᓰᕐᓗ ᓯᓂᑦᑐᕐᕋᑦ.

ᐃᓗᕕᑦ ᓇᕝᕚᑉ ᑲᖖᒥᕐᓯᐊᓂ

ᐊᒥᓯᐊᓗᓐᓂᒃ ᐃᓗᕕᕐᑕᕐᑯᕐᑯᑦ ᓇᕝᕚᑉ ᑲᖖᒥᕐᓯᐊᓗᖓᓕᓂ. ᐃᓘᓐᓇᑎᒃᓴᒃ ᐃᓗᐱᑐᐃᓐᓇᓯᐊᖑᒐᓗᐊᑦ ᑲᖖᒦᑦᓴᕋᑎᒃ ᑭᓯᐊᓂᓕ ᐊᒥᓯᐊᓗᒥᕐᖓᑦ ᐱᐅᖖᒋᑐᓂᒃ ᑑᖖᓚᑦᑲᓇᔾᑦ. ᖃᕐᖃᑦ ᖃᕐᑐᐃᑦ ᐃᓕᕐᕆᑦ ᐊᒥᓂᒃ ᐃᓗᕕᕐᑕᓕᑦ. ᐅᑲᓐᓂ ᖃᕐᑐᑦ ᐃᓗᕕᕐᑕᑲᓂᕐᑐᑦ ᐊᓪᑲᑕᐅᓪᓯᓕᒥ ᓇᒧᓕᒌᑦᓯᐊᕐᓴ. ᓯᓇᑐᐃᓈᓗᐃᑦ ᐃᓕᔭᐅᑦᑐᐊᓂᒃ ᐱᑕᕐᑲᓂᕐᑕᕐᑯᑦ ᓄᓇᒨᕐᑕᐅᓕᕐᑎᓪᓗᒋᑦ ᐃᓗᕕᓂᖕᒋᑦ ᐃᓗᕕᓂᐅᑉ ᐱᖕᒋᑦ ᓰᕐᓗ.

ᓯᕿᓯᐅᑎᓪᓗᖓ ᓯᓕ ᓄᓇᓯᒪᓕᐅᕐᑐᓕᐅᕐᓯᒪᔪᒍᑦ ᐃᓗᕖᑦ ᓴᓂᐊᓂ. ᐅᑦᓯᒪᓂ ᓯᕿᓯᐅᓚᓚ ᐱᑖᕿᒪᕐᓕᐅᕐᑯᖓ ᑕᑯᔭᒃᑲᓂᒃ ᓱᓇᐅᓚᓗᐊᕐᐸᑕ. ᑎᒍᓯᓕᐅᕐᓯᒪᔪᖓ ᐱᖓᓯᓂᒃ ᐱᐅᔪᐅᑦᔫᓗᓐᓂᒃ ᑕᑯᔭᒃᑲᓂᒃ ᐃᓗᕕᐅᑉ ᓴᓂᐊᓂ. ᐅᐱᒪᔪᒪᓇᐅᑦᓯᖓ ᑕᑯᔭᐅᑎᓕᐅᕐᓯᒪᔭᒃ ᐊᓈᓇᒃᑯᑲᓐᓂ, "ᓯᕐᓂᓚᖓᑦᔭᕈᓐᓂᒍᑎᑦ ᐅᓐᓄᐊᖅ!" ᐅᖃᐅᑎᔭᐅᐱᕐᑐᖓ ᑕᓚᒥᓐᓂ ᐊᑕᐅᑦᓯᑰᑦᓯᒪᓇᑦᑐᐊᓛᒃ. ᐊᓈᓇᒃᑯᑲᓐᓂᓗ ᐅᖃᐅᑎᔭᐅᑦᓯᖓ ᐅᓇ ᐃᓗᕕᕐᑎᐅᕐᑐᖅ ᕿᓕᓕᐊᕐᑐᕕᓂᐅᖕᒥᑦᑐᐊᕐᒥ ᐸᑦᕕᓴᕐᓂᖕᒥᓈᓕᒫᕐᓇᕐᑐᖅ ᑖᑦᓯᒥᖓ ᑎᒍᓯᐊᕕᓂᕐᒥᒃ. ᑎᒍᓯᔪᒃᐸᑦ ᓯᓇᑐᐃᓈᕐᒥᒃ ᐃᓗᕕᕐᓂ ᐃᓕᔭᐅᑉᐳᖓᕐᒥᒃ. ᐅᒃᑯᐊᓕ ᕿᓕᓕᐊᕐᑐᕕᓂᐅᑎᒃ ᐃᓗᕕᓪᓗᑦ ᑎᒍᓯᕕᓪᓗᐊᕐᑲᑦ ᑕᑯᕙᑖᓇᓗᒍ ᐃᓗᕕᖕᓗᐃᕐᑕᐅᓕᐅᕐᑐᕕᓂᕐᒥ ᓯᓚᑰᕿᐱᓚᔾᔪᒍᓗᐊᑦ. ᐊᓈᓇᒃᑯ ᐅᕐᑲᓕᐅᕐᓯᒪᔪᒃ ᐱᓯᒪᕆᐊᓕᓂᕆᓚᑐᐊᕐᑯ ᑖᓇ ᑲᑯᕐᑖᐱᓂᖃ ᑕᐅᕐᓯᕆᐊᓕᓚ ᓯᓇᑐᐃᓈᕐᒥᒃ ᐊᓯᐊᓂ. ᑖᓇ ᑕᐅᕐᓯᒍᑎᓚ ᓯᓇᑐᐃᓈᑐᒍᓈᓐᓄᑦ ᓂᕐᑭᐅᓗᓂᕐᑐᓂᕐᑐᑦ ᐊᓐᓂᕐᓱᒍᓗᓂᕐᑐᓂᕐᑐᑦ ᐅᕐᓯᕐᓱᓂᕐᑐᓂᕐᑐᑦ ᓴᕐᑎᐅᑐᓇ.

ᑕᐅᕐᓯᒃᑕᑦᑕᓂᒍᔾᔪᖓ ᐊᒥᓯᐊᖖᒋᑲᐊᕐᓯᖓ ᐅᒃᑯᐊᓂ ᐃᓗᕕᕐᓂ. ᐃᓕᖓᓚᓐᓂ ᑕᐅᕐᓯᒍᑎᕐᑲᓚᐅᕐᓯᒪᔪᖓ ᓂᕐᑭᑲᓪᓕᐱᓪᒥᒃ ᓇᑦᓯᕕᓂᕐᒥᒃ ᓴᓇᖖᒍᐊᓯᒪᔪᒥᒃ ᑎᒍᓯᖓᓕᕐᓯᖓ. ᐊᑯᓂᐅᖖᒋᑐᐊᐱᒃ ᑖᓇ ᓇᑦᓯᕕᓂᐊᐱᒃ ᐊᓯᐅᑦᓴᐅᑎᒥᓯᒪᔪᖅ. ᖃᐅᔨᒪᓂᑉᐳᒍᖕᒍᔪᖅ ᐃᓗᕕᕐᓯᒪᔪᖅ ᐱᐅᓕᔭᐅᓯᒪᙱᑦᑐᐊᕐᓕᑦ. ᓂᐊᕐᑯᕕᓂᖓ ᑖᓕᓂ ᐃᓗᕕᖓᑕ ᐃᓗᐊᓃᒍᓐᓇᓗᐊᕐᓂᕋᓗᐊᕐᓕᑦ ᐃᓗᕕᖅ. ᐱᐅᔪᐅᑦᔪᓐᓇᓂᐊᓕᕐᓯᖓ ᑖᓇ ᓂᐅᕐᑯᕕᓂᖓ ᑕᒪᒃᑯᐊ ᓴᐅᓂᕕᓂᑦ ᐊᒪᓗ ᐱᐅᓕᓂᐊᓚᕐᑯᑎᕕᓂᖕᒥᑦ ᐊᐅᓂᐊᓗᕆᐊᓗᐊᕐᓕᑕ ᑕᒃᑯᐊ ᓄᒍᓐᓂᑰᕆᐊᓗᐊᕐᓯᖓ ᓂᐊᕐᑯᕕᓂᖓ ᐱᐅᔫᒥᓇᖓᓐᓇᕐᑐᖅ ᕿᓕᕐᑐᐸᐅᔫᓗᐊᓯᓂᐊᓕᕐᓯ ᓯᕐᓗ ᖃᑯᓯᖃᓪᒥᐅᔫᖓ. ᓴᐅᓂᒪᓇᕕᓂᖕᒥᓗ ᐊᖕᒥᓂᖖᒍᐊᖕᒥᑦ ᐊᒥᐊᒃᑑᓕᕐᑎᓗᒥᑦ

ᑲᖏᕐᓱᐊᓗᑦᔪᐊᒥᐅᑦ ᓴᒧᐊᓯᒪᔪᑦ 1968-ᒥ.

Habitants de Kangiqsualujjuaq attendant sur la plage, 1968.

Residents of Kangiqsualujjuaq waiting at the beach, 1968.

Donat Savoie Collection IND DSA 149

ᓄᓇᖖᒍᓯᒪᓕᕐᑎᓗᒥᐊᓪᓛᑦ.

ᖃᐅᔨᓯᒪᒻᒥᔪᖓ ᐱᐅᓕᔭᐅᒪᖖᒋᒎᑉ ᓂᐊᖁᐱᓂᖓ ᐃᒻᒥᓃᓐᓇᖅ ᓵᑎᒍᓐᓇᑎᓪᓗᒍᑦ ᐃᓄᒻᒍᑦ ᕐᑫᔪᒍᑦ. ᑐᐱᕐᓯᒪᓚᐅᕐᓯᒪᔪᒍᑦ ᐃᓗᐹᑦ ᓴᓂᐊᓂ. ᐃᓗᐹᑦ ᐃᓚᖕᒐᑦ ᓂᐊᕐᑯᐱᓂᕐᑕᕐᑲᓚᐅᕐᓯᒪᔪᖅ. ᐱᐅᔫᖏᓐᓈᑐᖅ ᓂᐊᕐᑯᐱᓂᖅ ᕐᑭᓪᓚᑐᐸᐊᔫᑉ. ᑖᓇ ᓂᐊᕐᑯᐱᓂᖅ ᑕᒪᓂ ᐃᓗᐱᕐᒥᓃᑦᓯᓂ ᑕᑯᑦᓴᐅᓯᐊᓪᓚᖏᑦᑐᖅ ᓄᐃᑦᑎᓯᐊᓯᓂ ᕐᑲᓂᖖᒋᑑᖕᒥᓈᓯᓂ ᐊᓪᓛᑦ. ᑖᑦᓯᒪ ᐃᓗᐱᖕᒐ ᕐᑳᖕᒥᑦᓴᕐᑲᑦᑕᑫ ᓴᓂᐊᒍᑦ ᓴᓂᐊᔫᕐᑲᑦᑕᑫᒪᑕᒐ ᓇᑭᑐᐃᓐᓇᖅ ᐊᕙᓗᐊᓂᑦ ᐱᑦᓯᖕᒐ. ᐅᓪᓗᐃᑦ ᐊᒥᓯᑦ ᐊᓂᒍᕐᓯᒪᓕᕐᑎᓗᒥᑦ ᑖᓇ ᓂᐊᕐᑯᐱᓂᖅ ᐃᑉᐱᒋᓯᓚᐅᕐᓯᒪᔭᑫ ᐅᐸᓐᓄᑦ ᑌᒪᖖᒐᑦ ᕐᑰᖖᒐᖕᒥᓇᑑᔭᕐᑲᑦᑕᒪᑦ. ᕐᑰᖖᒐᔩᔭᕐᑲᑦᑕᒪᑦ ᓇᒍᓕᒫᖅ ᑐᓄᖖᒐᔭᑫᓂ. ᖃᐅᔨᑦᓴᑐᐃᓐᓇᕐᑲᑦᑕᓕᑫᒃᑯᑦ ᑌᒣᑦᑑᒥᐊᖕᒐ ᓯᕐᑯᐃᓯᐊᑫᓯᐊᓕᓚᐅᕐᓯᒪᔭᑫ ᐊᓯᐃᓛᒃ ᑌᒪᖖᒐᑦ ᕐᑰᖖᒐᓴᓐᓇᕐᑲᑦᑐᖅ.

ᑐᕐᑯᑦᓯᓚᐅᕐᓯᒪᒻᒥᔪᖓ ᐃᓚᖖᒐᓂᒃ "ᑐᕐᑯᖖᒐᖖᒋᑐᒥᒃ". ᑌᒣᓚᐅᕐᓯᒪᔪᕐᓕ ᐊᓯᖖᓛᖖᒐᓂ ᐃᓗᐱᕐᒥ. ᐃᓗᐱᖅ ᑕᒪᑲᐅᒪᑦ ᕐᑭᒥᕐᑭᓴᕐᑕᑫᓯᑦ. ᐃᓗᐱᐅᑉ ᐃᓗᐊᓄᑦ ᐊᒻᒍᑦ ᐃᑦᓯᐊᒐᒪ ᓂᐊᕐᑯᐱᓂᕐᑕᓕᒃ. ᓂᐊᕐᑯᕐᓗ ᑕᓖᓂ ᕐᑯᓛᓂ ᒪᕐᑭᒃ ᐅᓴᑫᒃ ᑲᑐᐃᓐᓇᓇᐊᕐᑲᑦᓯᐊᑐᔩᔭᕐᑐᒃ ᑕᒍᖕᒐ ᕐᑭᓪᓚᑐᑦᓴᒪᓇᑦᑐᒍᑦ ᓂᐊᕐᑯᐱᓂᕐᒍᑦ. ᑲᑕᓐᓂᐊᑐᓇᓪᓛᓇᓚᑫᒃᑭᒃ ᑖᒃᑯᐊ ᐅᓴᑫᒃ ᐃᓚᒥᐊᑦᓯᐊᓇᐊᓯᔫᒃᑲ ᑲᑕᕐᑯᖖᒋᒍᑦ. ᐅᓴᑫᖅ ᐊᑦᑐᓴᑐᐊᑫᒃᑯ ᑲᑐᐃᓐᓇᕐᑯᓪᓚ ᐊᒪ ᑖᓇ ᓂᐊᕐᑯᐱᓂᖅ ᑐᕝᐱᐅᒐᒥ ᐊᒥᓃᓚᔭᐊᓗᑦᓯᓂ ᓯᕐᑯᑦᑎᑐᖅ. ᐱᐹᑭᑦᓴᐅᑎᒥᒐᒐ ᑲᑉᐱᐊᓯᑐᐸᐅᔩᓗᓚᕐᑐᖖ ᐃᓛᓂᐅᖖᒋᑐᖅ ᐸᕝᐱᓴᕐᓂᔭᐊᓗᒐᒐ ᑐᕐᑯᖖᒐᔭᒥᒃ. ᓯᐊᑭᒥᐊᒍᓚᕐᒪᑦ ᐅᓪᓗᒥ ᑖᒐᓂᑦᓴᓇᖅ ᐅᑎᓯᓚᐅ- ᔭᒻᒥᔭᖖᒐ ᑖᒍᖖᒐ ᐃᓗᐱᕐᒍᑦ ᑕᑯᓂᐊᕐᓯᒍ ᓯᕐᑯᑦᑎᑕᐱᓂᑫ. ᓯᓇᒥᓪᓗᓃᑦ ᓯᓇᑕᕐᑲᒐᓛᖖᒋᑐᖅ ᓂᐊᕐᑯᐱᓂᕐᑕᕐᑲᕆᓐᓂᑐᖅ ᐊᑕᐅᓯᐊᐱᒋᓐᓂᑐᖅ ᓯᕐᑯᑦᑎᑎᑦᑐᒍ. ᑕᒐᓂᓗ ᐃᓗᐱᐅᑉ ᐃᓗᐊᓂ ᐅᓴᑫᖅ ᑲᑦᕐᑲᐅᓴᑫ ᑖᓐᓇᑐᐊᑦᓯᐊᖅ ᐊᐅᓐᓂᐅᑉ ᓄᓇᐅᑉ ᐊᓯᐊ. ᑌᓐᓇᑕᒐ ᑐᕐᑯᑕᐱᓂᑫ "ᑐᕐᑯᖖᒐᓐᓂᖕᒋᑦᑑᒐᓗᐊᖅ".

ᑌᑦᓯᒪᓂ ᑲᑉᐱᐊᓯᓚᐅᔩᖖ ᑭᓯᐊᓂᓕ ᓛᓐᓇ (ᐃᔩᕐᓯᓂ) ᑕᑯᓐᓇᑐᐃᓐᓇᑕᐱᓂᑫ ᑌᓐᓇ.

ᐃᓄᐃᑦ ᐊᑯᓂᓂᐊᓗᒃ ᖃᐅᔨᕙᕐᑲᑦᑕᓯᒪᒻᒪᑕ ᑌᒃᑯᓂᖖ ᐃᓗᐱᕐᓂᒃ. ᐃᓄᐱᓂᖅ ᓴᐅᓂᐱᓂᑐᐃᓐᓇᓯᐊᖅ ᓄᐃᓚᐅᕐᑐᐱᓂᐅᒻᒥᒪᑦ ᑖᒃᑲᖖᒐᑦ ᐃᓗᐱᐅᑉ ᐃᓗᐊᓂᑦ ᑕᑕᒥᑦᓯᓯᐊᕐᓯᓂ ᐃᓅᒻᒥᒃ. ᐃᓄᐃᒎᖅ ᑐᓵᕙᓂᒥᔪᑦ ᕐᑯᑭᐅᑎᐅᑉ ᓯᒃᑭᕙᓪᓛᖖᒐᓂᒃ ᑖᒃᑲᖖᒐᑦ ᐃᓗᐱᕐᒥᑦ. ᐃᓚᖖᒥᓐᓂᓗ ᑕᑯᓯᒪᑦᓴᒪᓇᑦᓯᑎᒃ ᕐᑯᑭᐅᑎᐅᑉ ᐳᔪᓪᓚᓂᖖᒥᓐᓂᒃ ᐃᓗᐱᕐᓂᓴᓐᓇᖅ.

ᐅᐃᐹᑦᑐᕐᑲᓰᒍᓂᖖᒐ ᓇᑉᐹᑉ ᑲᖖᒥᕐᓯᐊᓂ

ᐱᐅᔪᐸᐅᔫᓗᒻᒥᒃ ᒪᓂᑫᑦᑐᐊᐱᒻᒥᒃ ᕐᑫᕐᑐᑕᕐᑲᓇᕗᖅ ᑖᑉᐸᓂ ᓇᑉᐹᑉ ᑲᖖᒥᕐᓯᖖᒪᓂ. ᑖᑉᐸᓐᓇᓗ ᖃᐅᔨᒪᔫᓪᓚᓇᐊᓗᑦᓯᓂ ᐃᓅᖖᒋᑐᓄᑦ ᓯᒪᓚᑉᐱᐅᕐᑲᑦᑕᓯᒪᒋᐊᖖᒐ, ᓃᕐᓗ ᑑᕐᖖᒪᑕᓪᓚᒃ. ᑖᕗᓇ ᖃᕐᕐᑲᐅᑉ ᓴᓂᐊᒎᕐᑭᐱᑦ ᐃᓄᑑᓗᑎᑦ, ᐱᕐᑯᑎᖖᒋᑦ ᐅᓯᔪᖖᒋᑦ ᑲᓪᓛᓐᓄᑦ ᕐᑯᒻᒎᐊᒪᕐᑎᑕᐅᑦᑕᑫᔪᕐᕐᑯᑦ. ᐃᒋᐅᕐᕐᑲᑕᐅᑦᓯᐊᑐᐃᓐᓇᑫᔪᕐᑐᑦ ᐅᓰᑦ ᓯᑲᑦᑑᓴᑫᓯᐊᕐᑐᕐᑲᑫᓗᐊᑭᓂ ᑕᒪᒃᑯᐊ ᐅᓰᑦ ᓇᕐᑭᑕᑦᓯᐊᓯᒪᓚ- ᓗᐊᕐᐸᑕ. ᐱᖖᒋᓐᓇᖖᒋᓪᓗᑐᕐᑐᑦ ᓇᕐᑭᑕᕐᓯᒪᑦᓯᐊᑐᒻᒪᓈᑦ ᐱᑦᓯᒐᓯᑐᐃᓐᓇᑮᓐᓇᑐᑦ ᓃᕐᓗ ᐃᒋᐅᕐᕐᑲᑕᐅᑦᓯᑎᒃ.

ᐃᓄᑐᐊᖖᒍᑦᓯᖖᒐ ᐊᑕᐅᓯᐊᕐᓯᖖᒐ ᑖᕗᓈᓚᐅᕐᓯᒻᒥᒐᒐ ᕐᑭᒍᑦᓯᑯᑦ. ᑖᑦᓯᒪ ᕐᑲᕐᕐᑲᔫᕐᑫᐱᐅᑉ ᕐᑰᖖᒐᔫᕐᓯᖖᒐ ᐅᓯᔪᒃᑲ ᐱᑦᓯᒐᓯᑐᐃᓐᓇᕐᑯᓪᓚ ᐃᒻᒥᓂᕐᑭᓪᓛᓐᓇᑦᓯᑎᒃ. ᑕᒐᓗ ᕐᑲᒍᑏᒃᑲᓂᑦ ᕐᑲᖖᒐᑦᑕᑎᑕᐅᕐᑲᑦᑕᓯᑎᒃ ᐅᓯᒃᑲ. ᓯᔪᕐᑲᑦᓴᓪᓕᕐᒪᖖᒑᑦ ᓇᓗᓪᓗᑐᐃᓐᓇᑐᖖᒐ. ᕐᑭᒻᒥᑲ ᓄᕐᕐᑲᕐᑰᕐᑫᒃᑭᑦ ᓄᕐᕐᑲᓯᐊᕐᑑᒐᓗᐊᑦ. ᑖᒃᑯᐊ ᕐᑭᒻᒥᑲ ᐅᑎᒍᑦ ᓴᖖᒍᑎᑦᓯᒥᑦ ᐱᕐᑯᑎᒃᑲ ᓄᐊᓯᓚᐅᕐᓯᒪᔫᒃᑲ ᓇᒍᐊᓗᑐᐃᓐᓇᖅ ᑲᑕᒐᕐᓯᒪᓕᕐᑎᓗᒥᑦ. ᑲᔪᓯᒍᑎᕐᓯᖖᒐᓗ ᑖᕗᓇᖖᒌᖅ ᓯᕗᒍᑦ ᐅᐸᒐᓯᐊᕐᑕᑫ ᕐᑯᔪᓈᕐᓯᒍ ᐅᑎᑐᐃᓐᓇᓯᑦᓯᖖᒐ ᐊᓂᕐᑫᒍᑦ.

ᑌᑲᓂᑦᓴᓇᖅ ᓄᑲᑫ ᔫᑲᓯ ᑌᓖᑦᓴᓇᖅ ᐱᐅᓯᕐᑲᕐᐱᐅᓂᕐᒥᔪᖅ ᑭᖖᒍᓂᐊᒍᑦ. ᐊᕐᕐᑭᒍᐃᑦ ᐊᒥᓯᑦ ᐊᓂᒍᕐᓯᒪᓕᕐᑎᓗᒥᐊᓪᓛᑦ ᓯᑭᑑᕐᓯᓂᓪᓚ ᑌᓇ ᒪᕐᑫᕐᑲᑎᒥᓄᑦ ᕐᑭᒪᐅᒪᔪᐅᑦᓯᓂ ᕐᑲᓂᖖᒋᑑᑎᓪᓗᒥᐊᓪᓛᑦ ᕐᑲᓄᕐᔫᓂᑦ ᒪᓗᒍᓯᑦᔪᒐᓂ ᐱᕐᑯᑎᖖᒋᑦ ᑲᓪᓚᖖᒥᓐᓂᑦ ᐱᑦᓯᒐᓯᑦᓴᑐᐃᓐᓇᓇᕗᑦ. ᑕᒐ ᓇᕐᑭᑕᕐᓯᒪᑦᓯᐊᑐᑦ ᒪᕐᑫᒐᒥ. ᔫᑲᓯ ᐊᑦᑕᓅᑦᑐᓯᐊᒥᒃ ᐅᓯᒥᓂᒃ ᓇᕐᑭᑕᓇᓯᒪᑦᓯᐸᓚᐅᕐᒪᑦ. ᑌᒪ ᓯᒥᐊᐱᓐᓇᓯᑎᑕᐅᒐᓂᔫᓐᓂᑦ

ᓯᑭᑑᖓᑕ ᐊᕐᑰᑎᖓ ᐊᐅᓚᑕᐅᓯᒋᔪᖅ ᓄᐃᑕᖕᖏᑐᑦ. ᓘᑲᓯᒥᓐᓇ ᓰᖑᔭᒃᑳᓘᕙᓚᐅᕐᒪᑦ ᓴᖑᓕᓯᐊᑦᓴᓚᕐᑐᕕᓂᖅ ᑕᒪᐅᖓ ᐊᕐᕐᑯᑎᐅᑉ ᑐᑭᐊᓄᑦ. ᐊᕐᓯᕈᓚᑫᓗᐊᕐᓯᓂ ᐊᐅᓚᑦᓴᕐᑲᔭᖕᖏᑕᖓ ᑖᓐᓇ ᐊᕐᑰᑎᒃ. ᑕᓕᓚ ᕐᑲᓄᕐᓘᓃᑦ ᐊᐅᓚᑦᓯᕐᑲᔭᕈᓐᓀᑫᒥ ᓇᒧᖕᖓᓚᐊᕐᓂᒥᓂᒃ ᐃᖕᒥᕐᑫᓴᑐᐃᓐᓇᓚᕐᕐᑯᒨᖅ, ᑖᔪᖔᓗᑐᐃᓐᓇᖅ ᒪᓂᑫᕐᓂᐊᐱᖓᓄᑦ ᕐᑫᕐᑐᒧᑦ ᑐᕌᓚᕐᑐᕕᓂᖅ. ᐱᐅᔫᑦᓴᖑᐊᕐᑐᒧᑦ ᒪᓂᑫᐅᓂᐊᐱᒧᑦ ᕐᑫᕐᑐᒧᑦ. ᕐᑲᓄᓚᒫᑦᓯᐊᖅ ᐱᕕᓚᒫᑦᓯᐊᒥᓄᑦ ᑖᑦᓯᒥᖓ ᐊᕐᑰᑎᒥᓂᒃ ᓴᖑᑎᑦᓯᓕᓯᐊᕐᓯᓂ. ᐊᕐᓯᕈᑦᓴᑫᒥ ᑌᒪᒃ ᐃᔾᒥᒃ ᓯᑯᖕᖏᔭᐸᐅᔫᓗᑎᓪᓗᒥᒃ ᓴᖑᓕᓯᐊᓚᕐᑐᖅ. ᓄᐃᑕᖕᖏᑐᐊᓗᒻᒥᒃ ᓵᓚᕐᑲᑫᑕᑦᓴᓂᐊᓚᑫᒥ ᐊᕐᑰᑎᒥᓂᒃ ᐊᐅᓚᑦᓯᒍᓐᓇᓯᑦᓯᓂ. ᓵᓚᓚᕕᓂᐊᓗᒃ ᐊᕐᓯᕉᑎᕐᑲᑎᒥᓂᒃ ᓄᐃᑕᖕᖏᑐᐊᓗᒻᒥᒃ. ᓵᓚᒋᒻᒪᐅᒨᖅ ᓴᖑᐊᒨᓐᓇᓯᑦᓯᐊᐳᖅ. ᑕᓕᓚ ᐅᑎᓯᔭᕕᓂᖅ ᓄᐊᑦᓯᓯᑦᓯᓂ ᐱᕐᑯᑎᒥᓂᒃ. ᑕᓕᓗ ᑲᔭᓯᓯᓕᓗᐊᕐᒪᑦ ᓯᔭᕐᑲᓕᓚᒧᓐᓀᒥᑦᓯᓂ.

ᑕᒻᑯᐊ ᑌᒣᑦᑐᐃᑦ ᕐᑲᐅᔩᓴᐅᕐᑲᑦᑕᓯᒪᔭᑦ ᐃᓄᓐᓄᑦ ᓇᐅᑐᐃᓐᓇᓄᑦ. ᑭᓇᒃᑯᑐᐃᓐᓀᓗ ᒥᓪᓗᑕᐅᓰᖑᕙᑦᑐᕕᓃᑦ ᓯᓇᑐᐃᓐᓇᓄᑦ ᑕᒫᓂᑦᓴᓇᖅ ᕐᑫᕐᑐᒥ. ᑌᒃᑯᐊ ᓯᓇᑐᐃᓐᓀᑦ ᒥᓪᓗᓇᐊᕈᑕᐅᕙᑦᑐᕕᓃᑦ, ᐅᔭᑫᕐᓄᑦ ᕐᑭᔭᓐᓄᑑᓐᓃᑦ ᒥᓪᓘᑌᑦ. ᒥᓗᓇᐊᕐᐸᓯᑎᒃ ᓇᑭᐅᔩᔭᖕᖏᑐᖅ. ᐊᑖᑕᓕ ᑐᐹᕐᑕᐅᓚᐅᕐᓂᒥᔭᖅ ᓄᐃᑕᖕᖏᑐᐊᓗᒻᒧᑕᐅᖅ ᓰᖑᔭᐊᓗᒻᒧᑦ. ᕐᑯᖏᓯᖓᒧᑦ ᑐᕐᓯᖓᒧᑦ ᕐᑭᒥᓐᓂᐊᑕᐅᓚᕐᓯᓂ. ᓯᓂᑦᑐᖅ ᑕᓕ ᒪᕐᑫᕕᒥᓚᐅᕐᓯᒪᔭᑦᑎᓂ ᑌᑲᓂᑦᓴᓇᖅ ᒪᓂᑬᐱᒻᒥ ᕐᑫᕐᑐᒥ. ᓯᓈᓗᒻᒧᒨᖅ ᐊᑖᑕᓕ ᑎᒧᔭᐅᑦᓯᓂ ᑕᒪᐅᓇ ᐃᒻᒥᐊᖓᒧᑦ ᕐᑭᒥᓐᓂᐊᑕᐅᓯᕉᕐᓯᓂ. ᑲᑉᐱᐊᓯᒧᑦ ᑐᕐᑯᓚᖓᓚᓇᐊᒥᒃ ᐊᑖᑕᓕ ᕐᑯᓄᓚᕐᑐᕕᓂᖅ ᓴᐳᒻᒥᓗᓂ ᑭᓯᐊᓂᐅᓚᑫᒥ ᐃᒻᒥᓂᒃ. ᐊᓯᐃᓛᒃ ᐲᕈᓐᓇᓯᑦᓯᓂ.

ᐃᓂᕐᑯᓇᕐᑐᐸᐅᔫᓗᒃ ᕐᑲᓪᓗᓈᖓᔭᖅ

ᑕᑯᓚᐅᕐᓯᒪᒋᔪᖓ ᐊᕐᓇᒥᒃ ᐃᓂᕐᑯᓇᕐᑐᒪᓐᓇᐊᓗᒻᒥᒃ. ᑌᑦᓯᒪᓂᓚ ᑲᖏᕐᓯᐊᓗᑦᔭᐊᑉ ᓄᓇᓚᖓᓐᓂᓚᐅᕐᓯᒪᔭᖓ. ᐊᕐᓇᒥᒃ ᓴᓂᕐᑲᐅᑏᑦ ᓴᓂᐊᓐᓃᑦᑐᒥᒃ ᑕᑯᓚᐅᕐᓯᒪᔭᖓ ᕐᑲᓂᖕᖏᑐᒥᑦ. ᐃᓄᒃ ᕐᑲᓗᓈᖓᓂᖓ ᓇᓗᓇᑫᓂ. ᓄᔮᐱᖕᒥᑦ ᑕᑭᔭᑦᓯᐊᑬᐱᐅᑦᓯᑎᒃ ᑌᒣᑦᑐᖅ. ᑕᑯᓐᓇᑐᐃᓐᓇᓚᕐᑕᑫ ᑎᑭᐅᑎᕙᓪᓚᐊᓯᒧᐱᓯᑦᓯᖓ. ᑕᐃᒪ ᓯᒃᑫᑑᑦᓯᓂ ᑕᕐᓐᐸᓪᓚᐊᓯᓚᐅᕐᓯᒪᔭᖅ ᓴᓂᕐᑲᐅᑏᑦ ᐅᖓᑖᓄᑦ. ᑕᓕᓚ ᓄᐃᓚᕐᒥᓕᒥ ᕐᑭᒻᒥᓗᐸᐅᔫᓗᒃ ᑲᔭᐊᓘᑦᓯᓂ ᓄᐃᓚᐅᕐᑐᑐᖅ. "ᐱᐅᖕᖏᑐᖅ ᐊᓂᕐᓂᓗᒃ", ᐃᓯᒪᓚᕐᑐᖓ. ᑌᓐᓇ ᕐᑭᒻᒥᖅ ᓴᓂᒃᑯᕖᑦ ᐅᖓᑖᓄᑦ ᑕᕐᓐᓯᓂᓗ ᐊᓯᐅᑐᐃᓐᓇᓛᓐᑦᑐᖅ. ᓴᓂᒃᑯᕖᑦ ᑎᑭᐅᑎᓕᒃᑭᑦ ᕐᑭᓂᓯᓚᐅᔭᓕᓗᐊᕐᑐᖓ ᓯᓇᒥᓪᓘᓃᑦ ᐱᑕᕐᑲᑦᓴᖏᑦᑐᖅ.

ᕐᑭᕐᓂᑕᓂᒃ ᒥᕐᕐᑯᓚᐊᓗᒃ ᐃᓄᕐᓛᓗᒃ

ᐃᓄᑑᑦᓯᖓ ᒪᕐᑫᑦᑐᕕᓂᐅᑦᓯᖓ ᐅᑎᐅᓕᓚᐅᕐᓯᒪᔪᖓ. ᒪᕐᑫᑦᓴᐸᓚᐅᑫᒪ ᑕᒪᐅᓇ ᐊᕐᕐᑯᑎᒃᑯᑦ ᐃᖕᒥᕐᑫᐅᒪᓕᕐᓯᖓ ᓯᑭᑑᕐᒪ ᐊᐅᓚᔭᖕᒥᑦ ᓄᕐᕐᑫᓇᑐᐃᓐᓇᓛᓐᑦᑐᑦ ᓯᓇᐅᔩᔭᖕᖏᑐᒧᑦ ᐱᑦᔭᑎᕐᑲᖕᖏᓯᐊᕐᓯᑎᒃ. ᕐᑭᕐᓂᑖᓗᒻᒥᒃ ᑕᑯᔭᖓ ᑭᖑᓂᕐᓂ ᑕᑯᓪᓚᓐᑦᔭᓇᖓᓘᓐᓃᑦ. ᕐᑭᕕᐊᓐᐊᑦᓯᐊᓚᑫᒪ ᑭᖑᒧᑦ ᑕᑯᓴᓚᕐᕐᑯᖓ ᐊᖕᒥᔭᐊᓗᒻᒥᒃ ᒥᕐᕐᑯᓚᐊᓗᒻᒥᒃ ᐃᓄᕐᓛᓗᒻᒥᒃ. ᑖᓐᓇ ᐃᓄᐊᓗᒃ ᐊᖕᒥᔭᓪᓚᓐᐊᓗᒃ ᐃᓘᓐᓇᓚᒫᑦᓯᐊᖓᓗ ᕐᑭᕐᓂᑕᐅᑦᓯᓂ. ᑕᑯᓴᓐᐊᓪᓚᓯᓚᐅᔭᓴᑫ ᓯᕐᕐᑯᐃᒧᒪᑦᓯᒧ ᓯᓇᐅᒻᒪᖔᑦ. ᓯᓇᐅᐡᐸ ᐃᑎᓕᕐᓕᓂᒃ ᑭᓯᐊᓂ ᑕᑯᓐᓇᑐᖓ, ᐃᓘᓐᓇᓚᒫᑦᓯᐊᖓ ᕐᑭᕐᓂᑕᖅ. ᕐᑯᒻᒧᑦ ᑕᑯᓕᓯᐊᑦᓯᐊᓚᕐᑕᑫ ᓯᓈᓗᒻᒪᖔᑦ. ᑕᒪᓐᓇ ᑲᓈᖓ ᑕᑉᐸᐅᖔᓗᑐᐃᓐᓇᖅ ᑕᑭᔭᖅ, ᐃᓯᕐᑲᑦᓴᖏᑦᑐᓐᓃᑦ ᓰᕐᕐᑯᖓᓘᓐᓃᑦ ᑕᑯᕐᕐᑲᔭᖕᖏᑕᑫ.

ᑲᑉᐱᐊᓯᐊᓚᑫᒪ ᓯᔪᒧᑦ ᑕᑯᓴᓯᓚᐅᕐᓯᒪᔪᖓ. ᑕᓕᓗ ᑐᒃᓯᐊᓯᑦᓯᖓ ᐃᓯᒪᒃᑯᑦ, "ᒦᓯᓰ, ᐃᑲᔪᖕᖓ ᑲᑉᐱᐊᓇᕐᑐᕐᑲᓚᕐᒪᑦ" ᓚᑦᓯᖓ. ᑐᒃᓯᐊᒦᑫᒪ ᑕᓕ ᑭᖑᒧᑦ ᕐᑭᕕᐊᓯᓚᐅᕐᓯᒪᒻᒥᔭᖓ. ᑕᓕᓗ ᓯᓇᑕᕐᑲᓕᓚᒨᓐᓀᒥᔭᖅ. ᓯᑭᑑᑫ ᐃᖕᒥᕐᑫᓯᑎᕉᑦᓴᑐᐊᑫᒃᑯ ᐃᖕᒥᕐᑫᓯᑦᓴᐅᑎᒥᔭᖅ ᓯᕐᕐᑲᓭᒪᖕᖏᒪᓐᑦᑐᖅ ᐊᓂᕐᑫᒧᓪᓗ ᐃᖕᒥᕐᑫᐅᒪᓯᑦᓯᖓ ᐱᓀᓗᑕᕐᑲᓐᐊᓪᓚᖕᒥᒻᒪᓐᑦᓯᖓ.

ᐊᓯᐅᔦᕉᑦ

ᐊᒪᕈᕐᒥᒃ ᑐᑦᓴᓯᓚᐅᕐᓯᒪᒻᒥᓕᒪ ᓯᑭᑑᒃᑯᑦ ᒪᕐᑫᑦᓯᖓ. ᑐᒥᓯᓕᒪᑕᓕ ᐊᓚᐊᓯᑦᓴᖑᐊᓚᕐᑐᖓ ᐊᒪᕈᕐᓂᐊᓚᖓᓚᓇᐊᒥᒃ, ᑌᑦᓯᒪᓂ ᐊᒪᕈᔦᑦ ᐱᓴᐅᒧᒪᓪᓚᓐᑦᑐᐊᓘᑎᓪᓗᒥᑦ. ᑐᒦᑦ ᓄᑖᒻᒪᓐᐅᑦᓯᑎᒃ ᐊᓪᓛᑦ ᒥᕐᕐᑯᕐᒥᑦᑕ ᐃᓂᕐᒥᑦ ᑕᑯᑦᓭᑦ ᑐᒥᕐᒥᓐᓂ. ᓯᓚᕐᕐᑭᑐᐸᐅᔫᓗᒃ ᓯᕐᑭᓂᕐᓗ ᓯᕐᑭᓐᓂᓴᖕᖑᐊᓯᓂ. ᑖᐸᓂ ᓯᔪᓂᑫᓂ ᑕᑯᓚᓇᔪᕐᓗ ᑖᕐᑐᐊᕐᓕᔭᐊᓗᒻᒥᒃ, ᕐᑭᕐᓂᓯᐸᓪᓚᐊᑐᐃᓐᓇᑐᖅ ᑕᓕ. ᑎᑭᐅᑎᕙᓪᓚᐊᓚᐅᕐᓯᒪᔭᖓ ᑖᕐᑐᐊᖓᑦᓴᒪᓐᑦᑐᒧᑦ ᕐᑲᓐᓂᒧᑦ. ᐃᓯᒪᓯᑦᓯᖓᓗ ᐃᒫᒃ: "ᐊᐅᑲ, ᑌᓐᓇ ᐱᐅᖕᖏᑐᖅ ᐊᒪᕉᖕᖏᑐᖅ." ᑕᒪᓐᓇ ᑖᕐᑐᐊᓘᑫᓐᓇᑐᖅ ᐊᓯᐅᔦᖅ ᐊᒻᒪᓗ ᕐᑲᓐᓂᕈᓐᓀᓯᓂ. ᓯᓚᓗ ᓯᓚᕐᕐᑭᓚᑲᓪᓚᑐᐸᐅᔫᑦᓯᓂ. ᑭᖑᓂᑫᑕᓕ ᓯᓚᕐᕐᑭᒪᑦ ᐊᑦᓯᐊᓗᒃ.

ᐊᒪᕉᓪᓗ ᑐᒥᖏᑦ ᐊᓯᐅᑦᓯᑎᒃ. ᓱᓇᑐᐃᓐᓂᑦ ᑌᒣᑦᑐᑦ ᑕᒻᒪᓵᓇᒍᓐᓇᒪᑕ ᐊᓯᐅᑎᑦᓯᒐᓱᐊᕐᓯᑎᒃ. ᑌᒣᑦᑐᑦ ᑕᒐ ᑌᓲᕗᑦ ᐊᓯᐅᓴᕌᑦ.

ᑌᒣᑦᑐᓂᒃ ᑕᑯᕐᑲᑦᑕᓯᒪᕗᖓ. ᖃᓄᑐᐃᓐᓇᖅ ᓱᓇᑐᐃᓐᓇᐅᖑᐊᕋᓐᓇᑐᑦ ᐊᒪᕉᔫᔮᔅᓗᑎᓪᓗᓃᑦ ᐊᕐᑭᒻᒥᖑᐊᖑᒍᓐᓇᑐᑦ ᐳᐃᕌᑦ ᑐᒃᑐᐃᑦ ᐅᕝᕙᓘᓐᓃᑦ ᓱᓇᑐᐃᓐᓇᐅᒍᓐᓇᑐᑦ ᐆᒪᔪᐃᑦ. ᑌᒣᑦᑐᑦ ᐊᓯᐅᓵᓇᓗᑦ ᓱᒃᑯᑎᑦᓯᒐᓱᐊᕐᓯᑎᒃ. ᑐᓴᒐ ᐃᓄᒻᒥᒃ ᐊᓯᐅᔭᕙᓂᕐᒥᒃ ᐃᓱᒪᓘᖕᒍᕗᖓ "ᐊᓯᐅᓵᓇᕌᑦ ᐱᔭᕐᑲᑦᓴᓇᕗᑦ ᐱᒐᓱᐊᕐᑕᒥᓐᓂᒃ."

ᐱᓐᓂᐊᓚᐅᕐᓯᒪᒋᕗᖓ ᐊᓯᐊᔫᒻᒥᔪᖅ ᐊᓯᐅᓵᓇᕌᒥᒃ ᐳᐃᕌᖖᒍᐊᒍᑦᓯᓂ. ᐊᒥᓯᒐᓚᐅᔪᒍᑦ ᖃᔭᓇᐊᕐᑐᓯᑕ, ᐳᐃᕌᒥᒃ ᑕᑯᔪᖓ ᐱᓇᓱᓯᑦᓯᒍᓗ. ᐊᑯᓂᒐᓛᒃ ᒪᓕᑦᓴᑐᐃᓐᓇᓕᕐᑕᕗᑦ, ᖁᑭᓇᐊᕐᑲᑦᑕᓯᒍ ᐳᐃᑐᐊᕐᒪᑦ. ᑕᐅᓄᖓ ᑭᕙᓯᑦᑐᒨᑦ ᐃᒪᕐᐱᒨᑦ ᐁᑎᑕᐅᑐᐃᓐᓇᕋᑕᕐᓯᑕ ᖃᓂᖖᒥᑐᐊᓗᒻᒦᓕᕐᑐᒍᑦ. ᖁᑭᐊᑦᓴᖑᐊᕐᑲᑦᑕᕋᒪ ᖁᑭᕋᑕᕋᒃᑯ ᐳᔭᐊᓪᓕᑐᐃᓐᓇᕐᑯᓪᓕ ᐱᖓᓯᕚᑦᓯᓂ. ᐳᔭᐃᑦ ᖁᒻᒧᐊᓯᑎᓗ ᑖᓐᓇᓗ ᓇᔪᒐᓐᓇᑕᖓ ᐅᕐᓯᐊᓚᕐᑭᑦᓯᓂ. ᖁᑭᕋᒃᑯᑕᒐ ᐁᒐᓯᐊᓕᕋᑦᑎᒍ ᓇᓂᓘᓐᓃᑦ ᑕᑯᔭᒃᓴᐅᖏᓪᓕᖅ. ᑕᒐᓕ ᔭᐊᑭᐊᐱᑐᐃᓐᓇᖅ ᐳᐃᔾᔪᒻᒥᔪᖅ ᑖᓐᓇᓴᓐᓇᓯᐊᖅ ᐱᓐᓂᐊᕋᓐᓇᑕᕗᑦ. " ᐳᐃᕌᐅᕐᕐᒎᖏᒻᒪᓕ ", ᓚᕋᑕᓚᐅᕐᓯᒪᕗᖓ. ᑌᒫᒃ ᓂᓪᓕᒐᒪ ᓄᐃᒥᐊᓪᓚᒐᓛᓚᐅᔪᒍᓐᓂᑐᖅ. ᖃᓂᖖᒥᑐᓪᓚᓇᐊᓗᒻᒧᑦ ᓄᓇᒧᑦ ᐅᑎᓇᐊᕐᑲᓯᓚᐅᕐᓯᒪᔪᒍᑦ.

ᐊᓯᐊᒍᓪᓗ ᖁᑭᕐᓂᓚᐅᕐᓯᒪᒻᒥᔪᖓ ᐃᑭᓕᕐᓯᖓ ᑐᒃᑐᒥᒃ. ᖃᓂᑦᑐᒍᓪᒧᑦ ᓄᕐᖃᑐᖅ ᐃᑭᕐᑲᓕᕐᓯᓂ. ᖁᑭᓇᐊᒃᑲᓂᑦᓴᑐᐃᓐᓇᑕᖁ ᓂᐊᕐᑯᖓᒍᑦ ᖃᐅᓪᓗᐊᓯᐊᖓᒍᑦ ᖁᑭᕐᑕᖁ. ᑭᓯᐊᓂᓕ ᐊᐅᑦᑕᕐᑲᓛᖖᒥᑐᖅ ᐊᐅᓈᑐᐊᓪᓕᖏᑦᑐᖅ ᐊᔪᑦᑐᖁᑕᐅᓚᐅᕐᓯᒪᔪᖅ ᑖᓐᓇ ᐃᑭᓪᓕᓯᒪᕕᖓ ᖃᐅᖓᓃᑦᑐᖅ ᓱᓇᑕᕐᑲᓛᖖᒥᑐᖅ ᖃᑯᕐᑕᐅᓇᓯᐊᖅ ᓂᐊᕐᑯᖓᑕ ᓴᐅᓂᖓ ᖃᑯᕐᑕᐅᓈᓇᐊᕗᑦᓯᓂ ᓴᐅᓂᖓ. ᑌᒪᓕ ᐊᑐᐃᓐᓇᕈᕐᑎᓯᒪᓕᓕ ᐋᒃᑐᓚᖕᒐᓕᖁᒃᑯ ᑎᑰᓗᐊᓂᒃ ᖃᐅᔨᕚᓪᓚᓯᒻᒥᔪᖓ ᒪᒪᖖᒥᑐᐊᓗᒻᒥᒃ. ᐃᓱᒪᓕᕐᑐᖓ, " ᑖᓐᓇᓕ ᐱᐅᖖᒥᑐᐊᓗᒃ " ᐃᓄᑑᒐᒪᑕᒐ. ᑕᒦᖖᒐᓗ ᓅᓯᑦᓯᖓ ᐊᐅᓪᓚᓯᑦᓯᖓ. ᐊᑯᓂᐅᖖᒥᑐᖅ ᐅᑎᕐᒥᓯᒍ ᐃᓯᒫᓗᒥᑦᓴᑐᐃᓐᓇᓕᖁᒃ.

ᐊᔭᒍᑦᑑᓴᕐᒪᑦ ᑌᒫᒃ ᑕᑯᒥᐊᑦᓯᐊᓇᐊᓯᓚᐅᔭᔭᖁ ᖃᓂᑦᑐᐊᐱᓪᒥᑦ ᓅᓚᐅᕐᓯᖓ. ᑖᓐᓇ ᑐᒃᑐᖅ ᐱᑕᕐᑲᓛᒍᓐᓂᑐᖅ. ᓱᓇᕙᓂᐊᐱᕐᑕᕐᑲᖖᒥᑐᑦ ᑕᒪᓐᓇ ᓇᔪᒐᓐᓇᑕᖓ.

ᐊᓯᖏᓪᓗ ᐱᑕᕐᑲᕐᒥᓯᑎᒃ ᑌᒃᑯᓂᖓ ᐃᕈᖁᓃᒃ. ᑕᒪᒃᑯᐊᓕ ᐅᐃᕙᓵᓇᕌᑦ ᓄᐃᑕᓂᕐᑲᓲᒍᒻᒥᔪᑦ ᓱᓇᑐᐃᓐᓇᐅᒍᓐᓇᒥᑦᓯᑎᒃ ᐆᒪᔫᒍᓐᓇᒥᑦᓯᑎᒃ ᐃᓄᓪᓗᑐᐊᓘᒍᓐᓇᒥᑦᓯᑎᒃ. ᐊᑕᐅᓯᐊᕐᓯᖓᓕ ᖃᐅᕌᓚᐅᕐᓯᒪᔪᖓ ᒪᕋᑦᑐᓄᑦ ᐃᓚᐅᑦᓯᖓ, ᑐᒃᑐᓯᐅᓚᐅᕐᓯᒪᔪᑦ ᑌᑦᓯᒪᓂ, ᐊᒥᓯᐊᓗᓐᓂᒃ ᑐᒃᑐᓯᓚᐅᕐᓯᒪᔪᑦ ᐱᒐᓱᐊᓯᕖᕐᓯᓯᒥᓪᓗ. ᖃᕐᖃᐅᑉ ᐅᖓᑖᓄᑦ ᑕᕐᓇᓚᐅᕐᓯᒪᔪᑦ ᓱᓇᐅᕝᕙ ᐊᓯᐅᑦᓯᑎᒃ ᓱᓇᕙᓂᕐᑕᕐᑲᕈᓐᓂᖅ ᑐᒥᑕᕐᑲᕈᓐᓂᕐᓗᓃᑦ ᑐᒃᑐᑕᕐᑲᓛᖖᒥᑐᖅ!

ᑖᒃᑯᐊ ᐸᑎᑦᑎᒋᑦ ᑕᕝᕙᓂ ᓄᐃᑕᑎᑕᐅᓂᖏᑦ ᐱᔪᓐᓇᓂᖃᖅᑎᑕᐅᔪᑦ
ᐊᖏᕿᑕᐅᓯᒪᑦᓱᑎᒃ ᑯᐊᐯᑦ ᑯᐯᒃ ᑕᕐᑫᖕᒐᓂ ᐃᓚᒦᓴᖕᒐᓄᑦ

Les estampes sont reproduites avec la permission de la Fédération des coopératives du Nouveau-Québec

The stonecut prints are reproduced with the permission of the Fédération des coopératives du Nouveau-Québec

ᑏᕕ ᐃᑦᑑᑉ ᐊᓪᓚᖑᐊᕐᑕᕕᓂᖏᑦ

L'art de Tivi Etok

The Art of Tivi Etok

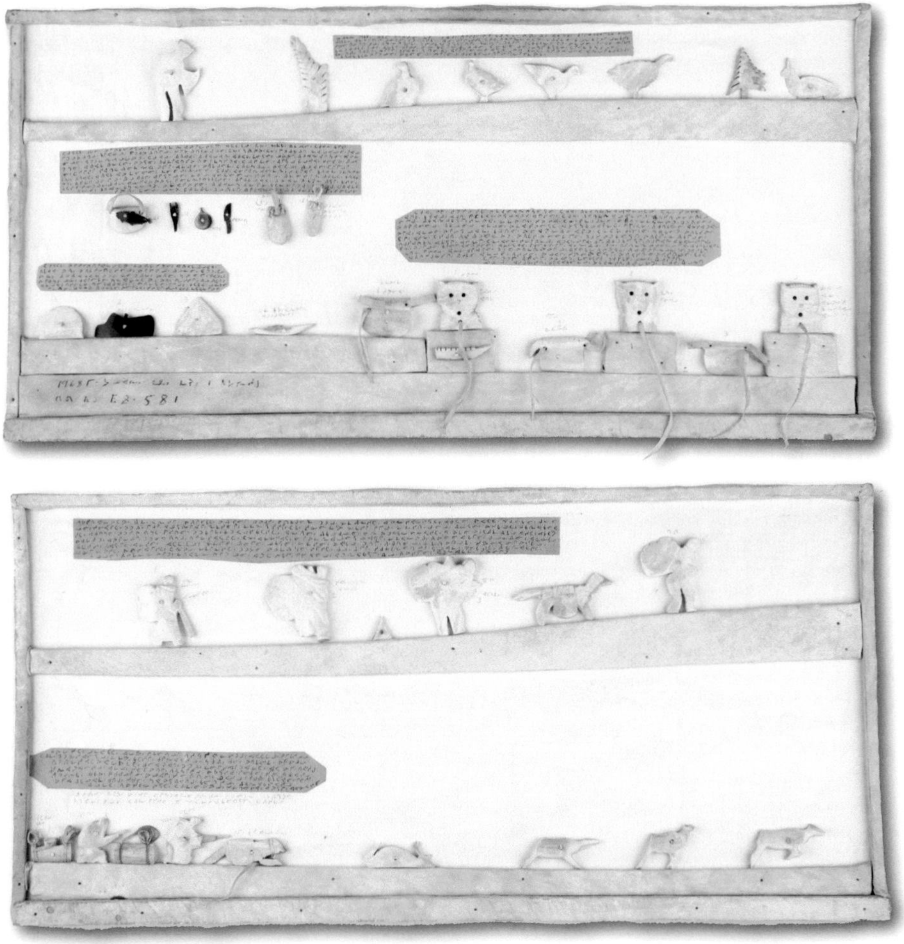

ᕿᑦᑐᔫᒍᑦᓯᑎᒃ
ᓴᓇᓯᒪᔪᑦ ᑏᕕ ᐃᑦᑐᒧᑦ
1971-ᒍᓚᐅᕐᑎᓇᒍ.

ᕐᑭᔪᕕᓃᑦ, ᑑᒃᑑᑉ
ᐊᒥᕕᓂᖏᓪᓗ
ᓇᑦᔪᕕᓂᖏᓪᓗ.

Bas-relief. Tivi Etok,
avant 1971.
Bois, peau et andouiller
de caribou.

Bas-relief. Tivi Etok,
before 1971.
Wood, caribou skin and
caribou antler.

ᑲᓇᑕᐅᑉ ᑕᑯᔭᒃᓴᑯᕕᖓ
ᐃᓘᕐᑲᑎᒦᒍᓯᐅᔪᓂᒃ
ᓯᓚᕐᔪᐊᒥ
ᐊᑦᔨᖑᐊᓕᐊᕕᓂᖓ ᐁᑕ
ᓚᑉᓃᐅᑉ

Musée de la civilisation, Québec; collection Fédération des coopératives du Nouveau-Québec, No. 71-615

Photo : Ida Labrie

ᐃᒃᑮᑕᔫᖅ

ᐊᓪᓚᖑᐊᕐᑕᕕᓂᖓ ᑏᕕᐅᑉ ᐅᓂᒃᑳᓯᓂ ᐃᒃᑮᒥᒃ. ᐅᓂᒃᑳᑐᐊᖅ, ᐳᐃᔨᓯᐅᕐᑐᐃᑦ ᑎᑭᑉᐸᒍᓐᓂᓚᑕ ᓄᓇᓕᒻᒥᐅᑦ ᓄᖑᐃᓐᓇᓕᖅᑕᕐᑐᑦ. ᑖᒃᑯᐊ ᐊᑖᑕᖓᓗ ᐃᕐᓂᒥᓪᓗ ᐱᖓᓱᐃᓐᓈᐱᐅᓕᖅᑕᕐᑐᕕᓃᑦ. ᑌᓇ ᐃᕐᓂᖓᑕ ᐃᓚᖓ ᖃᔭᕐᑐᑦᓯᓂ ᓯᑯᑐᐊᑲᑦᓘᓗᒻᒦᑦᑐᓂᒃ ᐊᒥᓱᐋᓗᓐᓂᒃ ᑕᑯᓕᕐᑐᕕᓂᖅ. ᐊᓂᓴᐅᑉ ᖄᖕᒪᒍᒎᖅ ᐆᑦᑐᓕᐸᐅᓴᓪᓗᑐᐊᓗᒃ. ᐊᖅᑲᐅᖅᑲᓯᐊᓗᑦᓴᓂᖅᑯᑦ ᖃᓂᑦᑑᓕᕐᒪᑦ. ᑕᒫᖕᒪᒍᒎᖅ ᓄᓇᒥᑦ ᐃᓄᖅᑲᖕᒥᑐᒥᑦ ᐅᖅᑲᐅᑎᔭᐅᓚᐅᕐᑐᕕᓂᖅ ᐱᕕᑦᓯᐊᑐᐊᔫᓯᑦᓴᐅᑎᒥᑦᓯᓂ ᕿᒪᑦᓯᑐᐃᓐᓇᓕᕐᓂᕐᑯᖅ. ᑌᒣᑦᑐᐊᓗᒻᒍᒎᖅ ᐳᐃᕕᐅᓯᑦᓯᓂ ᖃᔭᐅᑉ ᐊᕐᑰᔭᖓ ᐊᑦᑐᓪᓚᑦᑕᐅᓴᒪᓇᑦᓯᓂ ᑎᒍᒥᐊᕐᑕᐅᓯᓂ ᐊᓐᓂᔭᐅᓪᓗᑯᓪᓚᐅᕐᑐᕕᓂᖅ.

Ikkiitajuuq (Iquiagoualouc I)

Tivi Etok interpète ici l'histoire des *Ikkiit*. Selon la légende, nombre de chasseurs d'un grand camp allèrent à la chasse au phoque, mais n'en revinrent jamais. Seul un homme âgé et ses deux fils restèrent. L'aîné chassait tout seul et aperçut ce qu'il pensait être des phoques dormant sur la glace. Lorsqu'il s'en approcha, ceux-ci plongèrent dans l'eau. Après qu'il eût entendu une voix le mettant en garde d'un danger, il se mit à ramer de plus en plus vite. Un de ces esprits émergea soudain tout près de lui et tenta à plusieurs reprises de s'agripper à l'arrière du qajaq pour l'attraper, mais l'homme réussit à s'échapper.

Ikkiitajuuq (A Story About Ekeagualuk)

In this print, Tivi Etok interprets the story of the *Ikkiit*. According to legend, many hunters from a large camp went seal hunting, and never returned. Eventually, only one old man and his two sons were left. The older son, hunting alone, came across what he thought were seals sleeping on the ice. As he approached, they dove into the water. When a voice warned him of danger, he tried to paddle away. One of these spirits suddenly surfaced right near by and tried to grasp at the tail of the qajaq to capture him, but the man finally managed to escape.

ᐸᑎᑦᑎᒪᖅ / Gravure sur pierre / Stonecut / 21 1/2" × 29 3/8", 1975, #12

ᐃᒃᑮᑕᔫᖀᓗᐃᑦ ᑐᖓᓕᐊ

ᐊᑖᑕᒥᓄᑦ ᐅᓂᒃᑳᓴᓕᖅᓂᖅᑯᖅ, ᐊᑖᑕᖓ ᑐᑭᓯᑎᑕᐅᒪᒥ ᐊᑭᒥᐊᕈᒪᓕᖅᓂᖅᑯᖅ ᐃᒃᑮᓂᒃ. ᐃᑦᑐᖓ ᐃᖅᓂᒥᓪᓗ ᐊᓐᓂᔮᓗᒻᒧᑦ ᐅᑎᓕᖅᑐᐱᓃᑦ, ᖃᔦᑦ ᐊᑯᓐᓂᖓᓂ ᖁᔦᒻᒧᑦ ᓂᒥᖅᓯᓯᒥᑦ. ᑌᓇ ᐃᒃᑮᑕᔫᖀᓗᐃᑦ ᐊᖓᔫᖅᖄᖀᓗᐊᓄᑦ ᐊᖏᔪᐸᐅᔫᓗᒻᒧᑦ ᖁᒻᒧᐊᑐᐊᓗᒻᒧᑦ ᓇᓚᐅᑕᐅᓕᖅᓂᖅᑯᖅ. ᒪᐅᓇᓘᖅ ᑰᖑᓂᐊᒍᑦ ᐊᖑᐱᒐᖅᒧᑦ ᑲᐱᔮᓗᖓ. ᐊᓯᐊᓗᖏᑦ ᖃᒪᑦᓯᔦᐊᓗᐃᑦ ᓵᓚᐅᒪᒥᒃ.

Ikkiitajuuq (Iquiagoualouc II)

Le père conçut un plan pour se venger des *Ikkiit*, à la suite de ce que lui rapporta son fils. Ses deux fils et lui retournèrent sur la banquise et lièrent leurs kayaks. Lorsque le plus grand des *Ikkiit* émergea, le père le frappa avec sa grande lance meurtrière. Les autres esprits s'enfuirent, vaincus.

Ikkiitajuuq (Another Story about Ekeagualuk)

When the son reported the event to his father, the old man devised a plan to take vengeance on the *Ikkiit*. He and his two sons returned to the ice floe, and lashed their kayaks together. When the largest of the *Ikkiit* rose from the sea, the father stabbed him with a great killing spear. The other water spirits fled in defeat.

ᐸᑎᑦᑎᒪᖅ / Gravure sur pierre / Stonecut / 21 1/2" × 29 3/8", 1975, #13

ᑑᕐᖓᑦ ᐅᓐᓄᐊᑐᖃᐅᓂᕐᒪᑦ ᕐᑭᑦᓯᑲᕐᑐᐊᓘᕙᑦᑐᕕᓃᑦ ᑐᐱᕐᒥᒃ

ᑏᕕᐅᑉ ᐊᓈᓇᑦᓯᐊᖓᓚ ᐃᓅᖏᓐᓈᑎᓪᓗᒍ ᐃᓄᐃᑦ ᕐᑭᓯᔾᒥᒃ ᑐᐱᕐᑲᔫᒍᐃᓐᓈᑎᓪᓗᒥᑦ ᑐᐱᑐᐃᓐᓇᖅ ᑫᕕᑦᓯᒍ ᕐᑭᑦᓯᐸᑦᑐᐊᓗᐃᑦ ᐅᓐᓄᐊᑐᐃᓐᓇᒋᑦ ᑐᓵᔭᐅᕙᑦᑐᕕᓃᑦ. ᐅᓐᓄᐊᓕᒫᕿᓗᒃ ᐊᓂᕐᓂᓗᐊᓗᐃᑦ ᑐᓴᕐᓴᐅᕙᑦᑐᕕᓃᑦ.

Les esprits nocturnes

Tivi racontait qu'à l'époque de sa grand-mère, lorsque les gens vivaient dans des tentes de peau, il leur arrivait d'entendre pendant la nuit des grattements à l'extérieur des tentes. Ceux-ci étaient faits par des esprits mauvais et se poursuivaient tard dans la nuit.

The *Torngats* That Come Knocking in the Night

Tivi said that during the time of his grandmother, when people lived in tents made of skins, they would hear scratching sounds at night outside the tents. These noises were made by evil spirits, and would continue most of the night.

ᐸᑎᑦᑎᒪᖅ / Gravure sur pierre / Stonecut / 21 1/2" × 29 3/8", 1975, #8

ᑰᕐᖕᒫᖅ ᕿᒥᑦ ᐱᔭᐅᒦᒃᑯᑎᑦᓴᑑᒪᕕᑦ ᓇᓄᕐᓗᐊᓗᒻᒧᑦ

ᐅᓂᒃᑳᑐᐊᖅ ᑌᑦᓯᒪᓂᐊᓗᒃ ᓇᓄᕐᓗᐊᓗᒻᒥᒃ ᑕᑯᓚᐅᕐᑐᕕᓂᖅ ᐊᖑᑎᒃ ᓇᓄᕐᑎᑐᑦ ᑕᐅᑦᑐᕐᑳᑦᓯᐊᑐᒥᒃ ᑕᐅᓇᖖᒐᑦ ᐃᒪᕐᐱᒥᑦ ᐱᕙᒥᑦ. ᑖᓐᓇᒎᖅ ᕿᒪᓚᕐᓯᓂ ᑐᑦᓯᕿᕐᓯᓂ ᐃᒣᓕᔪᖅ "ᑰᕐᖕᒫᖅ ᕿᒥᑦ ᐱᔭᐅᒦᒃᑯᑎᑦᓴᑑᒪᕕᑦ." ᑖᓐᓇᒎᖅ ᓇᓄᕐᓗᐊᓗᒃ ᑕᐅᓇᖖᒐᑦ ᐃᒪᕐᐱᒥᑦ ᐱᑦᓯᓂ ᐳᐃᔪᖅ ᐃᒪᕐᐱᐊᓗᓪᓗᒎᖅ ᐃᖕᒋᐅᓕᕆᕐᔪᐊᑐᐊᓘᓕᕐᓯᓂ ᓄᓇᓗ ᑖᕐᓯᓕᕐᑐᐊᓗᒃ. ᓘᕐᓗ ᓄᓇ ᓯᓚᕐᔪᐊᓕᒫᖅ ᓯᕐᑯᒥᑦᑐᖅ ᑳᑯᐊ ᐱᔭᐅᓐᓂᔭᖕᒥᑦᑐᑦ ᐃᓄᑦᓯᐊᒍᖖᒋᑐᓄᑦ ᐃᑲᔪᕐᑕᐅᓯᑎᒃ.

Sorcier aux prises avec un esprit

On raconte qu'il y a très longtemps, un chasseur vit une créature ressemblant à un ours polaire surgir de la mer. Il se mit à hurler cette invocation : "Grand Esprit, viens à notre secours, Toi seul peut nous sauver." Lorsque cet énorme ours polaire émergea des flots, la mer se déchaîna et la terre fut recouverte de noirceur. C'était comme si l'univers tout entier s'était fracturé. Mais l'heure de la disparition des gens n'avait pas sonné. Le village fut épargné grâce à l'intercession de ce vil Esprit, qui disparut sous la terre.

The Shaman Protected the Village From a Spirit

It was said that in ancient times, a creature resembling a polar bear rose from the sea. A hunter saw it, and ran to his village, shouting: "Oh Great Spirits help us." The seas crashed onto the shore as the great creature emerged, and the land was covered in darkness. But the time for the destruction of the people had not come, and the land opened under the Thing, and it was gone.

ᐸᑎᑦᑎᒪᖅ / Gravure sur pierre / Stonecut / 21 3/8" × 29 3/8", 1975, #9

ᐃᑰᑕᔫᑦ

ᐃᓄᐃᑦ ᓄᓇᖓᓂ ᑕᕆᐅᕐᒥ ᐃᑰᑕᔫᕐᑲᕐᑐᐱᓂᐅᒪᒧᖅ. ᐅᑦᓯᒪᓂᐊᓗᒃ ᑐᓂᕐᑲᕐᓂᒪᑦ ᑕᒫᓂ ᓄᓇᒥᔭᑦᑎᓂ ᐆᒪᔪᓕᑦᓯᐊᖀᓘᑎᓪᓗᒍ ᑐᓃᑦ ᓄᓇᕐᑲᕐᓂᕋᒥᒃ ᑭᓯᐊᓂᒎᖅ ᐃᑰᑕᔫᓕᐊᓘᓐᓂᒪᑦ ᓄᓇᖔᑦ ᕿᒪᑦᓯᓚᐅᕐᑐᐱᓃᑦ ᓄᓇᒥᓐᓂᒃ. ᖃᔭᐅᑎᑕᐅᒪᒥᒎᖅ ᑕᒪᓂ ᖃᔭᕐᒥᓂ ᐳᓯᑦᑐᒥ ᐃᑰᑕᔫᑦ ᑲᑐᑦᑖᓯᑎᒃ ᖃᐅᖓᒪᒍᑦ ᐃᑰᑕᑦᓴᓕᕋᒥᒃ ᑖᓐᓇ ᐃᑰᑕᕐᑕᖅ ᐅᐃᑲᓪᓚᐸᑦᑐᐱᓂᖅ ᑐᕐᖁᑦᓯᓂᓗ.

Ikuutajuut (Eekutajueet)

Autrefois, les eaux de notre pays étaient peuplées d'esprits mauvais. C'était l'époque où le gibier abondait. La région était peuplée de Tunit, avant qu'ils ne fussent chassés par les *Ikuutajuut*. L'un de ces esprits monta sur le kayak d'un chasseur et perça un trou dans le front de ce dernier, qui ouvrit tout grand les yeux, puis mourut.

Ikuutajuut (Eekutajueet)

In ancient days, the waters of our land were frequented by evil spirits. This was in the time when game was plentiful and the land was occupied by the Tunit people, before they were driven out by the *Ikuutajuut*. One of these spirits climbed on a hunter's kayak and drilled a hole in the hunter's forehead. The hunters eyes opened wide, and then he died.

ᐸᑎᑦᑎᒐᖅ / Gravure sur pierre / Stonecut / 21 1/4" × 29 1/4", 1976, #14

ᓂᖏᐅᖅ ᐃᕐᓂᒥᓂᒃ ᐊᕐᕐᑲᐅᒪᒋᐅᕐᓴᔪᖅ ᐃᑰᑕᔫᓄᑦ ᐱᔭᐅᓛᖕᖏᒪᑦ

ᐃᑰᑕᔫᓂᒎᖅ ᐃᓄᐃᑦ ᕐᑭᒫᓯᓕᕐᓂᒪᑕ ᓂᖏᐅᖅ ᕐᑭᒣᓐᓇᑕᐅᓕᕐᓂᓇᕗᖅ ᐱᐊᖁᕐᒥᒃ ᐁᑉᐸᕐᑲᕐᓯᓂ. ᐊᕐᕐᑲᐅᒪᑎᑦᓯᕙᓕᕐᓂᕐᑯᖅ ᐃᒫᓄᑦ ᓂᒪᔫᓐᓅᒪᑦ ᑭᓯᐊᓂ ᐳᐃᑎᑉᐸᓯᔪ. ᐊᖏᓕᒪᒥᔫᖅ ᕐᑲᔭᐅᑎᑕᐅᒪᓯᐊᕐᓯᓂ ᐃᑰᑕᔫᓄᑦ ᓄᖑᑦᓯᑐᐃᓐᓇᓕᕐᓂᕐᑯᖅ ᐃᑰᑕᔫᕐᑲᕐᕐᑲᓴᓕᕐᓂᕐᑯᖅ.

Une vieille femme, son fils et les mauvais esprits *Ikuutajuut*

Lorsque les gens eurent fui un lieu peuplé d'esprits mauvais, ils laissèrent derrière eux une vieille femme et son jeune enfant. La vieille femme entraînait l'enfant à retenir longtemps sa respiration sous l'eau. Lorsque l'enfant devint adulte, il se servit de cet atout pour vaincre les *Ikuutajuut*. C'est pour cela qu'il n'existe plus d'*Ikuutajuuk* aujourd'hui.

An old woman helps her son to overcome the *Ikuutajuut*

When the people abandoned a place inhabited by evil spirits, they left behind an old woman and her young child. The old woman trained the child to hold his breath underwater for long periods. When the child grew to manhood, he used his skill to overcome the *Ikuutajuut*. This is why there are no longer any *Ikuutajuuk* left today.

ᐸᑎᑦᑎᒪᖅ / Gravure sur pierre / Stonecut / 21 1/4" × 29 1/4", 1976, #13

ᑑᕐᖓᑦ ᐃᓐᓈᕈᐊᓗᒻᒥᐅᕕᓃᑦ

ᑌᑦᓯᒪᓂᐊᓗᔫᖅ ᑑᕐᖓᒐᕐᑲᕐᓂᕆᕗᖅ ᐃᓐᓈᕈᐊᓗᒻᒥ. ᑖᒃᑯᐊᔫᖅ ᐱᐅᔪᐊᓘᕐᖑᐊᑐᕕᓃᑦ ᐃᓄᓐᓄᑦ ᐳᓚᕆᐊᕐᑕᐅᒍᒪᑦᓯᑎᒃ. ᐃᓄᐃᑦ ᕿᕐᑯᔭ-ᐅᒪᒥᒃ ᐳᓚᕐᐸᑐᕕᓃᑦ. ᐃᑎᕐᒥᒃ ᖃᓪᓗᓈᕿᓗᔮᕐᑐᔫᖅ ᓯᓇᑐᐃᓐᓇᓂᒃ ᖃᓪᓗᓈᕐᑎᑐᑦ ᓂᕆᓵᑦ ᓂᕆᕐᑯᔭᐅᕚᑦᑐᑦ. ᑖᓐᓇᓗ ᐅᒃᑯᐊᖓ ᑲᒪᒥᔭᐅᒪᓂ ᐅᒃᑯᐊᐸᑦᑐᖅ ᐳᓚᕐᑕᐅᒍᒪᓂᓕᒫᒥᓂ ᐊᓂᑦᓯᑌᓕᕚᑦᑐᕕᓃᑦ.

Les esprits des falaises

Il y a très longtemps, des esprits habitaient en haut des falaises des Torngat et invitaient les gens à leur rendre visite. En pénétrant dans leur demeure, les gens virent nombre d'objets bizarres, similaires à ceux des Blancs. On leur offrit aussi d'étranges mets. À leur surprise, la porte se referma sans que personne n'y ait touché. Il leur était impossible de se sauver tant que les esprits n'acceptaient pas d'ouvrir la porte.

The *Torngats* who Lived Inside the Cliffs

In ancient times, spirits lived high in the cliffs of the Torgnats and invited the people to visit. In their dwelling, the people saw many strange objects similar to what the white men have, and they were offered strange foods. But the people grew frightened when they saw the door close by itself, and they could not leave without consent.

ᐸᑎᑦᑎᒐᖅ / Gravure sur pierre / Stonecut / 21 1/2" × 29 3/8", 1975, #10

ᑏᕕᐅᑉ ᓯᓐᓇᒍᒫᕐᔪᓂᕕᓂᖓ

ᐃᒻᒥᓂᒃ ᐅᓂᒃᑳᓂᐊᕐᕐᑯᖓ ᓱᕈᓯᐊᐱᐅᑦᓯᖓ ᐅᓐᓄᐊᒥ ᓯᓂᑦᓯᖓ ᑲᑉᐱᐊᓯᒻᒪᕆᑦᑎᑕᐅᓚᐅᕐᓯᒪᓚᓚ. ᕿᐱᒻᒪ ᐃᓗᐊᒍᑦ ᓇᑎᕐᒍᑦ ᑕᑯᐊᐸᓚᓯᐊᓕᖓᒪ ᐅᓇ ᐱᐅᙱᑐᐊᓗᒃ ᓵᑦᑕᓇᓯᐊᓗᒃ ᑕᑯᑉᐸ ᐅᑉᐸᓐᓂᒃ ᑎᒍᓯᒪᓯᐊᕐᑐᐊᓗᒃ. ᑎᓪᓗᒥᐊᓕᕐᐸᖓ ᐋᒫᓗᒥᔮᕐᑕᕐᒥᑦᑕ ᐊᑯᓐᓂᐊᒍᑦ ᐊᒻᒪᑲ ᐋᓐᓂᐳᑦ ᑕᓕᖓ ᓅᕐᑲᑲᓪᓚᐳᖅ ᐊᓪᓛᑦ ᒪᒃᑯᑐᐃᓐᓇᖓᒥ. ᓇᑯᕐᒦᒃ ᓵᓚᕐᑲᖓᒪ.

Cauchemar de Tivi Etok

Une nuit, Tivi enfant fut effrayé par un grand mauvais esprit. Il se tapit sous ses couvertures et, d'une main, il réussit à frapper la mauvaise Chose à la poitrine. «Je sentis mon poing frapper quelque chose de solide. Cette chose me quitta et j'étais très content d'avoir triomphé.»

Tivi Etok's Nightmare

One night as a boy, Tivi was frightened by a great evil spirit. He hid under his blankets, but with one hand managed to strike the evil thing between its breasts. "I felt the shock and heard the blow as my hand hit something solid, then it left me and I was happy to have overcome it."

ᐸᑎᑦᑎᒐᖅ / Gravure sur pierre / Stonecut / 21 1/2" × 29 3/8", 1975, #11

ᓱᒍᑦ ᑐᒃᑐᐃᑦ ᐅᑎᖕᖏᓲᓐᓂᒪᖔᑕ

ᑌᑦᓯᒪᓂᐊᓗᒃ ᑖᓐᓇᔫᖅ ᐊᖑᑎᒃ ᓯᓂᒍᒪᓪᓕᒧᑦ ᑐᒃᑐᐃᑦ ᐅᓪᓗᓕᒫᖅ ᐅᓐᓄᐊᓕᒫᖅ ᐃᑳᕐᕆᒪᑕ ᐊᕐᖁᑎᖓᓅᕐᓯᕙᕕᓂᖅ ᐁᕕᐅᑉ ᓂᐊᖁᕕᓂᖓᓂᒃ. ᑌᒪᔫᖅ ᑐᒃᑐᐃᕿᒪᓇᓕᕐᓂᕐᖁᖅ.

La raison du départ des caribous

Selon la légende, un chasseur essaya de bloquer la route de migration des caribous afin de pouvoir dormir. Il fit rouler un gros crâne de morse et le laissa au beau milieu de leur route. Les caribous, trouvant le passage bloqué, quittèrent la région et n'y revinrent plus.

Why the Caribou Have Gone

According to the legend, a hunter tried to block the path of the migrating caribou so that he could sleep. He rolled the skull of a great walrus into their path. Finding their way blocked, the caribou left that area and never returned.

ᐸᑎᑦᑎᒐᖅ/ᕿᕐᓂᑕᖅ / Gravure sur pierre/noir / Stonecut/black / 24" × 34 1/2", 1976, #1

ᐱᕐᓂᓈᓗᑦᓴᑎᓪᓗᒍ

ᕐᑯᓪᓕᓴᔭᕐᒍᑦ ᐊᓪᓚᖕᒍᐊᕐᓯᒪᔪᖅ ᓛᐸᑐᐊᒥ ᐱᕐᓂᕆᕐᓂᖅᑲᕐᑎᓗᒍ ᕐᑲᓪᓗᓈᑦ ᐃᓄᐃᑦ ᓄᓇᖕᒪᓅᒥᐊᖕᖕᒪᖅᑲᑦᑕᓕᕐᑎᓗᒥᑦ. ᐊᕐᓇᖅ ᐃᕐᓂᒥᓪᓗ ᐊᖕᒍᑎᕐᓗᐊᓗᒻᒥᒃ ᑕᑯᓕᕐᓂᕐᑯᑦ ᐃᓚᒥᓂᒃ ᓄᖕᒎᑦᓯᔪᐱᓂᐊᓗᒻᒥᒃ ᓂᕆᑦᓯᒥᑦ. ᐊᕐᓇᐅᑉ ᐃᕐᓂᖓ ᐊᖓᔪᑦᓯᖅ ᓇᐅᓕᑦᑕᐅᔪᐱᓂᖅ ᑐᕐᑯᑦᓯᒍ.

Une période de famine

Cette gravure fait référence à une famine qui se produisit au Labrador peu après l'arrivée des Blancs. Une mère et ses deux enfants firent la rencontre d'un homme terrible qui avait mangé ses proches pour ne point mourir de faim. Il tua le fils aîné de la femme avec un harpon.

A Time of Famine

This stonecut refers to a famine in Labrador that occurred shortly after the white man arrived. A mother and her two sons met a terrible man who had eaten his relatives to avoid starving. He killed the woman's older son with a harpoon.

ᐸᑎᑦᑎᒪᖅ/ᕐᑭᕐᓂᑕᖅ / Gravure sur pierre/noir / Stonecut/black / 21 1/4" × 29 1/4", 1976, #12

ᑑᕐᖓᑦ ᐅᑦᔪᐊᓗᒻᒥᒃ ᐱᓚᑦᑐᑦ
ᑖᒃᑯᐊ ᑑᕐᖓᒎᖅ ᐅᑦᔪᒥᒃ ᐱᓚᑦᑐᑦ. ᐊᐸᑳᕐᑕᐅᕙᓐᓂᒥᔪᑦ ᖃᔭᕐᑐᑐᓄᑦ, ᖃᔭᕐᓂᒃ ᑕᑯᕐᖏᓂᕐᒥᓂ ᓄᐃᑕᕙᑦᑐᕕᓃᑦ, ᑕᑯᒪᒥᒃ ᐊᓯᐅᕙᑦᓯᑎᒃ.
ᐅᑦᔪᐊᓗᑦᑐ ᓴᕕᖏᑦᑐ ᐊᓯᐅᕐᖃᔭᕐᖏᑦᑐᑦ, ᑑᕐᖓᑦ ᑭᓯᐊᓂ ᐊᓯᐅᑎᑦᑐᒥᑦ. ᐅᑦᔪᕕᓂᕐᑐ ᓴᕖᑦᑐ ᑲᒪᒥᔭᐅᒥᐊᕐᑲᕐᐸᓂᖕᖏᒥᔪᑦ ᐱᐅᖏᒪᑕ.

Esprits dépeçant un gros phoque barbu

Des esprits sont en train de dépecer un gros phoque barbu. Des chasseurs faisant la tournée en kayak les surprenaient parfois et leurs yeux s'écarquillaient de surprise. Les chasseurs pouvaient très bien voir les esprits, mais, dès que ceux-ci les apercevaient, ils disparaissaient, laissant là leurs couteaux et leur gibier. Les chasseurs n'osaient pas toucher à cette viande ni à ces couteaux, car ces choses étaient maudites.

Spirits with a Great Bearded Seal

The *Tuurngait* spirits are cutting up a large Bearded Seal. Hunters in their kayaks would sometimes come upon them and their eyes would open wide in surprise. Hunters were able to see the *Tuurngait*, but as soon as the spirits caught sight of the hunters they would disappear, leaving their knives and the seal behind them. The hunters did not dare touch the meat nor handle the knives because these things were cursed.

ᐸᑎᑦᑎᒪᖅ / Gravure sur pierre / Stonecut / 21 3/8" × 29 3/8", 1975, #7

ᑐᒃᑐᓂᐊᕈᓯᑐᖅᑲᖅ

Une méthode traditionnelle de chasse au caribou

A Traditional Way of Hunting Caribou

ᐸᑎᑦᑎᒪᖅ/ᐸᐅᖕᒪᐅᔭᖅ ᕿᓂᓂᖅᓴᖅ / Gravure sur pierre/violet / Stonecut/dark purple / 21 1/4" × 29 1/4", 1976, #11

ᑐᒃᑐᓯᐅᕐᑐᑦ

ᐊᑖᑕᑦᑎᓄᑦ ᐅᓂᒃᑲᐅᓴᐅᕙᓪᓚᐅᕐᖁᒍᑦ ᐊᖑᒍᑏᒎᖅ ᑐᒃᑐᒥᒃ ᐃᑭᓪᓕᒻᒥᒃ ᓴᐲᓐᓇᒍᑦ ᑐᖁᑦᓯᓇᓯᐊᕐᓯᑎᒃ ᐹᖃᑎᖃᓪᓗᒥᔫᕐᐸᓪᓚᐅᕐᖁᑦ. ᐊᑖᑕᒪ ᑐᒃᑐᒥᒃ ᓴᐲᓐᓇᒍᑦ ᑐᖁᑦᓯᓇᓯᐊᕐᑎᓗᒍ ᑕᑯᓐᓈᖅᑕ ᑲᑉᐱᐊᓇᒻᒪᕆᓪᓚᐅᕐᐳᖅ. ᑐᖁᑦᓯᑉᐸᑦ ᓂᕆᓂᐊᕐᑐᒍᑦ, ᓵᓚᐅᑉᐸᑦ ᓯᒃᑯᓚᖕᒪᔪᒍᑦ, ᑖᓐᓇ ᐃᓅᑦᓯᑕ ᐃᓯᒪᒋᕙᓪᓚᐅᕐᑕᕗᑦ.

Le couteau de chasse

Nos pères nous racontaient des histoires de chasseur venant à bout de caribous avec seulement des couteaux... Lorsque j'étais enfant, j'ai vu mon père combattre ces grands animaux avec son couteau pour toute arme, et j'étais terrorisé. Je savais que, s'il remportait la bataille, nous aurions tous de la nourriture, mais s'il la perdait, nous allions tous mourir...

Hunting Caribou With a Knife

Our fathers use to tell stories of how the hunters of long ago overcame caribou with only their knives... When I was young I saw my father fight the great animals with only his knife and I was filled with fear. I knew that if he won the battle we would have food, but if he lost, then we would all perish...

ᐸᑎᑦᑎᒪᖅ / Gravure sur pierre / Stonecut / 21 3/4" × 29 3/4", 1975, #2

ᒪᕐᑫᑎᓗ ᑐᒃᑐᓗ II

ᑏᕕ ᐊᑖᑕᒥᓄᑦ ᐃᓕᓐᓂᐊᑎᑕᐅᓯᒪᔪᖅ ᑐᒃᑐᓯᐅᓕᑐᐊᕈᓂᒎᖅ ᐃᐸᒍᓱᒥᐊᓕᒃ ᐸᓐᓂᐊᓗᒎᖅ ᓄᕐᖁᓕᓐᓂᒃ ᐅᖑᒪᑦᓯᓕᖁᒥ ᓵᑦᓯᖏᓐᓇᓲᒍᒪᑦ ᐱᓂᐊᕐᑎᒥᓂᒃ. ᐊᖑᑎᒃ ᓴᐱᓕᕐᕕᖃᖅᖏᑐᖅ ᐃᓅᑦᔪᑎᑦᓴᓇᒪᒥᐅᖅ ᓂᕿᖃᒪ, ᓄᕐᖁᓂᒃ ᑐᕐᑯᑦᓯᕐᑲᖁᓯᐊᕐᐸᑐᕕᓃᑦ ᓵᑕᐅᓚᖓᒪᓗᐊᖁᒥᒃ ᐸᓐᓂᓄᑦ.

Le chasseur et le caribou II

Le père de Tivi lui enseigna que, lorsque les caribous se sentent menacés par un chasseur, un gros mâle protège les femelles qui ont des faons en attaquant l'intrus. Si ce dernier avait besoin de beaucoup de viande, il devait d'abord tuer les jeunes, même si cela rendait le mâle plus vicieux et le poussait à combattre le chasseur jusqu'à ce que mort s'ensuive.

Hunter and Caribou II

Tivi's father taught him that when hunting caribou, a great bull caribou would protect the females with young by attacking the hunter. If the hunter required much meat, he was to kill the young caribou first, even though this could mean that the bull would become vicious and fight the hunter to his death.

ᐸᑎᑦᑎᒪᖅ / Gravure sur pierre / Stonecut / 21 3/8" × 29 3/8", 1975, #4

ᕿᓚᓗᒑᕐᓯᐅᑐᑦ

ᐅᐱᕐᖕᒑᒥ ᐳᑦᑌᑦ ᓄᓇᒥᑦ ᓴᓐᐸᐅᓯᒪᓕᕐᒪᑕ, ᐊᖑᑏᑦ ᕿᓚᓗᒑᕐᓯᐅᓯᑎᒃ ᖄᖕᒪᓃᑦᓯᑎᒃ ᐆᒪᔪᕋᓯᐊᕐᐸᓂᕐᕐᑯᑦ. ᖃᔮᕿᖅ ᓯᑯᒧᑦ ᖃᑭᑦᓴᓯᒍ ᓯᑯᒥᑦ ᓇᐅᓕᕐᐸᓂᕐᒪᑕ ᕿᓚᓗᒑᕐᒥᒃ.

La chasse à la baleine

Au printemps, quand les glaces partaient à la dérive loin des rivages, nous y chassions souvent comme sur des plates-formes. Les chasseurs hissaient leur kayak sur la banquise et harponnaient les baleines qu'ils tiraient ensuite sur la glace.

The Whale Hunt

In the spring, when the ice pack drifted far from the land, the hunters would use them as hunting platforms. They would pull their kayaks up onto the floes, harpoon the whales, and pull them onto the ice.

ᐸᑎᑦᑎᒑᖅ / Gravure sur pierre / Stonecut / 21 1/4" × 29 1/4", 1976, #5

ᑲᑭᕙᓐᓂᐊᑰᒃ II

La méthode traditionnelle de pêche II

The Traditional Way of Fishing II

ᐸᑎᑦᑎᒪᖅ / Gravure sur pierre / Stonecut / 21 1/4" × 29/1/4", 1976, #7

ᐊᒪᕈᖅ ᑐᒃᑐᓂᐊᕐᑐᖅ III

ᐊᒪᕈᖅ ᓂᕿᑦᓴᒥᓂᒃ ᐱᓇᓱᐊᓕᕐᒥ ᐱᓇᓱᐊᒻᒪᕆᒍᓐᓇᐳᖅ ᑌᒣᓚᓗᐊᕐᓯᓂ ᑐᒃᑐᒧᑦ ᑐᕐᑯᑕᐅᕙᒃᑭᒍᖅ ᐃᓚᖓᓂ.

Le loup et le caribou III

« Lorsque le loup attaque le caribou, il doit user de sa grande force et de sa ruse. Malgré cela, il ne ressort pas souvent vivant du combat. »

Wolf and Caribou III

"When the wolf attacks the caribou he uses all his great strength and skill. Even so he is often killed in the battle."

ᐸᑎᑦᑎᒐᖅ / Gravure sur pierre / Stonecut / 21 1/2" × 29 1/4", 1976, #9

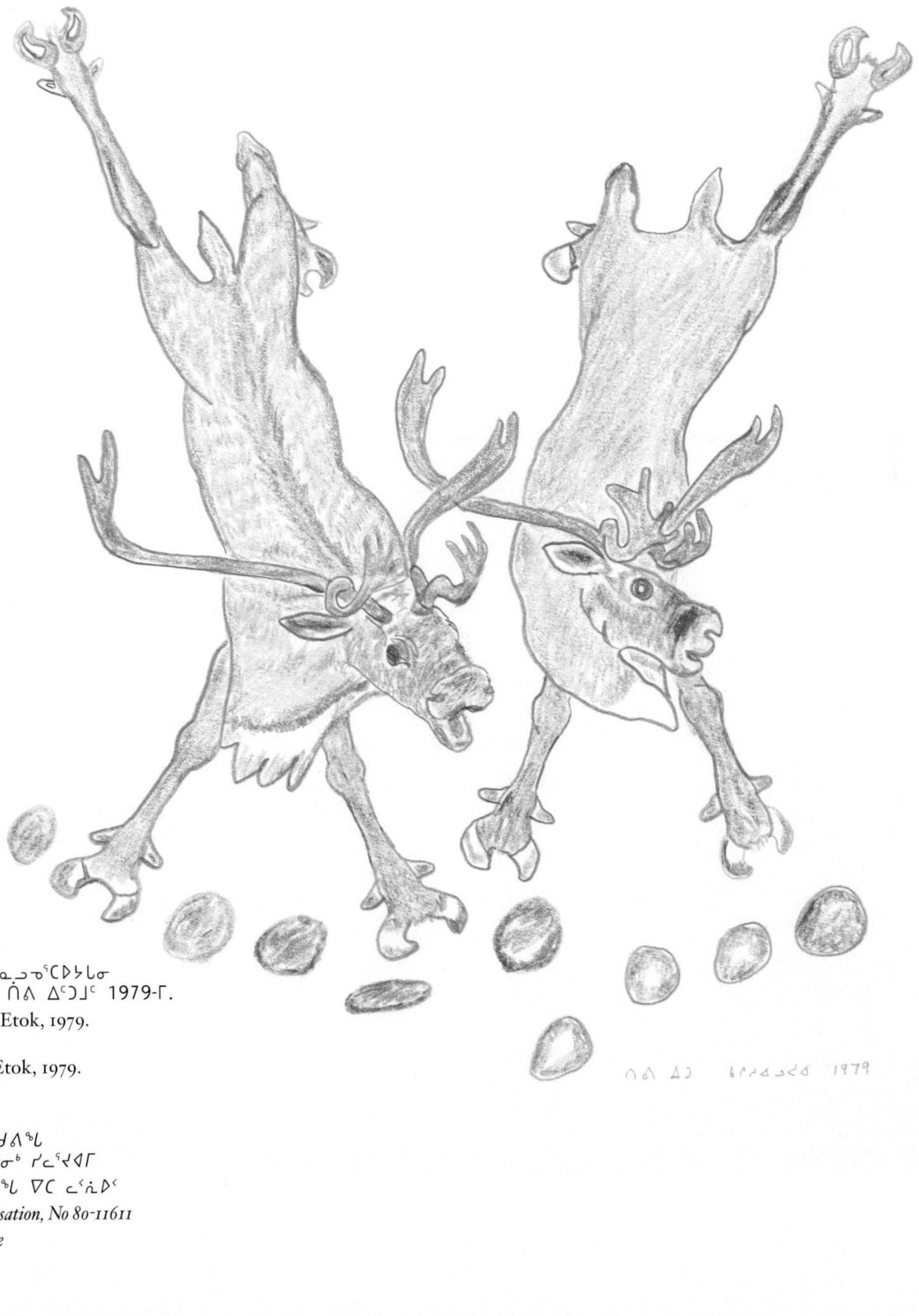

ᓱᓇᖖᑐᐊᑐᓂᖓ ᓇᓗᓀᖅᑕᐅᔭᒐᓂ
ᐊᓪᓚᖑᐊᖅᓯᒪᔪᖅ ᑏᕕ ᐃᑦᑐᑦ 1979-ᒥ.

Sans titre. Tivi Etok, 1979.
Dessin.

Untitled. Tivi Etok, 1979.
Drawing.

ᑲᓇᑕᐅᑉ ᑕᑯᔭᒃᓴᑯᕕᖓ
ᐃᓅᖅᑲᑎᒌᑐᓯᐅᔪᓂᒃ ᓯᓚᕐᔪᐊᒥ
ᐊᑦᓱᖑᐊᓕᐊᕕᓂᖓ ᐁᑕ ᓚᑉᕆᐅᑉ
Musée de la civilisation, No 80-11611
Photo : Ida Labrie

ᓱᓇᖕᖑᐊᒍᓂᖕᒐ ᓇᓗᓂᕐᑕᐅᔭᒐᓂ
ᐊᓪᓚᖑᐊᕐᓯᒪᔪᖅ ᑏᕕ ᐃᑦᑐᒧᑦ 1975-ᒥ.

Sans titre. Tivi Etok, 1975.
Dessin.

Untitled. Tivi Etok, 1975.
Drawing.

ᑲᓇᑕᐅᑉ ᑕᑯᔭᒃᓴᑯᕕᖕᒐ
ᐃᓅᖅᑲᑎᒌᒍᓯᐅᔪᓂᒃ ᓯᓚᕐᔪᐊᒥ

ᐊᑦᓯᖕᒍᐊᓕᐊᕕᓂᖕᒐ ᐁᑕ ᓚᑉᓈᐅᑉ

Musée de la civilisation, No 80-11589
Photo: Ida Labrie

ᓱᓇᖕᖑᐊᒍᓂᖓ ᓇᓘᓂᕐᑕᐅᔭᒐᓂ
ᐊᓪᓚᖑᐊᕐᓯᒪᔪᖅ ᑏᕕ ᐃᑦᑐᑦ 1977-ᒥ.

Sans titre. Tivi Etok, 1977.
Dessin.

Untitled. Tivi Etok, 1977.
Drawing.

ᑲᓇᑕᐅᑉ ᑕᑯᔭᒃᓴᑯᕕᖓ
ᐃᓅᖃᑎᒌᒍᓯᐅᔪᓂᒃ ᓯᓚᕐᔪᐊᒥ
ᐊᑦᓯᖑᐊᓕᐊᕕᓂᖓ ᐁᑕ ᓚᕐᓈᐅᑉ

Musée de la civilisation, No 80-11604
Photo: Ida Labrie

ᑑᕐᖓᖅ

ᑐᒃᑐᓯᐅᕐᑑᒃ ᓄᐃᕕᐅᔫᒃ ᑑᕐᖓᒧᑦ, ᑑᕐᖓᖅ ᓄᐃᒍᓐᓇᒪᑦ ᖄᓄᑐᐃᓐᓇᖅ ᐆᒪᔫᖕᖑᐊᒍᓗᓂᓗᓐᓂᑦ.

Le Tuurngaq

Ces deux chasseurs de caribou sont surpris par un Tuurngaq. Les Tuurngait peuvent prendre différentes formes, même celles d'animaux. Commandée en 2004 par la Section des parcs du Nunavik, cette estampe est la plus récente que Tivi ait réalisée.

The Tuurngaq

These two men hunting caribou are surprised by a Tuurngaq. Tuurngait can appear under different forms, even animals. Commissioned in 2004 by the Nunavik Parks section, this print is the most recent that Tivi has done.

ᐸᑎᑦᑎᒐᖅ / Gravure sur pierre / Stonecut / ᐱᑕ ᒨᑲᓐᒧᑦ ᐊᓪᓚᑕᕕᓃᑦ / Imprimée par Peter Morgan / Hand printed by Peter Morgan / 17 3/4" × 22 1/2" / Collection d'art inuit du Nunavik, 2005

LE MONDE DE TIVI ETOK

ᐅᑲᓖᑦ ᑖᓂᓯᕐᑐᐃᑦ

ᑖᓇ ᕿᑦᓕᓴᔭᖅ ᐊᑦᓚᖑᐊᕐᓯᒪᔪᖅ, ᑏᕕ ᑐᑭᓯᑎᑦᓯᒥᐊᕐᑐᖅ ᐅᑲᓖᑦ ᑖᓂᓯᕐᓂᖕᒥᓂᒃ, ᐊᖑᑎᒨᖅ ᐅᕿᓚᔪᐊᓘᓐᓂᒪᑦ ᐅᑦᑐᓇᕐᓯᓂ ᐅᑲᓕᓐᓂᐊᐸᑐᕕᓂᖅ.

La danse des lièvres

Tivi Etok fait ici référence à la danse des lièvres pratiquée en mémoire d'un chasseur qui courait si vite qu'il arrivait à rattraper puis à saisir un lièvre.

Dance of the Hares

In this stonecut Tivi makes reference to the hare dance, performed in memory of a hunter who could run so fast that he could catch a hare with his hands.

ᐸᑎᑦᑎᒫᖅ / Gravure sur pierre / Stonecut / 21 1/4" × 29 1/4", 1975, #6

Préface

C'est avec grand plaisir que j'ai accepté l'invitation de l'Institut culturel Avataq à écrire la préface du livre de Tivi Etok.

En 1967 et en 1968, j'ai eu le privilège de me rendre pour la première fois au Nunavik, plus précisément à Fort Chimo (aujourd'hui Kuujjuaq). J'étais alors étudiant à l'Université de Montréal sous la direction du professeur Rémi Savard qui avait déniché quelques sous au ministère des Affaires indiennes et du Nord canadien afin que je puisse faire un travail de terrain au sein d'une communauté inuite.

Tivi Etok m'a alors invité à demeurer chez lui avec sa famille dans la communauté de Kangiqsualujjuaq (George River) située sur la côte est de la baie d'Ungava, au nord du Québec. Outre Tivi, il y avait son épouse Susie, son frère Joe Willie, ses enfants Minnie, Tomasi, Atami, Charlie ainsi que Sarah, la mère de Tivi. Lors de mon séjour, j'ai aussi eu l'occasion de rencontrer d'autres membres de la famille Etok : Mususi, Lucassie et Tomasi ainsi que les habitants de cette communauté.

En participant activement à la vie de la famille et du village, j'ai appris énormément sur la vie des Inuits, sur leur mode de pensée, sur leurs valeurs et sur les difficultés qu'ils devaient affronter au quotidien dans leur quête de nourriture et dans la nécessité de pourvoir aux besoins des familles. J'ai été à même d'apprécier leur capacité non seulement de survivre, mais d'élaborer des solutions originales aux défis auxquels ils devaient faire face.

Durant plusieurs années, j'ai gardé contact avec des membres de la famille Etok, dont Mususi qui avait séjourné dans un hôpital et un centre dans le Sud à la suite d'un fâcheux accident de chasse.

Les années passèrent et, en janvier 2000, j'ai revu Tivi lorsque je suis allé à Kangiqsualujjuaq avec Jane Stewart, alors ministre des Affaires indiennes et du Nord canadien, à la suite de l'avalanche qui avait fait plusieurs morts et de nombreux blessés au sein de la communauté. Quelques jours après, le premier ministre Jean Chrétien se rendait dans la communauté pour assister aux funérailles.

C'est alors que Tivi m'a invité à demeurer dans la communauté afin qu'il me raconte les événements de sa vie. J'étais honoré d'une telle invitation, mais vu mes responsabilités au sein du Ministère, il s'avérait fort difficile de pouvoir rester dans la communauté plusieurs semaines. Afin de donner suite au vœu de Tivi, j'ai alors contacté l'Institut culturel Avataq et son président, Robbie Watt, a trouvé ce projet fort intéressant et a commencé à procéder aux entrevues de Tivi. Quelque temps passa et, ayant pu trouver des fonds au Ministère, l'Institut, alors sous la présidence de Charlie Arngak, embaucha Jobie Weetaluktuk pour compléter ces entrevues qui ont été par la suite traduites en français et en anglais.

Ce livre que vous aurez le plaisir de lire rapporte les propos d'un vrai chasseur et artiste inuit ayant vécu toute sa vie dans le nord du Québec et du Labrador. Il raconte les voyages de Tivi, ses espoirs, ses expériences et ses observations. La lecture de ces récits nous transporte dans un monde à découvrir, tant par les enseignements prodigués que par la richesse de toute une vie.

Le projet de création d'un gouvernement autonome public au Nunavik (territoire situé au nord du 55e parallèle), présentement négocié par les Inuits représentés par la Société Makivik, le gouvernement du Québec et le gouvernement du Canada, constitue un défi, mais aussi un très beau projet innovateur qui aidera, selon moi, les Inuits et résidents du Nunavik à faire face aux nouvelles questions que soulève un monde en perpétuel changement.

Selon les propos mêmes de leaders inuits, le peuple inuit n'est plus cette communauté homogène de jadis. Les anciennes méthodes ne suffisent plus à développer les traditionnels consensus sur lesquels a reposé pendant longtemps la vie publique inuite. L'Assemblée représentative qui sera créée permettra l'expression de points de vue opposés et l'élaboration de solutions applicables à la société inuite. Mais cette Assemblée doit s'inspirer le plus largement possible de la tradition inuite.

Je suis heureux d'avoir participé à ce projet de gouvernance du Nunavik en tant que Négociateur fédéral en chef et d'y apporter ma contribution personnelle. C'est un projet stimulant.

Ce livre comportant des entrevues et des gravures de Tivi Etok est une véritable source de sagesse et d'enseignements auxquels il faudra s'attarder. Les non-Inuits y trouveront l'histoire d'une vie courageuse, artistique et un modèle dont ils pourront s'inspirer et transposer dans leur propre vie.

En terminant, je me dois de remercier très chaleureusement Tivi Etok qui m'a enseigné bien des choses qui me servent encore aujourd'hui.

Nakurmiik Tivi !

Donat Savoie
Ancien Négociateur fédéral chef –
Nunavik
Affaires indiennes et du Nord Canada

Table des matières

ᓱᓇᖕᖑᐊᑐᓂᖓ ᓇᓗᓃᕐᑕᐅᔭᒪᓂ ᐊᓪᓚᖑᐊᕐᓯᒪᔪᖅ ᑏᕕ ᐃᑦᑐᒧᑦ
1975-ᒥ.

Sans titre. Tivi Etok, 1975.
Dessin.

Untitled. Tivi Etok, 1975.
Drawing.

ᑲᓇᑕᐅᑉ ᑕᑯᔭᒃᓴᑯᕕᖓ ᐃᓅᕐᑲᑎᒌᒍᓯᐅᔪᓂᒃ ᓯᓚᕐᔪᐊᒥ
ᐊᑦᔨᖑᐊᓕᐊᕕᓂᖓ ᐁᑕ ᓚᑉᕆᐅᑉ

Musée de la civilisation, No 80-11591

Photo: Ida Labrie

Introduction

Tivi Etok est né en 1929 dans un campement à Qirnituartuq. Comme bien des Inuits avant lui, Tivi est né là où se trouvaient ses parents. Il a passé son enfance dans la tradition nomade de ses ancêtres et a connu tant l'abondance que la famine. Il a aussi connu les privations, la joie de donner un festin et l'innocence qui se fait si rare de nos jours.

Tivi est devenu graveur dans les années soixante-dix, alors que de nombreux et distingués artistes relevaient le défi de la lithogravure. Davidialuk de Puvirnituq, Joe Talirunilik aussi de Puvirnituq, Thomassie Echalook d'Inukjuak étaient sans doute aussi connus que Tivi Etok, mais l'œuvre caractéristique de Tivi a vite été saluée par la critique internationale. Il a été le premier graveur inuit à publier sa propre collection en 1975. Tivi est déterminé à travailler dans un style particulier lorsqu'il participe à un atelier de gravure donné à Puvirnituq, au Québec, et son talent unique lui vaut alors l'admiration de ses pairs, des marchands d'œuvres d'art et du public acheteur.

L'art de Tivi ne se distingue pas uniquement par son style et la richesse du détail. L'expression des visages dans ses lithographies – fussent-ils d'un animal, d'une personne ou d'un être surnaturel – ajoute de la profondeur, rafraîchit la représentation. C'est parfois un geste arrêté net, un air de détermination, ou l'immersion dans un moment de réflexion. Il y a aussi la capture du mouvement, par exemple lorsque les lièvres d'Amérique en train de danser semblent dire « nous voilà pris en flagrant délit ».

Lorsqu'il parle de son art, les sens aiguisés de Tivi se font encore plus apparents. Il a un message à donner. Tivi est un magnifique conteur, un mari, un père, un chasseur, un homme spirituel, mais au-delà de tout cela, il est, semble-t-il, un artiste dans l'âme, le plus captivant des artistes de son époque. Puis, au sommet de sa créativité et de sa productivité, il perd tout, parce qu'il vend le dessin d'un artiste, un croquis à partir duquel on procède à la gravure. On lui avait peut-être expliqué à un moment de sa carrière qu'il ne devait pas vendre de tels originaux, mais en fin de compte, il a transgressé une convention en estampe inuite et a violé un contrat. C'est ainsi qu'il mine la réputation acquise au prix de tant d'efforts et met fin à sa carrière artistique. Avec le recul, il dira que cela lui a donné l'occasion de réfléchir et le temps de prendre une pause bien méritée, mais il n'a jamais pu surmonter cet événement.

Comme pour bien des Inuits, les récits surnaturels contenus dans ces pages ne sont pas des contes aux yeux de Tivi. Ils sont aussi réels et indélébiles que les Inuits eux-mêmes. Les récits des Inuits restent incomplets s'ils ne renvoient pas aux *Tuurngait*, *Inugagulliit*, et *Ikuutajuut*. Même de nos jours, les Inuits vivent des expériences du paranormal qu'ils peuvent raconter aussi clairement qu'ils vous diront comment évider un poisson. Le surnaturel n'est pas seulement une partie importante des estampes de Tivi, il a constitué toute son expérience de vie.

La légende des Ikkiit et des monts Tuurngait en est un bel exemple. Bien sûr, c'est une légende, mais pour Tivi cela fait partie de l'histoire de la région. Tivi peut identifier précisément chacun des lieux mentionnés dans le récit, mais, tout comme le temps, les sujets infâmes de la légende nous échappent. Nombre des expériences surnaturelles de Tivi dépeignent les forces du mal, ces forces qui ont tenté de le tromper, de le mystifier ou de l'intimider. Après être passé à un cheveu de la mort et s'être converti, Tivi a été catéchiste de sa paroisse anglicane pendant de nombreuses années.

Tivi et sa femme, Susie, ont eu quatre enfants, en ont adopté deux autres et ont un grand nombre de petits-enfants.

Le présent ouvrage repose sur des entrevues qui se sont échelonnées sur plusieurs années. En 2000, Mollie Emudluk a interviewé Tivi à plusieurs reprises et retracé la voie de sa vie. Les transcriptions de ces entrevues forment la première partie de l'ouvrage.

En 2002, je me suis rendu à Kangiqsualujjuaq pour faire un suivi. Tivi a alors partagé avec moi certains des événements extraordinaires de sa vie. Ces récits forment la deuxième partie.

J'espère que ces récits vous toucheront autant qu'ils m'ont touché.

Jobie Weetaluktuk

Ma vie et mon art

Entrevues réalisées par Molly Emudluk, Kangiqsualujjuaq

Parenté et territoire

Mon père s'appelait Aatami et ma mère, Sarah. En fait, le nom de famille de mon père était Ukuatsiajuaq, Aatami Ukuatsiajuaq. Toute notre famille devrait réellement s'appeler Ukuatsiajuaq. Notre nom de famille a été changé pour Etok, ce qui rend difficile le maintien de l'identité du clan. Etok n'est pas le nom que nous portions quand j'étais enfant. Partout où nous allions, nous étions connus comme la famille Ukuatsiajuaq. Puis, notre nom fut changé pour Etok, si bien que maintenant, c'est comme si nous formions deux clans, mais en fait, ce n'est pas le cas.

Je suis né entre Kuujjuaq et Kangiqsualujjuaq. L'endroit s'appelle Qirnituartuq et se trouve juste avant un autre lieu nommé Tunulliit, lorsqu'on arrive de Kangiqsualujjuaq.

Mes ancêtres ont vécu et voyagé partout. Ils passaient l'hiver à Kuujjuaq. Parfois, ils passaient l'hiver et l'été à Tasiujaq, à Kangirsuk et à Tuvaaluk. Mes parents ont passé beaucoup de temps dans ces régions, c'est donc de là qu'ils viennent. Leurs ancêtres venaient de plus loin à l'ouest, d'aussi loin que Kangiqsujuaq.

À un certain moment, le clan a commencé à migrer vers la région de Kangiqsualujjuaq. Il passait quelque temps dans les environs de Kuujjuaq, mais se déplaçait à la poursuite du gibier. La chasse n'était pas une simple affaire, surtout lorsque l'équipement était de mauvaise qualité. Les chasseurs cherchaient du gibier et des renards à piéger. À cette époque, les peaux de renard étaient la seule ressource pour la traite. C'est donc la recherche du gibier qui a emmené mes ancêtres dans cette région en fin de compte.

Vous m'avez demandé si nous avons vécu à Kuururjuaq ? Oui, nous y avons vécu longtemps. Nous y avons passé bien des hivers et des étés. Parfois, nous passions l'hiver à Tasikallak. Pour ce qui est de mon enfance, c'est ce dont je me souviens encore.

Mon premier poisson

Je me rappelle très clairement la première fois où je suis parti pêcher avec mon père ; nous sommes partis à pied, pas en traîneau à chiens. Avant le voyage de pêche, j'étais toujours avec le groupe dans le bateau quand nous partions à la chasse en bateau ou quand nous déménagions notre

ᑏᕕ ᐃᑦᑐᒃ 1968-ᒥ,
ᐃᖅᑲᓗᑦᑕᕕᓂᖅᒥᓂᒃ
ᑕᑯᔭᐅᑎᑦᓯᔪᖅ
Tivi Etok, en 1968, montrant ses prises.
Tivi Etok, in 1968, showing off his catch.
Collection Donat Savoie IND DSA 233

campement. Je n'étais qu'un jeune garçon lorsque mon père m'emmena faire une sortie de deux jours sans que toute la famille suive. C'était tard au printemps.

Nous sommes allés pêcher dans un lac. Mon père pêchait à la turlutte, mais n'a rien pris. Il commençait à faire noir. À cette époque, nous ne possédions pas de tente de chasse. Mon père a coupé des branches pour faire une paillasse, mais il avait apporté une couverture. Il m'a dit, « viens t'étendre ici ». J'ai aussitôt pensé à ma mère et aux autres et je me suis mis à pleurer. Dès que je réalisai que nous allions être partis toute la nuit, ma famille remplit mes pensées. Père a dit, « étends-toi ici pour l'instant et essaie de dormir », mais il n'a pas précisé que nous allions passer la nuit dehors. Je pense que ce qu'il a dit plus précisément, c'est : « Essaie de dormir ici, et, quand tu te réveilleras, nous prendrons la route vers la maison ». Je venais juste de me mettre à pleurer lorsque mon père m'a dit ces paroles. Pendant que je pleurais, il m'a pris dans ses bras et m'a réconforté. C'est alors que je m'endormis. Ce fut mon introduction aux expéditions de deux jours.

Je n'avais pas encore dix ans, je pense. Je n'en étais qu'aux débuts pour ce qui concerne la chasse. Je ne savais même pas chasser la perdrix, encore que je pouvais pêcher. Le lendemain matin, je me suis réveillé devant la chaleur d'un beau feu de camp. La sensation écrasante que j'avais eue la nuit d'avant m'avait quitté. Il faisait un temps splendide. Quand j'étais enfant, il ne faisait pas toujours affreusement mauvais. Quand il faisait beau, le temps était extraordinairement splendide.

Ce matin-là, je pêchai à la turlutte avec mon père et je pris sept touladis ; dire que c'est moi qui avais pleuré la nuit d'avant. Je fis pourtant la prise la plus substantielle. Les poissons que je pris étaient des touladis, pas des ombles chevalier de l'Arctique. Je ne sais plus si mon père a pris du poisson. Je ne le pense pas.

Plus tard dans la matinée, nous avons marché sur le sol dégelé pour rentrer chez nous. Il y avait de la neige ici et là, mais elle fondait rapidement. Le printemps était bien avancé et la température ambiante, très chaude.

En fin de compte, nous sommes arrivés au campement. Je ne sais plus combien de tentes il y avait, mais les familles des frères cadets de mon père y vivaient aussi. Chaque frère avait sa famille, si bien que nous étions un bon nombre. Alors que nous approchions, j'ai commencé à ressentir une certaine gêne. J'étais gêné pour deux raisons : d'abord, j'avais pleuré la nuit d'avant, mais aussi j'avais pris tant de poissons. Arrivé au campement, je rentrai brièvement avant de ressortir pour jouer avec les autres enfants. Je pense que je jouais avec Itsimasaa Ukuatsiaq. Il y avait d'autres enfants aussi, entre autres Tommy Ukuatsiaq.

Mon premier festin

On me dit alors d'inviter tout le monde à un festin de poisson. Je devais inviter toutes les femmes. Tout le monde a mangé du poisson provenant de ma première pêche. Nous les avons tous mangés, il n'en est pas resté un seul. Chaque poisson a fait les délices de quelqu'un.

Par la suite, nous avons toujours célébré mes premières prises par un festin. Peu importe la sorte d'animal que je prenais, il était toujours consommé en entier. Aucune partie n'était mise de côté pour plus tard. Le festin de poisson n'a été que la première de nombreuses fêtes célébrant mes « premières prises ».

Vous dites que vous avez invité toutes les femmes. Est-ce parce qu'il n'y avait que des femmes invitées au festin de la première prise ?

Non, les hommes, les femmes et les enfants étaient toujours invités à un festin. La famille de celui qui avait abattu une proie était chargée de répartir le gibier. Les gens qui répartissaient leurs prises étaient les hôtes. C'était la tradition. Ceux qui étaient invités à se joindre à eux n'avaient rien à dire. La famille de celui qui avait pris l'animal agissait à sa guise.

Selon le proverbe : « Un animal qui erre librement dans la nature n'a pas de propriétaire. Par conséquent, celui qui l'abat devient son propriétaire. » C'est un ancien proverbe. Supposez par exemple que j'aie une femme et que j'abatte un animal. Ce n'est que lorsque je l'apporte dans la cuisine de ma femme que l'animal appartient à quelqu'un, pas avant. Les animaux qui errent dans la nature n'appartiennent à personne. Ce n'est que lorsqu'une personne attrape un animal qu'elle peut exercer son autorité sur lui. C'est le chasseur qui décide s'il veut être l'hôte d'un festin. C'était la loi, c'était ainsi autrefois.

Un festin était un grand événement. Personne n'aurait jamais raté pareille occasion. Tous appréciaient le festin avec beaucoup de joie, avec de grands cris de gratitude. Cette sorte de démonstration appréciative vous laissait un puissant sentiment de respect et d'excitation. C'est ainsi que nous étions. C'était merveilleux.

De nos jours, les gens n'expriment pas une telle gratitude, rien qui s'en approche, mais c'était comme ça auparavant. Toutes les femmes, tous les aînés, tous étaient invités. Tous ceux qui le souhaitaient venaient y assister. Le festin de poisson fut le premier de nombreux festins que je donnai par la suite. C'est comme ça qu'on a fait pour moi. À cette époque, je commençai aussi à comprendre les conventions relatives au partage de la nourriture.

Pendant le festin, les gens disaient des choses comme : « Tu seras un grand chasseur ». Ils exprimaient leur grande appréciation de la nourriture. « Tu vas devenir un grand chasseur », répétaient-ils. Ils me donnaient le sentiment d'être très important. C'était toujours agréable de donner un festin.

Les animaux que nous prenions n'étaient pas uniquement destinés à notre famille. Si nous avions des voisins, nous partagions nos prises avec eux. Surtout lorsque le gibier se faisait rare. La personne qui abattait l'animal avait autorité sur lui. Le chasseur « reçoit » cet animal tout autant qu'il le « prend ». Il peut décider ou non d'inviter des gens à un repas. Il peut inviter qui il veut, même les dirigeants. Les festins sont vraiment des occasions joyeuses. Parfois, je ne voulais même pas rester dans la maison pendant de tels festins parce que les cris de gratitude étaient si exubérants. Ces cris me perçaient douloureusement les oreilles, mais j'étais aussi heureux que n'importe qui d'autre. J'étais ravi. C'était comme ça.

Ma première carabine

Ce n'est que plus tard que j'ai eu mes vraies premières expériences de chasse. Nous avions coutume de naviguer jusqu'à Killiniq. Nous descendions jusqu'au large, là où se trouve la glace de dérive.

Mais lorsque nous étions à Kuururjuaq, j'en étais encore à apprendre comment chasser la perdrix. J'avais du succès comme chasseur de perdrix, mais c'était tout le gibier que je pouvais prendre alors. On ne m'avait pas encore donné de fusil et je ne m'en étais pas acheté non plus. Dans ce temps-là, les jeunes ne savaient même pas ce que cela voulait dire. Ils ne connaissaient rien de l'argent. Pour nous, le savoïr utile portait sur le comportement des animaux et la manière de les capturer. La seule autre chose que nous devions apprendre était la manière de se débrouiller par mauvais temps.

À peu près à cette époque, je reçus un petit fusil. C'était une petite carabine de calibre .22. C'est le mari de ma tante qui me l'a donnée ; il m'aimait beaucoup. Il m'a donné sa propre carabine parce qu'il n'était plus capable de chasser. C'était la seule carabine qu'il n'ait jamais possédée. Avec cette carabine, je devins un chasseur de perdrix accompli. J'apportais tout le temps des perdrix au mari de ma tante.

Déménagement à Kuururjuaq

Mon père avait deux jeunes frères, Lucassie et Tommy Ukuatsiaq. Chacun d'eux avait une famille.

En fait, à cette époque, tous les frères et sœurs étaient nés. Les deux familles remontèrent jusqu'à la Kuururjuaq, à l'endroit où elle devient navigable vers l'ouest, pour y construire une maison pièce sur pièce. Elisapi, ma cousine, et ses pairs étaient encore enfants. Nos familles ont bâti une très jolie maison dans les bois.

Mon père et d'autres hommes partaient de cette maison et remontaient la vallée de la Kuururjuaq pour chasser le caribou. En été, ils allaient à l'intérieur des terres en emportant des tentes. L'automne venu, ils avaient rempli de nombreuses caches de caribou. Nous avons passé pas mal de temps à Kuururjuaq. Les hommes marchaient beaucoup, chassant le caribou ou allant chercher la viande dans les caches.

Ils apprenaient aussi à attraper le renard. Alors, nous avions des peaux de renard avec lesquelles faire la traite. C'est pourquoi le groupe de Lucassie commença à traverser la péninsule jusqu'à la côte du Labrador. Les hommes ont même construit une autre cabane en rondins, même s'ils avaient déjà la grande maison pièce sur pièce. L'emplacement de la deuxième cabane serait facile à atteindre par motoneige de nos jours.

Une année, Lucassie et Tommy, qui connaissaient déjà Navvaaq – un fjord sur la côte du Labrador –, décidèrent d'aller y passer le printemps. Lorsqu'ils partirent, notre famille s'en alla avec eux. Contrairement à eux, c'était notre première expérience dans cette région. Les jeunes frères de mon père avaient déjà fréquenté l'endroit. Étant l'aîné, mon père pensait qu'il devait y aller aussi.

ᖁᕐᓗᑐᐊᓗᒃ ᑰᑭᕐᔭᐊᑉ
ᑰᖕᒪᓃᑦᑐᖅ ᑑᕐᖏᑦ
ᖃᕐᖃᖕᒥᓐᓂ 1951-ᒥ.

Chutes de Kurluktuk sur la rivière Kuururjuaq, monts Torngat, 1951.

Kurluktuk Falls on the Kuururjuaq River in the Torngats, 1951.

Rousseau A XI – 11

Navvaaq se trouve près de Kuururjuaq. C'est très près du réseau hydrographique de la rivière Kuururjuaq, mais ça n'en fait pas partie. Il y a un autre bassin versant, celui de la baie de Ramah au sud de Navvaaq. Dans ce coin-là, il y a bien des endroits qui étaient nos préférés.

Ma famille, la maladie et la mort

Des membres de ma famille y sont enterrés. Mon jeune frère Lucassie Billy est enterré à Ramah. Il a peut-être attrapé une maladie par contact avec un chien. Un chien malade a sans doute léché son visage ou sa bouche. Les chiens souffraient souvent de maladies fatales. Une fois, nous avons même perdu tous nos chiens. Mon frère était un enfant plutôt grand quand il est mort ce printemps-là. Ses symptômes étaient très semblables à ceux des chiens.

J'avais aussi deux sœurs : Susie et Pasha. Nous avions le même père. Quand ma sœur Susie Jessie est morte, c'était la première fois que je voyais quelqu'un mourir. Elle est morte pendant que nous étions à Kaugaq, et c'est là qu'elle est enterrée. À l'époque, tout ce que je savais faire était de jouer. Ma mère a crié : « Ta sœur veut que tu rentres ». Je savais qu'elle était malade depuis longtemps, alors je suis rentré. Elle me souriait et s'était agenouillée sur son lit, comme si elle n'était plus malade. Elle m'a serré la main et a dit : « Mon cher frère, mon cher petit frère, nous nous verrons encore, mais seulement dans bien longtemps ». Elle a lâché ma main, puis elle est morte. Très paisiblement.

Ces deux-là étaient vraiment mes sœurs. Mon autre sœur est morte pendant la nuit alors que nous étions à Kuururjuaq. Notre bateau était ancré près de l'anse. Mes frères, Lucassie et Juili, étaient là aussi. C'étaient mes cinq frères et sœurs, tous issus des mêmes parents.

Mes deux demi-frères plus âgés étaient Taamisa et Mususi. Minnie était ma demi-sœur. Elle était la femme de Nikuti Ittulaaq. Nous n'avions pas la même mère, mais nous étions du même père. Taamisa, Mususi et Minnie étaient les enfants de la première femme de mon père. Voilà, c'était ma famille immédiate. (Je ne sais pas si d'autres enfants de ma mère sont morts à la naissance ou peu après.) Pendant presque toute ma vie, j'ai eu deux vraies sœurs et deux frères plus jeunes que moi.

Une fois arrivés à Navvaaq, les hommes prirent abondance de renards. Mes oncles savaient qu'il s'y trouvait beaucoup de phoques. Même dans ce temps-là, les phoques n'étaient pas très nombreux ici à Kangiqsualujjuaq. Ce printemps-là, les phoques abondaient à Navvaaq. Il y en avait tellement que nous n'avions pas assez de munitions pour tous les capturer.

Mon premier phoque

Peu après notre arrivée, j'abattis mon premier mammifère marin. C'était un bébé phoque qui commençait à peine à s'éloigner de sa mère. Ce printemps-là, des membres de notre groupe partaient tous les jours chasser les phoques qui se prélassaient au soleil sur la banquise. Nous avions de la viande en abondance. Les carcasses encombraient la grève. Tant que les hommes ont eu des munitions, même les chiens mangeaient à satiété.

Les gens de notre groupe ne mangeaient plus beaucoup. Par contre, ils mettaient de grandes quantités de viande de phoque à sécher. Certains préparaient encore de la viande pour remplir les sacs en peau de phoque, mais nous en avions déjà une provision adéquate. De toute évidence, personne n'était tourmenté par la faim.

C'est pendant cette saison d'abondance que j'abattis mon premier mammifère marin. Mon père s'était mis à l'affût des phoques sur la glace de printemps. Il m'avait emmené avec lui, me donnant la première occasion de poursuivre du gros gibier. J'avais un écran de camouflage blanc et ma petite carabine.

J'abattis donc mon premier phoque. Il était petit, mais c'était mon premier animal. J'étais gêné de recevoir tant d'attention parce que les autres en faisaient vraiment toute une affaire. Je me sentais important, et pourtant je me sentis gêné à l'approche du village. Il y avait de la nourriture partout. Les gens mettaient de la viande à sécher sans se presser. De nombreuses carcasses avaient été abandonnées aux chiens sur la grève.

Les gens n'avaient pas faim, mais un festin fut quand même organisé pour célébrer ma première prise de phoque. Tout le monde fut invité. Chaque partie comestible de mon phoque a été dévorée. Même la peau a été divisée en quatre morceaux, malgré ses petites dimensions. Les gens ont vraiment aimé chacune de mes premières prises. Vu l'abondance de nourriture, on aurait cru que personne n'aurait d'appétit, mais mon phoque a quand même été consommé avec beaucoup de plaisir. Il n'en est resté qu'un petit morceau de lard. Ce fut le début de notre long séjour dans la péninsule Québec/

ᑐᐱᖅ ᑐᕐᕐᑭᓈᒃᑯᓯᕐᓯᒪᔪᖅ
ᑎᑦᑕᐅᕐᑯᓇᒍ.

Tente inuite montée pour résister aux vents.

An Inuit tent staked to withstand the winds.

Rousseau A-IV-17

Labrador. Nous ne rentrions à Kangiqsualujjuaq qu'à l'occasion pour faire la traite.

Le phoque fut l'une des dernières prises de mes premières expériences. À part les poissons, l'une de mes premières prises fut une perdrix. Elle a été déchirée en quartiers pour célébrer l'événement capital. La première prise d'un garçon, quelle qu'elle fut, était toujours ainsi déchirée par une foule excitée. La poitrine, les cuisses, le dos, chaque morceau pouvant être séparé était déchiré par les participants. C'était la tradition.

Tous les membres des familles déchirèrent l'oiseau. Cependant, ni ma mère ni mon père n'ont pu participer. Moi je le pouvais et je l'ai fait. Cela se passait comme ça. C'était une convention. Quand un oiseau était déchiré en pièces, quelqu'un devait lui ternir la tête, et c'était toujours la personne qui avait fait sa première prise. Donc, j'ai eu la tête de la perdrix, minuscule et dépourvue de viande. Vous ne pouviez faire autre chose que de la ronger.

Vos parents n'ont pas participé à la célébration, à la mise en pièces ?

J'étais le seul participant de ma famille puisque c'était ma première prise. Je devais tenir la tête, et nos voisins attrapaient ce qu'ils pouvaient. Ils mangeaient chaque partie comestible. Tout type de sauvagine, par exemple, une mouette ou un plongeon huart, était déchiré en pièces comme ça. Une première prise était toujours partagée de cette façon, et toujours dans les rires et la joie.

La tête du plongeon huart était parfois très difficile à casser parce que c'est un gros oiseau. Avec un oiseau mature et lourd, c'était encore plus difficile. Encore là, chaque partie de l'oiseau qu'on pouvait détacher l'était : les pattes, la poitrine, tout. Parfois, il ne restait plus que deux personnes luttant pour obtenir son morceau. La personne qui avait attrapé l'oiseau le tenait par la tête et une autre personne tirait sur le cou. Le cou était si fort qu'il fallait parfois deux hommes pour l'arracher : ils tiraient si violemment qu'ils risquaient de perdre l'équilibre. Les spectateurs s'esclaffaient, certains étant tellement hystériques qu'ils semblaient pleurer.

Le plongeon était l'oiseau de choix pour cette célébration. Selon la convention, il était interdit d'utiliser un couteau, mais c'était parfois nécessaire pour détacher les têtes. La viande des plongeons est très coriace. Alors, il fallait parfois que quelqu'un coupe les tendons avec un couteau. Une règle était toutefois toujours en vigueur, de sorte que la personne qui avait fait sa première prise se retrouvait toujours avec la tête pour souper. Le gros gibier était aussi partagé lors d'un festin, mais il fallait le dépecer au couteau. Celui qui avait fait sa première prise se retrouvait toujours avec la tête en partage, peu importe son prestige social. C'était la tradition pour toutes premières prises.

C'était tellement amusant. Aujourd'hui, les gens ne font plus ça à ce qu'il me semble. Nous ne respectons plus la tradition. C'est vraiment triste. La tradition était un don de notre culture.

Si les gens voulaient reprendre cette tradition, ça ne serait pas difficile. Si quelqu'un veut pratiquer la tradition qui consiste à célébrer une première prise par un festin, il peut le faire. Les gens peuvent faire ce qu'ils veulent de l'animal. Comme je l'ai dit plus tôt, l'animal n'appartient à personne jusqu'à ce qu'il soit tué. Alors, il devient le don fait au chasseur, qui peut en faire ce qu'il veut. S'il veut inviter des gens à un festin, ou s'il veut que les gens déchirent l'animal en pièces, il peut le faire. C'est la tradition inuite. Cela ne devrait pas être difficile d'amener les gens à la respecter de nouveau. Cela peut se faire si les gens le veulent, même avec du gros gibier.

Vous avez dit que la peau de votre premier phoque a été divisée en quatre morceaux. À quoi ont-ils servi ?

On faisait toutes sortes de choses avec la peau : des sacs à munitions, de petits sacs à dos, tout ce dont on avait besoin. Quiconque avait besoin d'un sac à dos pouvait s'en faire fabriquer un qui durerait longtemps. Il le porterait jusqu'à ce qu'il le perde ou l'use à fond. C'était une pratique commune pour toutes les premières prises. Certains utilisaient les peaux qu'on leur donnait d'une première prise pour fabriquer la partie supérieure des *kamiks* (bottes). C'était dans la tradition des Inuits de ne rien gaspiller.

Ma première peau de phoque a été répartie entre plusieurs pour fabriquer des sacs à dos et des *kamiks*. La peau de la tête m'appartenait. Toute la peau pouvait être conservée par la personne qui avait fait la prise, si c'était le souhait de la mère. Même la mère du père pouvait la prendre parce qu'elle appartenait à la famille.

Qallunaaq, l'homme blanc

La première fois que j'ai vu un *Qallunaaq*, c'était avant même que nous partions pour le Labrador. C'était à un endroit appelé Allipaaq (le plus bas). C'est le lac le plus bas du bassin versant. C'est aussi le plus petit et le plus poissonneux des lacs de ce réseau. Il y a une série de lacs dans le bassin versant. L'un d'eux est le lac Allipaaq. Le lac Akullipaq (milieu) est au milieu et lui aussi est poissonneux. Tous les lacs portaient un nom. À l'époque, nous vivions au lac Allipaaq. Des années plus tard, j'ai pris l'habitude d'y camper, seul, en hiver. Je n'y allais que pour de courtes périodes.

Je me souviens de notre séjour au lac Allipaaq parce que mon père a abattu quelque chose comme deux douzaines de caribous. C'était à la fin de mars, juste avant le début du printemps. Il chassait le caribou, à pied, sur le plateau de Navvaaq. La seule manière d'atteindre le plateau était d'y monter à pied. Après avoir abattu un caribou, il se servait des chiens pour tirer l'animal jusqu'au pied de la montagne. Les chiens le faisaient sans le bénéfice d'un *qamutik* (traîneau). C'était la façon de faire à l'époque. Donc, quand tous les caribous eurent été transportés, nous avions beaucoup de viande. Nous avions une longue plate-forme pour conserver la viande et les autres choses précieuses. Ces plates-formes s'appelaient des *tatigiit* et étaient faites de rondins. Notre plate-forme était complètement remplie.

Un équipage arriva seul de Kuururjuaq. À vrai dire, il arrivait d'un grand lac nommé Qulliq (plus haut) en amont du bassin versant de la rivière Kuururjuaq. C'était le plus jeune frère de mon père et il annonça qu'un *Qallunaaq* s'en venait. Je n'avais jamais vu d'homme blanc auparavant. C'est-à-dire que j'avais vu le gérant de la Compagnie de la Baie d'Hudson au poste de traite, mais c'était le premier Blanc que je voyais en dehors du poste. J'étais assez grand pour réaliser que j'étais en présence d'un *Qallunaaq*. Quand mon oncle a dit: « Le *Qallunaaraaluk* (un grand homme blanc) s'en vient », ses paroles semèrent la terreur. L'inconnu était une chose à craindre et inspirait même la peur. C'est ainsi que nous réagissions, d'une manière innocente.

ᕿᑭᒧᑦᓯᑦ ᖁᐊᕐᑕᐅᑉ ᓴᓂᐊᓂ 1947-ᒥ
Traîneau à chiens près de Quaqtaq, 1947.
A dogsled team near Quaqtaq, 1947.
Collection Corporal C.K. McLean
MCL 052

Avant que le *Qallunaaq* n'arrive pour de bon, mon oncle, porteur du message, s'est endormi. Il devait être bien en avance sur le *Qallunaaq*. Lorsqu'un attelage apparut enfin dans le lointain, ce fut une arrivée intimidante. Le *Qallunaaq* avait beaucoup de chiens. Il se trouva qu'il était un géomètre.

Je ne me rappelle pas son nom, mais il était accompagné d'un guide inuit, originaire de Hebron, je pense. Ils étaient en route vers Hebron au Labrador. Ils dirent que des *Qallunaat* vivaient à Hebron. Certains appelaient l'homme blanc, *Itijaaluk* (grand traverseur de la péninsule), mais je ne savais pas son nom véritable. Il avait une roue pour mesurer les distances. Elle était fixée au milieu de son *qamutik* et tournait constamment tandis qu'il voyageait. Lorsqu'il arriva enfin, le bruit que faisait la roue était plutôt effrayant. Nous avions coutume de sursauter au moindre bruit.

Je ne sais pas quelle année c'était. J'avais peut-être dix ans.

Je veux parler encore un peu de ma première rencontre avec le *Qallunaaq*. Ce soir-là, ma mère a fait bouillir de la viande dans un *siataluuq* (chaudron). Le grand chaudron de fonte était plein de viande. Nous invitâmes le *Qallunaaq* et son compagnon inuit à manger chez nous. Il semblait étonné de voir toute la nourriture que nous avions.

Mon père venait juste d'abattre un phoque barbu. C'était une femelle enceinte, donc très grasse. Père l'avait déposée près de la pile de bois de chauffage. Nous venions tout juste de commencer à manger lorsque le *Qallunaaq* est entré. Bien entendu, nous ne savions pas comment mangeait un *Qallunaaraaluk*. Personnellement, j'étais effrayé à l'idée qu'un *Qallunaaq* nous voie manger. Je me demandais de quelle manière il mangerait.

Père a dit: « Trouve la plus belle assiette pour notre invité, qu'il puisse manger. Servez-le quelqu'un, et voyez s'il peut manger ». Apparemment, mon père ne savait pas si le *Qallunaaq* mangeait de la viande. Toutefois, et ce fut assez gênant, il se trouvait que le *Qallunaaq* parlait inuktitut. Quand il entendit les paroles de mon père, il sortit de ses vêtements un long couteau. Sans rien dire, il piqua de la pointe de son couteau un morceau de viande dans le chaudron. Il attrapa ensuite une planche de bois et annonça : « Je ne veux pas manger dans une assiette ». Puis il mit la viande sur la planche. Il choisit ensuite cinq gros morceaux de viande et les aligna sur la planche. Ensuite, il alla couper un gros morceau de lard du phoque barbu. Nous étions complètement sidérés par cette portion. Nous ne savions pas comment il allait arriver à tout avaler. À cette époque, les repas étaient des moments plaisants. J'imagine que tout le monde le regardait manger. Il s'empiffrait tant de viande bouillie et de lard cru qu'il s'en étouffa presque. Il a mangé plus de viande que n'importe lequel d'entre nous.

Après le repas, il invita mon père à venir dans la tente que lui et son compagnon avaient montée plus tôt. Il raconta à mon père qu'une cache de viande l'avait un jour sauvé de la mort. Il l'avait découverte par hasard et avait mangé ce qui restait dans les contenants de gras en peau de phoque et un peu de saumon vieilli. Autrement, il n'aurait pas survécu. Par conséquent, il appréciait la manière dont les Inuits conservaient leur nourriture. C'est ce que rapporta mon père.

Donc, nous étions inquiets au début parce que nous n'avions aucune idée de sa manière de manger, mais en fin de compte il pouvait manger plus que nous. Il aimait beaucoup les Inuits. Il les appréciait. Il adorait la viande faisandée. Voilà ce que fut ma première rencontre avec un *Qallunaaq*.

Témoin de changements

Je me souviens de Killiniq comme d'un gros village, même quand j'étais petit garçon. Il y avait autrefois beaucoup de *Qallunaat* à Killiniq. Ils travaillaient soit pour la Compagnie de la Baie d'Hudson, soit pour la Gendarmerie royale du Canada. Killiniq était déjà un village considérable et animé, même avant ma naissance. Quand j'étais garçon, nous partions chasser au large de Killiniq. Il y avait beaucoup de mammifères marins dans les environs. Il y avait abondance de phoques communs, annelés ou barbus. Killiniq se trouve sur la voie migratoire de nombreux mammifères marins. Nos ancêtres connaissaient cette voie migratoire, comme la connaissaient aussi leurs ancêtres. C'est pourquoi Killiniq était un endroit habité depuis si longtemps.

Je me souviens qu'il y avait à Killiniq un poste de la Compagnie de la Baie d'Hudson et de la Gendarmerie royale. Des goélettes y venaient et je me souviens d'en avoir vu une amarrée au quai. Les gens de Kangiqsualujjuaq et d'autres villages venaient y faire le commerce. C'était vraiment une belle communauté qui me manque profondément. Je ne sais pas pourquoi tout le monde est parti, mais c'était l'emplacement le plus ancien, qui a été le plus longtemps habité en permanence. C'était aussi le premier des sites anciens que j'ai connus. Alors, j'ai vraiment la nostalgie de cet endroit.

À un moment donné, il y a eu pénurie de renards, de phoques et d'autres animaux à fourrure, articles de base servant à la traite avec la Compagnie de la Baie d'Hudson. Cela arrive de temps en temps. En tout cas, c'est peut-être pour cela que la Compagnie de la Baie d'Hudson a abandonné la communauté, je ne sais pas.

Quand je fus plus vieux, nous sommes revenus du Labrador et avons emménagé à Killiniq. Quand nous sommes arrivés à Killiniq, les *Qallunaat* avaient déjà abandonné l'endroit. Les Inuits de Killiniq allaient alors faire la traite à Kuujjuaq et à Kangiqsualujjuaq. Après que les gens de Kangiqsualujjuaq eurent lancé leur coopérative, ceux de Killiniq firent de même. Ils étaient déterminés à rester à Killiniq.

Nous pouvions alors y vendre nos fourrures, même si nous n'en tirions pas grand-chose. Nous pouvions acheter ce dont nous avions besoin à la coopérative de Killiniq. Nous en étions tous contents.

Je me souviens aussi de la première élection des membres du conseil d'administration de la coopérative de Kangiqsualujjuaq. C'était la première fois que nous participions à une élection. Les nouveaux élus devaient diriger les opérations de la coopérative. Notre premier président fut mon oncle, George Annanack, le père de Johnny Annanack. Mon frère aîné, Taamisa Ittuk, feu Niikallak (Ned) Emudlak, Johnny Baron et Josephie Annanack furent aussi élus.

Au cours de la campagne menant aux élections, les coopératives ont été comparées à un nourrisson. La population et les membres éventuels du conseil apprirent que si cette entité était bien planifiée, elle pourrait croître pendant de nombreuses années. Cette croissance permettrait même au village de prendre son essor.

Personnellement, j'avais l'impression d'être sur le point de tout gagner. Avoir une coopérative, pour moi, c'était comme avoir une motoneige. Il fallait en prendre bien soin, comme on le ferait d'une motoneige. J'étais déterminé à veiller sur ma coopérative comme je le ferais sur ma motoneige parce que je voulais les garder longtemps toutes deux. C'était aussi pour moi comme un harpon et un cabillot. Si on fabriquait un harpon et un cabillot à mon intention, je devrais en prendre soin

ᐃᓪᓗᐊᓗᒃ ᑭᓪᓕᓂᕐᒥ
1948-ᒥ ᐊᐅᔭᐅᑎᓪᓗᒍ.
Maison à Killiniq, été 1948.
A house in Killiniq, summer of 1948.
Collection Corporal C.K. McLean MCL 133

ᐅᐱᕐᖅᒥᕕᒃ ᑭᓪᓕᓂᕐᒥ
1960-ᒥ.

Campement d'été
à Killiniq, dans
les années 1960.

A summer encampment
at Killiniq, in the 1960s.

*Rosemary Gilliat IND
RG-13*

ᑯᐊᐸᒃᑯᑦ ᑭᓪᓚᓂᕐᒥ
1960-ᒥ.

La coopérative de Killiniq, 1960.

The co-op store at Killiniq, 1960.

Rosemary Gilliat, IND RG-18

correctement. Même si je les fabriquais moi-même, il me faudrait en prendre soin. Par contre, si j'avais l'habitude de laisser traîner le harpon n'importe où, je finirais par le perdre. Lorsque nous avons élu les dirigeants de la coopérative, nous savions que nous pourrions la perdre s'ils n'en prenaient pas soin comme il faut. Alors, les Inuits n'auraient plus rien. Nous finirions par être gouvernés par les *Qallunaat*, et nous ne pourrions faire ce que nous voulions. C'est ainsi que cela nous a été présenté, et cela pourrait encore se produire.

Quand la région a été rebaptisée Nouveau-Québec, j'ai pensé que c'était simplement un changement symbolique. Ma seule préoccupation était que notre coopérative amène les gouvernements à reconnaître notre peuple et montre que nous pouvions nous diriger nous-mêmes. J'aimerais que toutes nos coopératives continuent à fonctionner, car de plus en plus de *Qallunaat* vont arriver dans nos communautés. On nous a prévenus que cela arriverait. Les Inuits devraient, eux aussi, posséder leurs propres choses.

Je ne comprends pas vraiment pourquoi Killiniq a été abandonnée*. J'ai posé des questions, mais je n'ai jamais pu trouver les réponses. Pourquoi la coopérative a-t-elle échoué ? Les dettes sont la raison habituelle. Il vous faut garder les dettes au minimum pour diriger un commerce correctement.

* *Note de la rédaction : En 1978, le gouvernement fédéral relogea la population de ce village dans d'autres collectivités de la baie d'Ungava.*

ᑏᕕ ᐃᑦᑐᒃ, ᔫᓯᐱ ᐋᓇᓈᒃ ᑲᑎᒪᔨᐅᖅᑲᑕᐅᔫᒃ ᑯᐊᐸᒃᑯᓂ ᑲᖏᖅᓱᐊᓗᑦᔪᐊᒥ. (1960)
Tivi Etok et Jusipi Annanack, membres du Conseil d'administration de la Co-op, Kangiqsualujjuaq (années 1960).
Tivi Etok and Jusipi Annanack, members of the Co-op Board of Directors, Kangiqsualujjuaq (1960s).
Collection Donat Savoie IND DSA 063

Je connais des gens qui ne voulaient vraiment pas se reloger à Kangiqsualujjuaq. Ils aimaient l'endroit où ils avaient grandi. Ce n'est pas facile de quitter son foyer. Après être resté éloigné un certain temps, vous commencez à vous languir de la terre de votre jeunesse. Certaines familles ont même été relogées contre leur gré, probablement parce qu'il n'y avait plus de magasin. Il semble que personne ne puisse survivre sans magasin, ce qui en fait n'est pas vrai. Autrefois, nous vivions dans la nature, sans magasin.

Mon art

Quand j'étais enfant, j'avais l'habitude de dessiner dès que je trouvais une étendue de sable lisse et fin. Je dessinais des animaux de toutes sortes. Je dessinais même des villages, bien que je n'aie jamais vu de bâtisses. On ne m'avait pas encore appris à dessiner. Même si je ne faisais que dessiner sur le sable, il arrivait parfois que je fasse du très beau travail. Je dessinais des animaux sur le sable avec un petit bout de bois. Parfois je dessinais des gens en *qajaq* (kayak). Il ne m'est jamais venu à l'idée que j'allais faire cela pour gagner ma vie. Quand l'été arrivait et qu'il n'y avait pas grand-chose à faire, je faisais des dessins illustrant notre mode de vie.

Plus tard, je suis allé suivre un cours à Puvirnituq, car j'avais entendu dire qu'on pouvait gagner de l'argent en dessinant. Je faisais de la

ᑏᕖ ᐃᑦᑐᒃ ᑲᖏᕐᓱᐊᓗᑦᔪᐊᓗ ᑰᖓ ᓄᐃᑕᔪᖅ ᑏᕕᐅᑉ ᐅᖓᑖᓂ 1968-ᒥ.

Tivi Etok et la rivière George en arrière-plan, 1968.

Tivi Etok, with the George River in the background, 1968.

Collection Donat Savoie IND DSA 059

gravure sur pierre. On grave une image dans une pierre lisse puis l'image est transférée sur le papier à l'aide d'encres. Ce n'est pas la même chose que de dessiner à la main. À une époque, je tirais un bon profit des gravures que je créais. J'essaie de retourner au dessin, mais ma vue n'est plus très bonne. Je dessine encore, de temps en temps, et j'en tire un peu d'argent… parfois.

Quelle importance la gravure sur pierre a-t-elle eue dans votre vie ?

J'ai fait de la gravure, de la sculpture et du dessin. J'ai fait tout ça. Si vous êtes capable de créer de belles œuvres que les gens aiment, vous pouvez toujours en tirer profit. Toutefois, cela ne fonctionne que si les gens aiment ce que vous faites. Les gens n'achètent pas des choses qu'ils n'aiment pas, et cela vaut en particulier pour l'art. Seuls les gens qui aiment les objets d'art, les dessins ou les sculptures achètent ces choses. Même les Inuits sont comme ça. Ce n'est que lorsque nous voyons quelque chose que nous aimons dans un magasin que nous nous disons : « Si j'avais l'argent, j'achèterais ça ». J'ai appris que cela valait aussi pour les gravures sur pierre, les sculptures ou les dessins. Le prix n'a même rien à y voir lorsque vous créez quelque chose qui suscite beaucoup d'admiration.

Je devrais signaler qu'autrefois nous n'avions pas besoin de travailler pour de l'argent. Les jeunes de maintenant doivent le faire. Aujourd'hui, il y a toutes sortes d'emplois. L'art est une chose qui exige beaucoup de travail. Même aujourd'hui, j'y travaille très fort. Nous devrions avoir un édifice dans lequel nous pourrions nous livrer à notre art et créer des œuvres de qualité. Il y a le dessin et tout ce qui va avec. En fait, n'importe quelle occupation doit être organisée. Une chose dont notre communauté a un grand besoin est un atelier d'art dans un bâtiment.

Même si cet endroit ne fait pas d'argent au début, une fois que les gens du Sud verront des œuvres de qualité, ils les apprécieront et se mettront à les acheter. Une fois qu'un artiste produit des œuvres de qualité que les gens convoitent, il peut avoir tout ce qu'il désire. J'ai appris ça de ma propre expérience. En fin de compte, vous pouvez être propriétaire d'un canot, ou d'une motoneige, pourvu que vous n'abandonniez jamais. Il vous faut simplement continuer à travailler, même si vous ne savez pas ce que vous allez faire ensuite. Si vous pouvez faire de l'art que les gens aiment, vous pouvez travailler régulièrement.

Dans les grandes villes du Sud, il y a beaucoup de gens qui sont très excités lorsqu'ils trouvent des œuvres de qualité qu'ils peuvent revendre à profit. Tout ce que l'artiste a à faire est de créer la meilleure œuvre possible et eux feront le reste. L'artiste doit réfléchir et tenter de comprendre ce qu'aiment les gens. Tout artiste doit penser par lui-même et décider quel genre d'art il veut produire.

L'artiste doit avoir des œuvres prêtes à vendre dans les galeries. Mes œuvres ont été exposées dans plus d'une galerie. Je ne me rappelle même plus le nombre de galeries où j'ai eu le privilège d'exposer. C'est là où un artiste peut en arriver lorsqu'il fait du bon travail. Si vous ne pouvez pas faire du bon travail, cela ne se produira pas. Comme pour tout autre type de commerce, vous ne pouvez réussir en tant qu'artiste que si vous êtes attentif à votre affaire. J'aimerais que les gens pensent sérieusement à l'art et y consacrent tous leurs efforts. Si une personne réussit, elle peut finir par avoir sa propre exposition. Même si cela ne se produit pas tout de suite, cela peut arriver.

Vous n'avez pas à produire beaucoup pour commencer. Il ne faut pas commencer par penser : « Je suis un artiste et je vais gagner de l'argent ». Un artiste ne devrait pas penser ainsi. Il devrait avoir le désir de créer du bel art dont il peut être fier, même si personne d'autre ne voit son œuvre, même s'il ne gagne pas d'argent au début.

Lors de ma première tentative dans l'impression de gravures sur pierre, j'ai envoyé trois échantillons différents et l'un d'eux leur a vraiment plu. On m'a demandé d'en imprimer 50 exemplaires tout de suite. Ce fut la première de nombreuses demandes que j'allais recevoir par la suite. Après cela, les *Qallunaat* voulurent acheter de plus en plus de mes gravures. Si je faisais toujours de la gravure, je voyagerais partout. Même dans les endroits où il y a la guerre et dans les grandes villes, comme le font les artistes qui ont du succès. Être un artiste est chose sérieuse. Un artiste peut travailler aussi régulièrement que n'importe quel salarié, mais il doit penser davantage. Même la réparation des véhicules industriels n'est pas un travail aussi exigeant. Quand vous dessinez ou que vous faites des gravures, vous devez penser très fort.

Un artiste qui se consacre à son art à temps plein peut voyager dans de nombreux endroits. C'est exactement comme pour les chasseurs et les pêcheurs qui viennent dans nos pourvoiries ici. Ça coûte très cher de faire ces choses. Un artiste qui réussit se permettra même d'aller à l'étranger et de retenir les services d'une pourvoirie ou d'une agence de tourisme. Une personne pourrait aller à l'étranger pour chasser des animaux qui n'existent même pas ici. Cela peut arriver à un artiste. Si l'artiste produit du bon travail, cela peut générer beaucoup d'argent.

Que préférez-vous faire, de la gravure sur pierre ou du dessin ?

J'avais coutume d'aimer les deux et, dans un certain sens, c'est le même métier. Un artiste qui travaille sur le papier a moins d'ouvrage à abattre, mais son œuvre peut être tout aussi bonne que celle d'un graveur. En outre, les dessins se vendent tout aussi bien. Alors, quand j'y pense aujourd'hui, ce serait aussi bien qu'un artiste se concentre sur le dessin. En fin de compte, les gens finiraient par acheter des dessins, même si cela prend 20 ans pour se bâtir une réputation. Alors, l'artiste peut voyager partout dans le monde. Un Inuk peut même aider ainsi l'économie des *Qallunaat*. L'artiste doit rester créatif parce qu'il est un artiste.

Pouvez-vous expliquer comment se fait l'impression de gravures sur pierre ?

Oui, encore que je souhaiterais que les gens apprennent à dessiner parce que je pense que les gravures sur pierre sont secondaires. Pour commencer, il faut polir la pierre avec soin, puis y graver une image. Vous devez alors mettre beaucoup de soin à finir les contours, donc cela prend du temps. Tandis que dessiner directement sur le papier ne demande qu'une seule étape et le travail peut se vendre le même prix qu'une gravure. Donc, un artiste ne produisant que des dessins pourrait toucher le même revenu.

Comme les gens aimaient mes images, j'utilisais la technique de la gravure sur pierre pour en faire plusieurs exemplaires. Le seul désavantage du dessin est que vous ne pouvez en faire de multiples copies et, parfois, les gens veulent tous acheter le même tableau. Avec une gravure, vous pouvez imprimer 50 exemplaires. Cinquante était le chiffre limite*.

L'artiste peut utiliser de nouveau la même pierre pour une autre œuvre. Parfois, les gens vous demandent une de vos anciennes gravures, même quand vous en avez de nouvelles à vendre. Lorsque les gens lui demandent un exemplaire d'une ancienne gravure, l'artiste doit réfléchir soigneusement. Vous pouvez faire de multiples copies (en utilisant, par exemple, la technique de la

* *Note de la rédaction : La limite de 50 exemplaires était une convention fixée par les Coopératives du Nouveau-Québec et le Conseil canadien des arts esquimaux.*

lithographie), mais elles n'ont pas autant de valeur parce qu'elles ne proviennent pas de la gravure sur pierre originale. Vous ne voulez pas diminuer la valeur des impressions tirées de la gravure originale.

N'avez-vous jamais enseigné la gravure sur pierre à Kangiqsualujjuaq ?

Je n'ai jamais eu l'occasion d'enseigner la gravure sur pierre, mais j'ai enseigné le dessin. La seule façon d'apprendre est de faire son apprentissage. C'est la manière établie, pourvu que l'étudiant soit disposé à apprendre. Nous pouvons tous apprendre les uns des autres. Des commentaires tels que « tu n'y arriveras pas », ne sont d'aucune aide. De telles paroles ne font qu'humilier la personne. J'avais l'habitude de dire ce genre de choses.

Si on vous passe une commande pour une œuvre d'art, vous n'avez pas le droit de copier quelqu'un d'autre. Les demandes qui exigent la copie d'une œuvre qui ne vous appartient pas ne sont pas acceptables. Vous devez utiliser votre propre imagination et faire quelque chose de différent. Il n'y a pas d'autre option. Quelqu'un d'autre peut vous donner des suggestions, mais les artistes doivent toujours se servir de leur imagination. Mon œuvre est très populaire, mais d'autres artistes ne peuvent la copier.

Au début, lorsque les coopératives ont été établies, elles vendaient des œuvres d'art et d'artisanat, encore que personne n'ait jamais été formé comme artiste. Nous créions de l'art, tout simplement. Puis, certains d'entre nous allèrent suivre une formation en art et en dessin à Puvirnituq. J'ai travaillé fort pour faire de mes créations des œuvres différentes de celles d'autres artistes. Les gens aimaient vraiment ça.

Lorsque quelqu'un vend plusieurs de ses œuvres d'art dans le Sud, il peut demander du matériel pour poursuivre son œuvre, à partir des crayons de couleur jusqu'à tous les articles dont il a besoin. Un artiste peut même avoir son propre studio, s'il poursuit son travail de création. Cela arrive. Si une personne s'intéresse à l'art, elle devrait simplement s'y mettre, même si elle ne touchera pas un salaire horaire. Si le désir est là, personne ne peut l'en empêcher. Si nous avions un atelier ici, quiconque déterminé à devenir un artiste pourrait le faire et personne ne l'en empêcherait. L'artiste doit être disposé à relever le défi avec enthousiasme et à suivre sa propre vision.

Quelqu'un vous a-t-il poussé à faire de la gravure sur pierre ?

Non, j'ai simplement obéi à mon propre intérêt. Quand nous avons démarré les coopératives, j'étais animé par le désir de contribuer à leur développement. C'est comme vouloir aider son père. Nous avions coutume d'aider notre père alors qu'il s'efforçait de trouver du gibier. Ce faisant, je suis devenu un chasseur. J'ai fait de mon mieux sans qu'on doive me dire quoi faire. Au début des coopératives, quiconque voulait vendre des œuvres d'art pouvait le faire. Je voulais apprendre, encore que je n'en avais pas vraiment besoin. Les coopératives ont commencé à fonctionner par suite des grands efforts qui leur ont été consacrés, et je voulais faire ma part de cet effort.

Comment utilisez-vous les légendes dans votre art ?

Les artistes, y compris ceux qui travaillent sur papier, peuvent faire référence aux légendes. Pour cela, vous devez déterminer quelle partie du récit vous allez illustrer, puis comment vous allez intégrer le texte dans votre œuvre d'art. Il n'est pas nécessaire que ce soit de longues histoires. Les gens peuvent gagner davantage avec ce type d'art, et l'œuvre elle-même a une plus grande valeur. L'artiste peut utiliser n'importe quel récit connu, par exemple, celui de l'Inuk qui voyage à travers le monde. Le prix d'une œuvre terminée peut être notablement plus élevé si l'œuvre illustre une légende.

Je veux encore faire des dessins qui illustrent des légendes, mais ce n'est plus possible. De nos jours, nous n'avons rien pour travailler, pas d'argent, pas de financement gouvernemental, pas d'atelier.

Quelles sont les légendes illustrées dans vos œuvres ?

Elles concernent l'histoire, la culture traditionnelle et le monde des esprits. Ainsi, vous pourriez utiliser des récits personnels au sujet des temps difficiles et de la lutte pour la survie. J'ai aussi utilisé des légendes qui ont été transmises d'une génération à l'autre. Mon père avait ses propres histoires, comme ses ancêtres avaient les leurs. Les Inuits ont raconté les légendes qui leur ont été transmises. Certaines de ces légendes ont été retransmises pendant des milliers d'années.

Avez-vous d'autres commentaires sur l'art ?

Oui, j'aimerais que ce genre de travail se poursuive, ici, dans notre communauté. Les gens devraient être encouragés à suivre des cours d'art. La communauté doit promouvoir ce type de travail, même si cela commence avec une seule personne. Il y a ici des jeunes talentueux. Une personne capable de créer des œuvres de qualité, mais populaires, pourrait même arriver à donner des emplois. C'est possible.

Même si les gens n'aiment pas l'œuvre d'un artiste donné au début, cet artiste ne devrait pas abandonner la partie. Ne dites jamais : « Je ne tire rien de ceci, alors j'abandonne ». Ce genre d'attitude ne vous mènera nulle part. Allez de l'avant. Continuez d'essayer.

Nous devrions accueillir avec faveur quiconque s'intéresse à l'art. Il faut les accueillir à bras ouverts et travailler avec eux. Ne voyez pas seulement ce qu'ils ne savent pas faire, attendez patiemment que leurs aptitudes se développent. Un atelier communautaire pourrait en définitive gagner suffisamment pour couvrir ses dépenses,

ᐊᖑᑏᒃ ᖅᑭᒻᒥᖕᒥᓪᓗ ᑰᑦᔪᐊᑉ ᑰᖕᒪᑕ ᐹᖕᒪᓂ.
Deux hommes avec leurs chiens à l'embouchure de la rivière Koksoak.
Two men with their dogs at the Koksoak River mouth.
Collection Corporal C.K. McLean MCL 203

notamment le chauffage et l'électricité. Il pourrait même réaliser un petit profit.

Les *Tuurngait*

Pourquoi dit-on que les esprits hantent les monts Tuurngait ?

Parce qu'il y avait là des esprits. Il y en avait dans toutes les montagnes. Par exemple, il y avait des *Ikuutajuut* (foreurs) et des esprits que nous appelons *Mitiliit* (êtres portant des plumes d'eider), qui sont les seuls que je connaisse personnellement. Les *Mitiliit* ressemblent exactement aux Inuits. J'en ai rencontré un une fois que je chassais sur la glace. J'ai pensé que c'était un phoque se prélassant sur la glace. Il m'a jeté plusieurs coups d'œil tout en tenant les bras sur la tête. J'ai pris peur et je fis feu avec l'intention de l'abattre. Il tomba à l'eau, mais il avait les mêmes bras et jambes que moi. C'était presque une personne. Il y avait de telles créatures autrefois. Elles se comportaient comme des phoques sur la banquise. Un chasseur pouvait poursuivre un *Mitilik* en pensant que c'était un phoque. Lorsque le chasseur s'en approchait suffisamment, le *Mitilik* se mettait à courir pour l'attaquer. Puis ils se battaient et l'Inuk était tué. Ces êtres avaient des couteaux. Ils avaient un corps humain couvert de plumes, lesquelles étaient réparties comme celles d'un eider, d'où le nom.

Puis, il y avait les *Ikuutajuut*. Les Inuits utilisent une sorte de foreuse, actionnée par un arc et une corde : un foret à arc. Les *Ikutajuut* utilisaient cette sorte de foreuse pour tuer les Inuits. Ils luttaient et renversaient leur adversaire, puis ils foraient un trou dans le front de leur victime. Ils le tuaient en lui perçant le crâne. De tels êtres existaient il y a longtemps. C'était la coutume des *Tuurngait* (esprits).

Il y avait deux sortes de *Tuniit* : les géants et les moins grands. Ces derniers, les *Tuniapiit*, étaient à peu près de la même taille que les Inuits. Ceux qu'on appelait *Tunialuit* étaient beaucoup plus grands que les Inuits. À la même époque, il y avait les *Ikuutajuut* (meurtriers). À vrai dire, c'est la raison pour laquelle les *Tuniit* sont partis. Leur nombre a diminué à cause des *Ikuutajuut*. Les *Tuniit* les craignaient. C'est ce qu'on entendait dire.

Les *Ikuutajuut* étaient vraiment une autre forme de *Tuurngait* – des êtres qui appartenaient sans doute au monde du mal. Nous ne parlons plus souvent de *Tuurngait* maintenant, mais nous connaissons Satan et les esprits malins. À l'époque, nous ne connaissions que les *Tuurngait*.

Autrefois, les gens parlaient des *Ijuruit*. Le sens de ce mot est obscur ; *Inuruq* est utilisé pour désigner un être qu'on peut voir, mais qui n'est pas à proprement parler une personne. Il y avait plusieurs types d'*Ijuruit*.

Les monts Tuurngait sont ainsi nommés parce qu'un endroit dans les montagnes était sous la férule des *Tuurngait*. Il y a une grande falaise sous laquelle nous devions habituellement passer lorsque nous voyagions en canot ou en bateau. Dans la falaise se trouvait quelque chose qui ressemblait à une énorme demeure. Les Inuits disaient qu'elle était occupée par des êtres qui n'étaient pas humains. Sous la falaise se trouvait un grand *annisaq* (radeau de glace) qui ne fondait jamais. Même au plus chaud de l'été, il ne fondait pas. Ni les courants ni la température ambiante ne pouvaient faire fondre ce radeau de glace parce qu'il était assujetti au pouvoir des maléfiques *Tuurngait*.

Une légende : *Ikkiit*

De nombreuses créatures ressemblant à des Inuits se prélassaient, nues, sur le radeau de glace. C'est pourquoi les monts portent le nom de Tuurngait. C'est vrai. Même quand les glaces partaient à la dérive, le radeau de glace, lui, demeurait en place. C'est comme s'il avait été ancré sur place par les *Tuurngait* – par le pouvoir de ces êtres. La surface de cet *annisaq* massif était couverte de *Tuurngait* complètement nus. Sur la falaise, au-dessus, une grande demeure contenait bien d'autres habitants.

Tout près, il y avait autrefois un grand village inuit comptant de nombreuses tentes de peau. Durant l'été, les Inuits chassaient les mammifères marins en *qajaq*. Avec le temps, de nombreux chasseurs ne rentrèrent jamais de la chasse au phoque. La plupart des tentes n'avaient plus de chef de famille. Personne ne savait pourquoi tant de chasseurs n'étaient jamais revenus de la chasse. Le village était très affaibli.

En fin de compte, il ne resta plus qu'un vieillard et ses quatre fils. Il restait aussi de nombreuses

veuves et leurs enfants. L'un des quatre fils du vieillard alla là où les autres chasseurs étaient allés avant lui. Il ne revint pas. Puis, l'un des trois fils restants décida de se rendre dans son *qajaq* dans la région où des *qajait* s'étaient succédé auparavant. Lui non plus ne revint pas. L'un de ses frères partit à sa recherche en feignant de chasser les mammifères marins.

Le fils en quête de son frère arriva à un immense radeau de glace. À son grand plaisir, il vit que la glace était couverte de créatures se prélassant au soleil. Comme il chassait les mammifères marins, il décida de les chasser. C'étaient les mêmes créatures que d'autres chasseurs avaient poursuivies – et la raison pour laquelle ils n'en étaient pas revenus. Il avança doucement, s'assurant que rien n'attirait l'attention sur lui. À mesure qu'il s'approchait, les créatures se mirent à plonger dans la mer. Il décida qu'il allait attendre qu'elles remontent à la surface. Alors, une voix désincarnée lui parla depuis la côte. La voix dit : « Les *Ikkiraaluit* pourraient t'attraper. Rentre chez toi, pagaie aussi vite que tu le peux ». Dès qu'il eut compris le message, il s'enfuit. Comme il accélérait de toutes ses forces, une créature fit surface et

ᑏᕕ ᐃᑦᑑᑉ ᐃᓚᖏᑦ 1968-ᒥ, ᑐᓄᐊᓂ ᓴᐅᒥᐊᓂᑦ ᑕᓕᕐᐱᒧᑦ, ᑏᕕᐅᑉ ᐊᕐᓇᖓ ᓲᓯ ᑎᒍᒥᐊᕐᑐᖅ ᐋᑕᒥ ᐳᐊᓯᒥᒃ, ᐊᓈᓇᖓ ᓯᐊᓭ, ᐃᕐᓂᓛᖓ ᓵᓕ; ᓵᖓᓃᑦᑐᒃ: ᐸᓂᖓ ᒥᓂ, ᐊᖓᔪᑦᓯᐹᕐᑯᑎᖓᓗ ᑖᒥᓴ

Famille de Tivi Etok, 1968. Rangée arrière, de g. à d. : Susie, l'épouse de Tivi, portant Adamie Poasie, sa mère Sarah avec Charlie, son second fils ; rangée avant : sa fille Minnie, son fils aîné Taamisa.

Tivi Etok's family, 1968. Back row, l. to r. Tivi's wife Susie holding Adamie Poasie, his mother Sarah with his second son, Charlie; front row: daughter Minnie, oldest son Taamisa.

Collection Donat Savoie IND DSA 157

tenta de l'empoigner. Sa main frôla l'arrière du *qajaq*, et il évita la capture.

Il rentra au village et raconta son aventure en détail à son père. Le vieillard dit : « Ces mauvaises créatures ont tué notre clan ». Il voulait aller harponner ces créatures avec son *anguvigak* (harpon). Il n'avait pas peur de lutter, même s'il était très âgé. Le vieillard savait exactement quoi faire. Il prépara l'attaque avec ses deux fils. Ils découpèrent des planches qu'ils accrochèrent au travers de l'avant et de l'arrière des *qajait*, en laissant un espace entre chacun. Cela les empêcherait de chavirer tout en leur donnant du jeu pour attaquer. Le vieillard dit qu'ils allaient devoir travailler vite à l'installation de leur dispositif de stabilisation une fois sur place.

Le vieillard et ses deux fils s'armèrent de tous les *anguvigaks* qu'ils purent trouver. Puis, ils pagayèrent les trois *qajait* de front en direction de l'*annisaq*. Comme ils s'approchaient du grand radeau de glace, ils virent que celui-ci était bondé de créatures. Ils attachèrent rapidement les *qajait* l'un à l'autre et empoignèrent leurs harpons. Ils étaient prêts à frapper toute créature remontant à la surface. Les hommes avaient l'intention de tenir bon aussi longtemps qu'ils le pourraient physiquement, et tant que leurs *qajait* ne sombreraient pas.

Ils cherchaient à se venger, car ils savaient que ces créatures avaient tué bien des membres de leur clan. Le vieillard vit le chef des *Ikkiit* émerger des profondeurs droit devant lui. C'était le plus gros, une énorme brute à forme humaine. Le vieillard frappa de toutes ses forces même avant que la bête ne sorte de l'eau. Le harpon pénétra à la base de la gorge, tuant l'*Ikiiraluk* sur le coup. Dès qu'il commença à sombrer, les autres surent aussitôt que leur chef avait été abattu. Bien qu'ils fussent nombreux, les autres cessèrent de remonter près des *qajait*. Ceux qui vivaient dans la falaise se mirent à plonger dans la mer. Les créatures qui se prélassaient sur le radeau de glace s'enfuirent, sachant qu'elles avaient été vaincues. Elles criaient : « *ikkii, ikkii!* » (j'ai froid ! j'ai froid !) malgré le temps doux, et fuyaient vers le large. De la première à la dernière, elles s'enfuirent toutes.

Alors les hommes accostèrent au pied de la falaise et se mirent à scruter les parages. Ils trouvèrent des têtes et des crânes humains. Ils reconnurent la tête des deux fils perdus du vieillard. Il y avait tant d'autres têtes jetées là, les têtes de ceux qui avaient chaviré en pagayant. Certains des morts venaient du village du vieillard, mais d'autres lui étaient inconnus. Les crânes étaient si nombreux que la pile qu'ls formaient était très haute. À l'évidence, les créatures avaient vécu de chair humaine. Les *Ikkiiraaluit* avaient l'habitude de manger la chair des Inuits – tout sauf la tête. Lorsque le vieillard a harponné le grand chef *Ikkii* d'un seul coup, les *Tuurngait* ont quitté l'endroit.

Nous ne savons pas quand cet incident s'est produit. Nous ne savons pas exactement quand, encore que nous sachions que cela s'est produit avant qu'Ikirasakittuq soit habité. Cet endroit se trouve à l'embouchure du fjord Allurilik. C'était avant que la famille de Nikuti (Nicodemus) Ittulak vive à Ikirasakittuq. La famille Ittulak a vécu là quelque temps après l'incident. Ça ne pouvait pas être très longtemps après la grande bataille puisqu'il y a eu des incidents entre la famille de Nikuti et les *Tuurngait*. Les *Tuurngait* ont été vus et combattus plus souvent juste après leur grand départ.

Il n'y a plus rien maintenant que du roc lisse. L'herbe poussait autrefois sur la falaise notoire appelée *Ikii*, la sorte d'herbe qui pousse où vivent les gens. Maintenant, même cette sorte d'herbe semble ne plus pousser sur la falaise. Au pied de la falaise, il y avait une pile de crânes humains, des crânes blancs qui ressemblaient à des mouettes au nid. Une colline dans le lointain peut paraître toute blanche lorsqu'une colonie de mouettes y niche. C'était à ça que ressemblait la falaise aux crânes blanchis, mais plus maintenant. Si ces falaises étaient encore habitées, l'entrée en serait visible. C'est comme ça qu'étaient les histoires qu'on nous racontait.

Autres entités sur la péninsule du Labrador

La plupart des expériences surnaturelles des Ittulak impliquaient les petites gens appelées *Inuugagulliq*. À cette époque, Nikuti devait être né. En fait, il était assez vieux pour participer à la chasse aux mammifères marins. Les *Tuurngait* sont partis tout de suite après avoir perdu la bataille avec le vieillard et ses deux fils. La famille de Nikuti a dû emménager dans la région juste après l'incident puisque les signes d'habitation étaient encore frais.

Nikuti parlait souvent de la caverne dans la falaise. Dans la période suivant de près le départ des créatures, on pouvait encore clairement discerner l'entrée de la demeure. Maintenant, il n'y a rien d'autre que le roc de la falaise. L'entrée a dû être scellée puisqu'on ne la voit plus. C'est là que vivaient les *Tuurngait* – les meurtriers des Inuits, les mangeurs de chair inuite.

Je pouvais autrefois désigner l'endroit où tout cela s'est passé. Il y avait une autre porte d'entrée sur la colline qui se trouve sur une île au large d'Ikirasakittuq. C'est sur une falaise habitée par les *Inugaguliit*. Nikuti avait coutume d'y observer les *Inugaguliit* avec des jumelles. Il a même vu clairement une très petite vieille portant un *amautik* (parka de femme permettant de porter un enfant) en peau de phoque. Il les a observés plusieurs fois.

Nikuti ne fut pas le seul à observer ces choses. Très certainement, les Inuits d'il y a bien longtemps les ont vues également. Quand les Inuits se rassemblaient, ils avaient coutume de confirmer aux uns et aux autres les divers endroits qu'ils croyaient habités par des *Tuurngait*.

DEUXIÈME PARTIE

Les légendes de ma vie

Conversations avec Jobie Weetaluktuk

La légende d'Allurilik

L'endroit nommé Allurilik est le lieu d'une des légendes que j'ai illustrées dans une gravure sur pierre. Il y avait là un village inuit où vivait un grand chasseur.

Cet endroit se trouvait sur une route migratoire des caribous, dont une ligne ininterrompue descendait des collines, traversant la baie et remontant les pentes au-delà. Lorsque les caribous passaient à Allurilik, le défilé se poursuivait pendant des jours et des jours. Il y avait deux troupeaux, chacun allant son chemin. Les deux troupeaux venaient de directions différentes et chacun prenait des directions différentes. Le bruit de leurs sabots martelant les collines était constant. Le floc de leurs éclaboussements dans l'eau résonnait comme le roulement des rapides. Ils allaient ainsi, jour et nuit.

Le bruit constant agita le grand chasseur, impatient d'aller chasser les morses qui fréquentaient une île dégarnie de végétation dans les parages. Souvent cette île était couverte de morses alors que d'autres nageaient dans les eaux environnantes. Il y en avait tant que les Inuits avaient nommé l'endroit *Ulliq* (île aux morses).

◀ ᓇᕝᕚᒥ
Navvaaq
Photo : Robert Fréchette

ᐅᒥᐊᒃᑯᑦ, ᖃᔭᒃᑯᑦ
ᖃᔭᓇᐊᒃᑯᓗ
ᑲᖏᖅᓱᐊᓗᑦᔪᐊᓕᐊᖅᑐᐃᑦ
ᐊᐅᒍᔅᑎ 1960-ᒥ.
Bateaux en route pour Kangiqsualujjuaq, août 1960
Boats on their way to Kangiqsualujjuaq, August 1960
Rosemary Gilliat, Public Archives 145042

L'automne débutait, le parfait moment pour la chasse aux morses. Le martèlement de milliers de sabots et tous ces clapotis dans l'eau ne favorisaient guère le sommeil. Le grand chasseur ne pouvait dormir. Déterminé à chasser le morse le jour suivant, il décida de mettre fin à la migration. Il prit le crâne d'un morse relié à des vertèbres et le posa en travers du sentier des caribous. Effrayés à la vue du crâne, ceux-ci interrompirent leur marche, et le grand chasseur put, cette nuit-là, dormir paisiblement.

Le jour suivant, le chasseur se mit à chasser le morse dans son *qajaq*. Tandis qu'il pagayait vers l'île, un morse encore nourrisson vint l'accueillir. « Harponne-moi, car j'aimerais boire un peu d'eau », dit le bébé morse au grand chasseur. L'homme vit combien minuscules étaient les défenses du bébé morse et ne répondit pas. « Harponne-moi, car j'aimerais boire un peu d'eau », répéta le morse, ce à quoi l'homme répliqua : « Je ne veux pas de toi puisque tu n'as pas de défenses ».

Ainsi rabroué, le nourrisson vira et s'enfuit vers le troupeau de morses auquel il cria : « Il ne veut pas de nous ! Il ne veut pas de nous ! ». À ces mots, les morses se mirent à quitter l'île en désordre tandis que ceux qui étaient déjà dans l'eau s'éloignèrent à la nage. Tout le troupeau fila devant une telle insulte.

Ayant entendu les paroles du morse, les caribous, eux aussi, fuirent la région. Chaque fois qu'il montait respirer à la surface, le morse nourrisson répétait : « Il ne veut pas de nous ! ». Toutes sortes d'animaux l'entendirent et abandonnèrent la région. Pendant des années, la région fut dépourvue de gibier. Les phoques, les morses, les caribous… même les oiseaux disparurent. Il ne restait plus que la terre et l'eau.

La région tout entière était privée de gibier, et tout le village du grand chasseur finit par périr de la famine. Les membres de la bande du grand chasseur avaient occupé une cave de la colline. Lorsqu'ils moururent, la cave s'effondra sur les corps, si bien qu'ils furent enterrés dans leur propre foyer. Quand j'étais jeune et que le sol ou des roches étaient perturbés à cet endroit, il s'en dégageait toujours une forte odeur de pourriture.

Quand le morse nourrisson disait : « Harponne-moi, car j'aimerais boire un peu d'eau », cela signifiait, dit-on, « accepte-moi, pour qu'il y ait abondance de gibier ». Toutes les créatures de la Création devraient être acceptées. On a dit aussi que les animaux allaient revenir dans la région lorsque les Inuits commenceraient à témoigner plus de respect à leur égard. Ces jours-ci, la région n'est pas entièrement privée de gibier, mais il n'y en a pas en abondance non plus. Voilà la grande légende d'Allurilik.

Mon père

Mon père avait un bateau lorsque nous étions à Kuururjuaq. En fait, il en était copropriétaire avec ses frères. Ils avaient échangé le bateau contre des peaux de renard. À cette époque, bien des hommes troquaient des peaux de renard contre des bateaux.

Des années plus tard, mon père acheta un autre bateau. Nous l'avons nommé *Umikutaq* (le bateau long) et l'avons gardé pendant de nombreuses années. Après que mon père soit devenu trop malade pour le piloter, j'en devins le propriétaire.

Mon père est mort à la suite d'une longue maladie. Il est même allé à Hamilton, en Ontario, pour faire traiter ses poumons. J'ai gardé ce bateau bien des années après sa mort.

La Compagnie de la Baie d'Hudson accordait à mon père un prestige particulier parmi les chasseurs. Elle observait la coutume d'appeler « hommes de haut rang » les piégeurs qui rapportaient le plus grand nombre de peaux de renard. Mon père était l'un d'eux. Les Inuits de la région ont largement tiré profit du bateau de mon père. Nous avions coutume de partir avec un bon groupe chasser le phoque dans le détroit d'Hudson. Sur le pont, les *qajait* s'entassaient les uns sur les autres. Arrivés sur la banquise, ils se dispersaient pour chasser le phoque. Ils en exploitaient différentes espèces : le phoque barbu, le phoque du Groenland et le phoque annelé. Ils rentraient en remorquant de nombreuses prises. Les phoques barbus sont gros et difficiles à remorquer, comme d'ailleurs les plus gros phoques du Groenland. Les hommes pouvaient en avoir deux à la remorque. Ils devaient être forts ces hommes.

Nous nous sommes rendus à Killiniq à de nombreuses reprises avec le bateau de mon père. Nous chassions le béluga et le phoque. Nous avons déménagé des gens d'un camp à l'autre, d'un endroit à un autre, dans ce bateau. Mon père et ses frères avaient coutume d'aider les gens. Mes frères et moi avons fait de même après le décès de mon père. Des années plus tard, le bateau avait vieilli et commençait à pourrir. Il devenait de plus en plus difficile de l'entretenir, si bien que mes frères et moi avons fini par l'échouer. Par la suite, nous sommes passés aux canots à moteurs qui étaient bien plus faciles à manœuvrer.

Carabines, munitions et adresse au tir

À l'époque où carabines et munitions étaient encore des denrées rares, peu d'hommes pouvaient se payer un fusil. Il arrivait même qu'un chasseur chevronné ne puisse disposer que d'une carabine de calibre .22 pendant toute sa carrière. C'est tout ce qu'il pouvait se payer. J'avais un tout petit fusil à un coup de calibre .22 que j'ai eu la chance d'acquérir alors que j'étais encore jeune. Ça a été mon seul fusil pendant bien des années. Et encore, je ne l'ai obtenu que parce qu'on m'en a fait cadeau. Le mari de ma tante me l'a donné parce qu'il ne pouvait plus chasser.

Bien des années plus tard, j'ai remplacé ce fusil. Ce fut l'année où j'ai piégé quatre renards. J'ai apporté les peaux à la Compagnie de la Baie d'Hudson. Lorsque je les ai présentées au gérant, il m'a demandé à qui elles appartenaient. Je lui ai dit que c'étaient les miennes et il a répondu que j'étais vraiment devenu un homme. Il a fait cette remarque, mais j'étais déjà considéré comme un homme par mes pairs. J'ai acheté une carabine de calibre .22 et le gérant a ajouté une guimbarde et un harmonica. Il a fait ce geste pour célébrer mon passage à la vie adulte.

Jeune homme, j'avais coutume de repêcher les phoques abattus par des chasseurs plus accomplis que moi. J'utilisais un *qajaq* ou un *qajariaq* (petite embarcation recouverte de peau). Repêcher les phoques était l'ouvrage d'un jeune, car seuls les chasseurs chevronnés pouvaient abattre le phoque ou d'autre gibier. Lorsque le gibier se faisait rare, cette règle était strictement observée. En période de disette, on ne chassait pas à la légère. Un homme ne tirait sur la gâchette que s'il était absolument certain de ne pas rater son coup. Il ne pouvait se permettre de rater pour deux raisons : ses dépendants avaient besoin de nourriture pour rester en santé, et les munitions étaient précieuses.

Manquer son coup, c'était faire preuve d'une grossière incompétence. Nous avions vraiment besoin de nourriture, sauf dans les brèves périodes pendant lesquelles le gibier abondait. Les munitions étaient si rares qu'un homme ne tendait la main vers son fusil que lorsque la prise était assurée. Un homme pouvait passer ainsi tout un été sans même tendre la main vers sa carabine. Chaque balle devait compter pour quelque chose.

Même les balles de calibre .22 étaient utilisées avec parcimonie, y compris pour la chasse à la perdrix. À certains moments, les munitions devenaient rarissimes. Alors, on ne pouvait abattre qu'une perdrix à la fois. Qu'importe que le chasseur ait pu abattre un deuxième oiseau, la pénurie de munitions était la principale considération. L'unique perdrix était ensuite répartie parmi les voisins. Chaque foyer divisait à son tour le morceau qu'il avait reçu. Dans ces moments-là, recevoir même une miette était l'ultime gratification et la raison d'une pure gratitude.

Les balles restantes étaient attribuées à d'autres journées, des journées auxquelles il fallait aussi survivre.

Je me rappelle avoir chassé avec mon père qui ne disposait alors que de six balles. En fait, cette ration fut suffisante pour l'été. Mon père aimait bien les carabines de marque Savage. Il en a acheté plusieurs. Il était un grand trappeur de renards, si bien qu'il pouvait se payer ces carabines. Nous sommes partis chasser le caribou en été. Nous avons marché longtemps en quête de gibier. Il a tué deux caribous et il lui restait quatre balles. C'était une bonne gestion des ressources. Il ne faisait rien de plus que ce qu'on attendait de lui.

Devenir chasseur

J'ai commencé à agir comme un chasseur alors que je n'étais qu'un garçon. Je m'occupais à mes jeux quand je surpris un oisillon, *luviluvilaq* (chevalier guignette). Il pouvait courir, mais pas voler. Je me suis mis à le poursuivre et à lui lancer des pierres. Je l'ai pourchassé pendant un bon moment. Je lui lançais des pierres que je pouvais à peine soulever d'un seul bras. Quand je l'eus finalement attrapé, je l'emportai à la maison. Ma mère en arracha la peau et mit sa maigre chair à sécher. Mon *arnaqutik* (la femme chargée de former mon caractère) vivait à Kuujjuaq, si bien que je ne pouvais pas lui livrer immédiatement mon *luviluvilaq*. Alors, ma mère en a fait sécher la chair pour elle.

Je me souviens aussi d'avoir attrapé un *mitirluk* (canard noir) des années plus tard. En été, lorsque les *mitirluit* couvent leurs œufs, les pennes muent. Nous en avions surpris une colonie sur une île, et ils s'enfuirent pendant que nous débarquâmes. Sur l'ordre de mon père, je les pourchassai. Un *mitirluk* se trouvait sous un roc en saillie. Supervisé par mon père, je l'abattis. Papa alla ramasser des œufs et moi, je courus autour de l'île. Je trouvai un autre *mitirluk* replié sur le sol, immobile et muet. Je bondis sur lui et lui tordis le cou. Quand nous rentrâmes à la maison, ma mère fit sécher le *mitirluk* pour mon *arnaqutik*.

Mes premières prises étaient offertes à mon *arnaqutik*, selon la coutume. Quand j'abattis mon premier phoque et mon premier caribou, mon *arnaqutik* n'était plus vivante, de sorte que mes prises furent déchirées aux articulations, puis réparties entre les voisins.

Plus tard, dans ma formation d'homme et de chasseur, je devais aider mon père à fabriquer et à entretenir son équipement. Je l'aidais à fabriquer ses courroies en cuir. J'avais pour tâche de mâcher le cuir traité. Les courroies doivent être mâchées jusqu'à ce qu'elles soient souples, sinon elles s'effilochent, s'usent et se rompent. Après avoir mâché beaucoup de courroies pendant une bonne partie de la journée, ma bouche était endolorie par le contact du cuir. Je la sentais brûlante et sensible, et j'avais même du mal à m'endormir à cause du malaise.

J'aidais aussi mon père lorsqu'il fabriquait l'*aliq*, le fil du harpon à gros gibier. L'*aliq* est fait à même la peau d'un phoque barbu femelle. On coupe une bande du diamètre et de la longueur voulus puis on la tend autour de quatre piquets fichés en terre de manière à former un rectangle. Ensuite, on fait « suer » la peau à l'aide d'un morceau de bois. Une fois l'humidité évaporée, la courroie de peau peut résister à une très forte tension.

J'ai appris à fabriquer bien des choses simplement par l'observation. Par exemple, j'ai appris à fabriquer un *unaaq* (harpon), un *taluaq* (écran pour traquer le phoque), et une *naulaq* (tête de harpon).

Construire un iglou était beaucoup plus difficile. Quand j'étais enfant, j'étais apprenti constructeur d'iglou : je remplissais les trous. Après bien des années d'apprentissage, je tentai finalement de bâtir mon propre iglou. Ce n'était pas par choix, mais bien par la force des circonstances.

Sur le point de périr de faim, mon frère et moi étions partis chasser le caribou. Mon propre cousin est mort de faim à cette époque. J'étais plus jeune que mon frère, donc le partenaire apprenti. Nous découvrîmes des traces de caribou et mon frère décida de se lancer à leur poursuite à pied. Les traces étaient très fraîches. J'ai dû m'occuper des chiens et de nos choses. À la brunante, mon frère n'était toujours pas revenu et je pensai qu'il me fallait construire un iglou.

ᒪᖅᑭᕝᕕᒃ 1947-ᒥ.
Campement, 1947.
Camp, 1947.
Corporal C.K. McLean
Collection MCL 043

Je coupai les blocs de neige comme je l'avais fait bien souvent puis j'entrepris d'assembler les murs. Quand j'en vins à la partie du dôme, les blocs de neige se mirent à tomber à l'intérieur. Je tentai maintes fois de les empiler, mais ils tombaient tous à l'intérieur. Il fallait que je m'arrête, que je réfléchisse et que j'essaie de nouveau.

Comme tous mes efforts bien pensés ne menaient à rien, je décidai de désassembler tous les blocs de neige. Jamais je ne m'étais trouvé devant un défi aussi difficile. Tout découragé que je fus, je devais continuer d'essayer. Pensant soigneusement à ce que je devais faire, j'inclinai légèrement le premier mur vers l'intérieur, ce que je n'avais pas fait auparavant. Puis, j'assemblai la deuxième série de blocs. Je me rendis ainsi jusqu'au sommet sans aucun problème. C'était comme si je clouais les blocs de neige ensemble.

Mon frère revint enfin, tard dans la nuit. Je l'attendais et j'étais encore éveillé lorsqu'il entra. Bien entendu, je ne lui ai rien dit de ma décourageante expérience. Le jour suivant, nous avons poursuivi notre route et bâti un autre iglou dans la soirée. J'examinai attentivement sa technique de construction. Bien sûr, je fis mes observations très discrètement, de crainte qu'il ne remarque à quel point j'étais intéressé à observer sa maîtrise.

Mon frère ne retrouva jamais les caribous qu'il avait poursuivis ce jour-là. Les caribous en migration ne s'arrêtent pour aucune raison. Ils ne font qu'une pause pour uriner. Une personne ne peut jamais rejoindre à pied un caribou en migration. Mon frère n'en a même pas aperçu un au loin.

Plusieurs années plus tard, j'abattis mon premier caribou alors que j'étais seul. J'avais souvent assisté mon père et mes frères dans le dépeçage. Cette fois-ci, je n'avais personne avec moi. Je dépouillai les pattes du devant en coupant à l'arrière, même si je savais que les pattes de caribous sont dépouillées le long des jarrets. C'est juste un détail qu'on oublie. Quand je rapportai la peau à la maison, mon père m'a dit : « Les pattes du devant sont normalement dépouillées le long du jarret». C'était la manière coutumière de dépouiller, chose que je savais. J'étais un peu gêné d'avoir commis cette petite erreur.

À plusieurs reprises, j'ai aidé mon père alors qu'il fabriquait la charpente de son *qajaq*. Je suis presque certain que je pourrais en construire un, encore que je n'aie jamais eu à le faire. La construction de mon premier *qamutik* ne fut pas tellement difficile. J'avais un modèle grandeur nature juste devant les yeux et je n'avais qu'à m'y reporter lorsque j'avais besoin de précisions.

Quand mon père fut envoyé à l'hôpital d'Hamilton, en Ontario, bon nombre de responsabilités me revinrent. J'étais désormais un pourvoyeur, comme l'étaient mes frères. À son retour, papa s'est vraiment employé à m'enseigner le comportement des animaux, la chasse et les nombreuses techniques de chasse. Encore aujourd'hui, je m'y connais un peu à ce sujet, mais les hommes d'avant moi possédaient un savoir vaste et varié. Apprendre à devenir un chasseur fut un grand défi pour moi.

J'ai beaucoup appris en chassant le phoque avec papa. Peu à peu, je devins le principal pourvoyeur de viande de phoque de ma famille. Au début, je manquais de confiance et mon père me disait : «Vas-tu te comporter comme celui qui hésite et qui a peur ?». Je continuai à suivre ses instructions et devins graduellement un meilleur chasseur.

Nous chassions aussi le caribou ensemble. Une fois de plus, papa m'a appris comment les poursuivre. Quand je n'étais pas sûr de moi, mon père répétait : «Vas-tu te comporter comme celui qui hésite et qui a peur ?». Alors, je me mettais à l'affût et finissais toujours par abattre la bête que je pourchassais, ce qui m'a rendu plus compétent et confiant.

À la fin, papa perdit tout intérêt pour la chasse. Il ne m'aidait même pas à fabriquer et à entretenir mon équipement. Ce fut une période très dure, mais j'ai appris comme jamais auparavant. C'est alors que mon père m'a appris le plus. Il m'aimait et a dû vouloir me quitter en sachant que j'étais un chasseur accompli.

ᒨᓯᓯ ᐃᑦᑐᒃ.
Mususi Ittuk.
Rousseau A IX – 2

J'étais encore jeune et je devais toujours partager mes prises avec ma famille et mes chiens. Je commençai à observer les changements de température. Je réfléchissais tout le temps, de sorte que je développai des aptitudes et des connaissances. Je réalisai bientôt que, si je ne pourvoyais pas à nos besoins, nous alions mourir de faim. Je devais savoir où aller pour assurer les meilleures chances de succès à la chasse. Je devais aussi réfléchir et comprendre les choses comme jamais auparavant. Je devenais un homme, un chasseur.

Avant tout, un chasseur doit être patient, surtout lorsqu'il est à l'affût du gibier. Quand le gibier se fait rare, les animaux se tiennent beaucoup plus sur leurs gardes et s'enfuient facilement. Un chasseur à l'affût doit bouger sans bruit, mais délibérément.

Aujourd'hui, j'entends dire que pour obtenir un emploi, une personne doit passer une entrevue et faire évaluer sa compétence. Les Inuits, cependant, gagnent en compétence par la pratique. Cela peut être très difficile au début, mais ils apprendront. Si la personne manque de compétences, elle en développera à force de faire le travail et de le comprendre. Cela peut être un grand défi mental, mais c'est ainsi que nous apprenons tous.

Au bord de la famine

J'ai souvent connu la faim, mais je n'ai été aux prises avec la famine qu'une seule fois. C'est à cette époque que le fils de mon oncle est mort de faim. J'étais encore jeune alors. Nous étions à notre cabane de rondins sur la rivière Kuururjuaq. Mon frère Mususi et moi partîmes chasser le caribou sur le plateau. Quand nous nous mîmes en marche, nous n'avions rien mangé depuis une semaine. Mes parents et mes sœurs demeurèrent dans la cabane où il n'y avait aucune provision.

Nous avions neuf chiens, nos neuf chiens habituels. L'un d'eux était capricieux. Personne ne l'aimait. Les gens n'aiment pas les chiens aussi capricieux. Nous voyageâmes pendant des jours, puis des semaines. Nos chiens allaient sans manger. Mususi et moi subsistions avec de l'eau, rien que de l'eau.

Un à un, nos chiens s'épuisèrent, incapables d'avancer. Une fois étendus au sol, ils ne pouvaient plus se relever. À mesure qu'ils tombaient, je les soulevais et les chargeais sur le *qamutik*. À la fin, il n'y avait plus qu'un chien et moi-même pour tirer le *qamutik*, tandis que Mususi marchait à côté. Le chien capricieux était le seul qui marchait encore. Le chien que personne n'aimait et moi partagions la tâche de tirer le fardeau du *qamutik* chargé des huit autres chiens. Selon la tradition, ceux que personne n'aime deviennent des ressources précieuses dans les moments pénibles. C'est exactement ce qu'a prouvé le chien que personne n'aimait.

Nous traînâmes péniblement pendant de nombreux jours avant de trouver des traces de caribou. Quand nous les aperçûmes, Mususi marcha à la poursuite des animaux, mais n'arriva pas à les retrouver. Ce soir-là, je construisis mon premier iglou.

En fin de compte, nous finîmes par nous procurer du caribou. Cela faisait alors tellement longtemps que nous n'avions rien mangé que nos mâchoires ne s'ouvraient plus. Lorsque les corps atteignent la rigidité cadavérique, on ne peut en forcer les mâchoires. C'est dans cet état que nous étions. Nous arrivions à boire même avec les dents serrées, et cela nous a permis de subsister.

Après avoir tué le caribou, nous avons bu un peu de sang et avalé de tout petits morceaux de viande. Nous avions coupé la chair en minuscules bouchées que nous poussions du doigt dans la bouche en contournant une dent de sagesse. Nous ne pouvions mâcher ni ouvrir la bouche. Ayant pris la première nourriture depuis longtemps, nous devions rester éveillés pendant trois jours et trois nuits. Empêcher le sommeil pendant cette période était ennuyeux et épuisant. Pendant que nos corps digéraient lentement, nous n'avons bu que de l'eau. Nous en avons bu beaucoup. Enfin, à la quatrième nuit, nous avons pu dormir en sûreté. En cela, nous avons suivi les instructions de mon frère qui connaissait les traditions et les pratiques. Mon frère me dit que nous pouvions dormir sans danger. Il sommeillait déjà avant d'avoir fini sa phrase.

Au réveil, nous pouvions ouvrir les mâchoires. Nous avons mangé et repris des forces et de la vigueur. Être sur le point de mourir d'inanition est une sensation étrangement libératrice. Le corps est léger et l'effort, réduit de beaucoup. Je me sentais si léger qu'il m'a semblé pouvoir flotter sur la neige poudreuse. Je ressentais une étonnante sensation de légèreté. Il n'y avait pas de malaise, sauf mes mâchoires bloquées.

Tous nos chiens ont survécu et nous sommes retournés dans notre famille.

Devenir un homme : les femmes et le mariage

Quand j'étais jeune chasseur, les femmes commencèrent à s'intéresser à moi. Même les femmes plus âgées recherchaient ma compagnie, ce qui me plaisait bien. Ce n'était pas la coutume, mais j'ai connu un certain nombre de femmes.

Pour devenir candidat au mariage, un homme devait être un chasseur compétent, un pourvoyeur. J'étais particulièrement épris de deux jeunes femmes. J'ai eu une aventure avec chacune d'elles, l'une après l'autre, et j'ai même demandé chacune en mariage. Chaque fois, cependant, j'ai été éconduit par les parents. Leur refus de consentir à l'union marquait la fin de l'affaire et des aventures.

Je me suis marié en fin de compte et cela fut fait d'une manière convenable, dans l'observation de la coutume. Les parents de ma future femme et mes parents ont fait les arrangements entre eux. Ni moi, ni ma future conjointe n'eûmes un mot à dire. Une fois donné le consentement des parents, c'était comme si nous étions mariés, mais je ne rencontrai ma femme que près d'une année plus tard. À l'automne, ma mère alla enfin la chercher. Lorsqu'elle vint vivre chez nous, elle et moi étions comme mari et femme. Nous sommes demeurés ensemble depuis ce temps.

L'établissement de la coopérative

Nous avons commencé à penser au concept de la coopérative en 1959. Deux hommes du ministère des Affaires indiennes (comme on l'appelait alors) vinrent à Kangiqsualujjuaq pour faciliter les pourparlers et l'établissement d'une coopérative locale. À l'époque, nous étions disséminés dans beaucoup de petits campements, ma famille étant à Kuururjuaq. Les autres campements comprenaient Tasikallak, Tuunulliq, Tuttutuuk, et Marqalik. Kangiqsualujjuaq ne comptait que deux familles, celle de Willie Emudlak et celle de Josephie Sammy Annanack. Les gens de Tuttutuuk visitèrent une ou deux fois, mais ne firent jamais vraiment partie de notre communauté.

Pendant les réunions tenues dans une tente longue, on nous dit que nous devions nous rassembler à Kangiqsualujjuaq. Nous allions devoir quitter nos campements. C'était une chose difficile, mais nous l'avons faite le même hiver. Les familles arrivèrent à Kangiqsualujjuaq à la fin de l'hiver, probablement au mois de mars. Nous souffrions souvent de la faim à cette époque. La vie était dure et nous devions travailler fort. Nous étions venus à un endroit où le gibier était encore moins abondant et nous risquions d'avoir encore plus faim, mais nous étions prêts à travailler fort. À cette époque, nous ne laissions pas les choses traîner. Quand une décision était prise, les gens passaient sans tarder à l'action.

Nous avons eu de nombreuses réunions au sujet de la coopérative, réunions qui duraient toute la nuit. Certaines des familles partirent en amont de la rivière pour voir s'il était possible d'y abattre des arbres. Mon frère Taamisa était du groupe. En amont de la rivière, les arbres étaient assez gros pour être exploités commercialement. Nous vivions dans des tentes, mais une fois les arbres abattus, nous avons pu construire des maisons de rondins. Il fallait importer le contreplaqué, les matériaux isolants, les cheminées, et ainsi de suite.

Les bûcherons avaient prévu expédier le bois en aval au printemps alors que l'eau est haute. Ils ont cependant perdu une bonne partie des billots dans les rapides. Ils prévoyaient construire des bateaux que la coopérative aurait pu vendre. Les bateaux étaient conçus pour des moteurs hors bord de 18 HP. Nous nous sommes procuré les moteurs ainsi que des congélateurs, des filets et d'autre matériel à l'aide d'un prêt gouvernemental. Lorsque arriva le navire qui emportait toutes ces choses, je devins pêcheur.

Quand nous avons déménagé à Kangiqsualujjuaq, nous vivions dans des tentes de l'autre côté de la rivière. Cet été-là, une école fut installée dans une tente, et les enfants allèrent à l'école. Nous avons appris plus tard que les enfants devaient aller à l'école même s'ils voulaient rester avec leurs

ᑏᕕ ᐃᑦᑐᒃ ᐃᖅᓂᖅᑲᓗ
ᐋᑕᒥ ᐊᓄᕐᓯᐆᑦ
1968-ᒥ.

Tivi Etok, cheveux au vent, et son fils Adamie, 1968.

Windblown Tivi Etok with his son Adamie, 1968.

Collection Donat Savoie IND DSA 231

parents. L'école était un nouveau concept que bien des familles eurent du mal à accepter.

La cabane de rondins que nous appelions *Illukallak* (bâtisse solide) était alors la seule structure rigide sur le site de Kangiqsualujjuaq. C'est là que se tenaient les réunions. C'est aussi là que furent tenues les premières élections officielles. George Annanack fut élu président du conseil de la coopérative.

L'exploitation du bois se poursuivit cet hiver-là. À nouveau, les billots furent transportés sur la rivière, puis traités au moulin à scie ; nous pouvions maintenant construire nos propres maisons. Le moulin produisait des planches (2 × 4, ou 2 × 2) et d'autres coupes. L'été suivant, nous avons recommencé à pêcher l'omble chevalier. Nous en avons pris beaucoup, assez pour remplir le congélateur du bateau. À l'époque, un pêcheur ne touchait même pas un dollar du poisson.

Les ravages de l'alcool

C'est probablement en 1961 que je commençai à boire. C'est à ce moment que l'alcool est devenu facilement disponible dans notre communauté. Nous buvions des spiritueux jusqu'à nous enivrer, la seule manière que nous avions appris à boire. Il y avait des engueulades, des empoignades et des algarades. L'adultère devint excusable, voire acceptable. Le mensonge, la dérobade et les subterfuges pour éviter gens et enquêtes devinrent fréquents.

Les actes de Satan se manifestèrent, comme se manifestèrent les gens de Satan. Cela semblait normal. Cela ressemblait à l'amour ; c'était amusant, plaisant, excitant. Pendant un certain temps, je devins l'un des esclaves de Satan. Ma femme et moi buvions même devant nos enfants. Il nous arrivait souvent de nous mettre dans un état de stupeur. J'ai bu pendant trois années.

Puis en 1963, je me suis rendu à Kuujjuaq avec deux amis. Tous des buveurs, nous suivions un cours sur l'entretien des bateaux. L'un deux avait à Kuujjuaq un oncle qui buvait aussi. Il obtint de lui une bouteille de 40 onces que nous avons joyeusement engloutie.

Nous étions à l'ancre sur la rivière et avions vidé la bouteille. J'étais si ivre que j'ai dû m'étendre sur mon lit, au milieu du bateau.

Étendu là, mon ventre se mit à gonfler, comme un ballon. Soudain, un spasme me fit vomir ce que j'avais bu. Paralysé par la boisson, je ne pouvais même pas me nettoyer, si bien que mon ami s'en chargea. Un peu plus tard, la même chose se produisit. Ventre ballonné et vomissements, nettoyage. Cela se répéta par trois fois. On dit que trois est un chiffre significatif.

Depuis lors, je n'ai jamais touché à un verre. Pendant un temps, j'ai été guide de chasse et de pêche sportive. Ces gars-là emportent souvent beaucoup d'alcool. Certains en offrent au guide. Ils insistent tellement que, parfois, j'acceptais le verre, mais le vidais par terre, derrière mon dos. Je n'ai plus jamais pris d'alcool depuis l'épisode de Kuujjuaq.

ᐅᒥᐊᖅ ᑎᖏᕐᕋᐅᑕᓂᒃ
ᐊᒻᒪᓗ ᖃᔮᒃ ᐊᓪᓚᓯᐅᑏᒃ
ᑲᖏᕐᓱᐊᓗᑦᔪᐊᒥ
1948-ᒥ.

Voilier, qajaq et deux canoës amérindiens, Kangiqsualujjuaq, 1948.

A sailboat, a qajaq and two Indian canoes, Kangiqsualujjuaq, 1948.

Collection Corporal C.K. McLean MCL 114

En octobre suivant, je travaillais à Kangiqsualujjuaq. Il y avait alors beaucoup d'activités de construction. J'étais journalier, mais tout aussi compétent que le charpentier professionnel embauché pour construire les maisons. Sous certains aspects, mon travail était même meilleur.

Lors d'une certaine période de neige, je devins gravement malade. J'étais la seule personne malade dans la communauté. J'ai dû garder le lit pendant une semaine. Cela devint si pénible que je ne pouvais même pas ouvrir les yeux. J'étais presque mourant. Je pouvais entendre ma famille. J'entendais leurs voix et les remuements. J'étais dans le noir quand j'entendis des mots résonner dans mon cœur. Ce n'était pas des paroles audibles, mais je pouvais les distinguer de l'intérieur : « Repens-toi, car j'ai appelé ton nom pour l'amour de Mon nom. Si tu ne te repens pas, tu vivras dans le feu éternel. » C'était ces paroles, prononcées très doucement, mais absolument distinctes.

Trois fois j'entendis ces paroles. Je n'avais pas encore réagi, mais, après la première fois, je me mis à prier silencieusement, dans ma tête. Je ne pouvais pas me plaindre de ma maladie. J'ai demandé le pardon, puis la mort. J'étais toujours dans la noirceur profonde, mais le silence était maintenant complet. Puis j'ai entendu le bruit d'un coup de hache puissant qui tombait juste derrière ma tête. La hache tomba juste à la base de mon cou et brisa des chaînes. J'ai entendu le bruit de la chaîne dont brisait et éclatait chaque maillon.

Je me suis retrouvé dans mon lit. J'ai appelé ma femme. Quand elle fut là, je l'ai prise par le cou et lui ai demandé de me pardonner. Elle m'a pardonné, puis j'ai appelé chacun de mes enfants et demandé aussi leur pardon, l'un après l'autre.

Perdu et retrouvé

Je me perdais souvent, même quand j'avais encore mon attelage à chiens. J'étais jeune et je pensais en savoir plus long que mes chiens. Je sais précisément pourquoi je me perdais. Par mauvais temps, je pensais connaître le chemin et indiquais le chemin à mes chiens. « Tournez, tournez », commandais-je avec insistance. Quand ils hésitaient à obéir, je commandais avec plus de vigueur. J'étais le maître après tout. Puis nous perdions notre chemin. Je ne faisais que continuer à ordonner à mes chiens de suivre mes instructions, en espérant trouver un repère que je pourrais identifier. Quand nous étions complètement perdus, sans espoir de retour, alors je me taisais et laissais les chiens se débrouiller par eux-mêmes. En fin de compte, ils me ramenaient à la maison. Ils connaissaient le chemin. Ils pouvaient sentir la piste, même quand celle-ci était recouverte de neige soufflée par le vent.

Un jour je me suis vraiment perdu. Je veux dire, désespérément perdu. Je conduisais une motoneige alors. Je rentrais à la maison, mais il faisait noir et la neige tombait dru. Je perdis la piste et n'arrivai plus à identifier les repères. Lentement, la panique s'empara de moi. Je dardai dans toutes les directions. Certaines des pistes étaient très bonnes, d'autres très mauvaises. Je ne pouvais reconnaître aucun des repères qui m'étaient familiers et la panique gagna du terrain. J'ai même traversé mes propres traces une fois ou deux.

J'étais bel et bien perdu et en proie à la panique. Comme je n'avançais à rien, je décidai qu'il fallait me calmer. J'arrêtai la motoneige et mis un peu d'ordre dans mes pensées. Je priai à voix basse puis regardai attentivement autour de moi. Une colline me sembla vaguement familière. Je me suis dit : « Et si j'allais par là... », et je pris cette direction, non sans hésiter. Un peu plus loin, je crus reconnaître un autre repère. Puis, j'en vis de plus en plus et le chemin me devint apparent. J'avais retrouvé ma route.

La panique est le pire ennemi du chasseur. Je pense que bien des gens périssent parce qu'ils paniquent et n'essaient pas de reprendre leurs esprits. Un chasseur doit s'arrêter et se calmer avant de continuer. Bon nombre de choses échappent à celui qui panique parce que l'esprit est occupé par la peur. Quand vous vous perdrez, demandez de l'aide par la prière, même si vous ne le faites qu'en pensées.

Chiens et attelages

Quand j'étais jeune homme, j'avais habituellement un attelage de chiens. Certains étaient très bons, d'autres étaient des fauteurs de troubles. Certains chiens étaient stupides, incapables d'apprendre. Les attelages de chiens peuvent être excellents, affreux ou porter toute la gamme des épithètes entre les deux. Une bonne partie de leurs comportements est commandée par le chien de tête. Un attelage mené par un bon chien de tête peut provoquer la fierté de son propriétaire.

Avec un bon dirigeant, les chiens peuvent même apprendre à naviguer dans les bois. Ils peuvent courir dans les bois sans que les courroies s'emmêlent. Cela demande de la pratique et, ce qui importe davantage, cela exige un chien de tête intelligent.

À l'époque, chaque chien connaissait son nom et répondait à l'appel. Chacun connaissait les commandes du conducteur – *huuit* (départ), *augg* (à droite), *har'ra* (à gauche). Ils les connaissaient bien et y réagissaient correctement. Les chiens pouvaient nous ramener à la maison même dans la pire des tempêtes. Ils avaient aussi un sens inné du danger, par exemple, sur la glace trop mince et instable. Ils avançaient alors avec beaucoup de précautions. Par les changements dans le langage du corps de ses chiens, le conducteur savait que la glace qu'il franchissait était dangereusement mince.

Les chiens pouvaient aussi voyager sur de très longues distances en tirant une lourde charge. Il fallait leur apprendre comment faire et travailler avec eux. Vous leur donniez un repas en fin de journée et ils vous facilitaient la vie. Il y avait aussi de mauvais attelages avec lesquels il était frustrant de travailler. Une fois de plus, le chien de tête n'était pas étranger à la chose. En cela, les chiens étaient tout juste comme les gens. S'ils avaient un bon dirigeant, ils pouvaient accomplir de grandes choses. S'ils en avaient un mauvais, ils vous causaient beaucoup d'ennuis. C'est pareil pour les gens.

L'art

J'assistai à un atelier pour étudier la gravure à Puvirnituq. C'était un atelier de trois semaines, mais je n'ai pu y assister jusqu'à la fin. Je suis parti plus tôt à cause du dégel du printemps. À l'époque, l'avion devait atterrir sur la glace et j'ai dû partir pendant que celle-ci était encore suffisamment épaisse pour supporter l'appareil.

À Puvirnituq, j'ai appris le processus de la gravure. C'était totalement nouveau pour moi. Je pense que j'ai dessiné un caribou. J'ai aussi dessiné un loup et les ai tous deux reproduits par gravure. Ce furent mes projets d'apprentissage.

De retour à Kangiqsualujjuaq, j'ai fait une demande au conseil de la coopérative pour établir un atelier de gravure. J'étais membre du conseil et, en plus, chasseur à temps plein. Les administrateurs décidèrent que je pouvais convertir en atelier de gravure une cabane de rondins appartenant à la coopérative. Ils ont aussi accepté de payer les frais généraux, par exemple l'électricité et le chauffage.

J'avais donc un atelier ; je dessinai puis reproduisis un chien attaquant un caribou. Mon dessin s'inspirait d'un récit de mon père qu'un chien avait aidé à abattre un caribou. J'en fis deux ou trois dessins, puis je les reproduisis par gravure. Ensuite, je les envoyai à la Fédération des Coopératives du Nouveau-Québec à titre d'échantillons. On me demanda de faire 50 gravures de mes dessins. Peter Morgan, mon beau-fils, était mon collègue. Il était l'imprimeur. Cet été-là, nous nous sommes procuré de grandes plaques de stéatite pour faire des gravures. Comme il n'y a pas de stéatite à Kangiqsualujjuaq, nous avons dû les importer du Sud.

Expériences spirituelles

Ma première expérience des êtres surnaturels s'est déroulée quand je n'étais encore qu'un petit garçon. J'étais capable de marcher un peu en dehors du village, mais jamais bien loin. Un jour, j'allai seul dans les bois. Pendant que j'y étais, deux chiens me prirent en chasse. Je remarquai que c'étaient les chiens bruns de nos voisins. Ils grognaient et tentaient de me mordre. Ils étaient très féroces et terrifiants. Leurs yeux étaient rouges comme la flamme. Peu importe leurs tentatives, ils n'arrivaient pas à me mordre. J'étais effrayé, mais je me débrouillai pour sortir des bois. Je me précipitai à la maison. Comme j'approchais des tentes, je vis les deux chiens affalés sur le sol, qui n'avaient pas le moindre souci.

Satan à Killiniq

Quand j'étais petit, nous avions coutume d'aller à Killiniq. Une fois que nous y séjournions, l'*Atanirusiq* (le gouverneur) de la Compagnie de la Baie d'Hudson vint à Killiniq. Ce fut tout une histoire. Entre autres gâteries, des bonbons furent distribués aux enfants. Les policiers étaient sur place, sérieux et cérémoniaux. On m'avait souvent dit qu'ils avaient le pouvoir de détenir et je craignais constamment qu'ils ne me détiennent. Il y avait même deux joueurs de cornemuse, dans leur costume si inhabituel. Leurs instruments étaient bruyants, mais il en sortait des sons inimaginables et merveilleux.

Parmi les *Qallunaat*, il y avait un homme aux cheveux châtains. Il était magnifique et dansait très bien. Ses cheveux semblaient avoir des reflets blancs. Pendant l'une des nombreuses danses, il s'écrasa le pied et quitta la piste. Il alla soigner son pied, accompagné de sa partenaire de danse. Lorsqu'il retira sa botte, sa partenaire vit que son pied était un sabot de caribou. À ce moment-là, le grand danseur s'évanouit dans l'air et on ne le revit jamais plus. Ce n'est pas d'hier que Satan, le Malin, vient dans notre pays.

Un diable cauchemardesque

Les Inuits ont, en règle générale, des expériences cauchemardesques. Cela s'appelle *uqumangirtuq*, c'est-à-dire se sentir paralysé, mais pas endormi. Habituellement, cela implique une présence effrayante. J'ai fait cette expérience à de nombreuses reprises. J'ai même réalisé une gravure sur pierre au sujet de l'une d'elles, mais une qui ne m'avait pas laissé paralysé cette fois.

J'ai senti une présence effrayante. Mes parents, frères et sœurs étaient tous endormis. Nous étions alors dans une tente. Ayant senti cette présence, je devais y jeter un coup d'œil. Je manœuvrai lentement sous ma couverture et en soulevai un coin sans faire de bruit. Je fis ça très lentement pour que la présence, quelle qu'elle fut, ne puisse me voir. Puis je l'aperçus. Cela ressemblait de près à ce que j'ai illustré dans ma gravure, mais sans blanc ni parties claires. Je décidai que j'allais la frapper très fort. Je frappai de toutes mes forces en direction de sa poitrine. La répercussion produisit un son creux, comme en produirait un baril à essence vide de son contenu. La chose disparut et je l'entendis se faufiler dans les bois pendant qu'elle s'enfuyait. Mes jointures étaient très endolories.

Mon attelage et la noirceur

Je chassais en traîneau à chiens quand je vis une ombre noire et sans forme plus loin devant moi. C'était simplement une tache noire par un beau jour ensoleillé. Lorsque mes chiens l'eurent rejointe, ils devinrent vraiment excités. Pendant qu'ils trottinaient encore, ils levèrent les pattes de devant et se mirent à courir à pleine vitesse sur leurs pattes de derrière. Les chiens étaient tellement excités, et je l'étais aussi. Je n'étais pas effrayé même si je n'avais aucune idée de ce qui se passait. Les chiens se tenaient sur les pattes de derrière, évidemment soutenus par quelque chose, et courraient à toute vitesse.

La tache noire commença à nous guider vers la grève. Alors que nous en approchions, je commençai à distinguer de nombreuses voix. Elles me criaient quelque chose en chœur, mais je n'y comprenais rien. La rumeur était écrasante. Les voix hurlaient en inuktitut, mais je ne pouvais distinguer un seul mot.

Puis j'entendis des pas courant sur la grève et venant dans ma direction. J'attrapai autant de pierres que je pus tandis que nous progressions à grand train. Parmi les nombreux pas, je pouvais distinguer ceux d'un individu très lourd. J'ai pensé : « Je vais lui lancer une pierre dès qu'il apparaît celui-là ». Puis j'ai pensé : « Lorsqu'il sera trop près, je vais lui lancer une pierre même s'il n'apparaît pas ».

Puis je hurlai aux voix : « Vous venez de la noirceur, vous êtes condamnées, vous êtes le mal ». Immédiatement, les voix et le bruit des pas cessèrent et la noirceur disparut. Mes chiens, qui courraient avec fièvre sur leurs pattes de derrière, tombèrent épuisés. Ils ne s'étaient pas sitôt affalés sur le sol qu'ils dormaient déjà.

Les sépultures de Navvaaq

Il y a de nombreuses sépultures au fjord Navvaaq. La plupart sont bénignes, mais bon nombre sont hantées. À la crête d'une des collines se trouvent plusieurs sépultures. Il semble que cette colline surplombant les environs ait été un emplacement privilégié. Plusieurs des sépultures comptent encore des articles qui ont été laissés au moment de l'enterrement.

Quand j'étais enfant, nous avons campé à cet endroit, près des sépultures. Comme tout autre garçon, je voulais des souvenirs et je pris trois choses que je trouvai près d'une sépulture. Je pris trois objets sculptés que je trouvais attrayants. Fier de moi, je les montrai à mes parents. « Tu ne dormiras pas ce soir », dirent-ils d'une seule voix. Mes parents m'expliquèrent que, si la personne décédée n'est pas au paradis, elle ennuie quiconque prend ses choses. Si la personne est au paradis, alors on peut garder les souvenirs sans en subir aucune conséquence. Ils me dirent aussi que, si j'allais vraiment garder les souvenirs, je devais laisser quelque chose en échange. Cela pouvait être un morceau de viande, un vêtement ou un outil. Si la personne décédée acceptait l'objet donné en échange, alors il n'y aurait aucun problème. Par contre, il y en aurait si elle ne l'acceptait pas.

J'ai fait ainsi quelques échanges sur des sépultures. Une fois, j'ai échangé un morceau de phoque pour un objet sculpté. En quelques minutes, la viande avait disparu. On peut reconnaître à certains signes que la sépulture est celle d'un être qui n'a pas été sauvé. Le crâne y subsiste habituellement et est en très bon état. Normalement, il brille comme si on l'avait poli. On peut trouver un crâne bien poli et en excellent état même si le reste du squelette et des objets enterrés avec lui sont devenus poussière. Il ne reste que de petits fragments des gros os tandis que certains autres sont totalement consommés par la mousse.

ᕿᔪᐃᑦ ᓇᐹᖅᑐᐱᓃᑦ ᓴᖅᕆᐅᑎᑕᐅᔪᑦ ᑭᓪᓘᐱᒻᒧᑦ ᑲᖏᖅᓱᐊᓗᑦᔪᐊᒥ 1968-ᒥ.

Bois flotté pour la scierie, Kangiqsualujjuaq, 1968.

Logs for the sawmill, Kangiqsualujjuaq, 1968.

Collection Donat Savoie IND DSA 171

J'avais aussi découvert que le crâne des personnes qui n'ont pas connu le salut s'oriente de manière à faire face à toute personne approchant de la sépulture. Nous campions près de quelques sépultures dont une comptait un crâne lisse et bien conservé, clairement visible même d'une certaine distance. Passant par là, je l'approchai de différents angles. Après bon nombre de jours, je me suis rendu compte que le crâne semblait toujours me faire face lorsque je m'en approchais. Je veux dire, peu importe la direction. Alors, je décidai de prouver mon hypothèse. J'approchai venant de diverses directions et, bien sûr, il me regardait toujours directement.

J'ai aussi « tué » l'un des « non-morts ». Cela s'est produit à une autre sépulture. Je regardai dans la sépulture et remarquai que deux pierres risquaient de tomber sur un crâne blanc et poli. Craignant que cela n'arrive, je décidai de les pousser un peu en retrait. La pierre que je manipulais m'échappa et fit éclater le crâne en morceaux. J'étais terrifié. Je n'avais pas voulu manquer de respect envers les morts. Plus tard, le même jour, je revins à la sépulture pour constater les dommages que j'avais causés. Il ne restait pas la moindre trace du crâne. Pas un des dizaines de fragments. Dans la sépulture, il n'y avait que la pierre tombée et de la mousse. J'avais tué un « non-mort ». J'étais effrayé à l'époque, mais maintenant (rires), je suis simplement heureux d'avoir pu libérer celui-là.

Les gens connaissent depuis longtemps le secret de ces sépultures. Un jour, un squelette s'est levé de sa tombe et a effrayé quelqu'un. On a entendu des coups de fusils provenant de sépultures et certains ont même vu la fumée des décharges.

Malices à Navvaaq

Il y a au fjord Navvaaq un affleurement rocheux, lisse et très beau. Il est connu pour ses phénomènes surnaturels. L'endroit est hanté. Si vous vous approchez de cette colline seul, vos effets s'envoleront de votre *qamutik*, même en passant à pleine vitesse. Les sangles retenant la charge se dénouent, peu importe qu'elles soient bien attachées.

J'y suis allé une fois en traîneau à chiens. Comme je longeais la colline, les sangles retenant la charge se dénouèrent et les objets se mirent à s'envoler de mon *qamutik*. J'étais stupéfié. Mes chiens s'arrêtèrent à mon commandement. Je les fis revenir sur leurs pas pour ramasser les objets éparpillés et décidai de ne pas aller plus loin. Je rentrai à la maison.

Au même endroit, mon frère a eu une expérience semblable des années plus tard. Il conduisait une motoneige derrière un groupe de chasseurs qui l'avait distancé. Sans autre avertissement, les choses se mirent à s'envoler de son *qamutik*, bien que Lucassie ait arrimé la charge solidement. Et alors, avant qu'il ne puisse réagir, le guidon de sa motoneige se mit à répondre à une force invisible. Mon frère Lucassie était un homme costaud. Il tenta de reprendre la maîtrise de la direction et de retourner sur la piste, mais il ne pouvait le faire.

ᐊᕐᓇᖅ ᓯᑭᓯᕐᓗ
ᑭᓇᒃᑰᑭᐊᖅ ᕐᑭᒻᒥᐊᓂᓪᓗ,
ᑲᖏᕐᓱᐊᓗᑦᔪᐊᒥ
1948-ᒥ.

Femme et enfant non identifiés, avec des chiens, Kangiqsualujjuaq, 1948.

Unidentified woman and children with dogs, Kangiqsualujjuaq, 1948.

Collection Corporal C.K. McLean MCL 113

Incapable de maîtriser la conduite, il se dirigeait tout droit sur la belle colline lisse. Il lutta contre le guidon de toutes ses forces. Le visage grimaçant sous l'effort, il finit par le libérer. Il avait gagné la lutte contre une force invisible. Il retourna sur son chemin pour ramasser ses choses et put continuer sans problème.

Des choses de ce genre sont arrivées à d'autres personnes. Des gens ont été frappés par des projectiles à cet effleurement. Parfois c'était des pierres, parfois, des bâtons. Les projectiles arrivent d'on ne sait où. Même mon père a été affaibli par une force invisible qui l'a pris à la gorge. Nous campions à l'affleurement lisse et quelque chose a saisi mon père à la gorge qui s'est mis à s'étouffer. En danger de mort, papa s'est débattu et a réussi à se libérer.

La belle *Qallunaaq*-Inuk

J'ai aussi vu une très belle femme. Cette fois, c'était au village (de Kangiqsualujjuaq). J'aperçus une femme à une certaine distance, près de quelques poubelles. Je pouvais voir clairement comme elle était belle. Elle était d'origine mixte, blanche et inuite. Elle avait une longue chevelure flottante. Je décidai que je ne la quitterais pas des yeux alors que je marchais à sa rencontre. Lentement, elle se dissimula derrière les poubelles. Lorsqu'elle se releva, elle avait pris la forme d'un chien brun et laid. Un esprit malin, pensai-je. Le chien alla derrière les poubelles puis disparut. Quand j'arrivai près des poubelles, il n'y avait rien.

Le pied poilu

Je rentrais de la chasse et j'étais seul. Je suivais la piste quand soudain le moteur de ma motoneige s'arrêta net. Sans aucune raison. Je jetai un coup d'œil derrière moi et vis une forme sombre. Je regardai encore et il y avait là un énorme pied poilu. Ce pied était énorme et tout noir. Je regardai vers le haut pour voir à quoi appartenait ce pied. La jambe était si haute que je ne pouvais pas en distinguer le genou.

Effrayé, je pensai à l'avenir et priai tout bas : « Jésus, aide-moi, car je suis devant une grande terreur ». Après cette prière, je regardai derrière et il n'y avait plus rien. Je tirai sur le démarreur de ma motoneige qui ronfla sans peine. Je rentrai à la maison sans autre problème.

Asiusaijiit

Un jour que je chassais en motoneige, j'aperçus des traces de loup et j'étais excité de me mettre à la poursuite de cet animal. À l'époque, les peaux de loup étaient très en demande. Les traces étaient si fraîches que je pouvais clairement discerner les marques laissées par les poils dans l'empreinte des pattes. Le ciel était clair et le soleil brillait. Je remarquai un endroit sombre à l'horizon. Poursuivant les traces, j'arrivai à cet endroit qui était assombri par une forte chute de neige. J'allais juste pénétrer dans le rideau de neige lorsque j'eus cette pensée : « Non, cette chose diabolique n'est pas un loup ». La noirceur disparut et la neige cessa de tomber. En un instant, il faisait de nouveau un temps splendide. Les pistes de loup avaient disparu. Certaines choses entendent vous faire dévier de votre chemin et vous perdre à jamais. Nous les appelons *Asiusaijiit* (ce qui tente de vous faire disparaître).

J'ai vu comment fonctionnaient ces choses. Elles peuvent prendre la forme d'un loup, d'une perdrix, d'un phoque, d'un caribou ou de tout autre animal. Elles tentent de vous attirer à votre perte. Quand j'entends parler de personnes disparues, je me dis que les *Asiusaijiit* ont encore fait une victime.

J'ai pourchassé un autre *Asiusariji* qui avait la forme d'un phoque. Nous étions quelques-uns dans le canot à l'avoir aperçu. Nous l'avons poursuivi pendant un bon moment, tirant sur lui lorsqu'il remontait à la surface. Il nous a menés loin en mer. Puis j'ai tiré sur lui. Trois volutes de fumée s'élevèrent et une tache d'huile marqua l'endroit où il était. Lorsque nous vînmes le retirer de l'eau, nous ne le trouvâmes nulle part. Puis à peine une ou deux minutes plus tard, il remonta de nouveau à la surface. Le même phoque. J'ai dit : « Ça ne peut pas être un phoque », et il n'a jamais refait surface. Nous avions une longue distance à parcourir pour rejoindre la côte.

Une autre fois, j'ai blessé un caribou. Il courut sur une courte distance avant que je ne le vise de nouveau. Cette fois, je tirai juste au front, mais il n'y eut pas de sang au point d'entrée. C'était curieux. La blessure sur le front ne révélait rien que de l'os propre et blanc. Alors que je m'apprêtais à dépecer l'animal, je remarquai une mauvaise odeur. Je pensai en moi-même : « Ça n'a rien de bon ». Je partis, mais revins un peu plus tard. J'étais curieux et je revins voir ce qu'il était advenu de ce caribou. Il n'était plus là. Je ne trouvai rien. Pas même une trace.

Il y a d'autres choses qu'on appelle *Ijirait*. Ces trompeurs prennent aussi la forme d'animaux encore qu'ils puissent prendre la forme d'êtres humains. La seule expérience que j'en ai eue fut un jour que nous chassions le caribou en groupe. Nous aperçûmes de nombreux caribous et décidâmes de les pourchasser. Ils passèrent derrière une colline puis disparurent. Il n'y avait plus de trace, plus de piste, plus de caribou.

ᐅᓯᓕᕐᑐᑦ ᑭᓪᓕᓂᕐᒥ
1960-ᓂ.

Chargement d'un bateau à Killiniq, années 1960.

Loading a longliner at Killiniq, 1960s.

Rosemary Gilliat IND RG-17

ᓇᑯᕐᒦᒍᒪᒋᕗᒍᑦ ᑲᑎᕕᒃ ᓄᓇᓕᓕᒫᑦ ᑲᕙᒪᒃᑯᖏᑦᑕ
ᒥᕐᖑᐃᓯᕝᕕᓕᕆᔨᖏᓐᓂᒃ ᐃᓛ ᓄᓇᕕᐅᑉ
ᒥᕐᖑᐃᓯᕝᕕᓕᕆᔨᖏᑦ ᓇᓗᓀᕐᑕᐅᒪᓕᕐᖁᑦ (ᑐᑭᓯᒥᐊᕈᒪᒍᑦᓯᒥᑦ
ᐅᓇ ᖃᓇᑕᐅᓴᒃᑯᑦ ᑐᕿᑭᑎᖓᑦ: www.parcsnunavik.ca
ᐊᑐᕈᓐᓇᑕᓯ) ᐱᕕᑦᓴᑖᕐᑎᓯᒪᒻᒫᑎᒍᑦ ᐊᑦᔨᖑᐊᕐᑯᑎᖏᓐᓂᒃ
ᓄᐊᑕᐅᒪᕕᒻᒦᑐᓂᒃ ᐊᑐᕈᓐᓇᑎᑕᐅᑦᓯᑕ.

Merci à la section des Parcs de l'Administration régionale Kativik, aujourd'hui Parcs Nunavik, (voir www.parcsnunavik.ca pour plus d'information), d'avoir permis l'accès à sa banque de photos.

Many thanks to the Parks section of the Kativik Regional Government, today Parcs Nunavik (see www.parcsnunavik.ca for more information), to allow access to its photobank.

ᓄᓇᑦ ᑖᕕ ᐃᑦᑑᑉ ᐃᓅᕕᒥᓯᒪᔭᖏᑦ

Le territoire de Tivi Etok

The Land of Tivi Etok

ᑖᕕ ᐃᓅᓯᓕᒫᑲᓵᒥᓂ ᓄᓇᒃ ᓇᔪᖃᑦᑕᓯᒪᔭᖓ
ᑰᕈᕐᔪᐊᑉ ᒥᕐᖑᐃᓯᕕᖓᓃᑉᐳᖅ ᓄᐃᑕᐅᓚᕐᑭᓯᒪᔪᖅ
ᐱᒋᐊᕐᑎᑕᕕᓂᐅᑦᓯᓂ the ministère du Développement
durable, de l'Environnement et des Parcs-ᑯᓄᓪᓗ
ᑲᑎᕕᒃ ᓄᓇᓕᓕᒫᑦ ᑲᕙᒪᖓᓐᓄᓗ.

Le territoire traditionnel de Tivi correspond en bonne partie au tracé du Projet de parc national Kuururjuaq, créé sous l'égide du ministère du Développement durable, de l'Environnement et des Parcs Québec, et de l'Administration régionale Kativik.

Tivi's traditional territory corresponds in part to the limits of the Parc national Kuururjuaq Project, created unders the auspices of the Ministère du Développement durable, de l'Environnement et des Parcs Québec, and of Kativik Regional Government.

Photos: Robert Fréchette, KRG/ARK

ᐅᖓᕙᐅᑉ ᓯᑦᔭᖓ
Côte de la baie d’Ungava.
Ungava Bay coastline.

ᓇᕐᓵᓘᑉ ᑰᖕᒐ, ᑰᕈᕐᔪᐊᑉ ᐹᖕᒐᑕ ᖃᓂᑦᑕᖕᒐᓃᑦᑐᖅ.
La rivière Narsaaluk, non loin de l'embouchure de la Kuururjuaq.
Narsaaluk River, near the mouth of the Kuururjuaq.

ᑰᕈᕐᔪᐊᑉ ᑰᖕᒐ ᐅᑭᐊᑦᓴᒥ.
La rivière Kuururjuaq à l'automne.
Kuururjuaq River in the fall.

ᑲᖏᕐᓱᐊᓗᑦᔪᐊᑉ ᑐᒃᑐᖏᑦ.
Caribou du troupeau de la rivière George.
Caribou from the George River herd.

ᑐᒃᑐᐃᑦ ᐊᖅᑯᓯᓂᒐᓵᓗᖕᒥᑦ ᑎᖕᒐᐅᔭᑎᒨᕐᐳᑦ ᑰᕈᕐᔪᐊᕐ ᓯᑐᖅᑲᖕᒐᓂ.
Sentiers de caribous le long de la Kuururjuaq.
Caribou paths along the Kuururjuaq.

ᑰᕈᕐᔪᐊᑉ ᓄᓇᖕᒐ ᕐᑯᓄᑦᑕᑐᖅ ᐅᑭᐊᑦᓴᒥ
Couleurs de l'automne dans la vallée de la Kuururjuaq.
Automn colors in the Kuururjuaq valley.

ᐊᖅᑭᒡᒋᖅᒃ
Lagopède des saules (*Aqiggik*)
Willow ptarmigan (*Aqiggik*)

ᑰᕈᕐᔪᐊᖅ ᑰᐸᖅ ᒪᕐᕉᒃ ᖃᖅᑳᒃ ᐊᑯᓐᓂᖓᒍᑦ, ᑖᒃᑯᐊ ᖃᖅᑳᒃ ᐊᑎᖏᒃ; ᓂᐊᖁᐊᖅ (ᖃᓂᓐᓂᓯᖅ) ᐊᒻᒪᓗ ᐃᓕᓴᐱᐅᑉ ᖃᖅᑲᖓ (ᐅᖓᑖᓐᓂᓯᖅ).
La Kuururjuaq suit son cours entre deux montagnes : Niaquaq (Tête de morse) à l'avant-plan et la Montagne d'Élizabeth à l'arrière-plan.
The Kuururjuaq River flows between two mountains: Niaquaq (Walrus Head) in foreground and Elizabeth's Mountain in background.

ᑺᕈᕐᔪᐊᕈᓯᐅᑉ ᐹᖓ ᓂᐊᖁᐊᑉ ᓴᓂᐊᓂ.
Embouchure de la Kuurujjuarusiq (rivière André-Grenier), près de Niaquaq (Tête de morse).
The mouth of Kuurujjuarusiq (André-Grenier river), near Niaquaq (Walrus Head).

ᐊᑦᓴᒃ ᑰᕈᕐᔪᐊᑉ ᓇᕐᓴᖕᒐᓂ.
Un ours noir (*Atsak*) dans la vallée de la Kuururjuaq.
A black bear (*Atsak*) in the Kuururjuaq River valley.

ᖁᕐᓗᑐᐊᓗᒃ ᑰᕈᕐᔪᐊᒥ, ᐅᖓᕙᐅᑉ ᐊᒻᒪᓗ ᓚᐸᑐᐊᑉ ᐊᑯᓐᓂᖓᓃᑦᑐᖅ.
La chute Qurlutualuk (Korluktok) sur le cours de la Kuururjuaq, à mi-chemin entre la baie d'Ungava et la côte du Labrador.
Qurlutualuk (Korluktok Falls) on the Kuururjuaq River, at equal distance between Ungava Bay and the Labrador coast.

ᑰᕈᕐᔪᐊᑉ ᑰᖕᒐ ᓇᐹᕐᑐᐃᑦ ᐃᓱᐊᓂ.
La Kuururjuaq, tout près de Napaartuit Isuat (mont Haywood).
The Kuururjuaq River, near Napaartuit Isuat (Mount Haywood).

Palmer ᑰᖕᒐ ᑰᑉᐳᖅ ᖅᑲᒪᓂᕐᒧᑦ ᑕᓕᐅᓂᕋᕐᑕᒧᑦ ᓇᓐᕚᒥ ᓛᐸᑐᐊᒦᑦᑐᒥ.
Vallée de la rivière Palmer se jetant dans le bras Tallek du fjord de Navvaaq au Labrador.
The Palmer River empties into the Tallek Arm of the Navvaaq (Nachvak) Fiord in Labrador.

ᓇᕝᕚᒥ: ᓲᓯ ᒧᐊᑲᓐ, ᑏᕕ ᐃᑦᑐᒃ, ᓵᓕ ᒍᐊᑦ ᓄᑲᕐᓯᒃ ᖃᕐᒪᕕᓂᐅᑉ ᓴᓂᐊᓃᑦᑐᑦ.
Navvaaq : Susie Morgan, Tivi Etok, Charlie Watt Jr près d'un ancien qaqmaq (maison semi-souterraine).
Navvaaq: Susie Morgan, Tivi Etok, Charlie Watt Jr near an ancient qaqmaq (semi-subterannean house).

ᖃᐅᕝᕕᒃ ᑑᕐᖓᑦ ᖃᑦᖃᖏᑦᑕ ᐃᓚᖓᑦ 1646-ᓂᒃ ᒥᑕᓂᒃ ᑭᖏᓐᓂᖃᕐᓯᓂ ᑭᖏᓐᓂᕚᑦᓯᐊᖑᕗᖅ ᖃᑦᖃᓕᒫᓂᑦ ᑲᓇᑕᒥ ᓯᕿᓂᐅᑉ ᓄᐃᕕᐊᓂᐅᓂᕐᓴᖓᓃᑦᑐᓂᑦ.
Qauvvik (mont d'Iberville) dans le massif des monts Torngat, est le plus haut sommet de l'Est canadien, avec ses 1646 mètres.
Qauvvik (Mount D'Iberville), in the Torngat Mountain Range is the highest summit in all of eastern Canada, with an altitude of 1,646 metres.

ᓇᕐᓴᑦ ᐃᓚᖕᒐᑦ ᖃᐅᕝᕕᓕᐊᓂᐊᖅ.
Une des vallées menant à Qauvvik (mont d'Iberville).
One of the valleys leading to Qauvvik (Mount D'Iberville).

◀ ᓄᓇ ᑰᕿᕐᔪᐊᑉ ᓇᕐᓴᖓᓂ ᐅᑭᐊᑦᓴᒥ

La végétation automnale de la Kuururjuaq.

Fall vegetation in the Kuururjuaq River Valley.

ᑲᖏᕐᓱᐊᓗᑦᔪᐊᑉ ᑯᐊᐸᖓ 1968-ᒥ ᓄᐃᓚᕿᔪᕕᓂᖅ ᐃᑲᔪᕐᓯᕐᑲᑕᐅᓂᖓᒍᑦ ᑏᕕ ᐃᑦᑑᑉ.

La coopérative de Kangiqsualujjuaq (1968), dont Tivi Etok a contribué à la fondation.

The co-op in Kangiqsualujjuaq (1968) that Tivi Etok helped create.

Collection Donat Savoie IND DSA 040 ▶

THE WORLD OF TIVI ETOK

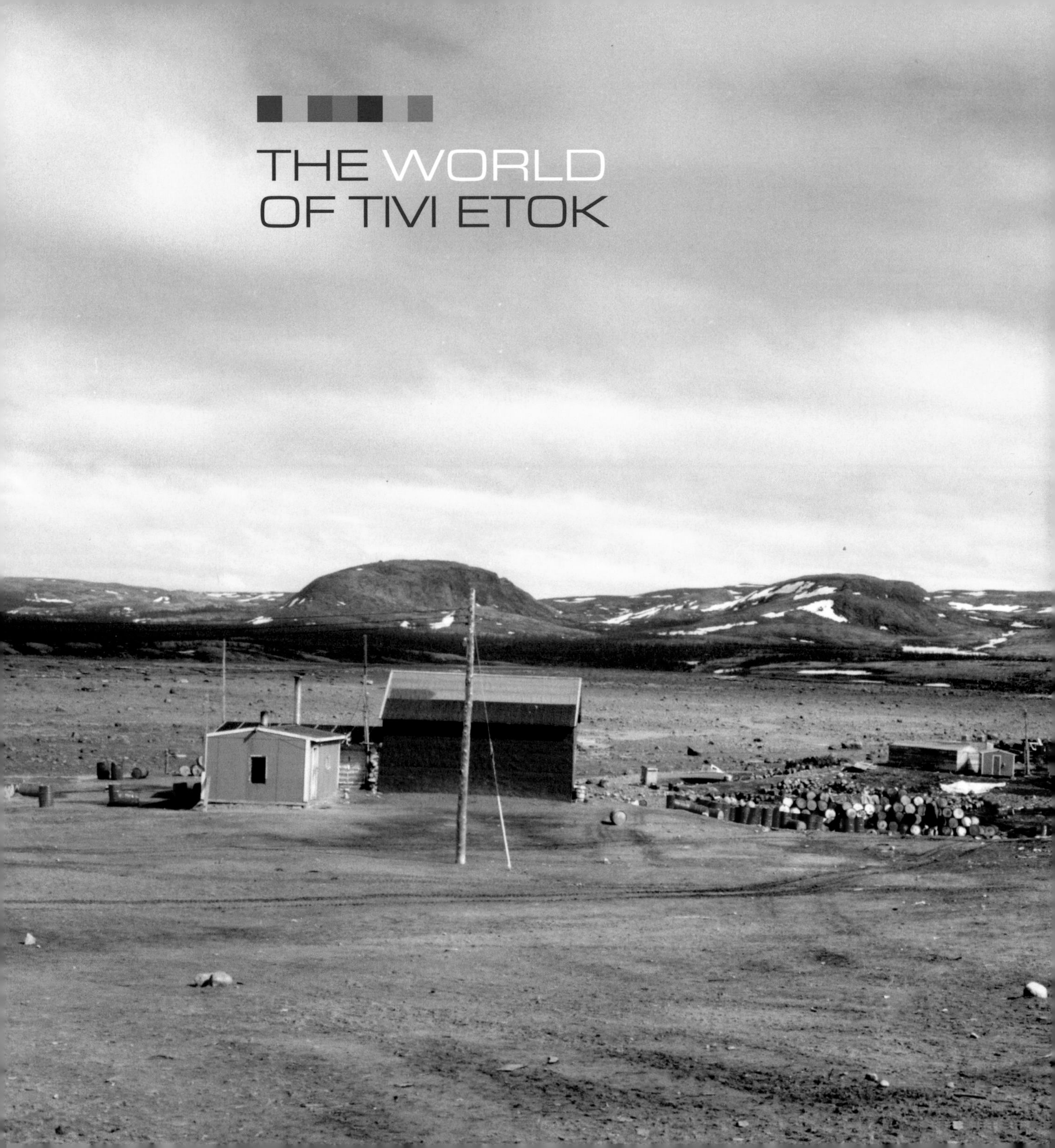

ᑐᒃᑐᓂᐊᕐᑐᖅ III

ᑐᒃᑐᓯᐅᕐᑐᐃᑦ ᖃᕐᔪᑐᐃᓐᓇᓄᑦ ᑲᑉᐱᐊᓇᕐᑐᒪᕆᒃᑰᐸᓐᓂᕐᑯᑦ ᐱᓯᑎᐊᓘᒐᓗᐊᓄᑦ. ᐸᓐᓂᖅ ᖄᑦᓯᑐᐃᓐᓇᕆᐊᕐᑲᒪ ᐱᔭᐅᒐᓱᐊᕐᓱᓂ, ᐊᓕᑦᑐᐃᓗᓂ ᐊᕐᓄᖂᖅᒥᓐᓂᒃ, ᑭᓯᐊᓂ ᒪᕐᑫᑎᒃ ᓂᕐᑭᑦᓴᒥᓂᒃ ᐃᓯᒪᒐᒥ ᐊᔪᐃᓐᓇᐸᑦᑐᕕᓂᖅ.

Le chasseur et le caribou III

Chasser le caribou à l'arc était fort dangereux, même pour le plus expérimenté. L'animal attaquait souvent le chasseur et pouvait aussi déchirer ses habits. Mais le chasseur ne pouvait abandonner, car il avait besoin de viande.

Hunter and Caribou III

Hunting caribou with bow and arrow was dangerous even for the most skilled. The bull often attacked the hunter, and could even rip his clothes off, but the hunter needed the meat and could not give up.

ᐸᑎᑦᑎᒐᖅ/ᕿᕐᓂᑕᖅ / Gravure sur pierre/noir / Stonecut/black / 19" × 24 1/2", 1976, #10

Foreword

I was extremely pleased to receive Avataq's invitation to introduce this book on the life and work of Tivi Etok.

I first had the privilege of visiting Nunavik in 1967 and 1968 when I went to Kuujjuaq, then known as Fort Chimo. At the time I was a student at the Université de Montréal, studying under Professor Rémi Simard who had come up with some funding from the Department of Indian Affairs and Northern Development so that I could conduct field research in an Inuit community.

It was then that Tivi Etok invited me to stay with him and his family. He lived in the settlement of Kangiqsualujjuaq (George River) on the east coast of Ungava Bay, in northern Quebec. Besides Tivi, the household consisted of his wife Susie, his brother Joe Willie, his children Minnie, Tomasi, Atami and Charlie, and his mother Sarah. During my stay I had the chance to meet other Ittuk family members including Mususi, Lucassie and Tomasie, as well as the residents of the community.

As a result of this opportunity to participate in family and community activities, I learned a great deal about Inuit life, their way of thinking, their values, and the daily challenges they met in their quest to supply their families with food and necessities. I came to appreciate not only their capacity to survive, but their ability to come up with original solutions to the challenges they faced.

For many years I kept in touch with the Ittuk family, especially Mususi, who had to spend some time in a hospital in the south after an unfortunate hunting accident.

The years went by, and I did not see Tivi again until January 2000, when I returned to Kangiqsualujjuaq with Jane Stewart who was then Minister of Indian Affairs and Northern Development. This was just after the avalanche that killed or injured many community members. A few days later Prime Minister Jean Chrétien also arrived to attend the funerals.

It was at this time that Tivi asked me to stay in the community for a while so that he could tell me the story of his life. I was honoured by his request, but my departmental responsibilities made it impossible to stay in Kangiqsualujjuaq for several weeks. I thought Tivi's request deserved attention, so I contacted the Avataq Cultural Institute. The then President Robbie Watt agreed that the idea was very interesting, and so interviews with Tivi began. Eventually, under the presidency of Charlie Arngak, Avataq got some funding from the Department and hired Jobie Weetaluktuk to complete the interviews, which were then translated into English and French.

The book that you are about to have the pleasure of reading contains the actual words of an Inuit hunter and artist who lived his entire life in northern Quebec and Labrador. It is a record of his travels, his hopes, his experiences and his observations. Reading these stories we are carried away into a world of discovery filled with knowledge and rich with the complexity of a full life.

The plan to create an autonomous government in Nunavik (the territory north of the 55th parallel) which is currently being negotiated by the Makivik Corporation and the Quebec and Federal Governments is a challenge, but also a great and innovative concept that I believe will help the Inuit and residents of Nunavik to deal with the new issues that will arise in a world of ongoing change.

Inuit leaders themselves admit that their society is not the homogeneous community it once was. The old methods no longer suffice to develop the traditional consensus that always governed public life among the Inuit. The representative assembly that will be created will allow for opposing points of view to be heard, and will allow us to define solutions suitable to Inuit society. But this Assembly must take as much inspiration as possible from Inuit tradition.

This book of Tivi Etok's interviews and stonecuts is a valuable source of wisdom and teachings, worthy of close examination. Non-Inuit will find in these pages the story of a courageous and artistic life, and a model for us all.

I am very happy to be participating as the Chief Negotiator for the Federal Government in this project regarding the governance of Nunavik, and to be personally involved in this stimulating process.

I want to extend my deepest thanks to Tivi Etok who taught me so many things that I make use of everyday.

Nakurmiik Tivi!

Donat Savoie
Ex-Chief Federal Negotiator,
Indian and Northern Affairs Canada

Contents

ᓱᓇᖕᖕᒍᐊᒍᓂᖓ ᓇᓗᓀᕐᑕᐅᔭᒪᓂ
ᐊᓪᓚᖕᒍᐊᕐᓯᒪᔪᖅ ᑏᕕ ᐃᑦᑐᒧᑦ 1979-ᒥ

Sans titre. Tivi Etok, 1979.
Dessin.

Untitled. Tivi Etok, 1979.
Drawing.

ᑲᓇᑕᐅᑉ ᑕᑯᔭᒃᓴᑯᕕᖓ
ᐃᓅᖅᑲᑎᒦᒍᓯᐅᔪᓂᒃ ᓯᓚᕐᔪᐊᒥ
ᐊᑦᔨᖕᒍᐊᓕᐊᕕᓂᖓ ᐁᑕ ᓚᑉᓈᐅᑉ

Musée de la civilisation, No 80-11610

Photo : Ida Labrie

Introduction

Tivi Etok was born in 1929 at a camp in Qirnituartuq. Like many Inuit before him, Tivi was born where his parents happened to be. He spent his youth in the nomadic tradition of his forefathers and got to know abundance and starvation. He knew of innocence so rare today, of hardship, and the thrill of giving a feast.

Tivi became a printmaker in the 1970s when many distinguished artists took up the challenge of printmaking. Davidialuk of Puvirnituq, Joe Talirunilik also of Puvirnituq, Thomassie Echalook of Inukjuak were probably as well known as Tivi Etok, but the distinctive works of Tivi won him international acclaim in short order. He was the first Inuit print artist to get his own published collection in 1975. Tivi was determined to work in a unique style when he went to a printmaking workshop in Puvirnituq, Quebec, and his unique artistic voice won him the admiration of art dealers, the buying public, and his peers.

It is not just the style and the rich detailing that distinguish Tivi's art. The expressions on the faces in his prints – whether it is an animal, a person, or a being from the beyond – give depth, a depiction of something fresh. Sometimes it is the freezing of a reaction, a look of determination, or an immersion in a reflective moment. Then there is capturing of the movement, such as the Snowshoe Hares caught dancing and their expression that says "we have been caught in the act."

When Tivi talks about his art, his keen sense becomes all the more apparent. He has a message to convey. Tivi is a great storyteller, a husband, a father, a hunter, a spiritual man, but beyond all that he seems to be an artist at heart. He was *the* exciting artist in an era of exciting artists. Then, at the height of his creativity and productivity, he lost it all. He sold an artist's drawing, the working sketch from which a stonecut design is made. He may have been told at some point in his career that he must not sell such originals, but the end result was that he contravened an artists' convention, and broke a contract. So he undermined his hard-won reputation and ended his career as an artist. Looking back, he said it gave him an opportunity to reflect and some time for a much-needed break, but it was something he was never able to overcome.

For Tivi, like for many Inuit, the stories of the supernatural that you will read here are not mere stories. They are as real and indelible as the Inuit themselves. The stories of Inuit are incomplete without reference to *Tuurngait*, *Inugagulliit*, and *Ikuutajuut*. Even to this day Inuit have experiences with the paranormal that they can recount as clearly as the act of gutting a fish. The supernatural is not only an important part of Tivi's prints, but of his whole life experience.

The Legend of the *Ikkiit* of the Tuurngait Mountains is a great example. It is a legend, to be sure, but to Tivi it is part of the history of the region. Tivi can identify each precise location in the account, but – like time – the nefarious subjects of the legend are elusive. Many of Tivi's supernatural experiences portray the powers of darkness, forces that have in some way tried to deceive, lure, or intimidate him. Following his near-death conversion, Tivi served as a catechist at the local Anglican parish for many years.

Tivi and his wife Susie have four children of their own, two adopted children, and many grandchildren.

This book is based on interviews that took place over several years. In 2000, Mollie Emudluk conducted several interviews with Tivi charting the course of his life. The transcripts of these interviews make up the first part of this book.

In 2002, I went to Kangiqsualujjuaq to do some follow-up interviews during which Tivi shared with me some of the extraordinary events of his life. These stories make up the second section.

I hope you find his stories as moving as I did.

Jobie Weetaluktuk

PART ONE

My Life and My Art

Interviews carried out by Molly Emudluk, Kangiqsualujjuaq

Relatives and Territory

My father was Aatami and my mother was Sarah. Actually Father's last name was Ukuatsiajuaq, Aatami Ukuatsiajuaq. All our family should really be called Ukuatsiajuaq, but our surname was changed to Ittuk. It made it difficult to keep our identity as a clan. Ittuk was not what we were called when I was growing up. Wherever we travelled we were known as the Ukuatsiajuaq family. Then the surname of my part of the family was changed to Ittuk. Now it seems that we are two clans, the Ukuatsiaq and the Etok, when in fact we are not.

I was born in a place called Qirnituartuq. It is located between Kangiqsualujjuaq and Tunulliit, east of Kuujjiuaq.

My ancestors lived and travelled everywhere. They would sometimes spend winter in Kuujjuaq. At other times they spent the winter and summer at Tasiujaq, Kangirsuk, and Tuvaaluk. My parents spent much time in those distant places, so that's where they are from. Their forebears came from as far as Kangiqsujuaq.

Eventually the clan migrated towards the Kangiqsualujjuaq area. They spent some time around Kuujjuaq, but kept moving, tracking game. Hunting was quite a proposition, especially when the hunting equipment was of poor quality. They were looking for game and trapping foxes. Fox pelts were the only resources for trading at the time. So it was the tracking of game that eventually brought my ancestors to this area.

You asked if we used to live in Kuururjuaq? Yes, we lived there a long time, spending many winters and summers there. Sometimes we'd spend the winter in Tasikallak. That is what I remember from childhood.

My First Fish

I remember very clearly the first time I went hunting with my father. We travelled on foot, not by dogsled. Before the fishing trip, I always went with everybody in the boat when they took the boat out hunting or anytime we moved our camp. I was just a young boy when my father took me along for my first overnight outing without the whole family. It was well into the spring.

ᓄᓗᑦᓯᔪᖅ ᐃᓄᐃᑦ
ᓄᓗᑦᓯᒍᓯᖕᒪᓂᒃ ᐊᑐᖅᓯᓂ
Filets de pêche déployés à la manière inuite.
Setting out fishing nets, Inuit Style.
Collection Donat Savoie IND DSA 123

We went fishing in a lake. My father was jigging for fish but didn't catch any. It started getting dark and we did not have a tent to sleep in. At that time we did not own a hunting tent. My father cut some boughs to sleep on. He had brought a blanket though. He said to me, "Come, lie down here." I immediately thought of my mother and the others and I started to cry. My family filled my thoughts. I realised then that we were going to be away all night. I think he actually said, "Try to get some sleep here, and when you wake up, we'll head home." When my father said those words, I just started to cry. He hugged me and I was comforted and fell asleep. That was my introduction to overnight expeditions.

I don't think I was 10 years old yet. I was just in the initial stage of going with hunting parties. I wasn't even able to hunt ptarmigan yet, although I could fish. The next morning I woke up to a nice warm fire. The overwhelming feeling I had the previous night was gone. The weather was beautiful. When I was a child we didn't always experience awful weather. When the weather was nice it was incrediblyinc beautiful.

I caught seven lake trout that morning jigging alongside my father. I had been the one crying the night before and there I was making the substantial catches. The fish I got were lake trout, not Arctic Char. I'm not sure if my father caught any fish at all. I don't think he did.

Later that morning we walked home on thawed ground. Occasionally we crossed some patches of snow, which were melting fast. Spring was well underway and the ambient temperature was very warm.

We eventually made it to camp. I don't remember how many tents were in our camp, but my father's younger brothers were there. The brothers had their own families so we were quite a few people. As we were approaching, I began to feel embarrassed. I was embarrassed for having cried the night before and for having caught so many fish. When we got home, I came in briefly, then I went out to play with the other kids. I think I played with Itsimasaa Ukuatsiaq. There were other kids too, like Tommy Ukuatsiaq.

My First Feast

Then I was told to invite everyone to a feast of fish. I had to invite all the women. Everyone ate from my first catch. We ate them all. Not one fish was left over. Each fish was relished.

After that we always celebrated my first catch with a feast. No matter what kind of animal I got, it was always completely consumed. No part of it was ever saved for later. The fish feast was just the first of many "first time" celebrations.

Were only women invited to the first catch feast?

No, men, women and children were always invited to feasts. The family of the one who got the game was responsible for the division of it. The people who were cutting up their catch were the hosts. That was the tradition. The people who were invited to join them had no say; the family of the one who caught the animal had the say.

There is a saying that goes like this: "An animal roaming free on Earth does not have an owner. Therefore he who catches it becomes the owner." That is an old saying. For instance, suppose I have a wife and I catch an animal. When I bring it to my wife's kitchen, then and only then does the animal belong to a person. Animals wandering the Earth do not to belong to anybody. Only when someone catches the animal does that person get authority over it. It's up to him if he wants to host a feast. That was the law; the way it used to be.

It was a great event when people had a feast. We never knew of anyone who did not enjoy such occasions. They appreciated the feasts with utter joy, always with shouts of thanksgiving. That kind of appreciative display left you with a tremendous feeling of awe and excitement. That was how we were. That was wonderful.

Nowadays people don't express thanksgiving like that, not even close. But that's how it was. Everyone was invited. All those who wanted to come, came. The fish feast was the first of the many feasts I would give. That's how it was done for me. At that time I began to realise that there was a convention about sharing food.

While enjoying the feast people would say something like, "You'll be a great hunter!" They expressed their great appreciation for the food. "You're going to be a great hunter!," they kept saying. They made me feel so important. It always felt good to give a feast.

The animals we caught were not just for our family. If we had neighbours we always had to share our catch with them. Especially when animals were scarce. The person who caught the animal had authority over it. The hunter is 'given' that animal, just as much as he 'catches it'. That person could decide to invite people for a meal or not. He can invite whom he wishes, even the leaders. Feasts were truly joyous occasions. Sometimes I did not even want to be in the house during such feasts because the shouts of thanksgiving were so exuberant. The shouts pierced and hurt my ears, but I was as happy as anybody else. I was delighted. That's the way it was.

My First Rifle

My first real hunting experience came later. We used to go to Killiniq by sail. We went down to the open seas to where the ice floes are.

But when we were still at Kuururjuaq, I was only learning to hunt ptarmigan. I was a successful hunter, but only of ptarmigan. I had not been given a rifle yet, nor had I bought one myself. Back then we young people did not even know about buying. We didn't even know about money. For us useful knowledge consisted of animal behaviour and how to capture them. The only other thing we needed to know was how to fare well in bad weather.

ᐋᓐᓄᕆ ᐋᕐᓇᑐᖅ, ᑯᐊᐸᒃᑯᑦ ᐊᖓᔪᖅᖄᖓ, ᑐᕌᕐᑎᑎᕐᑐᒃ ᐅᑕᖅᑭᐅᕕᒦᑦᓯᓂ ᑭᓪᓕᓂᕐᒥ 1960-ᒥ
Henry Arnatuk, le gérant de la co-op, chassant sur la falaise à Killiniq, 1960.
Henry Arnatuk, the co-op manager, taking aim from the bluff at Killiniq, 1960.
Rosemary Gilliat IND RG-21

Around that time I was given a very small rifle. It was a short .22 calibre rifle. It came from my aunt's husband who loved me dearly. He gave it to me because he was no longer able to hunt. It was the only rifle he had ever owned. With that rifle I became an accomplished ptarmigan hunter and brought ptarmigan to my aunt's husband all the time.

We Move to Kuururjuaq

My father had two younger brothers, Lucassie and Tommy Ukuatsiaq, who both had families. In fact all the siblings were already born by that time. The two families went up to the head of Kuururjuaq to build a log house. Elisapi, my cousin, and her peers were still small children. The families built a very nice log house in the woods.

From the log house Father and the other men went inland to the Kuururjuaq Valley to hunt caribou. In the summer they took tents with them. By fall they would have many caches of caribou. We spent quite a long time there at Kuururjuaq. The men were always walking, either caribou hunting or fetching meat from the caches.

The men were also learning where they could catch foxes, so that they had fox pelts to trade. That's why Lucassie and Tommy's group began crossing the peninsula to the Labrador coast. The men even built a second log cabin further inland, even though they already had a large cabin. The location of the second log cabin is within easy range nowadays by snowmobile.

One year Lucassie and Tommy decided to spend spring in Navvaaq, a fjord on the Labrador coast they had visited before. Our family went also. My father, being the oldest of the brothers, felt he should go too. This was our first experience in that area, although his younger brothers knew it well.

Navvaaq is near Kuururjuaq. It's very close to the Kuururjuaq river system, but not part of it. There is another watershed called Ramah Bay, which is to the south of Navvaaq. There are many places around there that used to be our favourite locations.

My Relatives, Sickness and Death

There lie my kin. My younger brother, Lucassie Billy, is buried at Ramah. He may have caught some sickness from a dog. A sick dog probably licked his face or even his mouth. Dogs used to suffer from fatal diseases. One time we even lost all our dogs. My brother was a big boy when he died that spring. The symptoms he had were very similar to what the sick dogs had.

I had two sisters as well. Their names were Susie and Pasha. We had the same father. When my sister Susie Jessie died, it was the first time I saw someone die. She died at Kaugaq where she is buried. At the time all I could do was play. My mother yelled, "Your sister wants you to come inside." I knew she had been sick for a long time, so I went inside. She was smiling at me and kneeling up on her bed as if she was no longer sick. She shook my hand and said, "My dear brother… My dear little brother, we will see each other again only in a very long time." She let go of my hand and died. She died very peacefully.

These two were my full sisters. My other sister died at night while we were at Kuururjuaq. Our boat was anchored at the harbour. Then there were my brothers Lucassie and Juili. These were my five siblings who shared both my parents.

My two older stepbrothers were Taamisa and Mususi. Mini was also my stepsister. She was the wife of Nikuti Ittulaaq. We did not have the same mother, but we had the same father. Taamisa, Mususi, and Mini were the children of my father's first wife. That was my immediate family. I don't know if my mother ever had other children who died (at birth or soon after). Most of my life I had two full sisters. I also had two younger brothers.

Once we were at Navvaaq the men got plenty of foxes. My uncles knew the fjord had plenty of seals. Even back then there were not many seals at Kangiqsualujjuaq. That spring seals were especially abundant at Navvaaq. There were so many we didn't have enough bullets for them all.

My First Seal

Shortly after our arrival, I shot my first marine mammal. It was a young seal just learning to be on its own. That spring members of our party went every day to hunt the seals basking on the ice. We had an abundance of seal meat. Seal carcasses littered the shore. As long as the men had bullets, even the dogs' appetites were satiated.

We were no longer eating much, but kept drying seal meat. We dried large quantities of meat. Some people were still preparing meat for caching inside sealskin bags, even though our supplies were clearly adequate. Obviously, no one was hungry.

In this season of plenty my father took me along when he went stalking seals. It was my first opportunity to stalk big game. I had a white canvas camouflage shield and my small rifle.

My first seal was a small one, but it was the first large game I had ever caught. I was shy to be the centre of attention, because it seemed like a real big deal. I felt like I was important and yet I was embarrassed as we approached the village. There was food everywhere. The people were just leisurely preparing meat to dry. Many seal carcasses were abandoned to the dogs on the beach.

People were not hungry, but a feast to celebrate my first seal catch was organized. Everyone was invited and every edible part of my seal was devoured. The skin, small as it was, was even divided into four parts. People really enjoyed my first seal, although with the abundance of food, it would seem that not a single person would have any appetite left. Only a small piece of fat was left over. That was the beginning of our lengthy stay across the Quebec/Labrador Peninsula. We made occasional trips to Kangiqsualujjuaq to trade.

The seal was one of the last of my first-time catches. After the fish my next first-time catch was a ptarmigan. A boy's first catch of a bird was always torn apart by very excited people. It was ripped apart in celebration of the momentous event. The breast, the thighs, the back, every piece of the ptarmigan that could be separated was torn off. That was our tradition.

All members of the families ripped apart the bird, although my mother and father could not partake. I could, though, and did. When a bird was being torn apart someone had to hold the head, and it was always the person who had made his first kill. So I got the ptarmigan's head. It was tiny and meatless. The only thing you could do was gnaw at it.

Mothers and fathers did not take part in the ripping celebration?

True. I was the only participant from my family. Since it was my first kill I had to hold the head and our neighbours grabbed whatever there was to grab. They ate every edible part. Any game bird, such as a seagull or a loon, was ripped apart like that. Every first kill was shared that way and always with laughter and joy.

The heads of common loons were especially hard to rip off, because the loon is a large bird. With a large mature bird, it was very hard. Again every part of the bird was grabbed, the legs, the breast, everything that could be ripped off. Sometimes the tugging came down to two individuals. The person who caught the loon held onto the head and another person held the neck, which was very strong. When two grown men tugged against each other, they could cause one another to lurch forward. Spectators would almost die of laughter. Some were so hysterical that it seemed they were crying.

The loon was the favourite for the ripping apart celebration. Conventionally, the use of a knife was forbidden, but sometimes it was necessary to sever the toughest heads. Common loons are very tough. Sometimes a person had to sever the neck tendons with a knife. The head-only rule was always in effect, so the person who got his first catch ended up with the head. The head would be our supper.

Big game animals were also shared in a feast, but they had to be butchered with a knife.

It used to be so much fun. Today I don't see people do that anymore. We no longer practice the tradition. This really is sad because the tradition was a cultural gift.

If people wanted to bring it back, there would be no difficulty. If someone wanted to celebrate the traditional first kill with a feast, the person could. As I said earlier an animal belongs to nobody until it is killed. Then it becomes the hunter's gift and he can do whatever he wants with it. If he wants to invite people to a feast, or if he wants people to rip the animal apart, he can. This is Inuit tradition. It shouldn't be hard to get people to practice it again. It can be done if people want to do it, even with big game. Once you understand it, it's easy.

You said the skin of your first seal was divided into four. What was it used for?

They made all kinds of things with the skins. They made bullet pouches, small backpacks, or whatever they needed. A person who needed a backpack would get one made for him. He would have it for a long time, until he lost it or it wore out. Some people would use the skin to make the uppers for sealskin *kamiks* (boots). It was in our tradition to waste nothing.

My first sealskin was divided among some individuals. The skin from the head belonged to me. The person who caught the seal could keep the whole sealskin, provided the mother wanted it. Even the father's mother could take it, because it belonged to the family.

Qallunaaq, the White Man

The first time I ever saw a *Qallunaaq* was even before we went to Labrador. It was at a place called Allipaaq (the lowest). It's a lake lowest in a watershed system. It is the smallest lake and also has the most fish in that system. All the lakes had names. Akullipaq is in the middle and it has fish too. We lived at Allipaaq at that time. Years later I used to camp alone in the winter there. I only went for short periods of time.

I remember when we were at Allipaaq because my father got about two dozen caribou. It was late March, just before the start of spring. He was hunting caribou on foot on the Navvaaq Plateau. The only way to get up to the plateau was to climb it on foot. Once he got a caribou, he had the dogs tow it down the mountainside. The dogs towed the caribou without a *qamutik* (sled). That was the way we did it back then. When all the caribou had been fetched, we had plenty of meat. We had a platform for meat and other things of value. The platforms were called *tatigiit* and were made from logs. Our platform was completely full.

A single dog-team arrived from Kuururjuaq. Actually he was coming from *Qulliq* (higher), a large lake in the Kuururjuaq river system. The dog driver was my father's youngest brother and he reported that a *Qallunaaq* (white man) was coming. I had never seen a white man before. Actually I had seen the manager of the Hudson Bay Company (HBC) at his post, but this was the first *Qallunaaq* I saw outside the trading post. I was old enough to realise I was in the presence of a *Qallunaaq*. When my uncle said, "The *Qallunaaraaluk* (a great white man) is coming!," his words brought terror. The unknown was a thing to be dreaded and even inspired fear. That was how we used to react, in our innocence.

Before the *Qallunaaq* actually arrived, my uncle the messenger fell asleep. He must have been way ahead of the *Qallunaaq*. When a dog-team finally appeared in the distance, it was an intimidating sight. The *Qallunaaq*, who was a land surveyor, had a lot of dogs.

ᕿᒧᑦᓰᑦ ᖁᐊᕐᑕᐅᑉ ᓴᓂᐊᓂ 1947-ᒥ.
Traîneaux à chiens près de Quaqtaq, 1947.
Traveling by dogsled near Quaqtaq, 1947.
Collection Corporal C.K. McLean MCL 053

I don't remember his name, but an Inuk guide was with him. I don't remember his name either, but I think he was from Hebron. They were on their way to Hebron in Labrador. They said some *Qallunaat* lived at Hebron. Some people referred to the white man as *Ititjaaluk* (great trail rover of the peninsula) but I never knew his real name. In the middle of his *qamutik* he had a wheel for measuring distances. The wheel spun as he went. When he arrived the noise from the wheel was quite frightening. Any little noise used to startle us.

I don't know which year this was. I may have been about 10 years old.

I want to talk a little more about my first encounter with the *Qallunaaq*. That evening, my mother boiled meat in a *siataluuq* (cauldron). The large cast iron cauldron was full of meat. We invited the *Qallunaaq* and his Inuk companion to eat at our place. He looked amazed at all the food we had.

My father had just caught a bearded seal. It was pregnant and therefore very fat. Father had laid it out at the firewood pile. We were just starting to eat when the *Qallunaaq* came in. Of course, we didn't know how a *Qallunaaraaluk* ate. I was frightened to have a *Qallunaaq* see us eat and wondered how he would eat.

My father said, "Find the nicest plate for our guest. Somebody please serve him and see if he can eat." It seemed that my father did not know if the *Qallunaaq* ate meat. Embarrassingly as it turned out, the *Qallunaaq* could speak Inuttitut. When he heard what my father said he reached for his knife and pulled out a long knife. Without a word, he plucked out a piece of meat from the cauldron with his knife. He then grabbed a piece of wood and put the meat on it. He proclaimed, "I don't want to eat from a plate." Having selected five hefty pieces for himself, he then cut a large piece of fat from the bearded seal. We were utterly amazed at his portion. We didn't know how he would manage to eat all that. Back then meals were the good times. Everyone was watching him eat. He stuffed his mouth so full of boiled meat and raw fat that he almost choked. He ate more than any of us did.

After the meal he invited my father over to his tent, which had been set up earlier. He told my father about a time when he would have died if he had not found a cache of food. He ate the dregs of the sealskin fat containers and some aged salmon at the cache. Otherwise he would not have survived. As a result, he appreciated the way Inuit aged their foods. This is what my father reported.

At first we were worried because we had no idea how he ate, but it turned out he could eat more meat than us. He appreciated the Inuit very much. He loved aged food, when he could get it. That was my first encounter with a *Qallunaaq*.

Changes I Have Seen

As a young boy I remember Killiniq as a large village. There were many *Qallunaat* at Killiniq back then, working either for the HBC or the Royal Canadian Mounted Police (RCMP). Killiniq was already a big busy village, long before I was born. When I was a boy we used to go hunting offshore from Killiniq. The area had a lot of marine mammals. There was an abundance of harp, ringed, and bearded seals.

Killiniq is located on the migration route of many marine mammals. Our ancestors knew it was a migration route, as did their ancestors. That's why it was such an ancient habitation.

I remember Killiniq having a Hudson Bay Company post and the RCMP. Schooners used to go there. I remember a schooner docked there. People from camps around Kangiqsualujjuaq and other communities went to Killiniq to trade. It was a really nice old community. I miss it profoundly. I don't know why everybody left, but it was the oldest continuously inhabited site. It was also the first ancient site that I ever went to. I really yearn for that place.

At one point there was a shortage of fox, seals, and other types of fur, the furs that were basic trade items at the HBC. Such scarcity happened from time to time. Maybe that's why the HBC abandoned the community. I don't know.

When I was older, we moved to Killiniq from Labrador. By the time we arrived, the *Qallunaat* had already left. Then the Inuit of Killiniq went to Kuujjuaq or Kangiqsualujjuaq to trade. After Kangiqsualujjuaq established a co-op, the people in Killiniq started a co-op of their own. They were determined to stay in Killiniq.

With the establishment of the co-op we were able to sell our furs at Killiniq, even if we didn't get much for them. We were able to buy our staples. We were happy.

ᑭᓪᓕᓂᖅ 1940-ᐄᑦ ᐊᖅᖂᒍᖕᒥᑦ ᐃᓱᓕᒥᐊᕕᑦᑎᑐᒥᑦ.

Communauté de Killiniq à la fin des années 1940.

The community of Killiniq in the late 1940s.

Collection Corporal C.K. McLean MCL 129

I also remember the first election for the co-op's Board of Directors in Kangiqsualujjuaq. It was the first election we ever participated in our lives. We elected people to oversee the operation of the co-op. Our first president was my uncle, George Annanack, the father of Johnny Annanack. My older brother Taamisa Ittuk, the late Niikallak (Ned) Emudlak, Johnny Baron and Josephie Annanack were also elected.

In the campaign leading up to the election, the co-op was likened to a breast-feeding infant. The population and the potential members of the Board were told that if this entity was well planned, it could grow for many years. Even the village would grow as a result of the co-op's growth.

Personally, I felt that we were at the cusp of gaining everything. I likened getting a local co-op to getting a snowmobile. Like a snowmobile, we had to take proper care of it. I was determined to look after my co-op in the same manner I would my snowmobile, both of which I wanted to keep for a long time. It was also like a harpoon and toggle to me. If someone made a harpoon and toggle for me I would then have to take care of it properly. Even if I made my own, I would still have to look after it. On the other hand, if I was in the habit of just leaving the harpoon anywhere, I would eventually lose it. When we elected people to oversee the co-op, we knew we could lose it if they didn't take care of it properly. Then the Inuit would be left with nothing. We would end up having the *Qallunaat* govern us, and we would not be able to do what we wanted. That is how it was presented, and that's what could still happen.

When the region was renamed Nouveau-Quebec, I thought it was just a symbolic change. My only concern was how our co-op store would help us in getting recognized by the governments, and how we could operate it ourselves. I would like our co-ops to continue to operate because more and more *Qallunaat* will be arriving in our

Palmer ᑰᖕᒐᑕ ᓇᕐᓴᖕᒐ
Vallée de la rivière Palmer
Palmer River Valley
Robert Fréchette, ARK/KRG

communities. We were forewarned that this would happen. Inuit too should have their own things.

I don't understand why Killiniq was abandoned*. I have asked the questions, but never got the answers. Why did the co-op fail? Debts are usually the reason. You have to try to keep debt down as much as you can to keep a store running properly.

I know some people who really didn't want to move to Kangiqsualujjuaq. They preferred the land where they had grown up. It's not easy to leave. After a while you start to miss the land of your youth. Some people were even relocated against their will. The rationale for the forced relocation was probably because there was no longer a store. It seems that no one can survive without a store, which in fact is not true. In the old days we lived off the land, without stores.

My Art

As a child I drew wherever I came upon a stretch of smooth fine sand. I drew all kinds of animals. I even drew villages even though I had never seen buildings. I hadn't been taught how to draw yet. Sometimes I would make very nice work even though it was on sand. I drew animals with a stick. Sometimes I drew people in *qajait*. Thoughts such as "this is what I'll be doing for a living" never occurred to me. In the summer, when there was not much to do, I drew pictures about our way of life.

* *Editor Note: In 1978, the Federal government relocated the inhabitants of Killiniq to other communities on Ungava Bay.*

Later I went to Puvirnituq to attend a course, having heard that one could earn money from drawing. I learned to make stone cut prints. An image is etched onto a smooth piece of stone, which is then transferred onto paper by the use of inks. It's not the same as drawing. I am trying to get back to drawing again, but my eyesight is not good anymore. I still draw once in a while and make a little bit of money… maybe.

How important have stone cut prints been in your life?

I have done stone cuts, carvings and drawings. I have done it all. If you are able to do nice work, you can always make money. I learned that from experience. The thing is, it works only if people like your work. People don't buy what they don't like, and that goes especially for art. Only the people who like a craft, a drawing or a carving will buy it. Even Inuit are like that. When we see something we like in a store we think: "If I had the money, I would buy that." It's the same thing for stone cut prints, carvings or drawings. The price doesn't even matter when you create something that is admired.

I should point out that in the old days, we didn't have to work for money. Today though, young people have to work for money. Now there are all kinds of jobs. Art is one thing you have to work very hard at. Even today I work hard at it. We should have a building where we can work on art, so that we can do quality work. There is drawing and everything that goes with it. In fact any kind of job needs to be organized. One thing our community needs is a fine arts workshop, a building. Even if the building doesn't make any money in the beginning.

Once people in the south start seeing quality work they will appreciate it and start buying the artwork. Once an artist is producing quality work, the artist can have anything he or she wants. I know that from my own experience. You can end up owning a canoe or a snowmobile, as long as you never give up. Just keep working, even when you don't know what you're going to make next. If you can make art that people like, you can work regularly.

In southern cities a lot of people get excited once they find quality work. The kind they can sell at a profit. All the artist has to do is produce his best work and they will do the rest. The artist has to try and understand what people like. The artist has to decide what kind of art he or she should do.

An artist has to have his work available in galleries. I have had my art in more than one gallery. I don't even remember the number of galleries where I had the privilege of holding an exhibition. Like any business, you can be successful as an artist only if you run things properly. I would like people to think seriously about art. An individual can end up with his or her own exhibition. Even if it does not happen right away, it can happen.

To become a printmaker you don't have to make many prints to start with. You shouldn't start

ᑯᕉᕐᔪᐊᑉ ᑰᖕᒐ 1951-ᒥ.
Rivière Kuururjuaq, 1951.
Kuururjuaq River, 1951
Rousseau A VII – 10

off by thinking, "I'm going to be an artist and I'm going to make money." An artist should not think that way. An artist should have a desire to make good art that he can be proud of. Even if no one else ever sees the work. Even if he does not make money at the beginning.

In my first attempt at print making I sent three different samples. They really liked one and I was asked to make 50 prints of it. It was the first of the many requests I would get. From then on, *Qallunaat* wanted to buy more and more of my prints. If I were still a print maker I would be travelling everywhere. Going to big cities and even where there is war, as successful artists do. Being an artist is serious business. An artist can work regularly. Even repairing service vehicles is not such demanding work. When you're drawing or making prints you have to think really hard.

A dedicated full-time artist whose work sells could travel to many places. It is just as it is with the sport hunters and fishermen who come to outfitting camps here. It costs a lot of money to do these things. A successful artist may even be able to afford to go overseas and engage the services of an outfitting or tour company. He may even go overseas to hunt animals that don't even exist here. Good art can generate a lot of money.

Which do you prefer making, stone cuts or drawings?

I used to like doing both, and in some ways they are the same. An artist who works on paper doesn't have as much work to do, but his artwork can be just as good as the print maker's. The drawings sell just as well. When I think about it, it would be just as good for an artist to concentrate on drawing. People will start buying drawings, even if it takes 20 years for the artist to build a reputation. Then the artist would be able to travel anywhere. An Inuk can even help the *Qallunaat* economy. The artist has to continue to be creative because he is an artist.

Can you explain the making of stone cut prints?

Yes, although I wish people here would learn to draw, because I think printmaking is secondary. To start, smooth the stone top very carefully, then etch your picture onto the stone. Working the edges takes time. Whereas in drawing, drawing directly onto paper is the one and only step you do. The drawing can sell for the same price as the print. An artist making drawings could earn the same amount of money.

Since people liked my pictures I used the stone cut technique so I could make many copies. The only downside of drawings is that you cannot make multiple copies, and sometimes many people want to buy the same picture. With a stone cut, you can make 50 prints. Fifty prints were the limit*.

The artist can reuse the same stone to make a new design. Sometimes people will ask for a print of one of your old ones, even when you have new prints for sale. When people make requests for a copy of a stone cut print the artist has to think about it carefully. You can make multiple copies (using a lithographic method, for example), but these prints are not as valuable because they are not from the original stone cut. You don't want to decrease the value of the original stone cut prints.

Have you ever taught stone cut printing in Kangiqsualujjuaq?

I've never had a chance to teach stone cut printing, although I have taught drawing. The only way to learn is by apprenticeship. It is the established way of learning; if the student is willing to learn. We can all learn from each other. Comments such as, "You can't do it!" are not helpful. Words like that just humiliate a person and I used to say those kinds of things.

If someone commissions a work from you, you have no right to copy someone else's artwork. Demands such as, "I want you to copy this one!" are not acceptable. You have to use your imagination to make something different. There is no choice. Someone might give a suggestion, but artists have

* *Editor Note: The limit of 50 prints was a convention established by the Co-operatives and the Canadian Eskimo Arts Council.*

to use their own imagination. My artwork is very popular, but other people can't copy it.

When the co-ops first began they sold arts and crafts. No one was trained to be an artist. We just created art. Then some of us went to Puvirnituq for training in art and drawing. I worked hard to make my artwork different and people really liked that.

If an artist successfully sells works of art down south, he then can request equipment and material to make his artwork. Pencils or whatever he needs. An artist can even have his own studio. It can happen. If a person is interested in making art he or she should just start making it. Even if there is no hourly wage. If he has the desire, no one can stand in his way. If we had a workshop nobody would be able to stand in the way of the person intent on becoming an artist. The artist has to enthusiastically take up the challenge, and follow his vision.

Did anyone inspire you to do stone cut prints?

No, I just followed my own interest. When we started the co-ops it was out of my desire to help develop it. It was the same as wanting to help one's father. We used to help our fathers when they were doing their utmost to find game. In the process of helping my father I became a hunter. I did my best without having to be told what to do. When the co-ops were being set up anyone who wanted to sell artwork could. I wanted to learn, although I really didn't need to. The co-ops started as a result of peoples' great efforts. I wanted to be part of the effort.

How do you use legends in your art?

Artists, including those working on paper, can make reference to legends. To do it successfully you have to figure out which part of the story to illustrate. You also have to figure out how to integrate the text into your artwork. The stories don't need to be long. The artwork itself is usually more valuable. An artist can use any story he or she has heard. For example, there is the story of an Inuk who travelled around the world. Legend based artwork can fetch significantly more money.

I still want to do drawings that illustrate a legend, but it's no longer possible. These days there is nothing to work with. There is no money, no government funding and no workshop.

But what are the legends behind your pictures?

They are about history, traditional culture, and the spirit world. For example, you could use personal accounts about struggling to survive during the hard times. I have also illustrated stories that have been passed through many generations. My father had his own stories, and his ancestors had theirs. Inuit have always been retelling stories that were told to them. Some of these stories have been around a long, long time.

Do you have any more comments on art?

Yes, I would like this type of work to be done in our community. People should be encouraged to take art courses. Our community needs to promote artwork, even if we start with only one person. There are young talented people here. A person who can create popular artwork might even end up employing other people. It's possible.

Even if people don't like an artist's work at first, the artist shouldn't give up. Never say, "I'm getting nothing out of this, I quit." An attitude like that will get you nowhere. Keep going. Keep trying.

We should be encouraging any person who is interested in art. Welcome them with open arms and work with them. Don't just look at what they cannot do, wait patiently for their skills to develop. A community workshop could eventually earn enough to cover its heating and lighting. It may even make a small profit.

The *Tuurngait*

Why do people say spirits haunt the Tuurngait Mountains?

Because there used to be spirits there. All the mountains had spirits. For example, there used to be *Ikutajuut* (drill drivers) and spirits we called *Mitiliit* (beings with Eider feathers), which are the only ones I personally know about. The *Mitiliit* look exactly like Inuit. I had an encounter with one while I was out hunting on the ice. I thought it was a seal basking on the ice. It glanced at me a few times while holding its arm over its head. I got scared and took a shot, intending to kill it. It dove. It had the same kind of legs and arms as I do. It was virtually a person. There used to be such creatures. They used to act like seals on the ice. Hunters used to stalk *Mitiliit* thinking that it was a seal. When a hunter got close enough the *Mitilik* would then run and attack the hunter. It fought and killed the hunter. They had knives. These creatures had human bodies and were covered in feathers. The feathers had the same pattern as an eider duck's feathers, hence the name.

Then there were the *Ikutajuut*. Inuit used a type of drill that consists of a bow, a string and a drill shaft. These beings used this kind of drill. They fought and overpowered an Inuk. Then they bored into the victim's forehead until they pierced the skull. That's how they killed an Inuk. There were such beings long ago. These were the ways of the *Tuurngait* (spirits).

Also, there were two kinds of *Tuniit*: the gigantic ones and the smaller ones. The smaller ones called *Tuniapik* were about the same as Inuit in size. The ones called the *Tunialuit* were much larger than the Inuit. During the time of the *Tuniit*, there were also the *Ikuutajuut*. Actually that's why the *Tuniit* left. The *Tuniit* diminished in numbers because of the murderous *Ikuutajuut*. The *Tuniit* feared them. That's what used to be said.

The *Ikuutajuut* were really another form of *Tuurngait* – beings that probably belonged to the evil one. We don't mention *Tuurngaq* so often now, but now we know about Satan and evil spirits. In

ᑐᐱᖅ ᑰᑦᓱᐊᑉ ᑰᖕᒐᑕ ᓯᑦᔭᖕᒐᓂ 1948-ᒥ.

Tente sur la rive de la rivière Koksoak, 1948.

A tent by the shore of the Koksoak River, 1948.

Collection Corporal C.K. McLean MCL 202

the past we only knew about *Tuurngait*. In the past people used to talk of the *Ijuruit*. The meaning of this word is obscure, but when someone sees a thing that is not properly a person, it is called *Ijuruq*. There used to be many different kinds of *Ijuruit*.

The Tuurngait Mountains are so named because there is a place in the mountains that was controlled by *Tuurngait*. There is a great cliff beneath which we had to pass when travelling by canoe or boat. Up on that cliff was what looked like a huge house. Inuit said it was occupied by beings that were not human. Below the massive cliff, there used to be a large *annisaq* (icepan) that never melted. Even in the hottest of summers it never melted. The water currents and ambient temperature could not melt that icepan, which was said to be under the control of the wicked *Tuurngait*.

Legend of *Ikkiit*

Numerous Inuit-like creatures basked naked on the icepan. That's why the mountains bear the name Tuurngait. It's true. Even when the ice elsewhere in the area was swept away by the ocean currents, this icepan remained. It was held in place by the *Tuurngait*; anchored by the powers of these beings. The entire *annisaq* was covered with naked *Tuurngait* and up above, many more inhabitants dwelled in a massive house.

Nearby was once a large Inuit village with many skin tents. During the summer the men hunted marine mammals from *qajaqs*. Over time many hunters from the village failed to return home from the seal hunt. Many tents were missing the head of their household. No one knew why so many hunters had failed to return home. The village was much diminished.

Eventually only one old man and his four sons remained, as well as many widows and their children. Then one of the old man's sons went seal hunting and failed to return. A second son decided to take his *qajaq* up to the same area where the other *qajait* had gone, and he too disappeared.

Finally the third son went secretly looking for his brothers, although he pretended he was going hunting.

The searching son came upon a huge icepan. To his pleasure he saw that the ice was utterly covered with basking creatures, and decided to go after them. These were the same creatures the other hunters had decided to stalk – and the reason why they did not come back. He proceeded carefully, making sure he did not bring attention to himself. As he got closer the creatures dove into the water. The son decided to wait for them to surface. Then a lugubrious voice spoke to him from the land. The voice said, "*Ikkiraaluit* might get you. Paddle home as quickly as you can." As soon as he understood, he paddled as powerfully as he could. A creature broke to the surface and tried to grab him, but the creature's hand only managed to brush the stern of his *qajaq*, and he evaded capture.

Once he returned to the village he reported the story to his father. The old man said, "Those wicked creatures have killed our kin." He resolved to spear the creatures with an *anguvigak* (harpoon). Although he was quite old he wasn't afraid to fight. The old man knew exactly what to do and planned the attack with his two sons. They fashioned lengths of wood to fasten across the bows and sterns of their *qajait*, holding them together like a raft. The configuration would prevent the *qajait* from capsizing, and give them striking room. The old man said they would have to install their stabilising contraption quickly once they got to the location.

The old man and his two sons armed themselves with all the *anguvigak* they could find. Then they paddled toward the *annisaq*, three *qajait* abreast. As they neared the icepan, they saw how densely packed the creatures were. They quickly lashed the kayaks together and grabbed their harpoons. Their plan was to keep striking at the creatures as long as their arms endured the strain and their *qajait* remained upright.

They were out for revenge because the creatures had killed their kin. The old man saw the

ᑏᕕ ᐃᑦᑐᒃ ᐃᕐᓂᖓᓗ
ᓵᓕ ᐊᓂᕐᕿᓯᒪᔫᒃ
ᑲᖏᕐᓱᐊᓗᑦᔪᐊᒥ
1968-ᒥ.

Tivi Etok avec son fils Charlie, chez eux, à Kangiqsualujjuaq, 1968.

Tivi Etok with his son Charlie, at home in Kangiqsualujjuaq, 1968.

Collection Donat Savoie IND DSA 060

leader of the *Ikkiit* coming up from the depths right before him. It was a hulking beast. Even before it surfaced, the old man struck down with all his might. The harpoon went right into the throat of the *Ikiiraluk*, killing it instantly. As it sank, the rest of the *Ikiit* realized that their leader had been slain, and did not come near the kayaks. The *Ikiit* in the cliff house began diving into the water. The many creatures still basking on the ice also dove into the water, crying "*Ikkii, ikkii!*" (I'm cold. I'm cold) even though it was not cold, and fled to the open sea.

The men landed at the foot of the cliff and began to investigate. They found the heads and skulls of men. Among these they found the heads of the old man's two sons. There were many other discarded heads of all the hunters who had disappeared. Some were from the old man's village, but there were others of strangers. The skulls were piled high. The creatures had lived on a diet of Inuit flesh, discarding the heads. When the old man speared the *Ikii* leader, the *Tuurngait* departed.

We don't know exactly when this happened, although we know that it happened before Ikirasakittuq became inhabited. The place is at the mouth of the Allurilik Fjord. It was before Nikuti (Nicodemus) Ittulak's family lived there. The Ittulak family moved there sometime after the incident. It must have been not long after the great battle, since Nikuti's family had incidental experiences with the *Tuurngait*. Such sightings occurred frequently just after the great *Tuurngait* departure.

There is nothing but smooth cliffs there now. Grass used to grow on the notorious *Ikii* cliff, the kind that grows where people live. Now even that kind of grass seems to be gone from the cliff. There used to be a pile of human skulls at the foot of the cliff, white skulls that looked like nesting gulls. A colony of gulls can make a hillside look white from a distance. That's what the cliff used to look like with the bleached skulls. Not anymore. If these cliffs were still inhabited the doorway would be visible. These are the stories we used to hear.

Other Entities of the Labrador Peninsula

The Ittulaks' experiences with the supernatural mostly involved the small people called *Inuugagulliq*. Nikuti would have been born by then. Actually he was even old enough to hunt marine mammals. The *Tuurngait* left right after they lost their battle to the old man. Nikuti's family must have moved there soon after the incident, when the signs of habitation were still fresh.

Nikuti used to talk about the cave in the cliff. When the dwelli ng was recently vacated the doorway was still clearly visible. Now there is nothing but sheer cliff. The gateway must have been sealed over. That's where the *Tuurngait* used to dwell – murderers and eaters of Inuit flesh.

I used to be able to point out the place where this all happened.

There was another doorway up on a cliff on an island off Ikirasakittuq. It was inhabited by *Inugaguliit*. Nikuti used to watch the *Inugaguliit* through binoculars. He saw very clearly a tiny old woman wearing a sealskin *amautik* (woman's child-carrying parka). He observed the *Inugaguliit* a number of times.

Nikuti wasn't the only one, other people saw them too. Inuit from long ago did, for sure. When Inuit got together, they used to discuss the various locations they suspected were inhabited by various *Tuurngait*.

ᑏᕕ ᐃᑦᑐᒃ ᐃᓚᖏᓪᓗ
ᐅᐱᕐᖑᕕᒻᒥᓃᑦᑐᑦ
1968-ᒥ.

Tivi Etok et sa famille à leur camp d'été, 1968.

Tivi Etok and his family at their summer camp, 1968.

Collection Donat Savoie IND DSA 255

ᑐᕐᓲᒃ ᑖᐸᑐᐊᓕᐊᓇᐊᖅ.

Tursuuk (le porche), passage obligé vers le Labrador.

Tursuuk (the porch), entranceway to Labrador.

Robert Fréchette KRG/ARK

PART TWO

Stories from My Life

Conversations with Jobie Weetaluktuk

Legend of Allurilik

There is a place called Allurilik, which is the location of one of the legends I have depicted in a stone cut print. There was an Inuit village at Allurilik where a great hunter lived.

This place was on a caribou migration route. The caribou came in a single unbroken line from the hills across the bay and into the other hills yonder. When the caribou came through Allurilik the procession went on for days and days. There were two migration pathways, each herd going its own way. The two herds had come from different directions and were heading in different directions. The noise of their hooves pounding the hills was constant. The splashing as they went into the water sounded like rapids. This went on day and night.

The constant noise agitated the great hunter. He was eager to start hunting walrus, which frequented a nearby barren island. This island was often covered with walrus, and many more swam in the surrounding waters. There were so many that the Inuit called the island *Ulliq* (walrus haul-out).

It was early autumn, the perfect time to hunt walrus. But the pounding of thousands of hooves and the turbulent splashing of water made sleeping difficult. The great hunter could not sleep. Determined to hunt walrus the next day he hatched a plan to get a good night's sleep. He decided to put a stop to the migration. He took a walrus skull and its attached vertebrae and put it across the path of the migrating caribou. The walrus skull spooked the caribou, halting the migration. The caribou ceased moving, and the great hunter slept well that night.

The next day the hunter set out to hunt the walrus by *qajaq*. As he paddled toward the island, a suckling walrus came to greet him. "Harpoon me, as I would like a drink of water," the suckling walrus said to the great hunter. The man saw how tiny the walrus' tusks were, and did not reply. "Harpoon me as I would like a drink of water," repeated the walrus. To which the man replied, "I do not want you, for you have tiny tusks."

Rebuffed, the suckling walrus turned and fled toward the walrus herd. It shouted to the herd, "He does not want us! He does not want us!" Hearing this, the herd of walrus began to tumble off the island, and those already in the water swam away. The whole herd fled on hearing such offence.

The caribou also heard the walrus' words, and fled the area. The suckling walrus kept repeating, "He does not want us!" whenever it surfaced for air. All kinds of animals heard, and abandoned the area. For many years after, no game ever came to that area. All kinds of seals, walruses, the caribou… even the birds had left. Only the land and water remained.

The entire area was devoid of game and the great hunter's village eventually starved to death. The hunter's band had lived in a cave on the hill. When they perished, the cave collapsed over their corpses. So they were buried in their own home. When I was a youth, if any stones or ground were disturbed at that site, there was always a strong stench of decay.

When the suckling walrus said, "Harpoon me, as I would like a drink of water," it is said that it meant, "Accept me, that there may be plenty of game." All creatures ever created should be accepted. It has also been said that the animals will return to that area when Inuit begin to act more respectfully toward them. Nowadays, the area is not entirely devoid of game, but there is not an abundance. That is the legend of Allurilik.

ᕿᒻᒦᑦ ᐅᓯᔭᐅᔪᑦ ᐅᒥᐊᒃᑯᑦ ᐅᖓᕙᒥ 1960-ᐃᑦ ᐊᕐᕌᒍᖏᓐᓂ.
Chiens sur un bateau, baie d'Ungava, années 1960.
Dogs on a boat, Ungava Bay, 1960s.
Rosemary Gilliat IND RG-30

My Father

My father owned a boat while we were at Kuururjuaq. Actually he owned the boat with his brothers. They had traded fox pelts for it. At that time many men bought boats with fox pelts.

Many years later my father bought another boat. We named it *Umiakutaq* (the long boat), and had it for many years. It became my boat after my father became too ill to sail it. My father died after a long illness. He even went to Hamilton, Ontario, for lung treatment. I had that boat for many more years after his death.

The HBC accorded my father special status among the hunters. The HBC observed the practice of designating trappers who could harvest many foxes as 'men of rank.' My father was one of them. The Inuit in the area benefited a great deal from my father's boat. We used to go seal hunting on the Hudson Strait with many men, sometimes as many as twenty. There would be numerous *qajait* piled on top of each other on the deck. When we got to the ice floes, the *qajait* would all disperse and hunt seals. They hunted different kinds of seals – bearded, harp and ringed. The *qajait* would come back with multiple seals in tow. Bearded seals are large and heavy to tow as are the largest harp seals. The men might have a couple of harp seals in tow. The men had to be strong.

We went to Killiniq numerous times in my father's boat. We hunted beluga whales and seals. We moved people from camp to camp, location to location in that boat. Father and his brothers used to help people out. Then my brothers and I did the same after our father's passing. Years later the boat got old and started to rot. It was getting harder to maintain, so my brothers and I finally beached it. From then on we switched to canoes with motors, which were much easier to manipulate.

Rifles, Ammunition, and Marksmanship

Back when rifles and ammunition were still rare, few men could afford rifles. There was even a time when a seasoned hunter would have only one .22 calibre rifle for his entire hunting career. That was all he could afford. I had a tiny .22 single shot rifle which I was lucky to acquire while still in my youth. It was my only rifle for many years. Even then, I got it only because it had been given to me. My aunt's husband gave it to me because he could not hunt anymore.

Many years later I replaced that rifle. That was the year I got four foxes. I took those fox pelts to the HBC. When I presented the pelts to the manager he asked me whose pelts they were. When I told him they were my own he said that I had indeed become a man. He made the pronouncement even though my peers already considered me a man. I bought a .22 calibre rifle, and the manager

ᐃᒡᓗᐃᑦ ᑐᕚᓗᒻᒥ (ᖁᐊᖅᑕᒥ) 1948-ᒥ.

Iglous près de la baie de Diana (Quaqtaq), 1948.

Igloos near Diana Bay (Quaqtaq), 1948.

Collection Corporal C.K. McLean MCL 110

threw in a jaw harp and a harmonica. He made that gesture to celebrate my becoming a man.

As a young man, my job was to retrieve the seals shot by the more accomplished hunters. I went by *qajaq*, or by *qajariaq* (miniature skin boat). Retrieving seals was a young man's job as only the seasoned hunters could shoot seals or other game. When game was scarce this rule was strictly observed. In times of scarcity hunting was a serious matter. A man did not pull the trigger unless he was absolutely sure he was going to make a kill. He could not afford to miss for two reasons: his dependants needed the food to stay healthy, and ammunition was precious.

Missing a shot was a shocking display of incompetence. We really needed the food except for those brief times when there was an abundance of game. Ammunition was so scarce that a man did not even reach for his rifle unless he was sure of a kill. A man could pass the entire summer without ever reaching for his rifle. Every bullet was expected to count for something.

Even .22 bullets were used sparingly, including while hunting ptarmigan. There were times when ammunition was absolutely scarce. In such times, one could shoot only one ptarmigan at a time. It did not matter if the hunter could easily shoot a second bird; the scarcity of ammunition was the main consideration. That single ptarmigan was then divided among the neighbours. In turn, the households further divided their part of the ptarmigan. In times like these, to be given a morsel was the ultimate gratification, and cause for pure gratitude.

The remaining bullets were designated for use on other days – days we also had to get through.

I recall one time hunting with my father when he had only six bullets. Actually the six were sufficient for the whole summer. My father was fond of Savage rifles. He bought several in succession. He was a great fox trapper so he could afford to buy rifles. We went caribou hunting in the summer. We trekked a long way searching for caribou. He shot two caribou and had four bullets left over. That was good management of resources. He did nothing more than was expected of him.

Becoming a Hunter

I began to act as a hunter when I was still just a boy. I was busy playing when I came upon a baby *luviluvilaq* (sandpiper). It was able to run but could not fly. I began to chase it and throw stones at it. I chased it for quite a long time. I threw rocks that I could barely lift with one arm. When I finally got it, I took it home. My mother ripped the skin off and put its meagre meat up to dry. My *arnaqutik* (the woman in charge of forming my character) was living in Kuujjuaq, so I could not immediately deliver it to her. So mother dried the *luviluvilaq* meat for her.

I also remember catching a *mitirluk* (black duck) years later. In the summer when the *mitirluit* are brooding, their flight feathers moult. We came upon a colony of them on an island, and they fled as we landed. At Father's bidding I gave chase. A *mitirluk* went under a rock overhang. Under my father's supervision I shot it. Father went to gather eggs, and I ran around the island. I found another *mitirluk*, hunkered down still and quiet on the ground. I pounced on it and wrung its neck. When we got home my mother dried the *mitirluk* for my *arnaqutik*.

My first catches were always given to my *arnaqutik*, according to custom. By the time I got my first seal and my first caribou my *arnaqutik* was no longer living, so my catches were divided among the neighbours by ripping or cutting them apart at the joints.

Further on in my training as a man and a hunter I had to help my father make and maintain his equipment. I used to help my father make his skin ropes. It was my job to chew the cured dog lines. The lines have to be chewed until they are supple or they will fray, wear, and snap. After chewing many lines for a good part of the day my mouth would be sore. My mouth felt hot and sensitive, and I would even have trouble falling asleep due to the discomfort.

I also used to assist my father when he made an *aliq*, the harpoon line for big game. An *aliq* is made from the hide of the female bearded seal. A strip of hide is cut to the desired width and length, and is wrapped around four pegs staked into the ground in a rectangular shape. Then a piece of wood is used to 'sweat' the moisture out of the skin. When the moisture has been successfully wrung out, the skin rope can endure great tension.

I learned to make many things by observation alone. For instance I learned to make an *unaaq* (harpoon), a *taluaq* (seal stalking shield), and a *naulaq* (the harpoon head).

Making an igloo was much harder. When I was a boy I was an apprentice igloo builder: a gap stuffer. After many years of apprenticeship I finally attempted to build my own igloo. It was not by choice either, but by force of circumstance.

My brother and I were caribou hunting and on the brink of starvation. My own cousin died of starvation at the time. Being younger I was the junior partner. We came upon caribou tracks so my brother decided to pursue the caribou on foot. The tracks were very fresh. I had to mind the dogs and our belongings. By dusk my brother had not yet returned so I decided that I had to build the igloo.

I cut the snow blocks like I had so many times before. Then I began to assemble the walls. As I got up to the dome section, the snow blocks started falling in. I tried to put one up after another, and they kept falling in. I would pause, think, and try again.

All my carefully considered efforts kept failing so finally I decided to disassemble all the snow blocks. I had never had such a difficult challenge. As discouraged as I was I had to keep on trying. Carefully considering what I had to do I slightly inclined the primary wall inward; something I had not done before. Then I assembled the next series of blocks. I got to the very top without any trouble. It was like nailing the snow blocks together.

It was late at night when my brother finally came back. I was still waiting up for him when he came in. Of course, I never told him what a daunting experience I had had. The next day we moved on, and made another igloo in the evening. I paid very close attention to his building techniques. Of course I kept my observation discreet for fear that my brother would notice how keenly I was observing his workmanship.

My brother never caught up with the caribou he was pursuing that day. When the caribou trek, they stop for nothing. They only pause to pee. A person on foot will never catch up with caribou on a trek. My brother didn't even catch a glimpse of them.

Years later, I got my first caribou while on my own. I had assisted my father and brothers in skinning and butchering caribou many times. This time I was on my own. I skinned the front legs from the backside, although I knew caribou legs are skinned along the shins. It's just a detail that you don't think about. When I got the skin home my father said to me, "The front legs are usually skinned along the shins." It was the customary way of skinning, a fact which I knew. I was a bit embarrassed to have made that small error.

On many occasions I assisted my father when he made his *qajaq* frame. I am pretty sure I could build my own, although I have never had to build one by myself. When I built my first *qamutik*, it was not so difficult. I had a full-scale model right before me so I just referred to it whenever I needed to see the details.

When my father was sent to a hospital in Hamilton, Ontario, many responsibilities fell to me. I was now one of the providers along with my brothers. When Father came back, he really focused on teaching me about game, hunting, and the many skills of the hunter. I know a little about it to this day, but men before me had vast and varied knowledge. Learning to become a hunter was a great challenge to me.

I learned a lot when Father and I went seal hunting. Slowly I became the main provider of seal meat for our family. At first I was not that self-confident and my father would say to me, "Are you going to act hesitant and fearful?" I kept following his instructions and gradually became a better hunter.

We also used to go caribou hunting together. Again Father instructed me on how to go after them. I was not sure of myself, and my father would say, "Are you going to act hesitant and fearful?" So I would go and stalk the caribou. I always got the caribou I stalked, and so grew in skill and confidence.

In the end, father lost all interest in hunting. He did not even help me with making and taking care of my equipment. I really had a difficult time, but I learned like never before. That was when my father taught me the most. He loved me and must have wanted to leave knowing that I was a capable hunter.

I was still young, and I always had to share my catch with my family and dogs. I began to notice the ways of the weather. I struggled all the time in my mind, and as a result developed in skills and knowledge. I began to realize that we could starve if I did not provide. I had to know where to go to ensure the best chance of hunting success. I had to think and figure things out like never before. I was becoming a man, a hunter.

Above all a hunter has to be patient, especially when stalking game. When game is scarce the individual animals are much more alert and take flight easily. A hunter has to stalk quietly and deliberately.

Today I hear people say that a person has to go through an interview and skill assessment in order to get a job. Inuit however gain competence by practice. It may be very difficult at first, but they will learn. If a person does not have the skills, the person will develop the skills by doing the work and figuring it out. Mentally it can be very challenging, but that is how we all learned.

Near Starvation

I have experienced hunger many times, but have been near starvation only once. It was at the time my uncle's son died from starvation. I was still young then. We were at our log cabin up the Kuururjuaq River. My brother Mususi and I went caribou hunting on the plateau. When we set out we hadn't eaten for a week. My parents and siblings stayed in our log cabin, and they had no food at all.

We had nine dogs, our usual nine dogs. One of the dogs was a temperamental dog. No one liked that dog. People don't like dogs with that kind of temperament. We traveled for days and then weeks. Our dogs were going without food. Mususi and I subsisted on water, nothing but water.

One by one the dogs' front legs gave out. Once they hit the ground they couldn't get up again. As the dogs fell I would pick them up and load them onto the *qamutik*. In the end there was only one dog and myself to tow the *qamutik*, while Mususi walked alongside. The temperamental dog was the only one walking. The unwanted dog and I shared the burden of towing the *qamutik* and the eight other dogs. Traditionally it is said that those who are unwanted become prized in hard times. That is exactly what the unwanted dog proved.

We trudged for many days before we found any caribou tracks. When we came across the tracks Mususi went to pursue them on foot. He did not catch up with them. That evening I made my first igloo.

ᑏᕕᒃᑯᓂ 1968-ᒥ.

Dans la cuisine des Etok, 1968.

Inside the Etok's kitchen, 1968.

Collection Donat Savoie IND DSA 079

Eventually we got some caribou. By this time we hadn't eaten for so long that our jaws couldn't open. When cadavers undergo *rigor mortis*, their jaws can't be pried open. That's the state our jaws were in. We could drink through our clenched teeth, and that's how we subsisted.

When we got the caribou we drank some blood and ate small bits of meat. We cut the meat very fine and stuffed it in our wisdom teeth. We couldn't chew or open our mouths. Having taken our first nourishment in a long time, we then had to remain awake for three days and three nights. Staying awake for that period of time was tedious and tiring. While our bodies were slowly digesting we drank only water. We drank a lot of water. Finally, on the fourth night we were safely able to go to sleep. We did this on the word of my brother who knew of traditions and practices. My brother began to tell me that we could safely go to sleep, but he fell asleep even before he finished his sentence.

When we woke up we could open our jaws again. We ate, and regained our strength and vigour. To be on the brink of starving is a surprisingly strife-free feeling. The body feels so light and effort is much reduced. It seemed that I could float over soft snow, I was so light. I had this amazing feeling of lightness. There was no discomfort except my jaw was shut tight.

All our dogs survived and we got back to our family.

Manhood, Women, and Marriage

When I was a young hunter, women began to interest me. Even older women came to seek my company, which I just enjoyed. It was not customary, but I did have a number of women.

To be a candidate for marriage a man had to be a competent hunter; a provider. I was especially taken with two young women. I had an affair with each of them, in succession, and even asked for their hands in marriage, one after the other. But on both occasions I was refused by the parents. When consent was denied it was the end of the matter, and of the affairs.

I eventually got married and it was done appropriately, in observation of custom. The parents of my bride-to-be and my parents made the arrangement between themselves. I had no input nor did my bride-to-be. With the consent given we were as good as married, but I still did not even meet my bride for almost a year. In the fall my mother finally went to get my bride. When she came to live with us we lived as husband and wife. We have been together ever since.

The Co-op of Kangiqsualujjuaq

We started working on the co-op concept in 1959. Two men from the Department of Indian Affairs (as it was then called) came to Kangiqsualujjuaq to facilitate the discussion and the establishment of a local co-operative. At the time we were scattered in many small camps. My family was at Kuururjuaq. There were other camps including Tasikallak, Tuunulliq, Tuttutuuk, and Marqalik. Kangiqsualujjuaq had only two families, Willie Emudluk and Josephie Sammy Annanack. The people from Tuututuumiut came a couple of times, but really did not become part of our settlement.

During our meetings in a long tent we were told that we would have to congregate at Kangiqsualujjuaq. We would have to leave our camps. It was a difficult thing to do, but we did it that same winter. Families arrived at Kangiqsualujjuaq at the end of winter, probably in the month of March. We were often hungry then. Life was hard and we had to work hard. We were moving to a place where there was even less in the way of game, and we risked being even hungrier, but we were prepared to work hard. We used to do things quickly back then. When something was decided people took action very quickly.

We had many meetings about the co-op which went all night long. A number of families went upriver to test the feasibility of harvesting timber, my brother Taamisa included. The trees upriver were large, large enough to harvest commercially. We lived in tents, but with the timber that was going to be harvested we would eventually have log houses. The plywood, insulation, chimneys, etc., had to be imported.

ᑲᖏᕐᓱᐊᓗᑦᔪᐊᖅ ᖃᖅᑲᐅᑉ ᖄᖓᓃᑦᑐᒧᑦ ᐊᑦᔩᓚᐊᐱᓂᖅ ᐊᐅᒍᔅᑎ 1948-ᒥ.

Kangiqsualujjuaq vu du haut de la colline, août 1948.

Kangiqsualujjuaq from the hilltop, August 1948.

Collection Corporal C.K. McLean MCL 123

The loggers had planned to send the timber downriver in the spring, when the water was high. They lost quite a bit of their harvest to the rapids, though. They had a plan to build boats which the co-op could sell. The boats were designed to be powered by 18 hp outboard motors. We got the motors, as well as freezers, nets and other equipment, with a loan from the government. When the ship came in and we received all those things I became one of the fishermen.

When we moved to Kangiqsualujjuaq we lived in tents across the river. That summer a school tent was set up and the children were sent to school. We learned later how the children had wanted to be with their parents, but they had to be in school. School was a new thing, and difficult for many families to accept.

A log cabin we called *Illukallak* (stout building) was the only solid structure at the Kangiqsualujjuaq site then. We had our meetings there. This was the location of the first formal election we ever held. George Annanack was elected Chairman of the Board of the co-op.

More logging was done that winter. The logs were again floated downstream and processed at the sawmill, so we were able to build houses for ourselves. The mill produced 2 × 4s, 2 × 2s, and other cuts of lumber. The next summer we proceeded to fish again for Arctic char. We got a lot of fish, enough to fill the freezer of the ship. A fisherman did not even get a dollar for a fish back then.

Alcohol Wreaks Havoc

It was probably in 1961 that I started drinking. That was when alcohol became widely available to our community. We drank spirits until we got drunk, the only way of drinking we knew. We argued, fought, and brawled. Adultery became excusable, even acceptable. Lying, covering up, and evading people and inquiries occurred more often.

The acts of Satan became available. Satan's people became available. It seemed normal. It seemed like love. It was fun, enjoyable, and exciting. For a time, I had become one of Satan's slaves. My wife and I drank, even in front of our children. We often drank ourselves into a stupor. I was a drinker for three years.

Then, in 1963, I went with two of my friends to Kuujjuaq. We were on a boat maintenance course and we were all drinkers. One had an uncle in Kuujjuaq who was also a drinker. He got a 40-ounce bottle from his uncle, which we drank with joy.

We were anchored on the river and finished the 40 oz. bottle. I was so drunk that I had to lie down in my bed, which was in the middle of the boat.

While I was lying there my belly started to swell up, just like a balloon. Then without warning I spewed up what I had drunk. Being incapacitated

ᔪᐃᓕ ᐃᑦᑐᒃ ᕿᐊᖕᒍᔫᒥᒃ ᐋᕐᕿᓱᐃᔪᖅ 1968-ᒥ.
Joe Willie Etok réparant un moteur hors-bord, 1968.
Joe Willie Etok repairing an outboard motor, 1968.
Credit: Donat Savoie Collection IND DSA 094

by drink I could not clean up, so my friend cleaned up after me. Sometime later the same thing happened all over again. Belly ballooned up and I spewed and got cleaned up. Three times that happened. They say that three is a significant number.

Since that time I have never touched another drink. I used to be a sport fisherman/hunter guide. Many of these guys bring lots of alcohol. Some of them would offer their guide a glass. Some were very insistent. There were times I took the glass and just poured it behind my back. I have never touched another drink since the episode in Kuujjuaq.

The following October I was doing construction work in Kangiqsuallujjuaq. There was a lot of construction activity at the time. I was a labourer, but I was just as skilled as the professional carpenter brought in to build the houses. In some respects I did even better workmanship.

There were periods of snow flurries when I became seriously ill. I was the only ill person in the community. I was bedridden for a week. It got so bad that I could not even open my eyes. I was close to death. I could hear my family. I heard the voices and the shuffling. I was in darkness when I heard words in my heart. They were not audible words, but distinguishable words from inside. "Repent, for I have called you for My Name's sake. For if you do not repent, you shall dwell in everlasting fire," were the words. Very quiet, but absolutely distinguishable.

Three times I heard those words. I had not responded in any way, but after the third time I began to pray, silently, in my mind. I could not speak for my illness. I prayed for forgiveness and for death. I was still in utter darkness, but now there was complete silence. Then I heard a powerful axe come down right behind my head. The axe came down right at the nape of my neck, breaking chains. I heard the individual links breaking and shattering away.

Then I was back in my bed. I called my wife. When she came I hugged her by the neck and asked for her forgiveness. She forgave me and then I called my children one by one and asked for their forgiveness.

Getting Lost and Found

I used to get lost even when I still had a dog-team. I was younger then, and thought I knew more than my dogs. I know exactly why I got lost. In low visibility I thought I knew the way and would start commanding my dogs which direction to go. "Turn, turn," I would command insistently. When they were reluctant to obey, I commanded them all the more. I was the master, after all. Then we would get lost. I just commanded the dogs some more, hoping to find a landmark I could identify. When we were hopelessly lost I would then shut up and just let the dogs figure it out. Eventually they would bring me home. They knew the way. They could smell the trail even when it was covered by windblown snow.

There was a time when I was really lost. Desperately lost, I mean. I was driving a snowmobile then. I was heading home and it was dark and snowing. I lost the trail and couldn't identify any features. Panic slowly set in. I tried every direction. Some of my pathways were very good, some very rough. I could not make out any landmark I knew, and panicked all the more. I even crossed my own tracks a few times.

I was lost and overtaken by panic. Getting nowhere, I decided I should calm myself down. I stopped my snowmobile. I collected my thoughts. I prayed quietly and then looked around carefully. A hillside looked vaguely familiar. I thought if I headed this way... and began to go hesitantly in that direction. Further along, I thought I recognized another landmark. Then more and more of the way became apparent to me. I had found my way back.

Panic is a hunter's worst enemy. I think many people perish because they panic and don't regain their composure. A hunter has to stop and calm down before proceeding. A person in panic misses a lot of things, because the mind is engaged in being frightened. When you are lost, ask for help in prayer, even if you do it in thought only.

Dogs and Dog-teams

When I was a young man I used to have a dog-team. Some dogs were very good, very intelligent. Then there were the troublemakers. Some dogs were stupid, unable to learn. Dog-teams can be very good or very bad and everything in between. A lot of their behaviour has to do with the leader of the pack. A dog-team with a good leader can be a team to be proud of.

Under good leadership dogs can even learn to navigate the woods. They can go through the trees without ever getting snagged. It takes practice but more importantly, it takes a smart lead dog.

Individual dogs knew their names and responded to being called by name. They knew the driver commands – *huuit* for going straight ahead, *augg* to go right, *har'ra* to go left. They knew them all and responded accordingly. Dogs used to bring us home even in the worst of blizzards. They also had an innate sense of danger, such as unstable or thin ice. They would just begin to proceed very cautiously. When their whole body language changed, the driver would then notice how treacherously thin the ice he was passing over was.

Dogs could also travel great distances while towing heavy loads. You had to teach them and work with them. Give them a meal at the end of the day and they could make your life easy. There were also the bad dog-teams which were so frustrating to work with. Again the lead dog had a lot to do with it. In that way they were just like people. If they had a good leader they could do great things. If they had a bad leader they would give you a lot of trouble. It is the same with people.

ᓇᐳᐃᑦ
Détail d'un qamutik.
Close-up of qamutik.
Collection Donat Savoie
IND DSA 202

Printmaking

I went to a workshop in Puvirnituq to study printmaking. It was a three-week workshop, but I did not stay the whole time. I left early since it was the spring thaw. I left because the airplane had to land on ice back then. I had to leave while the ice was still sufficiently thick for the plane to land on.

In Puvirnituq I learned the process of printmaking. It was totally new to me. I think I drew a caribou. I also drew a wolf and printed both. These were my learning projects.

Once I was back at Kangiqsualujjuaq I made a request to the Co-op Board for a printing shop. I was a member of the Board then and a full-time hunter. The directors decided that I could convert the log house they owned into a printing shop. They also agreed to pay the overhead expenses like electricity and heating.

I had a shop and I drew and printed a dog attacking a caribou. I drew it as a depiction of my father's dog which assisted Father in taking down a wounded caribou. I made two or three designs and printed them. Then I sent them south to the Fédération des Coopératives du Nouveau-Québec (FCNQ) as samples. I was asked to make 50 prints of one my designs. Peter Morgan, my son-in-law, was my colleague. He was the printer. That summer we got large slabs of soapstone for making prints. We don't have a source of soapstone in Kangiqsualujjuaq, so we had to import the soapstone from down south.

Spiritual Experiences

My first experience with supernatural beings occurred when I was still a boy. I was able to walk a little way from the village, but never far. One day I went to the woods alone. While I was in the woods two dogs came stalking me. I noticed they were our neighbour's brown dogs. They growled and tried to bite me. They were fierce and frightening. Their eyes were flaming red. No matter how they tried, they could never bite me. I was frightened but managed to make my way out of the woods. I rushed back home. As I approached the tents I saw the two dogs lying on the ground without a care or concern.

Satan at Killiniq

When I was a boy we used to go to Killiniq. One time when we were there, the *Atanirusiq* (Governor) of the HBC came to Killiniq. It was such a big deal. Goods such as candy were given out. The police were on hand, serious and ceremonial. I had often been told that they had the power to detain, and was constantly afraid that I might get detained. There were even a couple of bagpipers dressed in very unusual garb. The pipes were loud, playing unimagined but beautiful sounds.

Among the *Qallunaat* was a man with light brown hair. He was magnificent and an excellent dancer. We were just amazed how wonderfully he danced. His hair even seemed to have white highlights. During one of the many dances he smacked his foot and left the dance floor. He went to nurse his foot, accompanied by his dancing partner. When he took off his boot his dancing partner saw that his foot was a caribou hoof. At that moment the great dancer vanished into thin air. He was never seen again. Satan, the evil one, has been coming to our lands for a long time.

The Night I Punched a Nightmare Devil

Inuit in general have nightmarish experiences. We call it *uqumangirtuq*, which is when we are paralyzed but not asleep. Usually there is a frightening presence. I have had that experience many times. I even did a stonecut print about a particular one I had although I could move.

I felt a frightening presence. My parents and siblings were all asleep. At that time we were in a tent. Feeling this presence I had to have a look. I slowly manoeuvred under the cover of my blanket and quietly lifted up one end. I did this slowly so that whatever it was would not notice me. Then I saw it. It was a lot like what I illustrated in my stone cut, but without any white or light areas. I decided I was going to hit it hard. I punched towards its chest with all my might. The repercussion produced a hollow sound, much like an empty oil drum makes when hit. As the thing disappeared, I heard it scramble through the woods at it fled. My knuckles were in great pain.

My Dog-team and the Dark

I was hunting by dog-team when I saw a formless dark thing up ahead. It was just a dark patch on a beautiful sunny day. When my dogs caught up with it they got really excited. While they were still trotting the dogs all went on their hind legs, and kept going full speed. The dogs were very excited, and so was I. I was not frightened even though I had no idea what was happening. The dogs were up on their hind legs, obviously supported by something and running at a great speed.

The darkness began to lead us toward a beach. As we got closer to the beach I began to hear many voices. The voices were all shouting something at me, but I could not make any sense of them. The babble was overwhelming. The voices were shouting in Inuttitut, but I could not make out a single word.

Then I heard many footsteps running on the beach toward me. I grabbed as many stones as I could while we sped on. Among the many footsteps I could distinctly make out the footsteps of a very heavy individual. I thought to myself, "I am going to hit that one with a stone when it appears". Then I thought, "When it gets too close, I will throw the stone at it even if it does not appear".

Then I yelled to the voices, "You are from the darkness, you are the condemned, you are evil." Immediately the voices and the footsteps ceased and the darkness disappeared. My dogs, which

ᕐᑭᖕᒦᑦ ᓵᒪᕕᓂᕐᓂᒃ ᓂᕆᒃᑲᑕᐅᓯᔪᑦ.
Chiens attendant leur repas de saumon.
Dogs waiting for their salmon dinner.
Rousseau A XVIII – 13

were running excitedly on their hind legs, fell to the ground. By the time they hit the ground they were already asleep.

The Graves of Navvaaq

There are many graves at Navvaaq Fjord. Most of them are benign, but there are many that are haunted. Up on one of the hills are many graves. It seems that was the preferred location, a hill overlooking the surroundings. Many of the graves still have items left from the burials.

When I was a boy we were camped near some graves there. Being a boy and wanting some keepsakes, I took three items I found near a grave. I took three carved objects that I was attracted to. Proudly I showed them to my parents. "You won't get any sleep tonight!" they chimed. My parents told me that if the deceased person is not in heaven, they always bother a person who takes their things. If the deceased is in heaven, then taking keepsakes is of no consequence. My parents also said that if I really had to keep the keepsake, I had to exchange it for something. The exchange object could be a piece of meat, an item of clothing, or a tool. If the deceased accepted the object given in exchange, then there would be no trouble. If the deceased did not accept the exchange, then there would be trouble.

I have made a few exchanges at gravesites. One time I exchanged a piece of seal meat for a carved item. Within minutes the piece of seal meat was gone. You can often tell when a gravesite belongs to the unsaved. The skull of the deceased is usually there. It is usually in very good condition. Usually it is buffed shiny. The skull can be in buff condition even when the rest of the skeleton and the objects buried with it have turned to dust. Only small remnants of the large bones remain; some bones are totally consumed by moss.

I had also discovered that the skull of the unsaved orients itself towards any person approaching. We were camped near some graves, one of which had a shiny well-preserved skull. The skull inside a particular burial mound was clearly visible, even from a distance. While passing by I had approached that grave from various directions. After many days it occurred to me that the skull always seemed to be facing me when I approached. I mean from whatever direction. So I decided that I would prove my hypothesis. I approached from various directions and sure enough, it was always looking directly at me.

I also 'killed' one of the 'undead.' This occurred at another gravesite. I looked down into a grave and noticed how two stones looked as if they might fall onto a shiny white skull. Fearing that the two stones would soon fall, I decided to push them to a more secure setting. A stone that I was handling fell and smashed the skull into many pieces. I was so frightened. I didn't mean to disrespect the dead. Later that day I came back to the grave to see the damage I had caused. There was no evidence of the skull. Not one of the many shattered pieces was left. Inside the grave there was only the fallen stone and moss. I had killed the 'undead.' I was frightened at the time, but now (laugh) I am just grateful that I released that one.

People have known about these graves for a long time. A skeleton once rose out of the grave and frightened someone. People heard gun shots originating from the graves, and some have even seen the puffs of gunsmoke.

The Mischief of Navvaaq Fjord

There is a very beautiful smooth outcrop at Navvaaq Fjord. It is notorious for supernatural experiences. The place is haunted. If you go near that hill alone your belongings will get tossed from your *qamutik* even as you speed along. The bindings securing the load come undone no matter how well you had them fastened.

I once went there alone by dog-team. As I was passing the hill, my load bindings became undone and things began to fly off my *qamutik*. I was confounded. My dogs stopped at my command. I turned my dog-team around and picked up the strewn items. I decided not to proceed and went home instead.

At that same location my brother Lucassie had a very similar experience many years later. He was driving a snowmobile and trailing a hunting party by quite a distance. Without warning things began

to fly off his *qamutik*. Lucassie had fastened his load securely. Then, before he could react, an invisible force commandeered his snowmobile's steering. My brother Lucassie was a strong man. He tried to steer back onto the trail, but he couldn't budge the handlebars. Unable to steer, he was heading at full speed straight into a sheer rockface. He wrestled with the handlebars with all his might. Squinting with his eyes tight shut he finally freed the handlebars. He had won the power struggle with an invisible force. He turned around to collect his things and then proceeded without any more trouble.

ᐊᕐᓇᑦ ᑐᐲᑦ ᓴᓂᐊᓃᑦᑐᑦ ᐅᑭᐅᒥ ᑰᑦᔪᐊᒥ 1948-ᒥ.

Femmes inuites près de leurs tentes en hiver, Kuujjuaq, 1948.

Inuit women near their tents in winter, Kuujjuaq, 1948.

Collection Corporal C.K. McLean MCL 176

These kinds of things have happed to others. People have been hit with projectiles at that outcrop. Sometimes the projectile is a stone, at other times, a stick. The projectiles come out of the air. My father was even wakened by an invisible force which was choking him by the throat. We were camped at that smooth outcrop. Something grabbed Father by the throat and began to choke him. In danger of dying, Father fought back and managed to free himself.

The Beautiful Part-*Qallunaaq*

I have also seen a beautiful woman. This time, I was at the village of Kangiqsualujjuaq. I saw a woman some distance away, near some trash bins. I could clearly see how beautiful she was. She was a mix of *Qallunaaq* and Inuit blood. She had long flowing hair. I decided that I would not take my eyes off her as I walked toward her. She slowly began to duck behind the garbage bins. When she came up again she had taken on the shape of an ugly brown dog. An evil spirit, I thought. The dog went behind a garbage bin and disappeared. When I got to the garbage bins I looked around. There was nothing.

The Black Hair Foot

I was returning from hunting by myself. I was driving along the trail when my snowmobile engine just cut out. For no reason at all. I glanced backward and saw a dark form. I looked back and there was this gigantic, hairy foot. The foot was so immense, and all black. I looked up to see what the thing was. The lower leg went up so high that I could not even see the kneecap.

Frightened, I looked forward and I prayed in thought, "Jesus, help me for there is a great terror." Following my prayer I looked back and there was nothing. I pulled the starter on my snowmobile and it started effortlessly. I drove home without any more problems.

Asiusaijiit

There was one time when I was tracking a wolf by snowmobile. I came upon wolf tracks and was very excited to be pursuing a wolf. At the time wolf pelts were much in demand. The tracks were so fresh I could clearly see the hair marks in the tracks. The sky was clear and the sun bright. Ahead of me I noticed a dark area. I kept following the tracks and came to the dark area, which was in fact caused by heavy snow falling. I was entering the dense snowfall when I had this thought: "No, that evil thing is not a wolf". The darkness disappeared and the snow ceased falling. It was instantly beautiful again. The wolf tracks were gone. Some things intend to lead you astray and keep you lost. We call such things *Asiusaijiit* (what attempts to lure one to disappear).

I have seen these things operate. They can be in the form of wolves, ptarmigan, seals, caribou, or any other animal. They attempt to lure a person to his or her doom. When I hear of people disappearing, I think that the *Asiusaijiit* have claimed another victim.

I pursued another *Asiusariji* in the form of a seal. There were a number of us in a canoe when we spotted a seal. We chased it for quite a while, shooting at it whenever it came up. It led us down to the sea, quite far away. Then I shot it. When I shot it, three puffs of smoke came up and there was an oil slick where it had been. When we went to retrieve it, the seal was nowhere to be found. Then, just a couple of minutes later, it came up again. The same seal. I said, "It can't be a seal," and it never surfaced again. We had a long way to go to get back to the mainland.

Another time I shot and wounded a caribou. It went a short distance before I shot it again. This time I shot it right in the forehead, but there was no blood at the spot. It was odd. The wound on the forehead revealed nothing but clean white bone. Bleached white bone. As I was preparing to butcher the caribou I noticed a bad smell. I thought to myself, "This is not good." I went away, but came back a short while later. I was intrigued and came back to take a second look at that caribou. It was not there anymore, not even a trace.

There are other things we call *Ijirait*. These deceivers also take on the form of animals, although they can also take on human form. The only experience I had with them was when I was part of a hunting party. We were caribou hunting. We saw many caribou and decided to pursue them. They went behind a hill and disappeared. There was no trace, no tracks, and no caribou.

ᑑᕐᖓᑦ ᕿᕐᕿᖏᑦ
Les monts Torngat
The Torngat Mountains
Robert Fréchette, ARK/KRG

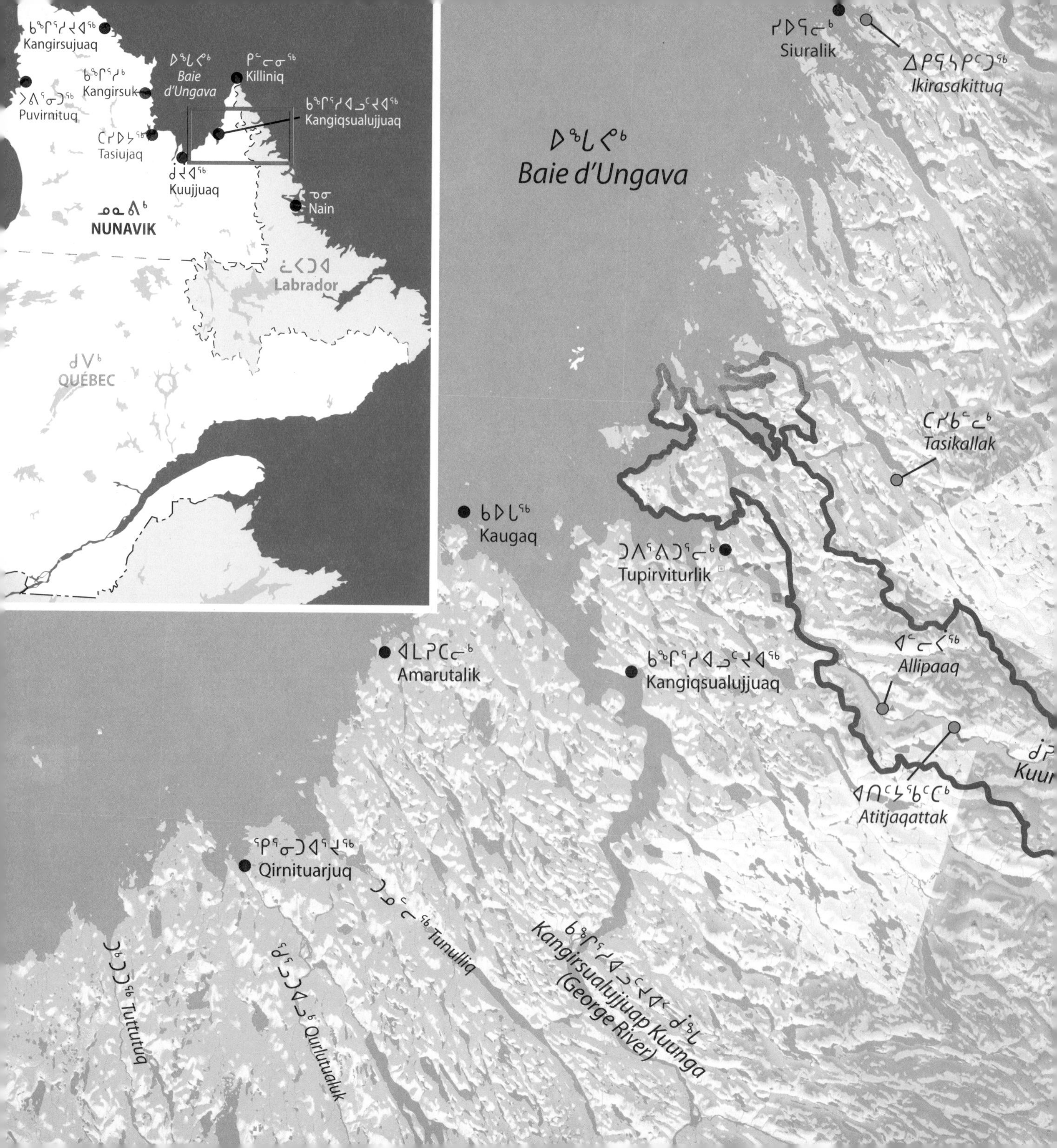

ᑲᖏᕐᓱᔪᐊᖅ
Kangirsujuaq
ᐅᖓᕙ
Baie d'Ungava
ᑭᓪᓕᓂᖅ
Killiniq
ᑲᖏᕐᓱᒃ
Kangirsuk
ᐳᕕᕐᓂᑐᖅ
Puvirnituq
ᑲᖏᖅᓱᐊᓗᔾᔪᐊᖅ
Kangiqsualujjuaq
ᑕᓯᐅᔭᖅ
Tasiujaq
ᑰᔾᔪᐊᖅ
Kuujjuaq
Nain
ᓄᓇᕕᒃ
NUNAVIK
Labrador
ᑯᐯᒃ
QUÉBEC
ᓯᐅᕋᓕᒃ
Siuralik
ᐃᑭᕋᓴᑭᑦᑐᖅ
Ikirasakittuq
ᐅᖓᕙ
Baie d'Ungava
ᑕᓯᑲᓪᓚᒃ
Tasikallak
ᑲᐅᒐᖅ
Kaugaq
ᑐᐱᕐᕕᑐᕐᓕᒃ
Tupirviturlik
ᐊᓪᓕᐹᖅ
Allipaaq
ᐊᒪᕈᑕᓕᒃ
Amarutalik
ᑲᖏᖅᓱᐊᓗᔾᔪᐊᖅ
Kangiqsualujjuaq
Kuur
ᐊᑎᑦᔭᖅᑲᑦᑕᒃ
Atitjaqattak
ᕿᕐᓂᑐᐊᕐᔪᖅ
Qirnituarjuq
ᑐᓄᓪᓕᖅ Tunulliq
ᑲᖏᕐᓱᐊᓗᔾᔪᐊᑉ ᑰᖓ
Kangirsualujjuap Kuunga
(George River)
ᑐᑦᑐᑦᑐᖅ Tuttutuq
ᖁᕐᓗᑐᐊᓗᒃ Qurlutualuk